权威·前沿·原创

皮书系列为

"十二五""十三五""十四五"时期国家重点出版物出版专项规划项目

YELLOW BOOK

智 库 成 果 出 版 与 传 播 平 台

中国社会科学院创新工程学术出版资助项目

拉美黄皮书

YELLOW BOOK OF LATIN AMERICA AND THE CARIBBEAN

拉丁美洲和加勒比发展报告
（2021~2022）

ANNUAL REPORT ON LATIN AMERICA AND THE CARIBBEAN (2021-2022)

主　编／柴　瑜

副主编／刘维广　周志伟

社会科学文献出版社
SOCIAL SCIENCES ACADEMIC PRESS（CHINA）

图书在版编目（CIP）数据

拉丁美洲和加勒比发展报告. 2021~2022 / 柴瑜主编
. --北京：社会科学文献出版社，2022.11
（拉美黄皮书）
ISBN 978-7-5228-1228-1

Ⅰ.①拉… Ⅱ.①柴… Ⅲ.①社会发展-研究报告-
拉丁美洲-2021-2022②社会发展-研究报告-西印度群
岛-2021-2022③经济体制改革-研究报告-拉丁美洲-
2021-2022④经济体制改革-研究报告-西印度群岛-
2021-2022 Ⅳ.①D773.069②D775.069

中国版本图书馆 CIP 数据核字（2022）第 234907 号

拉美黄皮书
拉丁美洲和加勒比发展报告（2021~2022）

主　　编／柴　瑜
副 主 编／刘维广　周志伟

出 版 人／王利民
组稿编辑／祝得彬
责任编辑／郭红婷
责任印制／王京美

出　　版／社会科学文献出版社·当代世界出版分社（010）59367004
　　　　　地址：北京市北三环中路甲 29 号院华龙大厦　邮编：100029
　　　　　网址：www. ssap. com. cn
发　　行／社会科学文献出版社（010）59367028
印　　装／三河市东方印刷有限公司

规　　格／开　本：787mm×1092mm　1/16
　　　　　印　张：26.25　字　数：393 千字
版　　次／2022 年 11 月第 1 版　2022 年 11 月第 1 次印刷
书　　号／ISBN 978-7-5228-1228-1
定　　价／168.00 元

读者服务电话：4008918866

主编简介

柴　瑜　经济学博士，研究员，博士生导师，中国社会科学院拉丁美洲研究所所长，中国拉丁美洲学会副会长。主要研究领域为国际贸易与外国直接投资、区域经济合作、新兴经济体和拉美经济等。近年研究成果包括主编《"一带一路"建设发展报告（2020）》、*Sino-Latin American Economic and Trade Relations*，发表学术论文《区域国别研究的学术发展逻辑》《自贸协定中投资自由化水平评价——基于哥伦比亚三个主要自贸协定的研究》《加快实施自贸区战略的意义、问题与对策——深入推进改革开放视角的研究》等。

刘维广　法学博士，中国社会科学院拉丁美洲研究所《拉丁美洲研究》执行主编、编审。主要研究方向为拉美政治。自 2011 年以来担任《拉丁美洲和加勒比发展报告》《国际变局中的拉美：形势与对策》《拉美国家现代化进程及其启示》等著作的副主编，主编《展望中拉合作的新阶段》（合编），发表《古巴社会主义经济建设与发展》《中国拉美现代化研究评述》《墨西哥国家行动党的渐进式改革以及党政关系的非传统模式》《切·格瓦拉及其思想在中国的影响》等学术论文。

周志伟　法学博士，研究员，中国社会科学院拉丁美洲研究所国际关系室副主任、巴西研究中心执行主任。主要研究领域包括巴西综合问题、巴西国际战略、拉美地区一体化和中拉关系。出版专著《巴西崛起与世界格局》，在国内核心期刊发表学术论文数十篇。

摘　要

《拉丁美洲和加勒比发展报告（2021~2022）》系统梳理了2021年以来拉美和加勒比地区政治、经济、社会和国际关系形势的变化，总结分析拉美国家发展中的新现象、新特点及其成因，系统研判其变化趋势。拉美形势的变化突出表现为四个特点：意识形态极化和政治碎片化现象加剧，经济复苏呈现脆弱性和不确定性，返贫问题成为拉美国家的现实挑战，拉美国家战略自主意识上升但区域合作艰难前行。其中，新冠肺炎疫情依然是影响拉美政治、经济、社会和国际关系的重要因素。

拉美国家普遍面临政府执政难度攀升、政局波动加剧等挑战，政治生态周期出现"左转"态势。2021年，厄瓜多尔、秘鲁、尼加拉瓜、智利、洪都拉斯等拉美国家的选举表明各种政治力量进一步分化组合，意识形态极化和政治碎片化现象加剧。2022年，拉美左翼继续拓展空间，哥伦比亚出现历史上第一位左翼总统，巴西左翼领导人在大选中胜出，拉美新一轮左翼浪潮初现。主张限制采矿业和绿色经济的极左翼与主张实行自由主义经济制度的极右翼出现，一些国家的发展模式酝酿着转向。

2021年拉美地区经济实现了"补偿性"增长，但是高通胀、双赤字、高债务等问题存在，宏观经济政策空间缩小且政策权衡的复杂性和难度加大，均反映了拉美此轮经济复苏的脆弱性和不确定性。展望2022年，拉美经济仍面临严峻考验，不确定性较高。疫情、乌克兰危机、国际金融市场流动性、大宗商品价格走势等构成了影响拉美地区经济发展的外部因素，而拉美一些国家政局的变化、旨在提高生产率的结构性改革等将影响其中长期增

长前景。

拉美社会领域因疫情而丧失的发展成果难以在短期内恢复。2021年，疫苗成为各国抗击疫情的重要依靠。由于经济复苏和劳动力市场的缓慢恢复，贫富分化问题在2021年虽然没有明显改善，但是恶化趋势得到一定程度遏制，社会结构向下流动的态势也有所放缓。极端贫困人口增加及由此带来的饥饿问题是减贫成果倒退的重要表现，疫情造成的教育中断或延迟有可能对人力资本产生中长期影响。墨美边境的移民危机卷土重来，美国移民政策的调整对于解决危机没有帮助。

地区外交深度调整，拉美国家战略自主意识上升，以合作与援助为主要形式的疫苗外交成为拉美国家对外交往的重心。区域合作艰难前行，地区一体化活力虽有回暖，但凝聚力缺失问题尚未根本改善。

中拉合作依然延续高效节奏，经贸合作仍是中拉关系的压舱石，双方在"一带一路"合作等方面取得新突破。"全球发展倡议"成为中国谋划下阶段中拉关系的核心思路。

本年度专题报告的主题是安全，刊载了关于拉美能源安全、金融安全和网络安全的三篇报告。拉美能源转型步伐加快，拉美国际能源合作伙伴国日趋多元化，同美国、欧洲及亚洲国家的能源合作格局日益巩固。随着全球通货膨胀压力加大、美联储货币政策进一步紧缩、全球供应链不稳、新技术革命带来的"数字鸿沟"等矛盾的激化，拉美国家在债务、资本流动、股市等领域面临较大的风险。拉美国家通过加强战略规划、提高应对能力和加强合作提高了网络安全水平，也取得了很大成效，但整体上仍面临缺乏地区性网络安全战略、各国战略法规差异大、应对能力不足等问题。

关键词： 拉丁美洲和加勒比　政治生态周期　经济复苏　社会形势
战略自主意识

目 录 ↘

Ⅰ 总报告

Y.1 2021~2022年拉丁美洲和加勒比地区形势：困局与变局叠加，大国
对拉政策各有侧重 ················· 周志伟 / 001

Ⅱ 分报告

Y.2 2021~2022年拉美政治形势：左翼浪潮再起 ············ 杨建民 / 026

Y.3 2021~2022年拉美经济形势：短期触底反弹，中期增长疲弱
················· 张 勇 / 040

Y.4 2021~2022年拉美社会形势：疫苗助力抗疫，移民危机再起
················· 林 华 / 056

Y.5 2021~2022年拉美对外关系：地区外交深度调整 ······ 谌园庭 / 075

Ⅲ 专题报告

Y.6 拉美能源安全：能源转型成效及挑战 ·················· 孙洪波 / 084

Y.7 多重冲击下拉美国家的国际金融安全·············· 王　飞 / 101

Y.8 拉美地区网络安全现状及面临的问题·············· 赵重阳 / 116

Ⅳ　国别和地区报告

Y.9 巴西：政治斗争加剧，经济恢复增长·············· 何露杨 / 131

Y.10 墨西哥：总统在挑战中开启任期后半程·············· 杨志敏 / 145

Y.11 阿根廷：经济快速复苏，执政挑战加大·············· 郭存海 / 157

Y.12 古巴：新一代领导层掌权，经济艰难复苏·············· 范　蕾 / 170

Y.13 委内瑞拉：后疫情时代的艰难复苏·············· 李昊旻 / 186

Y.14 智利：新兴政治力量打破传统两党格局·············· 芦思姮 / 194

Y.15 哥伦比亚：经济逐步恢复·············· 赵重阳 / 207

Y.16 秘鲁：新总统难解旧问题·············· 郑　猛 / 218

Y.17 玻利维亚：政治分化加剧，经济复苏缓慢·············· 宋　霞 / 230

Y.18 厄瓜多尔：右翼政府加快贸易自由化进程·············· 方旭飞 / 242

Y.19 乌拉圭：积极抗击疫情，稳步推进改革，寻求外交突破

·············· 贺双荣 / 252

Y.20 巴拉圭：经济实现复苏，执政党赢得地方选举·············· 王　淞 / 259

Y.21 哥斯达黎加：疫苗接种保障经济复苏·············· 徐　睿 / 268

Y.22 尼加拉瓜：奥尔特加连续第四次当选总统·············· 李　菡 / 276

Y.23 洪都拉斯：选举平稳举行，经济复苏显著·············· 韩　晗 / 284

Y.24 萨尔瓦多：比特币合法化·············· 刘凡平 / 293

Y.25 危地马拉：司法独立遭削弱，反腐进程受阻·············· 肖　宇 / 301

Y.26 巴拿马：经济复苏显著，社会形势引人担忧·············· 王　帅 / 310

Y.27 多米尼加：政府执政平稳，经济复苏强劲·············· 史沛然 / 319

Y.28 海地：政治动荡加剧，经济复苏无期·············· 刘天来 / 327

Y.29 加勒比地区：经济多方面承压，疫苗接种率堪忧

·············· 郭凌威 / 336

V 附录 统计资料

Y.30 附表1~12 ……………………………………… 郑 猛 / 348

Abstract …………………………………………… / 378

Contents …………………………………………… / 381

皮书数据库阅读**使用指南**

总 报 告

General Report

Y.1

2021~2022年拉丁美洲和加勒比地区形势：困局与变局叠加，大国对拉政策各有侧重

周志伟*

摘　要： 新冠肺炎疫情仍是影响拉美政治、经济、社会和外交局势的核心因素。受疫情影响，拉美国家普遍面临执政难度攀升、政局波动加剧等挑战，政治生态周期也因疫情的干扰出现"向左回转"的态势，左、右政治力量博弈以及新兴政治力量崛起也有可能孕育新一轮的政治变化。尽管经济出现"补偿性"的反弹，但是高通胀、双赤字、高债务、财政和货币政策"两难"等问题均反映出拉美此轮经济复苏的脆弱性和不确定性。与此同时，劳动力市场的持续低迷使"返贫"问题成为拉美国家的现实挑战。由于纾困政策力度减弱，拉美国家社会结构呈现出较明显的向下

---

* 周志伟，中国社会科学院拉丁美洲研究所研究员，主要研究方向为拉美国际关系、巴西国别综合研究。

流动态势，贫富分化在中短期内或将恶化。拉美外交的复杂性同样有所上升，地区一体化活力虽有回暖，但凝聚力缺失问题尚未根本改善。美拉关系虽有所加强，但美国排斥性的政策导向并未在拉美获得预期回应。欧盟、俄罗斯和日本对拉美的政策侧重差异较大，尤其是日本同样体现出排斥性的政策思路。中拉合作依然延续高效节奏，在取得一系列突破的同时，"全球发展倡议"也成为中国谋划下阶段中拉关系的核心思路。

关键词： 拉丁美洲和加勒比　脆弱性复苏　贫富分化　地区凝聚力　全球发展倡议

　　新冠肺炎疫情对拉美地区的冲击在 2021 年体现得更为明显。在 2021 年的大部分时间里，拉美地区的疫情处于高位运行区间。截至 2021 年 12 月 31 日，拉美地区共录得新冠肺炎死亡病例总数约为 156.3 万人，占全球新冠肺炎死亡病例总数的 28.8%，是该地区人口全球占比（8.4%）的 3.4 倍。在病死率方面，秘鲁、墨西哥、巴西、哥伦比亚、阿根廷在全球属于较为严重的国家。[①] 同时，拉美地区的疫苗接种情况也不乐观，截至 2022 年 2 月 4 日，仍有 17 个国家的疫苗接种率不及全球均值。[②] 因此，疫情仍将是影响 2022 年拉美地区形势的重要因素。

　　在疫情的持续影响下，拉美政治生态出现阶段性"再调整"特征，在"向左转"显性变化的同时，暗含着左右力量均势博弈、新兴政治力量崛起等新态势。经济层面，拉美在 2021 年实现了 6.2% 的"补偿性"反弹，略

[①] "Mortality Analyses", Johns Hopkins University School & Medicine, Coronavirus Resource Center, https：//coronavirus. jhu. edu/data/mortality, accessed February 4, 2022.

[②] "Understanding Vaccination Progress", Johns Hopkins University School & Medicine, Coronavirus Resource Center, https：//coronavirus. jhu. edu/vaccines/international, accessed February 4, 2022.

高于全球均值（5.8%），不及新兴和发展中国家的均值（6.4%）。考虑到疫情的不确定性以及该地区普遍面临的财政、货币政策两难局面，经济增长实现可持续尚有难度。在社会层面，随着民生问题持续恶化，拉美地区的社会矛盾呈激化趋势，这给拉美国家下个阶段的社会治理提出了新课题。在外交层面，地区关系、疫苗合作、大国竞争是三个主要因素。其中，拉美次区域组织的活跃度明显提高；在疫苗合作方面，针对拉美地区应对疫情的现实需求，中国是最早向拉美国家提供疫苗援助的国家，与拉美多数国家开展了深度合作。美国在2021年下半年也加大了对拉美的疫苗援助，但援助对象具有明显的"选择性"。美国排斥性的政策导向与中国对拉合作的开放态度形成巨大反差。从拉美国家的回应来看，其自主性得到充分体现，在大国竞争中总体持务实灵活的态度。

一　政局稳定度下降，左右博弈趋于均势

新冠肺炎疫情增加了拉美国家的治理难度，政府的疫情应对效果势必影响到民意，进而通过民调、票选、舆情等多渠道催生小至国家、大至整个地区的政治生态的变化。总体来看，拉美多数政府面临支持率下降的局面，选举结果呈现出较高的"易帜率"，基本形成"向左回转"的总态势。前一个政治周期因疫情被迫中断，左、右政治力量博弈趋于均势，意识形态极化成为拉美政治另一个值得关注的现象。

（一）拉美民众对政府的信任度普遍走低

根据艾德曼公司（Edelman）发表的《2022年全球信任度晴雨表》[1] 的分析，全球普遍面临"不信任成为社会的默认情绪""社会恐慌情绪上升""政府和媒体助长不信任循环""民主国家面临信任崩溃"等趋势。在全球27

---

[1]　"Edelman Trust Barometer 2022"，Edelman，https：//www.edelman.com/sites/g/files/aatuss191/files/2022 - 01/2022% 20Edelman% 20Trust% 20Barometer% 20FINAL _ Jan25. pdf，accessed February 5，2022.

个国别分析案例中，包括墨西哥、巴西、哥伦比亚、阿根廷4个主要拉美国家。其中，墨西哥和巴西两国的信任度处于"中性"区间（50%～60%），而哥伦比亚和阿根廷被归于"不信任"区间（低于50%）。若单看"政府信任度"指标，上述四国的政府信任度同比均有下降，尤其是阿根廷和巴西的降幅分别达8个百分点和5个百分点。同时，拉美四国的政府信任度均在"不信任"区间，而阿根廷政府的信任度仅为22%，位居27个国别样本的末位。

上述特征在《2021年拉美晴雨表报告》[①] 中同样有所体现。比如，拉美地区对民主的不满意率从2013年的51%上升至2020年的70%，而整个地区的政府支持率均值在2020年仅为40%，总统支持率均值更是低至32%。尤其是2021年完成大选的5个国家，厄瓜多尔、洪都拉斯、智利三国总统（选举前的总统）的支持率均不到20%，都处于最低区间；秘鲁总统的支持率也只有31%；而获得连任的尼加拉瓜总统奥尔特加的支持率（38%）在2020年的支持率相对较高，高于拉美地区均值（32%）。另外，根据墨西哥咨询公司Mitofsky在2021年下半年的统计[②]，只有5个拉美国家的总统支持率高于50%，分别为萨尔瓦多（71%）、多米尼加（67%）、墨西哥（64%）、厄瓜多尔（64%）和乌拉圭（52%）。而拉美多国总统的支持率普遍较低，比如哥斯达黎加总统阿尔瓦拉多的支持率仅为17%，在整个地区垫底。此外，哥伦比亚、巴西、巴拉圭、危地马拉、委内瑞拉、玻利维亚、阿根廷等国总统的支持率也均低于30%。其中，哥斯达黎加、哥伦比亚、巴西三国在2022年举行大选，危地马拉、阿根廷、巴拉圭三国将在2023年举行大选，由此可见，拉美政治格局在未来两年仍存在较大的"洗牌"可能性。

（二）政局稳定度出现不同程度的下降

疫情直接加剧了拉美国家政治生态的复杂性且对经济民生问题造成巨大

① "Latinobarónetro Informe 2021", Latinobarónetro, https：//www.latinobarometro.org/LATDC/DC00692/F00011665-Latinobarometro_ Informe_ 2021. pdf, accessed February 5, 2022.

② Ruiz R. Gerardo, "Carlos Alvarado es el Presidente más Impopular de América", crhoy, 29 de octubre de 2021, https：//www.crhoy.com/nacionales/carlos-alvarado-es-el-presidente-mas-impopular-de-america/, accessed February 5, 2022.

冲击。受此影响，拉美国家的社会紧张度普遍上升，进而通过府院关系、街头政治、政治斗争等多渠道波及政局的稳定性。总体来看，当前拉美地区的政局稳定度降低，政治风险明显上升。

2021年，疫情防控政策上的矛盾加剧了拉美部分国家的政治斗争，巴西尤为典型。由于防疫低效，博索纳罗总统面临来自在野党、立法机构、司法机构、地方政府、非政府组织的多方攻击，巴西众议院在2021年共收到84个总统弹劾动议。[①] 2021年4月，巴西参议院成立新冠调查委员会，针对博索纳罗政府的疫情防控开展专项调查，并在10月下旬公布了调查报告草案，博索纳罗总统面临危害人类、渎职、欺诈、侵犯社会权利、挪用公共资金等9项罪名指控。在整个调查过程中，朝野政治力量斗争不断升级，进而加剧了社会舆论的对立，街头政治成为2021年巴西政治形势的主要特征，执政环境遭到严重干扰，政治风险持续攀升。

由于执政困境加剧，加之政治碎片化程度上升，府院矛盾成为最近几年拉美国家较为普遍的现象。在这方面，典型案例是秘鲁。2020年11月，府院斗争直接造成秘鲁"一周内换3位总统"的尴尬局面；2021年7月卡斯蒂略总统执政以来，反对党控制国会而频频发难，迫使外长、总理和内政部长先后辞职，内阁频繁改组，卡斯蒂略总统也面临不断加大的弹劾压力，执政秩序和政局稳定性存在较大不确定性。

突发性事件也是影响政治稳定性的重要因素。2021年7月7日，海地时任总统莫伊兹在私人官邸遇刺身亡，此事进一步加剧了该国政治乱局。加之2021年8月的地震灾害、暴力事件日益泛滥、新总理亨利公信力不足等因素，海地乱局在中短期内有可能成为拉美地区的重要安全隐患。此外，街头抗议也具有突发性特征。在哥伦比亚，爆发反对税收改革的抗议活动，全国性大罢工持续数月，并演变成大规模的政治运动。2021年10月，智利再次爆发大规模反政府游行示威。在厄瓜多尔，由于毒品暴力事件激增，全国

---

① Rafael Neves, *Bolsonaro tem Mais Pedidos de Impeachment em 2021 que Dilma em Tudo Mandato*, *UOL*, 9 de dezembro de 2021.

一度进入紧急状态。而阿根廷、古巴、智利、萨尔瓦多也发生了局部社会骚乱。另外，"潘多拉文件"曝光了包括智利、厄瓜多尔和多米尼加三国领导人在内的拉美多国政要存在隐瞒资产或逃税的行为，智利时任总统皮涅拉因此被调查，其他拉美国家政坛也出现了局部动荡。①

（三）政治风向"左转"更趋明显

2021 年，拉美各级选举较为集中，厄瓜多尔、秘鲁、尼加拉瓜、智利、洪都拉斯五国完成了总统选举，萨尔瓦多、墨西哥、阿根廷和智利四国举行了议会选举，委内瑞拉、萨尔瓦多、玻利维亚、智利、墨西哥、巴拉圭举行了地方选举。从选举结果来看，拉美政治生态"左转"趋势更加明显，左、右力量博弈强度也呈上升态势。

根据政治光谱分析，拉美政治生态呈现出明显的"左转"趋向。在完成总统选举的五国中，除尼加拉瓜总统奥尔特加获得连任外，其余四国都发生了政治光谱的转换。2021 年 4 月，根据厄瓜多尔全国选举委员会公布的数据，创造机会运动-基督教社会党联盟候选人拉索以 52.49% 的得票率赢得厄瓜多尔大选，右翼政党时隔 15 年重新执政。2021 年 6 月，左翼自由秘鲁党候选人卡斯蒂略以 50.13% 得票率当选总统，秘鲁左翼政党重新掌权。2021 年 11 月，根据洪都拉斯全国选举委员会公布的数据，洪都拉斯左翼自由与重建党候选人卡斯特罗以 51.12% 的得票率赢得大选，洪都拉斯时隔 12 年再次由左翼执政。2021 年 12 月，左翼政党联盟"尊严制宪"联盟候选人博里奇以 55.85% 的得票率赢得智利大选，智利政治生态重新"左转"。很显然，除厄瓜多尔的大选是右翼政党取胜外，其余四国均是左翼获胜。另外，在 2022 年举行大选的 3 个国家中，巴西和哥伦比亚两国的左翼候选人在民调中优势明显。因此，拉美政治生态"左转"趋势延续的概率较大。

在议会选举和地方选举层面，左翼力量也体现出集聚壮大。比如，墨西

---

① John Bartlett, "Chile President Piñera Faces Impeachment after Pandora Papers Leak", The Guardian, October 13, 2021, https://www.theguardian.com/world/2021/oct/13/chile-sebastian-pinera-impeachment-proceedings-pandora-papers, accessed February 7, 2022.

哥左翼执政党国家复兴运动党在众议院选举后虽减少了 60 个席位，但仍是众议院第一大党，而该党及其盟党组成的"我们一起创造历史"（Juntos Haremos Historia）在众议院拥有 280 个席位，占到总席位（500 个）的 56%。另外，在 15 个州的州长选举中，国家复兴运动党赢得其中的 11 个，算上未改选的州长数量，国家复兴运动党主政的州政府数量多达 16 个，占到全国 32 个州的一半。在 30 个州的议会选举中，国家复兴运动党及其盟党在 16 个州议会中拥有 2/3 以上的席位，另外还在 3 个州拿下了超半数的议席。[①] 在委内瑞拉的地方选举中，执政党统一社会主义党在总共 23 个州的选举中赢下 20 个州长席位，而在 335 个市长改选中，该党也拿下了 205 个市长职位。[②]

（四）左、右力量博弈强度加大，政治"局外人"现象趋于频繁

在拉美政治出现阶段性"左转"的同时，左、右力量博弈强度有所加大。究其原因，一方面在于拉美面临治理困局，在经历"轮番试错"后，出现"两种模式并存但均不占优"的局面；另一方面，疫情下催生的政治力量新格局稳定性不强，这在客观上也提供了政治博弈的环境。与此同时，新兴政治力量和政治"局外人"的涌现成为拉美政治的新现象。

政治力量均势博弈首先体现在厄瓜多尔、秘鲁、智利三国总统选举层面。在厄瓜多尔，代表中左翼阵线的"希望联盟"候选人阿劳斯以 33% 的得票率在首轮投票中居首位，领先中右翼创造机会运动候选人拉索约 13 个百分点。但在第二轮投票中，拉索以不到 5 个百分点的优势逆袭胜出。在秘鲁，左翼候选人卡斯蒂略在首轮投票中领先右翼候选人藤森庆子不足 6 个百分点，在第二轮投票中，卡斯蒂略仅以 0.25 个百分点（约 4.4 万票）的优势赢得对手。[③] 在智利，右翼政党联盟基督教社会阵线候选人卡斯特在首轮

① Insituto Nacional Electoral, *México：Elecciones del 6 de junio de 2021*, 28 de junio de 2021.
② Consejo Nacional Electoral, http：//www.cne.gob.ve/web/estadisticas/index_resultados_elecciones.php, accessed February 10, 2022.
③ Presentación de Resultados Segunda Elección Presidencial 2021, Oficina Nacional de Procesos Electorales, https://resultadoshistorico.onpe.gob.pe/SEP2021/EleccionesPresidenciales/RePres/T, accessed February 10, 2022.

投票获胜，领先左翼政党联盟"尊严制宪"候选人博里奇3个百分点；在第二轮投票中，博里奇以超过11个百分点的优势反超卡斯特，成功当选总统。

左、右力量的军事博弈在议会选举层面也有所体现。在秘鲁，左翼执政党自由秘鲁党仅占国会130席中的37席，而主要中右翼政党（人民力量党、争取进步联盟党）则合计占40个议席，左、右力量对峙明显。在阿根廷，中左翼执政联盟在中期选举中仅赢得31%的选票，而前总统马克里所属的中右翼联盟赢得40%选票，左、右力量较两年前的大选更趋于均势。在墨西哥，反对派联盟在众议院的议席增加了56席，议席总数达到197个，占众议院500个总议席的39.4%，对执政联盟形成更大牵制。在洪都拉斯，尽管卡斯特罗的当选中止了右翼国民党长达12年的长期执政，但在128个国会议席中，其所在的自由与重建党仅占50席，而两大右翼政党（国民党、自由党）拥有66席。此外，在2022年举行大选的哥斯达黎加、哥伦比亚和巴西三国，民调结果也体现出了左、右博弈的特征。

新兴政治力量和政治"局外人"崛起已成为拉美政治的新气象。在厄瓜多尔，印第安人领袖雅库·佩雷斯凭借世居民族社群权益、反对性别歧视和环保政策成为该国政坛新星，不仅在2021年首轮总统大选中赢得19.4%的选票，仅以0.3个百分点微弱差距止步选举，而且其领导的世居民族组织——帕恰库蒂克多民族团结运动在国民代表大会中的席位增至25个议席。此外，乡村小学教师出身的卡斯蒂略在秘鲁大选中的获胜，学生运动领袖博里奇在智利大选中的脱颖而出，智利共产党员伊拉奇在圣地亚哥市长选举中的胜出，这些都体现了拉美政治力量格局的新变化。

二 经济反弹明显，可持续性复苏仍较艰巨①

拉美经济在2020年经历了跌幅高达6.8%的严重衰退后，在2021年实

① 本节数据除特别标注外均来源于ECLAC，*Preliminar Overview of the Economies of Latin America and the Caribbean 2021*，United Nations，2022。

现了 6.2% 的"补偿性"增长，略高于全球经济增幅（5.8%），"止跌反弹"特性与全球经济表现基本保持一致。总体来看，国际贸易的复苏、全球流动性的增强、国内消费的恢复等因素是支撑拉美地区经济反弹的重要基础。与此同时，拉美大多数国家的宏观经济指标未见明显改善，普遍面临高通胀、高利率、高负债、高失业率等严峻挑战，进而对拉美国家逆周期调控政策空间形成挤压，政策需求与政策可供性存在一定的矛盾，受此影响，拉美经济复苏存在较大的脆弱性。为此，联合国拉美经济委员会将拉美经济 2022 年的增长预期回调至 2.1%，不及全球经济增长预期（4.9%）的一半。

（一）经济反弹幅度显著，次区域与国别差异悬殊

根据联合国拉美经济委员会的统计，2021 年全球经济增长率为 5.8%，其中发达经济体增长率的均值 5.2%，新兴和发展中经济体的增长率均值为 6.4%。在新兴和发展中经济体中，拉美地区经济增长率约为 6.2%，不及亚洲的新兴和发展中经济体增长率均值（7.2%），但好于欧洲新兴和发展中经济体（5.9%）、中东和北非地区（4.1%）和撒哈拉以南非洲地区（3.7%）。不过，从 2022 年的增长预期来看，拉美地区（2.1%）属于全球增速最慢的地区，也远不及新兴和发展中经济体的增长率均值（5.1%），充分反映出了拉美经济复苏的脆弱性。

从拉美次区域来看，受益于大宗产品价格上升、全球贸易复苏等因素的影响，南美洲地区 2021 年的经济增长率为 6.4%，略高于拉美整个地区的均值，也与全球新兴和发展中经济体增速持平。墨西哥和中美洲地区情况也类似，经济增长率约为 6.0%。相反，由于疫情对旅游业的毁灭性打击，加之自然灾害等因素，加勒比地区（圭亚那除外）2021 年的经济增长率仅为 1.2%。从 2022 年的增长预期来看，三个次区域呈现出巨大反差。加勒比地区（圭亚那除外）经济增幅预计为 6.1%，墨西哥和中美洲地区的经济增幅预计约为 3.3%，而南美洲地区的经济增长率预计仅为 1.4%。由此可见，经济复苏的脆弱性在南美洲地区体现得更加充分。

从国别经济表现来看，只有 11 个国家在 2021 年恢复到 2019 年的水平。

尤其在加勒比地区,除多米尼加、圭亚那外,其他国家均未恢复到 2019 年的经济水平。受益于大规模油气资源开发的利好驱动,圭亚那经济呈现出"独立行情",2020 年和 2021 年分别增长 43.5% 和 18.5%,2021 年经济总量达到 2019 年的 1.7 倍。除此特例外,2021 年拉美国别经济增长呈现出四个特征。第一,在狭义的拉美①范畴,2020 年跌幅超前的国家,经济反弹幅度相对较大。比如,巴拿马 2020 年和 2021 年的经济增长率分别为-17.9% 和 12.4%;秘鲁 2020 年的经济萎缩幅度为 11%,但 2021 年实现 13.5% 的反弹;阿根廷也类似,2020 年和 2021 年的经济增速分别为-9.9% 和 9.8%。第二,智利、多米尼加、萨尔瓦多 2020 年的经济下跌幅度居中,但在 2021 年实现了两位数的增幅,逆周期调控政策效果明显。第三,巴西、墨西哥两个地区大国经济增长不理想,2021 年仅分别增长 4.7% 和 5.8%,低于地区均值(6.2%)。第四,加勒比国家(圭亚那除外)经济普遍不景气,海地、圣基茨和尼维斯、圣文森特和格林纳丁斯、苏里南、特立尼达和多巴哥五国仍为负增长。

(二)增长要素分析及产业表现

在全球范围内扩张性财政和货币政策的刺激下,加之疫苗接种的推进,国际贸易需求有明显起色,贸易是拉美经济反弹的主要动力。2021 年,全球贸易同比增长 10.8%,大宗产品价格上涨是推动全球贸易增长的重要因素。比如,工业金属和矿产品价格同比上涨 37%,农产品价格上升 22%,能源价格增幅高达 74%。受此影响,拉美地区贸易条件整体改善 5%,但国家之间的差异比较大。比如,贸易条件改善幅度较大的是碳氢化合物出口国(15%)、金属和矿产品出口国(13%)及农产品出口国(13%)。相反,加勒比地区(除圭亚那、牙买加、特立尼达和多巴哥以外)和中美洲的贸易条件则有所恶化,前者的恶化幅度高达 5%。从拉美地区整体来看,2021 年出口额同比增长 25%,其中 17% 得益于出口价格上涨,8% 归因于出口量增

---

① 指拉美和加勒比地区以西班牙语、葡萄牙语或法语为官方语言的 20 个独立国家。

长。从次区域来看，南美洲出口额增幅更大，达到34%，其中出口价格上涨贡献了28%的增幅；加勒比地区出口额同比增长31%，其中20%归因于出口价格上涨；墨西哥和中美洲出口额同比增幅为24%，出口价格仅贡献了10%，低于出口量的贡献值（14%）。进口方面，2021年拉美地区整体进口额同比增长32%，其中20%得益于进口量增加，12%归因于进口价格上涨。相比而言，南美洲和中美洲进口增长更为显著，分别增长了36%和34%。

侨汇收入也是拉美经济的重要增长动力。2021年，拉美地区侨汇收入同比增幅接近30%。其中，萨尔瓦多、危地马拉、洪都拉斯、牙买加、多米尼加等中美洲和加勒比地区国家受益最大，侨汇收入同比增幅都超过了地区均值。此外，厄瓜多尔、玻利维亚两国的侨汇收入增幅甚至高达40%。与此同时，外国直接投资出现止跌回升态势。根据联合国贸易和发展会议的统计①，2021年流入拉美地区的外国直接投资增长75%，虽不及全球均值（77%），但高于发展中国家均值（30%）。其中，2021年拉美地区的绿地项目数同比增加8%，国际项目融资协议数量同比增加63%。比如，流入巴西的外国直接投资从2020年的248亿美元增长至2021年的580亿美元，成为全球第七大外资流入国。此外，2021年流入智利的外国直接投资达167.8亿美元，创2015年以来的峰值，比2020年增长95%。② 国内消费对经济反弹也起到了重要的支撑作用。其中，私人消费2021年第二季度的同比增幅达到16.9%，对经济增长的贡献率接近50%。相比而言，公共消费在2021年第二季度仅实现不足6%的增长，复苏进度明显滞后。

从产业增长来看，受疫情冲击较大的建筑业、商业、制造业、交通和通信业领跑拉美经济反弹，而农业、社会服务业和金融服务业的复苏相对较

---

① UNCTAD, *Global Investment Trends Monitor*：*Issue 40*，January 2022.

② "2021 Was a Good Year for Foreign Direct Investment in Chile, the Highest since 2015", The Santiago Times, February 20, 2022, https：//santiagotimes. cl/2022/02/10/2021 - was - a - good-year-for-foreign-direct-investment-in-chile-the-highest-since-2015/, accessed February 14, 2022.

慢。但是，从2021年第三季度数据来看，拉美多国的制造业、建筑业、商业普遍面临环比停滞或减速的态势。比如，墨西哥、智利两国的建筑业在2021年第三季度仅恢复到2019年1月水平的80%左右，两国的制造业也仅仅恢复到2019年1月的水平。

（三）多重隐患：通胀、债务及政策"两难"

在实现"补偿性"增长的同时，拉美经济复苏面临诸多隐患。第一，受内外多重因素影响，拉美地区通胀率迅速攀升。2021年9月，拉美地区的通胀率均值升至6.4%，达到自2008年10月以来的峰值。其中，南美洲的通胀率均值高达7%，墨西哥和中美洲地区的均值约为5.3%，加勒比英语国家的均值约为4.2%。从国别来看，只有危地马拉、海地和乌拉圭三国的通胀率同比（与2020年9月比较）有所下降，而9个国家的通胀率同比增幅超过4个百分点，分别为阿根廷、委内瑞拉、巴西、古巴、萨尔瓦多、圭亚那、巴拉圭、巴拿马和苏里南。其中，阿根廷（51.7%）、苏里南（59.8%）和委内瑞拉（1946%）成为通胀率超高国家。总体来看，通胀率攀升主要反映了非核心通胀的急剧上升，特别是食品类通胀，而核心通胀仍低于危机前水平。

第二，经常账户和财政"双赤字"。由于进口增速超过出口、服务贸易和收入账户赤字扩大等因素，2021年拉美地区经常账户重新回归赤字状态，赤字占GDP比重为0.6%。财政账户方面，由于公共收入的回温以及公共开支的减少，拉美地区财政赤字占GDP的比重从2020年的6.9%收窄至5.0%，但依然高于3%的国际警戒线。另外，由于加勒比地区经济恢复相对较缓，加之该地区国家救灾支出增加，财政赤字占GDP的比重虽也有所收窄，但仍保持在5.8%的高位。

第三，公共债务和外债面临风险。截至2021年9月，拉美地区中央政府债务占GDP的比重约为54.7%，其中南美洲约为56.1%、中美洲为53.3%。从国别来看，加勒比地区国家公共债务负担普遍偏高，仅圣基茨和尼维斯、圭亚那两国的公共债务占比低于50%。此外，阿根廷（91.1%）、巴西

（83%）、哥斯达黎加（74.5%）、巴拿马（66.5%）、哥伦比亚（62.2%）等国的公共债务水平也较高。按照债权人属地划分，拉美地区中央政府债务中内债和外债的平均占比分别为49.6%和50.4%。其中，南美洲的两者占比分别为55.3%和44.7%，中美洲的两者占比分别为43.5%和56.5%。从国别来看，巴拉圭（88.8%）、尼加拉瓜（86.6%）、巴拿马（81%）、哥斯达黎加（71.3%）和多米尼加（70.2%）等国面临较大的外债风险。

第四，在应对疫情以及刺激经济社会复苏方面，与发达国家相比较，包括拉美国家在内的新兴和发展中经济体可运用的财政政策空间存在局限。2021年，拉美国家已着手对财政政策进行调整，目的就在于削减公共开支、减少财政赤字，稳定公共债务水平。从中短期来看，拉美国家的财政政策空间将面临进一步收窄的局面。在货币政策方面，迫于货币贬值和通胀压力，巴西、墨西哥、智利和秘鲁等国的中央银行已经先于发达国家启动加息安排，鉴于此，拉美国家的货币政策操作空间同样受到压缩。

三　疫情加剧失业问题，贫富分化或将扩大[①]

新冠肺炎疫情的影响依然从多个渠道向拉美社会传导，劳动力市场的持续低迷使"返贫"成为拉美国家普遍面临的问题。尽管拉美经济在2021年实现了适中反弹，但由于纾困政策力度减弱，拉美地区的赤贫群体规模有所扩大，贫富分化问题在中短期内大概率将有所恶化。此外，在最近两年，拉美社会结构也呈现出比较明显的向下流动态势。

（一）疫情应对效果有限，疫苗接种国别差异悬殊

2021年上半年是拉美地区疫情的高发期，多数国家的疫情严重程度超过2020年。截至2021年12月31日，拉美地区新冠肺炎死亡病例总数为

---

① 本节数据除特别标注外均来源于ECLAC, *Social Panorama of Latin America 2021*, United Nations, 2022。

1562845 例，占全球新冠肺炎死亡病例总数的 28.8%。拉美地区新冠肺炎死亡率达到 2.37‰，居全球首位。从国别来看，秘鲁是全球新冠肺炎死亡率最高的国家之一，死亡率高达 6‰，为拉美地区均值的 2.5 倍。另外，新冠肺炎死亡率高出地区均值的国家还有巴西（2.89‰）、阿根廷（2.57‰）、哥伦比亚（2.53‰）。另外，从新冠肺炎死亡病例的年龄结构来看，60 岁以下群体的死亡病例数显著增加。比如，2021 年上半年阿根廷 60 岁以下群体的死亡病例数同比增加了 86%，而巴西、古巴和乌拉圭 60 岁以下群体的死亡病例数相较 2020 年同期甚至翻番。

作为应对疫情最有效的方式，疫苗接种的进度在拉美地区呈现出显著的国别差异。截至 2021 年 12 月 31 日，拉美地区的疫苗接种率为 59.4%，加勒比地区的接种率则只有 33%。智利、古巴、乌拉圭、阿根廷、厄瓜多尔等国的接种率超过 70%，但仍有超过半数国家的接种率不足 50%，接种率不足 30% 的国家甚至多达 5 个（圣卢西亚、危地马拉、圣文森特和格林纳丁斯、牙买加以及海地），而海地的疫苗接种率仅为 0.6%。因此，要达到二十国集团提出的"到 2022 年中，疫苗接种率达到 70%"的目标，拉美地区需要加大疫苗采购力度以及建立或加强疫苗生产能力。

（二）失业率处于近20年最差阶段，就业性别鸿沟扩大

拉美经济复苏带动了劳动力市场的小幅回暖，劳动参与率、就业率、失业率三项指标在 2021 年均有所改善。2021 年第三季度，拉美主要 14 个国家的劳动参与率约为 61.9%，就业率回升至 55%，失业率也回落到 10%。尽管如此，劳动力市场尚未恢复到疫情之前的水平。究其原因，疫情的高位运行和反复、服务业和制造业复苏有限等因素对劳动力市场的活跃度形成较大制约。从国别来看，巴西（13.9%）、哥伦比亚（14.0%）、哥斯达黎加（17.4%）的失业率远高于地区均值。此外，部分国家的失业率甚至出现同比恶化的趋势，比如巴西 2021 年第三季度的失业率同比上升了 0.3 个百分点，多米尼加的失业率增幅达 2.4 个百分点。若纵向比较，拉美地区当前的失业率基本倒退到 20 世纪 90 年代末经济动荡周期的水平，拉美劳动力市场

恢复到2014年的活跃度仍存在较大难度。

与此同时，失业的性别结构差异进一步扩大。2021年前三个季度，整个地区男性就业率从上年同期的63.3%提高至67.1%，而女性就业率仅从41.3%上升至43.8%①，女性就业恢复进度明显不及男性。另外，拉美地区男性失业率约为8.3%，同比下降1.1个百分点，而女性的失业率则从2020年同期的12.2%上升至12.3%，两性之间的失业率差距从2.8个百分点上升到4个百分点。从国别来看，失业性别结构差异悬殊的国家有哥斯达黎加（10.3个百分点）、多米尼加（8.3个百分点）、哥伦比亚（7.1个百分点）、巴西（6.1个百分点），性别差异较小的国家主要是智利（0.6个百分点）、墨西哥（持平）。另外，疫情也加剧了青年失业问题。

（三）贫富差距进一步扩大，社会阶层向下流动态势明显

过去20年，拉美的贫富分化问题呈现出显著的起伏波动。2002~2014年，贫富分化明显收窄，整个地区的基尼系数从2002年的0.54降至2014年的0.462。之后，尽管地区基尼系数基本维持稳定（2020年为0.46），但部分国家呈现出贫富差距拉大的趋势。比如，在拉美经济委员会分析的15个拉美国家中，9个国家的基尼系数有所上升，而维持下降的只有6个国家。在基尼系数上升的国家，如按收入构成分析，劳动收入（包括工资和薪酬、自创收入）的减少是贫富差距扩大的关键因素，最贫穷1/5群体的劳动部分收入降幅是最富裕1/5群体的4.5倍。从劳动收入的细分来看，工资和薪酬降幅更加显著，在基尼系数上升的国家，最贫穷1/5群体的工资收入降幅是最富裕1/5群体的5.1倍。不过，作为社会政策的重要手段，现金转移支付对拉美所有国家的贫富分化起到了重要的缓解作用。在基尼系数上升的国家，如将现金转移纳入收入核算范畴，最贫穷1/5群体的收入降幅平均可以收窄10.6%。新冠肺炎疫情发生后，拉美国家的紧急现金转移对缓

---

① ECLAC, *Preliminary Overview of the Economies of Latin America and the Caribbean 2021*, United Nations, January 2022, pp. 145-147.

解贫富分化至关重要。根据拉美经济委员会的分析，如紧急现金转移纳入收入范畴，拉美地区的基尼系数在 2019~2020 年的增幅只有 1%，如不将其纳入核算范畴，基尼系数的增幅则会达到 4%。但是，2021 年拉美地区纾困政策力度有明显减弱。2021 年前 10 个月拨付的纾困款项总金额约为 453 亿美元，仅为 2020 年后 10 个月拨付总金额（897 亿美元）的一半。考虑到纾困政策的变化对收入的影响存在一定滞后性，拉美地区贫富差异存在进一步扩大的可能性。

由于纾困资金萎缩，拉美经济在 2021 年的适中反弹对贫困问题的改善效果非常有限。总体来看，拉美地区贫困问题呈现出两种不同趋向：一方面，贫困人口从 2020 年的 2.04 亿人减少到 2.01 亿人，贫困率则从 33% 降至 32.1%，但仍高于疫情前水平；另一方面，赤贫人口从 2020 年的 8100 万人增至 8600 万人，赤贫率从 2020 年的 13.1% 上升至 13.8%。这种差异性的发展轨迹在过去十余年间同样有所体现。比如，在拉美经济委员会统计的 13 个国家中，有 9 个国家的赤贫率超过 2014 年的水平，其中哥斯达黎加、智利、巴西、墨西哥的赤贫率甚至超过 2008 年的水平，而只有 4 个国家（多米尼加、萨尔瓦多、巴拉圭、玻利维亚）的赤贫率在 2008~2020 年是持续下降的。与此同时，即便在疫情下，智利、多米尼加、萨尔瓦多、玻利维亚的贫困率仍低于 2014 年的水平，只有阿根廷的贫困率倒退到 2008 年的水平。

另外，从社会阶层构成分析，2020 年低收入阶层占比上升 2.8 个百分点，而中等收入阶层占比下降了 2.4 个百分点，高收入阶层占比萎缩幅度只有 0.3 个百分点。2021 年，低收入阶层占比回升 1.8 个百分点，中等收入阶层占比回升 1.3 个百分点。因此，综合考虑最近两年的情况，由于疫情的冲击，拉美地区中、低两个社会阶层均呈现出向下流动的态势。

四 地区一体化出现转机，大国对拉美政策各有侧重

从多个维度分析，当前拉美外交呈现复杂多变态势。在地区关系层面，

区域合作氛围虽有改善，但仍受到意识形态极化等因素的干扰。在美拉关系层面，尽管拜登政府强调加大对拉美外交力度，但尚处于"政策摸底"阶段，主要侧重于针对移民、疫情等问题的应急性安排以及排斥对华合作的外交宣传；在欧、俄、日等拉美传统伙伴的外交议程中，各方对拉美政策侧重存在差异，尤其是俄罗斯和日本两国的对拉美政策反差更大。相比而言，中拉关系在多个层面取得明显突破，中拉合作为拉美走出经济困局提供了更大的选择空间。

（一）区域一体化出现转机，地区凝聚力仍显不足

21世纪初的"粉红浪潮"结束后，拉美地区一体化呈现出表面纷繁错乱、总体进程停滞的态势，尤其是新"利马集团"的出现直接加剧了区域内部的意识形态对立，进而造成南美洲国家联盟名存实亡、拉美和加勒比国家共同体（以下简称"拉共体"）效力萎缩的局面。随着拉美政治生态重新"左转"，墨西哥、阿根廷、玻利维亚、秘鲁、圣卢西亚等国对委内瑞拉马杜罗政府的态度发生根本改变，"利马集团"的影响力基本"归零"。与此同时，拉共体的活力在轮值主席国墨西哥的引领下有所增强。2021年7月，拉共体召开第21次外长会议，重启地区政治对话和协调机制；9月，拉共体第六届首脑峰会举行，包括18位国家元首或政府首脑在内的31个地区国家代表参会。峰会发表了《墨西哥城宣言》，通过了由联合国拉美经济委员会提出的《拉美和加勒比卫生事务自给自足计划：行动方针和建议》，并就成立拉美和加勒比航天局、建立自然灾害应对基金等达成一致。拉共体活跃度的提高有助于提高拉美地区参与全球事务、与域外国家和组织开展集体对话的能力。2022年轮值主席国阿根廷外长表示，将加强拉共体成员在应对气候变化、流行病防控、灾害风险管理、教育交流、反腐败、粮食安全、运输和通信互联互通、联合国可持续发展目标、性别平等领域的合作，并促进拉共体与欧盟、中国、俄罗斯、印度等组织和国家的对话。

太平洋联盟的活跃度有所提高。① 2021年4月，举行了太平洋联盟成立十周年线上纪念活动，与会国代表就疫情防控、经济复苏、制定"数字市场一体化路线图"等议题达成共识。11月，举行了第三届太平洋联盟合作论坛，聚焦区域经济和可持续国际合作。值得关注的是，太平洋联盟与亚太地区保持高频互动。例如，2021年7月与新加坡完成自贸协定谈判；11月与东盟通过了"2021~2025年工作计划"，双方确定在经贸、教育和文化、科技和创新、智慧城市、环境与可持续发展等领域的合作；还分别与中国、韩国、越南、印度尼西亚等国开展对话，体现出积极融入亚太市场的意愿。

尽管如此，拉美地区凝聚力仍显不足。比如，在拉共体内部，针对古巴、委内瑞拉、尼加拉瓜三国民主状况，拉共体取代美洲国家组织，阿根廷接替轮值主席国等问题存在一定分歧。尤其是巴西连续两年缺席拉共体的一系列活动，反映出巴西政府在地区一体化进程中的角色从原来的"主导国"转变为"搅局者"，严重影响了拉美地区一体化的效力。不仅如此，博索纳罗政府促成了保守派政治行动大会（CPAC）落地拉美，2019年和2021年在巴西召开了两次会议，吸收拉美国家的保守主义代表人物参会。受此影响，拉美地区在意识形态领域或将面临代表左翼的圣保罗论坛和代表右翼的保守派政治行动大会之间的对抗局面，不利于拉美国家的共同身份构建。

南方共同市场的政策一致性规则与成员国政策分歧之间的矛盾日益凸显，在进口关税减免和对外自贸谈判这两大议题上体现得尤为明显。在2021年12月17日举行的第59届南方共同市场首脑峰会上，由于未就对外自贸谈判问题达成一致，乌拉圭最终拒绝在本次会议的联合公报上签字。由于成员国政治生态的不一致以及对外经济合作立场的差异，南方共同市场面临越来越严峻的挑战，其内部危机已超出了外交所能解决的范畴，在阿根廷与乌拉圭两国之间的意识形态分歧上体现得尤为明显。② 与此同时，作为地

---

① Alianza del Pacífico, El poder de la integración, https://alianzapacifico.net/noticias/, accessed February 22, 2022.

② Lisandra Paraguassu, "Cúpula do Mercosul Termina sem Declaração Presidencial por Divergências com Uruguai", *Reuters*, 17 de dezembro de 2021.

区大国，巴西在协调南方共同市场内部分歧、凝聚集团共识层面的角色缺失也体现出博索纳罗政府对南美洲地区一体化的忽视。①

（二）美拉关系节奏有提升，排斥性为主要导向

在拜登执政首年，美国对拉美地区政策主要着眼于"调整节奏"和"政策摸底"。调整节奏体现在美国对拉美的外交关注上。2021年，美国对拉美的高访安排较为密集，到访拉美的高级官员包括副总统哈里斯、国务卿布林肯、副国务卿舍曼、国家安全顾问沙利文、副国家安全顾问辛格、国家安全委员会西半球事务负责人冈萨雷斯、南方司令部司令理查德森。从对象国来看，墨西哥、哥伦比亚、乌拉圭和阿根廷受到的关注较多，前两者归因于它们与美国利益关联度更高，而后两者则主要缘于它们与中国的快节奏合作。针对巴西，由于博索纳罗总统延续与特朗普团队的互动，加之美国民主党内部"叫停对巴合作"的呼声，拜登政府对巴西总体持"保持距离"的态度。

从美国对拉美政策侧重来看，移民、疫苗是重点议题。非法移民是美国与拉美国家（尤其是墨西哥、中美洲国家）双边协商的核心议题，但除了向"北三角"国家（洪都拉斯、危地马拉、萨尔瓦多）承诺提供40亿美元的援助以外，美国并未提出其他政策选项，实际政策与拜登针对移民问题做出的"承诺"之间存在较大距离。在中短期内，非法移民问题在美拉关系中的迫切性将更加凸显。疫苗援助是美国对拉美政策的另一重点。2021年3月，美国首先向墨西哥捐赠了270万剂疫苗。5月，拜登提出向全球捐赠8000万剂疫苗的目标，在通过新冠肺炎疫苗实施计划（COVAX）援助的6000万剂疫苗中有2000万剂定向分配给拉美地区，另有2000万剂则通过新冠肺炎疫苗实施计划移交给美国在拉美的优先援助对象国，比如阿根廷、哥伦比亚、哥斯达黎加、多米尼加、海地、墨西哥和巴拿马。截至2022年

---

① Alejandro Frenkel, Diego Azzi, "Jair Bolsonaro e a Desintegração da América do Sul: Um Parêntese?", *Nueva Sociedad*, setembro de 2020, pp. 124-136.

1月31日，美国共向拉美地区捐赠了5130.3万剂疫苗。①

与此同时，美国对拉美政策还体现出明显的排斥性。一是排斥拉美左翼政权。在2021年美国对拉美的所有高层访问中，对民主、人权的强调胜于对双边关系的表述，目的在于通过"价值观外交"加大对古巴、委内瑞拉、尼加拉瓜等左翼政权的打压与颠覆。比如，拜登政府牵头召开的所谓"民主峰会"将古巴、委内瑞拉、尼加拉瓜、玻利维亚、萨尔瓦多、危地马拉、洪都拉斯、海地等国排除在外的做法就存在营造对立阵营之嫌。二是排斥中国与拉美国家的合作。首先，在舆论层面，美国反复强调美拉关系的"优先性"，并恶意炒作"中国威胁论"和"中国祸害论"，扰乱中拉合作的政治气氛；其次，在政策层面，美国炮制"重建更美好世界"倡议，旨在通过"二选一"的规则设定，迫使拉美国家"选边站队"。但从实际效果来看，拜登政府的"双线"排斥政策效果有限。一方面，拉美多国呼吁美国全面解除对古巴的封锁，墨西哥坚持邀请古巴国家主席迪亚斯-卡内尔、委内瑞拉总统马杜罗出席拉共体第六届首脑峰会。此外，受邀参加"民主峰会"的阿根廷总统费尔南德斯更是批评美国，指出"民主不是用制裁，也不是用武力强加的"。② 另一方面，绝大多数拉美国家拒绝美国的"选边站队"要求，尤其在"重建更美好世界"倡议尚不确定的局面下，对华务实合作的态度并未改变。

（三）欧盟、俄罗斯、日本对拉美政策各有侧重

欧盟在2021年推出了《美洲和加勒比多年度指标性方案（2021～2027年）》，预算金额约为12.8亿欧元，明确了对美洲和加勒比地区（含美国和加拿大）的政策思路，将绿色转型、数字化转型、可持续和包容性经济、

---

① Chase Harrison, "U. S. Vaccine Donations to Latin America", Americas Society/Council of the Americas, March 28, 2022, https: //www. as – coa. org/articles/tracker – us – vaccine – donations – latin-america, accessed April 25, 2022.

② Paula Lugones, Alberto Fernández y un Mensaje a Estados Unidos y la OEA, "La Democracia no se Impone ni con Sanciones ni con la Fuerza", *Clarín*, 10 de diciembre de 2021.

民主治理、安全与移民、社会凝聚、解决不平等确定为优先合作领域，尤其关注上述领域涉及人类发展和教育的问题。该方案还针对各个次区域列出了合作领域及路线图。① 2021 年 12 月 2 日，欧盟委员会主席冯德莱恩与担任拉美区域和次区域组织轮值主席国的七国政府首脑举行线上会议。会议总结了疫情发生后欧盟对拉美国家的援助，比如欧盟提供了 30 亿欧元的紧急卫生支持和 1.3 亿剂疫苗，欧盟成员国还另外向将近一半的拉美国家援助了 1000 万剂疫苗。与此同时，欧盟还针对疫后经济复苏、应对气候变化、生物多样性等议题做出了相应的援助承诺。值得关注的是，欧盟提出在 2022 年启动欧盟-拉美数字联盟，加强与拉美在"全球门户"（Global Gateway）框架下的合作，深化在《2021~2023 年欧盟-拉共体科学、技术和创新路线图》框架下的科技研发合作。②

欧拉之间还有两个议题值得关注。一是欧盟与南方共同市场的自贸协定问题。2021 年 2 月，法国提出一个讨论草案，对包括巴西在内的南方共同市场成员国提出了更高的环保标准，但遭到巴西政府的强烈反对。2021 年 9 月，马克龙在国际自然保护联盟（IUCN）大会上再次表示，法国反对欧盟与南方共同市场之间的自贸协定，因为该协定与法国所追求的气候和生物多样性议程不兼容。另外，法国、德国也一直质疑巴西对环境问题的承诺，欧盟农业部门则担心对南方共同市场国家开放贸易将损害自身竞争力，而环保主义者则要求自贸协定中包括明确和严格的生产规定，以保护环境。③ 2022 年 1~6 月，法国担任欧盟轮值主席国，南方共同市场与欧盟之间的自贸协

① "The Americas and the Caribbean Regional Multiannual Indicative Programme 2021 - 2027", Council of the European Union, https：//ec. europa. eu/international - partnerships/system/files/ mip-2021-c2021-9356-americas-caribbean-annex_ en. pdf, accessed February 26, 2022.

② "EU-Latin America & Caribbean Leaders' Meeting：Joining Forces for a Sustainable Post-COVID Recovery-Press Release by Presidents Michel and von der Leyen", Council of the European Union, December 2, 2021, https：//www. consilium. europa. eu/en/press/press - releases/2021/12/02/ eu-latin america - caribbean - leaders - meeting - joining - forces - for - a - sustainable - post - covid - recovery/, accessed February 26, 2022.

③ "French President against EU-Mercosur Deal over Environmental Concerns", MercoPress, September 4, 2021, https：//en. mercopress. com/2021/09/04/french - president - against - eu - mercosur-deal-over-environmental-concerns, accessed February 27, 2022.

定落实问题没有实质突破。二是部分拉美国家对欧洲国家殖民历史的"清算"。首先，墨西哥总统洛佩斯执政后，一直要求西班牙王室和政府以及梵蒂冈向墨西哥世居民族道歉，西班牙外交部对此虽未做回应，但双边关系不和谐成分增多。2022年2月9日，洛佩斯提出墨西哥应"暂停"与西班牙政府和企业之间的关系，原因在于西班牙企业存在涉腐行为。其次，巴巴多斯国会于2021年9月29日全票通过修宪提案，决定脱离英联邦，改制为共和国。11月30日，巴巴多斯正式脱离英联邦，由君主制改为议会共和制，原总督桑德拉·梅森就任首任总统，取代英国女王伊丽莎白二世成为新的国家元首。梅森总统在就职仪式上表示，巴巴多斯已经拥有全部主权，自此开始国家新的旅程。

由于美俄关系趋紧，俄罗斯加大了对拉美政策的力度。2021年版《俄罗斯联邦国家安全战略》就涉及与拉美地区组织之间的合作。2021年，俄拉关系的优先议题是疫苗合作。阿根廷、玻利维亚、巴西、智利、厄瓜多尔、危地马拉、洪都拉斯、墨西哥、尼加拉瓜、巴拿马、巴拉圭、委内瑞拉等国均批准了俄罗斯"卫星-V"新冠疫苗的使用。根据美洲协会的统计，8个拉美国家①在2021年年初就与俄罗斯签订了至少9500万剂疫苗订单，但基本都遇到了延期供货问题，截至2021年8月12日，俄罗斯向拉美国家的供货量不足2000万剂，其中阿根廷就占到将近1200万剂。②另外，俄罗斯与委内瑞拉、古巴、尼加拉瓜保持密切互动。俄罗斯多次强烈谴责美国对古巴的制裁，指责美国发动对古巴的"颜色革命"，并向古巴提供多个批次的人道主义物资援助。2021年3月，俄罗斯副总理尤里·鲍里索夫访问委内瑞拉，两国共签署12个合作协议，涉及金融、能源、军事、卫生和食品、药品和疫苗等领域。2021年11月，俄罗斯外长拉夫罗夫访问委内瑞拉，与委方讨论了军事技术合作问题。俄罗斯谴责美国对尼加拉瓜的制裁旨在搅乱

---

① 阿根廷、玻利维亚、危地马拉、洪都拉斯、尼加拉瓜、巴拉圭、秘鲁、委内瑞拉。

② "In Vaccine Race, Russia Trips in Latin America", Americas Society/Council of the Americas, August 12, 2021, https://www.as-coa.org/articles/vaccine-manufacturing-race-russia-trips, accessed February 28, 2022.

尼加拉瓜局势和推翻桑地诺民族解放阵线党政府。奥尔特加总统获得连任后，俄罗斯强调将巩固与尼加拉瓜的战略伙伴关系，推进以社会为导向、提高尼加拉瓜人生活质量和福祉的合作项目。① 此外，俄罗斯与阿根廷之间的关系升温也较明显。一方面，双方就阿根廷购买俄罗斯直升机、与俄罗斯建造科考破冰船进行多次磋商；另一方面，阿根廷总统费尔南德斯在2022年年初访问俄罗斯时表示，阿根廷希望摆脱对国际货币基金组织和美国的依赖，强化与俄罗斯之间的合作，阿根廷在俄拉关系中可发挥"桥头堡"角色。②

2021年1月，时任日本外务大臣茂木敏充访问墨西哥、乌拉圭、阿根廷、巴拉圭和巴西五国；7月，茂木敏充访问危地马拉、巴拿马、牙买加三国，在此行中还与萨尔瓦多、哥斯达黎加两国外长举行了会晤，与特立尼达和多巴哥、圣文森特和格林纳丁斯两国外长进行了电话会谈。由此可见，日本在2021年对拉美地区采取宽幅广维的外交行动，聚焦的议题涉及三个方面。其一，经济及医疗援助，例如日本向墨西哥提供价值570万美元的医疗设备、向危地马拉提供3亿日元无偿援助、向阿根廷提供5亿日元医疗支持、向巴拉圭提供3亿日元医疗支持等。其二，加强与拉美区域组织开展对话，茂木敏充在2021年7月出访拉美期间，召开了第四届日本-中美洲一体化体系（SICA）外长会议、第七届日本-加勒比共同体（CARICOM）部长级会议。其三，强化"价值观外交"，在两次对拉美出访中，茂木敏充反复强调"基本价值观"，推销日本的"印太战略"和"国际秩序观"。③

---

① 《玛丽亚·扎哈罗娃用西班牙语发声支持尼加拉瓜》，俄罗斯卫星通讯社，2021年11月10日，https：//sputniknews.cn/20211110/1034779489.html，最后访问日期：2022年3月1日。

② 《阿总统：阿根廷需摆脱对美国依赖并与俄罗斯发展合作》，俄罗斯卫星通讯社，2022年2月3日，https：//sputniknews.cn/20220203/1038663701.html，最后访问日期：2022年3月1日。

③ "Extraordinary Press Conference by Foreign Minister MOTEGI Toshimitsu", Ministry of Foreign Affairs of Japan, July 20, 2021, https：//www.mofa.go.jp/press/kaiken/kaiken23e_000015.html, accessed March 2, 2022.

（四）中拉关系延续高效节奏且实现重要突破

首先，元首对话明确了现阶段中拉关系的方向。2021 年，习近平主席先后同智利、多米尼克、玻利维亚、哥伦比亚、圭亚那、特立尼达和多巴哥、古巴、多米尼加、巴巴多斯、厄瓜多尔、秘鲁等拉美国家领导人互致函电，不仅深化了双边政治互信，而且共同谋划百年变局和世纪疫情背景下的中拉关系发展。2021 年 9 月，习近平在向拉共体第六届首脑峰会的视频致辞中提出"中拉关系已进入平等、互利、创新、开放、惠民的新时代"，明确了中拉关系历史方位，指明了携手共建中拉命运共同体的前进方向。① 2021 年 12 月 3 日，习近平主席在向中国-拉共体论坛第三届部长会议的视频致辞中，进一步强调"全球发展倡议"，倡导中拉双方共建全球发展命运共同体，体现了中国已着手从全球发展视角谋划中拉关系、在中拉关系中践行"全球发展倡议"的政策思路。

其次，疫苗合作成为中拉"卫生健康共同体"的重要实践。中国是最早与拉美开展疫苗合作的国家之一，也是多数拉美国家获取疫苗支持的重要来源。截至 2021 年底，中国累计向拉美地区提供超过 3 亿剂疫苗和近 4000 万件抗疫物资。② 根据泛美卫生组织的统计，截至 2022 年 3 月初，中国疫苗分别占智利、厄瓜多尔、乌拉圭、阿根廷、巴西疫苗接种比例的 53%、52%、43%、31%、25%。③ 另外，中国还努力推动巴西、墨西哥、智利等国疫苗自产能力的建设。

再次，中拉经贸合作延续高效节奏，拉美对华合作主动性增强。根据中国海关总署的统计数据，2021 年中拉贸易额首次突破 4000 亿美元，达到 4515.9 亿美元，同比增幅高达 41.1%，拉美也是中国进出口总额和出口额

---

① 《习近平向拉美和加勒比国家共同体第六届峰会合作视频致辞》，中华人民共和国外交部官网，2021 年 9 月 19 日，https：//www.mfa.gov.cn/web/gjhdq_ 676201/gjhdqzz_ 681964/lmhjlbgjgtt_ 683624/xgxw_ 683630/202109/t20210919_ 9586185.shtml，最后访问日期：2022 年 3 月 3 日。
② 《中拉友好合作提质升级》，《人民日报》2022 年 2 月 23 日，第 3 版。
③ "COVID - 19 Vaccination in the Americas", PAHO, https：//ais.paho.org/imm/IM _ DosisAdmin-Vacunacion.asp, accessed March 4, 2022.

增幅最大的地区。与此同时，中国对拉美投资也延续稳定增长态势，2021年1~8月，中国对拉美直接投资为150.9亿美元。① 因此，在全球经济复苏尚不明朗的局面下，中国的经济拉动效应成为拉美国家外交谋篇布局的关键考量，对华合作的主动性更强。2021年，乌拉圭加入了金砖国家新开发银行，并表达出与中国开展自由贸易谈判的强烈意愿。2021年9月，中国和厄瓜多尔启动自由贸易协定联合可行性研究，并于2022年2月正式启动双边谈判。另外，尼加拉瓜和阿根廷与中国签署共建"一带一路"谅解备忘录，古巴与中国则在2018年签署的谅解备忘录的基础上签署了共建"一带一路"合作规划。

最后，中拉关系取得标志性突破。2021年中拉关系取得了两个重要突破：第一，中国与尼加拉瓜于12月10日正式复交，中国在拉美的"朋友圈"进一步扩大；第二，美国施压巴西"封杀"华为的计划破产，华为仍可以设备供应商的身份参与巴西的5G网络建设。这两个突破不仅体现出中国对拉美地区的正向吸引力，也折射出美国对华排斥政策的失效。

（刘维广　审读）

---

① 《专访：中拉合作帮助拉美补齐基础设施短板——访墨西哥国立自治大学中墨研究中心主任杜塞尔》，新华网，2021年6月20日，http://www.gov.cn/xinwen/2021-06/20/content_5619702.html，最后访问日期：2022年3月4日。

分 报 告
Sub-Report

Y.2

2021~2022年拉美政治形势：
左翼浪潮再起

杨建民*

摘 要： 2021年，拉美多个国家举行选举，一些国家的选举只具有轮流执政的性质，但一些国家的选举显示出国家发展模式酝酿着变局，主张限制采矿业和绿色经济的极左翼与主张自由主义经济的极右翼出现。拉美左翼在国内分化、在国际上则联合图强，继续拓展发展空间，但拉美国家意识形态极化和政治碎片化现象加剧。值得注意的是，拉美国家政治中的"左"与"右"在一定程度上追求不同的发展模式。2022年，左翼在哥伦比亚大选中获胜创造历史，打破右翼长期执政的局面，拉美最大的国家巴西左翼实现回归，卢拉当选总统。当前左翼在拉美政治格局中再次占据了主导地位，这对美拉关系和中拉关系都带来深远的影响。

---

* 杨建民，中国社会科学院拉丁美洲研究所马克思主义理论与拉美政治研究室主任、研究员。

关键词： 拉丁美洲和加勒比　政治形势　发展模式　大选　左翼

2021年，拉美多个国家举行选举，厄瓜多尔、圣卢西亚、秘鲁、尼加拉瓜、智利、洪都拉斯等国家举行大选，墨西哥、阿根廷等国家举行立法机构中期选举，墨西哥、玻利维亚和委内瑞拉等国家还举行了地方选举。一些国家的选举只具有轮流执政的性质，但一些国家的选举显示出国家发展模式酝酿着变局，主张限制采矿业和绿色经济的极左翼与主张自由主义经济的极右翼出现。拉美左翼在国内分化、在国际上则联合图强，继续拓展发展空间，但拉美国家意识形态极化和政治碎片化现象加剧。

一　拉美一些国家的选举仅具有轮流执政的性质

加勒比国家的选举更多地只具有轮流执政的性质。2021年，圣卢西亚、巴哈马、巴巴多斯三个加勒比国家举行了全国选举。值得一提的是巴巴多斯，该国2021年脱离了英联邦成为完全独立的议会共和制国家。2021年7月26日，英联邦国家圣卢西亚举行议会选举，圣卢西亚工党（St. Lucia Labour Party）获胜，该党领袖菲利普·皮埃尔（Philip Pierre）组阁并出任总理。在2021年8月新组成的议会中，执政党圣卢西亚工党在议会中占13席，反对党统一工人党（The United Workers Party）占2席，另有2名独立议员。自1979年独立时起，圣卢西亚工党和统一工人党一直轮流执政。

2021年9月16日，巴哈马提前8个月举行众议院选举，反对党进步自由党（Progressive Liberal Party，PLP）赢得众议院39席中的32席，该党领袖菲利普·戴维斯（Philip Davis）出任总理，任期5年。现任总理、执政党自由民族运动党（Free National Movement）只获得7席，领袖休伯特·明尼斯（Hubert Minnis）承认该党选举失败。进步自由党在1973年领导巴哈马独立，连续执政到1992年，并在2002~2007年、2012~2017年以及2021~2026年再度执政。

2021年9月29日，巴巴多斯国会一致通过法令，彻底结束与英国王室的联系，彻底摆脱殖民历史，改英联邦成员国为议会制共和国。10月20日，国会众参两院举行联席会议，以45∶0全票一致任命现总督桑德拉·普鲁内拉·梅森（Sandra Prunella Mason）为该国首任总统。梅森在独立日11月30日正式就任巴巴多斯总统。

二 拉美一些国家的选举竞争激烈，酝酿着发展模式变局

2021年，在各种政治力量的分化组合中，新的政治力量不断出现，尤其是极左和极右势力在一些国家2021年的选举中脱颖而出，突出了当前拉美政治的意识形态极化特点。与此相关的是政治碎片化倾向加剧。一些国家的大选更是冲击着本国既有的发展模式，秘鲁和智利等国家相继站在发展模式选择的十字路口。长期以来被称为矿业投资"天堂"和自由主义政策稳定"堡垒"的智利和秘鲁实行多年的自由主义经济传统面临极左翼政策的冲击，酝酿着发展模式的变局。

2021年2月7日，厄瓜多尔举行首轮总统选举，原主权祖国联盟运动（Movimiento Alianza）科雷亚派领导人、左翼希望联盟（Unión por la Esperanza）候选人安德烈斯·阿劳斯（Andrés Arauz）与右翼创造机会（Movimiento Creando Oportunidades）运动和基督教社会党联盟候选人吉列尔莫·拉索（Guillermo Lasso）得票率位居前两位，进入第二轮总统选举（分别获得33%和19.7%的选票）。① 2021年4月11日，在第二轮总统选举中，拉索获得52.49%的选票当选总统，这是厄瓜多尔右翼政党15年来首度执政。拉索于2021年5月24日就任，任期至2025年5月。在国会选举中，希望联盟获得49席，成为国会第一大党团，执政党创造机会运动在国会选举中与基督教社会党分裂，只获得12个议席，后者获得16席，帕恰库蒂克多民族团

---

① EIU, *Country Report: Ecuador*, March 2021, p.4.

结运动获得 25 席，科雷亚时期曾拥有 141 万党员的全国第一大党、前执政党主权祖国联盟运动由于分裂和内耗，在本次国会选举中没有获得议席。

2021 年 4 月 11 日，秘鲁举行首轮总统选举。民调一直落后的 52 岁小学教师、曾任矿区工会领导人的极左翼自由秘鲁党（Peru Libre）候选人佩德罗·卡斯蒂略（Pedro Castillo）爆出冷门，得票率为 18.92%，位居第一；位居第二的是右翼人民力量党（Fuerza Popular）候选人藤森庆子（Keiko Fujimori），得票率为 13.25%。而呼声较高的传统左翼政党"共同为了秘鲁"（Juntos Por Peru）候选人维罗尼卡·门多萨（Verónika Mendoza）在首轮选举中便遭到淘汰。在 2021 年 6 月 6 日举行的第二轮总统选举中，卡斯蒂略最终凭借得票率 0.25 个百分点的优势战胜藤森庆子当选总统并于 7 月就职。[①] 卡斯蒂略在选举中承诺修改宪法、实行采矿和能源等重要部门国有化，退出或者重新谈判秘鲁签订的自由贸易协定，这可能从根本上改变秘鲁长期以来实行的自由主义的"正统经济"模式，主张用"人民市场经济"取代现行资本主义制度框架下运行的"社会市场经济"，秘鲁的投资环境和内外政策可能发生重大改变。在对外关系上，卡斯蒂略同委内瑞拉马杜罗政府等地区左翼政府改善了关系，宣布退出"利马集团"。虽然卡斯蒂略执政后内阁几经变化，激进的左翼人士退出了内阁，但卡斯蒂略仍然向国会提交了国有化方案，秘鲁仍然处于发展模式选择的十字路口。

2021 年 5 月 15 日和 16 日，智利举行了制宪会议选举和地方选举，6 月 13 日举行了第二轮地方选举。在制宪会议选举中，中右翼执政联盟"智利前进"（Chile Vamos）出乎意料地遭到大溃败，在 155 席中仅获 37 席，远低于获得 1/3 即 52 个议席的目标；极左翼政党获得 28 席，中左翼政党获得 25 席，独立人士获得 48 席，世居民族代表获得 17 席，而独立人士和世居民族代表也倾向于左翼。因此，极左翼和左翼在制宪会议选举中获得了压倒性胜利，主张发挥国家在卫生、教育和养老金方面的作用，改变皮诺切特以来智利实行的自由主义政治经济体制，制定一部"绿色宪法"，大幅提高铜

---

① EIU, *Country Report: Peru*, July 2021, p. 4.

矿和锂矿等资源的采矿特许权使用税。① 在地方选举中，选出了全国 16 个大区区长、346 个市镇的行政长官。中右翼执政联盟"智利前进"只获一个大区即阿劳卡尼区（La Araucana）的区长职位，其余 15 个大区的区长被中左翼获得。智利共产党人、年仅 30 岁的伊拉茜·哈勒斯（Iraci Hasler）创造历史，首次当选首都圣地亚哥的市长。另一位共产党领袖丹尼尔·贾杜（Daniel Jadue）再次当选圣地亚哥大区雷克莱塔市（Recoleta）市长，并且作为总统候选人支持率一度在民调中领先。②

2021 年 11 月 21 日，智利举行首轮总统选举，基督教社会阵线（Frente Social Cristiano，FSC）候选人何塞·安东尼奥·卡斯特（José Antonio Kast）获得 27.9% 的选票，由左翼广泛阵线和智利共产党组成的"尊严制宪"（Apruebo Dignidad）联盟候选人、35 岁的加夫列尔·博里奇（Gabriel Boric）获得 25.8% 的选票，上述两位候选人得票位居前两位，进入第二轮总统选举。③ 在 2021 年 12 月 9 日举行的智利第二轮总统选举中，加夫列尔·博里奇赢得总统选举，他主张修改宪法，发挥国家在经济中的作用，开展养老金和社会卫生服务改革，而极右翼何塞·安东尼奥·卡斯特主张市场优先，保留智利"正统经济"的核心要素。④ 和秘鲁一样，智利也走到了发展模式变局的十字路口。

三 拉美左翼基本盘仍然保持稳定，继续拓展空间

2021 年，拉美左翼执政虽然面临严峻挑战，但古巴、墨西哥、委内瑞拉、尼加拉瓜、阿根廷等左翼政权仍然稳固，而且在秘鲁、洪都拉斯和智利 3 个国家的大选中获胜，继续拓展空间。

---

① "Chile's Legislative Election Results Point to Gridlock"，EIU，http：//www. eiu. com/index. asp? layout=displayVw&article_id=1061660489&geography_id=1500000150&region id.

② EIU，*Country Report：Chile*，June 2021，p. 5.

③ EIU，*Country Report：Chile*，December 2021，p. 5.

④ "Gabriel Boric Wins Presidency in a Landslide"，EIU，http：//www. eiu. com/index. asp? layout=displayVw&article_id=1601704543&geography_id=1500000150&region_id=.

　　2021 年 1 月 1 日，古巴正式推行货币和汇率并轨工作，过渡期 6 个月，取消可兑换比索（即红比索），将本币比索（即土比索）作为唯一流通货币，汇率为 1 美元兑换 24 比索。2021 年 4 月 16 日古巴共产党召开了第八届全国人民政权代表大会，迪亚斯-卡内尔当选中央第一书记，劳尔·卡斯特罗则退出了中央委员会，古巴共产党不再设置第二书记职务。至此，古巴最高领导层完成了党和政两方面的代际更替，此后军队领导层的变化将更加引人注目。2021 年 7 月 11 日，古巴多地发生 1994 年以来最大规模的反政府抗议示威活动，卡内尔主席号召人民支持革命、支持政府，举行大规模的支持政府的游行示威。古巴领导人指出美国的渗透是抗议发生的根本原因。因疫情肆虐，抗议群众还提出了解决医疗条件不足问题和丰富生活必需品等诉求。2021 年 11 月 15 日，在古巴宣布新的旅游季开始的日子，古巴政府粉碎了一次持不同政见者再次发动大规模反政府抗议行动的图谋。根据 2021 年 12 月 21 日曼努埃尔·马雷罗（Manuel Marrero）总理在古巴第九届全国人民政权代表大会第七次会议上所做的政府工作报告，2020 年古巴经济下降 10.9%，2021 年原计划增长 6%，实际增长 2%，2022 年预计增长 4%。古巴抗疫斗争取得了胜利，80% 以上的居民已接种疫苗，到 2022 年 6 月，有望实现 100% 居民接种疫苗，古巴将成为拉美第一个 100% 居民接种疫苗的国家。目前，古巴经济恢复缓慢，但政局保持稳定。

　　2021 年 6 月 6 日，墨西哥举行议会中期选举和州长选举。在议会中期选举中，左翼执政党国家复兴运动（Movimiento Regeneración Nacional，Morena）及其与劳工党（Partido del Trabajo，PT）和墨西哥绿色生态党（Partido Verde Ecologista de México，PVEM）组成的执政联盟虽然丧失了绝对多数的优势，但仍然占据主导地位，享有修改联邦宪法所需要的多数。国家复兴运动党获得众议院 500 个席位中的 196 席，劳工党获得 38 席，墨西哥绿色生态党获得 44 席，执政联盟所获得的席位超过半数。总统洛佩斯·奥夫拉多尔仍然享有较高的支持率。[①] 在州长选举中，执政党成员担任州长

---

① EIU，*Country Report：Mexico*，July 2021，p. 4.

的州从 7 个增加到 16 个，在 19 个州的议会占多数席位。①

2021 年，委内瑞拉朝野双方重开谈判，马杜罗政府和反对派先后进行了三轮对话，政局保持了稳定。2021 年 8 月 13~15 日双方在墨西哥城举行了第一轮对话，达成了 7 点备忘录。2021 年 8 月 30 日，委内瑞拉 4 个主要反对党决定以"民主团结圆桌会议"（Mesa Unidad Democratica）名义参加同年 11 月 21 日举行的地方选举。马杜罗总统对反对派此举表示欢迎。委内瑞拉全国选举委员会宣布将候选人登记截止日期从 8 月 29 日延长至 9 月 3 日。2021 年 9 月 3~6 日，双方在墨西哥城举行了第二轮对话，挪威作为斡旋国，荷兰和俄罗斯则作为保证国。马杜罗政府代表团由 11 人组成，团长仍是全国代表大会主席豪尔赫·罗德里格斯（Jorge Rodríguez）。以瓜伊多为首反对派民主统一平台（Plataforma Democratica Unitaria）代表团由 9 人组成，团长是赫拉尔多·布莱德（Gerardo Blyde）。在第二轮对话中，政府方面主要要求取消制裁，归还被美英扣押的委内瑞拉资产和黄金，而反对派则要求尽快举行公正、自由的总统选举。2021 年 9 月 6 日，朝野双方发表联合公报，宣布第二轮对话达成了两项协议：一是《委内瑞拉人民保护协议》，决定成立一个全国平台保障委内瑞拉人在卫生和食品方面的需求；二是《重申和捍卫委内瑞拉对埃塞奎博地区主权的协议》。2021 年 9 月 24~27 日，委内瑞拉朝野双方在墨西哥城举行了第三轮对话，主要讨论了国民经济发展和社会保护措施问题。

2021 年 11 月 21 日，委内瑞拉举行地方选举，执政党委内瑞拉统一社会主义党（Partido Socialista Unido de Venezuela，PSUV）获得决定性胜利，在州长选举中获得了 23 个州长职位中的 20 个，在市长选举中获得了 335 个市长职位中的 205 个，执政党获得 46% 的选票支持；反对派民主团结平台（Plataforma Unitaria）获得 22% 的选票，赢得了 59 个市长职位；温和反对派民主联盟（Alianza Democrática Coalition）获得 13% 的选票，赢得 37 个市长

---

① EIU, *Country Report：Mexico*, July 2021, p. 23.

职位；其他党派获得 17% 的选票，赢得 21 个市长职位。① 委内瑞拉反对派仍然处于分裂之中。

2021 年 11 月 7 日，尼加拉瓜举行大选，选举总统、副总统、国会 90 名议员和 20 位中美洲议会议员。现任总统、左翼桑地诺民族解放阵线（Frente Sandinista de Liberación Nacional，FSLN）主席、尼加拉瓜胜利联盟候选人、76 岁的丹尼尔·奥尔特加（Daniel Ortega）第 8 次参加竞选（其中 1990 年、1996 年和 2001 年失败），以 76% 的得票率第 5 次当选总统。其夫人罗萨里奥·穆里略（Rosario Murillo）再次当选副总统。主要反对党制宪自由党（Partido Liberal Constitucionalista）的候选人仅获得 14% 的选票。在国会选举中，执政党桑地诺民族解放阵线获得 91 席中的 75 席，制宪自由党获得 10 席。当选总统奥尔特加于 2022 年 1 月 10 日正式就职，任期 5 年。②

2021 年 11 月 14 日，阿根廷举行国会中期选举，左翼执政联盟遭遇挫败。本次选举改选众议院 257 席的 1/2 即 127 席，改选参议院 72 席的 1/3 即 24 席。执政联盟全民阵线（Frente de Todos）在参议院选举中获得 9 席，反对派共谋变革联盟（Juntos por el Cambio）获得 12 席。自 2021 年 12 月起，反对派联盟在参议院 72 席中占有 33 席，执政联盟席位从 41 席降至 35 席，丧失了全部席位中的简单多数（37 席）。执政联盟在众议院的席位也有所减少，失去了在两院中的领先地位，阿尔韦托·费尔南德斯（Alberto Fernández）政府在未来两年成为"跛鸭政府"，但执政党仍然是国会第一大政治力量，在日益碎片化的阿根廷政治中仍然有着较强的执政能力。③ 费尔南德斯在大概率上仍然能够完成自己的任期。

2021 年 11 月 28 日，洪都拉斯举行大选，选举总统、副总统 3 名和 128 名议会议员、20 名中美洲议会议员、298 名市长。在所有 12 位总统候选人中，左翼政党自由与重建党（Partido Libertad y Refundación）候选

---

① EIU, *Country Report*：*Venezuela*，December 2021，p. 4.

② EIU, *Country Report*：*Nicaragua*，January 2022，p. 6.

③ "Argentina's New Congress Faces a Packed Legislative Agenda"，EIU，http：// country.eiu.com/ article.aspx?articleid=741681857&Country=Chile&topic=Politics.

人、前总统塞拉亚（Zelaya）的夫人希奥玛拉·卡斯特罗（Xiomara Castro）获得 53.6% 的选票，右翼执政党国民党（Partido Nacional）候选人、首都特古西加尔巴市市长纳斯里·阿斯弗拉（Nasry Asfura）获得 33.8% 的选票。2021 年 12 月 9 日，经过重新计票，希奥玛拉·卡斯特罗的得票率为 50.6%，当选总统。希奥玛拉主张建立全国和解政府、降低燃料费和电费、免除学费、发放助学金、实现 100% 居民接种新冠疫苗、重组外债、促进农牧业生产、加强国家安全、加大反腐力度、注重环保和人权。[①]

四　一些国家出现治理危机，发生大规模社会抗议

在疫情肆虐的背景下，一些国家出现了治理危机。巴西发生多次大规模社会抗议活动，谴责总统抗疫不力。2021 年 1 月 23 日，巴西 50 多个城市爆发抗议游行，要求弹劾博索纳罗总统，指责总统抗疫不力。抗议游行最早从马拉尼昂州（Maranhao）州府圣路易斯市发起，迅速扩大至全国各地。参加和组织游行的有政党、工会、学联、社会运动组织等。为了防止新冠病毒传染扩散，抗议队伍以汽车车队和自行车车队为主，如首都巴西利亚有 500 多辆汽车参加游行。2021 年 5 月 29 日，巴西 24 个州 200 多个城市爆发抗议浪潮，抗议政府抗疫不力。民众强烈要求政府加快推进疫苗接种，增加紧急援助，保护印第安居民，停止滥伐亚马孙地区森林，部分民众要求弹劾总统。抗议活动是由在野党和反对党、群众组织、工会、学联等发起和组织的。2021 年 6 月 19 日，巴西多个城市举行大规模反政府游行，抗议政府抗疫不力，提出"要打疫苗，要吃饭"（Vacuna en el brazo，comida en el plato）的口号，要求为困难家庭提供 600 雷亚尔紧急救助。

---

① "Castro Takes Early Lead in Honduran Elections", EIU, http：//www.eiu.com/index.asp? layout = displayVw&article_ id = 1591636542&geography_ id = 1090000309&region_ id =.

　　巴西还酝酿着政治、军事危机。2021年3月29日，博索纳罗总统解除了国防部长费尔南多·阿塞韦多（Fernando Azevedo）等6名部长的职务。3月30日，总统又解除了陆军司令埃德森·普约尔（Edson Pujol）、海军司令伊尔克尔·巴博萨（Ilquer Barbosa）和空军司令安东尼奥·莫雷蒂·贝穆德斯（Antonio Moretti Bermudez）的职务。同时解除国防部长和三军司令的职务在巴西历史上属首次。博索纳罗总统排斥异己、巩固其摇摇欲坠的统治地位是军队高层大换血的主要原因，这表明政府和军人之间的关系出现了危机。2021年9月7日，进步国际（Internacional Progresista）发布由26个国家的150多位政要联合签名的公开信，对巴西可能发生的"自我政变"表示担忧。

　　在秘鲁选举中也出现了举行大规模集会表达诉求的情况。2021年6月20日，秘鲁工人、农民、印第安人和城市贫民在首都利马和其他城市集会，要求秘鲁选举当局尽快宣布大选结果，承认自由秘鲁党候选人佩德罗·卡斯蒂略当选总统。6月10日，秘鲁全国选举程序办公室已宣布100%选票统计结果，卡斯蒂略得票率达50.198%，超过人民力量党候选人藤森庆子44058票。但因藤森庆子指责选举存在舞弊，要求重新计票，秘鲁选举当局迟迟没有宣布大选最终结果。根据秘鲁宪法，新总统必须在7月28日就任。藤森庆子的支持者也在6月20日举行集会，要求重新计票。围绕是否承认2021年6月6日的第二轮大选结果，秘鲁政局动荡不安，部分退休军官蠢蠢欲动，人们担心会不会发生政变。

　　2021年6月，在厄瓜多尔新政府成立几周后，沿海农业部门就大米价格和新政府未能履行竞选承诺提出了一些抗议，但更普遍的不安与燃料价格每月上涨有关，抗议活动得到了厄瓜多尔世居民族联合会的支持。①

---

① Augusto Barrera G., "Ecuador: los Laberintos de Guillermo Lasso", *Nueva Sociedad*, No 296, noviembre-diciembre de 2021.

五　意识形态极化现象加剧，反建制派
不断涌现

近年来，拉美国家的意识形态极化现象加剧，不仅出现了极左翼和极右翼政党，而且纷纷上台执政。意识形态极化现象打破了既有的政治格局，是既有政治体制不能提供足够的反映社会政治意见渠道的结果，也是政治碎片化的重要原因。2021 年，疫情阴霾笼罩下的政治形势依然动荡，高度不满的情绪再次将选民推向了左翼和右翼的极端。

极左翼方面，2018 年 7 月，墨西哥极左翼领袖洛佩斯·奥夫拉多尔当选总统，也是该国 40 年来首位左翼总统，2014 年从左翼政党民主革命党（Partido de la Revolución Democrática，PRD）分裂出来的国家复兴运动党不仅成为执政党，还一举获得了众议院 500 个席位中的 252 席，获得参议院 128 个席位中的 62 席，成为墨西哥第一大政党，打破了 20 世纪 90 年代以来由革命制度党（Partido Revolucionario Institucional，PRI）、民主革命党和国家行动党（Partido Acción Nacional，PAN）三足鼎立的政治格局。

2021 年 2 月 7 日，在厄瓜多尔举行的首轮总统大选中，极左翼世居民族组织帕恰库蒂克多民族团结运动候选人亚库·佩雷斯获得 19.4% 的选票，该政党在国会的议席从 4 席增加到 25 席，仅以 0.3 个百分点的微弱差距未能进入第二轮总统选举。由于亚库在第二轮总统选举中宣布既不支持左翼的阿劳斯，也不支持保守的拉索，甚至号召其追随者破坏选票或者投无效票，以致在 5 个省的投票中被破坏的选票超过了阿劳斯的得票，左翼的分化直接导致右翼拉索以 52.49% 的得票率实现逆转胜出，并于 2021 年 5 月就职。[①]
2021 年 6 月，出身矿区的小学教师极左翼自由秘鲁党候选人佩德罗·卡斯蒂略赢得总统选举。2021 年 12 月，由左翼广泛阵线和智利共产党组成的

---

① "Guillermo Lasso Wins Presidential Election in Ecuador", Peoples Dispatch, April 12, 2021, http://peoplesdispatch.org/2021/04/12/guillermo - lasso - wins - presidential - election - in - ecuador/.

"尊严制宪"联盟候选人、35 岁的加夫列尔·博里奇当选总统。卡斯蒂略和博里奇的当选对长期实行自由主义经济的秘鲁和智利的发展模式提出挑战。

极右翼方面，2018 年 10 月，巴西反建制派人士、极右翼社会自由党候选人博索纳罗当选总统。2021 年 4 月在厄瓜多尔总统大选中获胜的创造机会运动和基督教社会党联盟候选人吉列尔莫·拉索主张新自由主义，优先发展和美国的关系。在 2021 年 11 月智利首轮总统选举中领先的何塞·安东尼奥·卡斯特在上半年左翼占压倒性优势的情况下迅速崛起，最终赢得选举胜利而当选总统，他坚决维护皮诺切特体制尤其是新自由主义遗产。

六　拉美政治中的"左翼"与"右翼"意味着不同的发展模式选择

拉美政治中的"左翼"与"右翼"意味着不同的发展模式选择。拉美国家的"左翼"和"右翼"不仅是其国内政治的一部分，还对本国的对外关系产生重要影响。2021 年和 2022 年，拉美国家政治中"左翼"与"右翼"之间的矛盾更加突出，根本原因还是各自寻求不同的发展模式，造成地区发展模式出现变局。

在厄瓜多尔大选中获胜的现执政党创造机会运动-基督教社会党联盟主张坚持新自由主义理念，改革前左翼执政党的执政路线，全盘调整内外政策，优先与美国发展关系，将抗疫、推动经济复苏作为执政重点。

在 2021 年秘鲁大选中获胜的自由秘鲁党候选人佩德罗·卡斯蒂略认为美国是帝国主义国家，主张同地区左翼政权如委内瑞拉和古巴改善关系，退出主张制裁委内瑞拉马杜罗政府的利马集团。自由秘鲁党主张摈弃新自由主义发展模式，建立"人民市场经济"（la economía popular con mercados），加强政府对经济的调控，保障国家能资源主权，整饬社会治安，加强基层组织配合。2021 年 7 月 29 日，卡斯蒂略任命 86 岁的社会学家、前游击队司令埃克托尔·贝哈尔·里维拉（Hector Bejar Rivera）为外长。贝哈尔强调新政府的外交政策是民族主义和独立自主的，重点是抗疫、恢复经济、扶贫、加强拉美

一体化，谴责单方面（指美国）对他国进行封锁和禁运。贝哈尔会见了委内瑞拉外长阿莱亚萨（Arreaza），不承认和不会见委内瑞拉反对派瓜伊多派往秘鲁的"大使"。虽然贝哈尔在国会压力下辞职，但其能够就任外长也在一定程度上反映了卡斯蒂略总统的左翼思想，秘鲁新政府的外交动向值得关注。

七　2022年值得关注的拉美政治问题

2021年，秘鲁、洪都拉斯和智利左翼在选举中获胜，拉美左翼继续拓展空间。2022年，巴西和哥伦比亚左翼力量在大选中获胜，从根本上改变了拉美政治格局，也将对美拉关系和中拉关系产生重要影响。

2022年2月6日，哥斯达黎加举行大选，选举一名新总统、两名副总统和57名立法大会议员，拉开了拉美新的一年选举的序幕。2022年4月3日，中左翼政党民主社会进步党候选人罗德里戈·查韦斯（Rodrigo Chaves）在大选第二轮投票中以52.85%的支持率战胜民族解放党候选人、前总统何塞·玛丽亚·菲格雷斯。各方对选举结果均无异议，查韦斯于5月8日宣誓就职总统，任期至2026年。

在哥伦比亚，2022年3月13日举行立法机构选举，5月29日举行总统选举。现任总统伊万·杜克无法参加选举，因为哥伦比亚宪法不允许连任。左翼人士古斯塔沃·佩特罗（Gustavo Petro）在2018年大选中输给了现任总统杜克。2021年9月，哥伦比亚宪法法院裁定，全国选举委员会确认佩特罗所在的人文哥伦比亚党（Colombia Humana）的法律地位，允许其参加大选。2022年6月19日，哥伦比亚总统选举第二轮投票结束。左翼哥伦比亚历史公约联盟候选人古斯塔沃·佩特罗战胜右翼反腐执政者联盟候选人鲁道夫·埃尔南德斯，成为二战后哥伦比亚的首位左翼总统。[1] 英国经济学人智库（EIU）认为，佩特罗的胜利将是哥伦比亚的"政治地震"。佩特罗主

---

[1]　"Elecciones en América Latina en 2022：Las Claves de la Movida Política en la Región"，CNN Español，27 de diciembre de 2021，https：//cnnespanol.cnn.com/2021/12/27/paises-eleccio nes-america-latina-2022-orix/.

张彻底改变国家的经济模式，提出通过货币等政策为教育和基础设施方面的社会支出提供资金，并采取积极的环境政策，停止石油勘探和露天采矿等采掘活动。他在竞选活动中还提出了对基本商品进行价格控制、对富人征收更高的税收等政策。佩特罗的胜利会导致资本外逃，增加通货膨胀的压力，造成哥伦比亚经济恶化。[1]

在巴西，左翼的力量也在恢复和增长。劳工党（Partido dos Trabalhadores，PT）的路易斯·伊纳西奥·卢拉·达席尔瓦（Luiz Inácio Lula da Silva）恢复了政治权利，获得参加 2022 年 10 月总统选举的资格，其领袖魅力和实用主义政策在当今巴西持续低迷的经济和失控的新冠肺炎疫情下更具有吸引力，这有利于劳工党和整个巴西左翼重振雄风，在大选中获胜。卢拉最重要的竞争对手是现任总统博索纳罗。2021 年 11 月 8 日，巴西总统博索纳罗宣布，他将加入右翼自由党，以期在 2022 年的大选中连选连任。2018 年他作为社会自由党（PSL）候选人参选获胜，当选总统。但 2019 年他退出社会自由党，企图另建争取巴西联盟党（Alianza por Brasil）。这是他第 9 次改换政党，但没有成功。卢拉重返权力宝座的可能性越来越大。2022 年 10 月 2 日，巴西举行首轮总统选举，左翼劳工党候选人卢拉领先博索纳罗进入第二轮总统选举。10 月 30 日，卢拉在第二轮选举中以微弱优势战胜博索纳罗当选总统。有评论认为，卢拉的当选毫无疑问将改变博索纳罗的自由主义经济路线，但未必重新回到"发展主义"，很可能在"自由主义"和"发展主义"两大经济阵营之间走一条务实的道路。[2] 卢拉在大选中再次获胜，还有可能改变拉美的国际关系格局，左翼执政的巴西可能重返拉美和加勒比共同体，对中拉整体合作和美拉关系都将产生重要影响。

（刘维广　审读）

---

[1] "Colombia's Election Outlook：Three Scenarios"，EIU，http：//www. eiu. comindex. asplayout = displayVw&article_ id=541615637&geography_ id=1510000151&region_ id=.

[2] "What Would a Third Lula Presidency Look Like？"，EIU，http：//country. eiu. com/ article. aspx？articleid=1761559359&Country=Brazil&topic=Politics.

Y.3

2021~2022年拉美经济形势：
短期触底反弹，中期增长疲弱

张　勇*

摘　要： 基于基数效应和政策支持，2021年拉美地区经济实现了"补偿性"增长。然而，这种经济增长是一种脆弱性复苏，因为通胀持续走高，失业状况依然严重。财政赤字有所缓解，但经常账户重回赤字状态，公共债务和外债比重始终居高不下，宏观经济政策空间缩小且政策权衡的复杂性和难度加大。2022年，不确定性较高，疫情、乌克兰危机、国际金融市场流动性、大宗商品价格走势等构成了影响拉美地区经济的外部因素，而巴西、哥伦比亚等国大选，旨在提高生产率的结构性改革进展等将影响其中长期增长前景。基于此，拉美地区经济面临严峻的考验。

关键词： 拉丁美洲和加勒比　经济增长　脆弱性复苏

2021年世界经济触底反弹，拉美地区也经历"补偿性"增长。在全球需求复苏、大宗商品价格上涨、侨汇收入增加等有利条件的支撑下，拉美地区2021年上半年的经济反弹力度强于下半年。但是，通胀持续高企对地区全年经济形成了重大干扰，通胀高企不仅缘于需求端复苏快于供给端造成的供需缺口，还有输入型通胀、劳动参与率下滑、自然灾害等诸多因素。随

---

* 张勇，中国社会科学院拉丁美洲研究所经济研究室副主任、研究员，主要研究领域为拉美经济、发展模式转型、中拉经贸关系。

之，宏观经济政策也陷入在稳增长与抑通胀之间进行平衡的两难境地。2022年拉美地区经济面临的内部挑战依然严峻，例如，疫情持续发展的不确定性、增长急剧减速、投资和生产率持续低迷、就业复苏缓慢、疫情冲击引发的社会影响持续存在、财政空间缩小、通胀压力增加和金融失衡等。另外，乌克兰危机加剧了世界经济与政治格局演变的高度不确定性。鉴于此，探索对内推动结构性改革、对外积极融入世界经济的新发展模式是拉美国家在中长期面临的重大任务。

一 2021年拉美地区经济触底反弹

2021年，随着全球经济复苏，拉美地区经济也迎来触底反弹的"补偿性"增长。根据国际货币基金组织2022年1月的报告，2021年世界经济增长5.9%，其中发达经济体、新兴市场和发展中经济体分别增长5%和6.5%；拉美地区经济增长6.8%，高于发展中经济体的平均水平。[①] 根据世界银行2022年1月的报告，2021年世界经济增长5.5%，其中发达经济体、新兴市场和发展中经济体分别增长5%和6.3%；拉美地区经济增长6.7%，高于发展中经济体的平均水平。[②] 而联合国拉美经济委员会数据显示，基于基期效应和政策支持，2021年拉美地区经济增长6.2%，其中中美洲、南美洲和加勒比地区增长率分别为6.7%、6.4%和3%。[③] 虽然拉美地区经济在遭遇疫情重创后获得了高增长，但是其被世界经济"边缘化"的趋势依然明显。国际货币基金组织数据显示，2011~2021年拉美地区占世界经济的比重从8.1%降至5.3%。[④]

---

① IMF, *World Economic Outlook（Update）: Rising Caseloads, a Disrupted Recovery, and Higher Inflation*, January 2022, p. 5.

② The World Bank, *Global Economic Prospects*, January 2022, p. 4.

③ 除特别说明，本文数据主要来源于联合国拉美经济委员会年度报告，ECLAC, *Preliminary Overview of the Economies of Latin America and the Caribbean 2021*, United Nations, January 2022。

④ World Economic Outlook Database, https://www.imf.org/en/Publications/WEO/weo-database/2021/October/select-aggr-data, accessed March 3, 2022.

整体而言，2021年拉美地区经济增长率和人均GDP增长率均大幅反弹，失业率有所缓解但通胀率大幅上升，经常账户重回赤字状态，财政赤字略有改善，公共债务和外债占比仍然处于高位（见表1）。具体而言，2021年拉美地区经济呈现如下特征。

表1　拉美地区主要经济指标概览

时　　间	2014年	2015年	2016年	2017年	2018年	2019年	2020年	2021年
经济基本面								
GDP增长率（%）	1.1	-0.2	-1.2	1.1	1.1	0.0	-6.8	6.2
人均GDP增长率（%）	0.1	-1.3	-2.2	0.1	0.1	-0.9	-7.6	5.3
通胀率（%）	4.4	5.6	4.1	3.6	3.2	3.1	3.0	6.4
投资率（%）	20.6	19.5	18.4	18.1	18.2	18.0	17.2	—
公开失业率（%）	6.1	6.6	7.8	8.1	7.9	7.9	10.3	10.0
财政状况								
中央政府总体余额占GDP比重（%）	-3.2	-3.3	-3.4	-3.2	-2.9	-3.0	-6.9	-5.0
中央政府初级余额占GDP比重（%）	-1.3	-1.1	-1.2	-0.9	-0.5	-0.4	-4.2	-2.4
中央政府公共债务占GDP比重（%）	34.2	36.6	38.3	39.7	43.0	45.3	56.4	54.7
对外部门								
经常账户余额（亿美元）	-1831.5	-1687.5	-987.7	-937.1	-1415.9	-1098.2	35.3	-290.4
实际有效汇率（2005年指数=100）	83.2	83.9	84.9	83.7	85.4	86.4	90.6	89.9
贸易条件（2010年指数=100）	98.0	88.7	89.7	93.9	94.6	95.1	95.3	100.3
外债总额占GDP比例（%）	27.1	27.6	25.7	35.3	36.7	38.9	47.7	—
国际储备（亿美元）	8576.4	8119.6	8315.7	8596.1	8680.3	8522.4	8915.6	9434.7

注：2021年为初步数据。

资料来源：ECLAC, *Preliminary Overview of the Economies of Latin America and the Caribbean 2021*, United Nations, January 2022。

第一，全年经济呈现"前高后低"走势，消费仍是主要驱动力。随着防疫措施逐渐放松，2021年第二季度拉美经济增长加快，同比增长16.1%，然而这种经济活跃度并没有延续下去，自第三季度开始经济放缓程度比预期要大，进而导致全年经济没有恢复至疫情前的水平。

从需求构成来看，第二季度的经济增长受到国内支出的支持。私人消费是增长的关键驱动力，贡献率约为50%。同样，鉴于需求复苏和建筑业复苏，投资也出现回升。不过，净出口对第二季度的增长贡献为负，主要原因是进口复苏的步伐快于外部需求的增加。在第二季度强劲增长之后，地区内部需求所有组成部分的增长都在放缓。由于通胀飙升对家庭收入的负面影响以及政府对家庭支持措施的逐步退出，私人消费在第四季度大幅减速。在劳动参与率没有恢复的情况下，劳动力市场复苏缓慢，更加剧了消费支出恢复的复杂性。根据世界银行2022年1月发布的《全球经济展望》，2021年拉美地区私人消费、公共消费、固定投资、出口和进口同比分别增长7.5%、3.4%、16.3%、8.3%、16.1%。[①] 从供给结构看，第二季度的16.1%高增长是受防疫隔离措施冲击严重的行业（如建筑业、商业、制造业以及交通运输和通信业）反弹的结果。相对而言，鉴于2020年服务业的经济活动水平远远落后于疫情前，因此其经济活动增长更为显著，特别是受需求复苏推动，商业、酒店和餐饮业的情况有所改善。然而，其他与旅游业有关的活动的恢复仍然滞后，例如，人员国际旅行仍然受到一些限制，而且容量控制仍然存在。

第二，受内外因素共同推动通胀飙升。拉美地区通胀率在2020年降至历史低位之后，2021年却出现飙升，这种情况叠加货币贬值趋势，给拉美国家宏观经济政策带来两难选择。疫情冲击凸显了与低增长、低就业创造能力和高度就业非正规化、贫困和不平等水平有关的结构性问题，通胀飙升和汇率大幅波动更加剧了问题的严重性。

数据显示，整个拉美地区的通胀率自2020年6月开始上涨，2021年9

---

① The World Bank, *Global Economic Prospects*, January 2022, p. 86.

月达到 6.4%，创下 2008 年 10 月以来最高水平。南美洲国家通胀率最高，2021 年 9 月达到 7%，相比于 2020 年 12 月上升 3.9 个百分点，相比于 2020 年 9 月上升 4.6 个百分点，该地区也是所有次区域中通胀率高于 2008 年全球金融危机期间水平的地区；2021 年 9 月，中美洲和墨西哥一组国家的通胀率达到 5.3%；加勒比地区的通胀率达到 4.2%。从通胀组成看，2021 年前 9 个月所有部门的通胀率都加速上升，但增幅最大的是核心通胀和服务业通胀。食品和能源等通胀的非核心组成部分的通货膨胀率比核心组成部分更高。然而，自 2021 年 3 月，核心通胀率上涨幅度开始高于食品通胀率。2021 年 3 月至 9 月，核心通胀率上升 2.2 个百分点，食品通胀率上升 1.2 个百分点。拉美地区通胀率上涨主要原因包括：一是国际市场上不断上涨的能源和食品价格以及全球通胀上升给拉美地区带来输入型通胀；二是全球贸易紧张局势以及供应链中断，一些国家货币贬值加剧了通胀率上涨趋势；三是 2020 年下半年一些国家工资上涨明显，也带来成本推动型通胀。

第三，经常账户重回赤字，财政赤字有所缓解。就经常账户而言，在 2020 年出现少量顺差后（经常账户顺差占 GDP 比重为 0.2%），拉美地区经常账户在 2021 年再次陷入赤字状态。数据显示，经常账户赤字占 GDP 比重达到 0.6%，其中货物贸易、服务贸易、收入项目和经常转移项目占 GDP 比重分别为 1.4%、−1.2%、−3.3% 和 2.5%。

贸易方面，拉美地区受益于整体贸易条件改善。2021 年拉美地区贸易条件平均提高约 5%，但是次地区存在差异。加勒比地区（不包括圭亚那、牙买加、特立尼达和多巴哥）的贸易条件下降 5%；中美洲地区下降 1%，部分归因于能源产品占其进口比重较高。贸易条件改善最大的是油气出口国（15%），其次是金属和矿物出口国（13%）和农业加工品出口国（13%）。在这种背景下，2021 年拉美地区出口增加 25%，其中价格上涨贡献 17%、出口量增长贡献 8%。主要出口初级产品的南美国家的出口增加 34%，其中价格上涨贡献 28%、出口量增长贡献 6%。然而，鉴于国内需求复苏较快，拉美进口增长 32%，增速快于出口，其中因国内经济活动扩张带来的进口量增长贡献 20%、进口价格上涨贡献 12%。基于此，货物贸易虽然保持盈余，但是盈余占 GDP 比重已经降至 1.4%。2021 年服务贸易赤字继续增加，主要缘于交通运输和其他服务业账户恶化。例如，与全球货物需求复苏和物流瓶颈有关的国际运费高涨打击了交通运输业。2021 年收入账户赤字显著扩大，主要是初级产品价格飙涨背景下外国投资企业所获取的高额利润汇回母公司所致。经常转移项目方面，2021 年侨汇收入约增长 30%，成为经常账户中唯一改善的部分。

2021 年，拉美地区财政账户赤字有所下降。公共支出水平预期减少和公共部门收入恢复将改善拉美地区财政状况。数据显示，拉美地区中央政府财政总赤字占 GDP 比重将从 2020 年的 6.9%降至 5%，情况有所改善，但是财政赤字仍然很大，很可能对总融资需求造成巨大压力。同时，财政初级赤字占 GDP 比重从 2020 年的 4.2%降至 2021 年的 2.4%，尽管状况有所改善，但是初级赤字规模仍可能给公共债务带来更大的压力。从财政收入看，经济活动的复苏和大宗商品价格上涨推动了收入强劲反弹，特别是税收收入显著增加，可能达到或超过 2019 年的水平。一是私人消费和进口的复苏提振了间接税收入，增值税收入迅速增长；二是拉美大多数国家的所得税收入也强劲增长，部分原因是 2021 财政年度的预付款增加；三是作为应对疫情的一揽子财政计划的一部分，2020 年向纳税人提供的救济到期了。财政支出方面，尽管开支仍高于疫情前的水平，但是通过政府开支进行的财政刺激正在退出。从支出的组成部分来看，主要经常性支出将显著减少，无论是在整个拉美地区还是在次区域，这一变化主要归因于 2020 年为减轻疫情冲击而采取的一些措施正在按计划逐步退出。数据显示，2020~2021 年拉美地区中央政府支出占 GDP 比重从 24.7%降至 23.6%，其中主要经常性支出占比从 18.6%降至 17.5%，资本性支出占比从 3.4%升至 3.5%，利息支出从 2.7%降至 2.6%。

第四，公共债务占比居高不下，主权债务风险仍然较高。2021 年，拉美地区财政账户一直处于压力之下。前几个月，国际市场普遍存在异常有利的条件（即低利率和期限延长），具备投资评级的国家增加主权债务发行以应对融资需求并为到期债务进行再融资。到 2021 年年底，利率普遍上升、

汇率疲软使情况变得更加复杂，进而对中期的债务管理产生潜在影响。数据显示，截至2021年9月，拉美地区（不含加勒比）中央政府公共债务占GDP比重平均达到54.7%，比2020年12月低1.7个百分点。同期，南美洲和中美洲中央政府公共债务占比分别为56.1%和53.3%。从国别看，阿根廷（91.1%）、巴西（83%）、哥斯达黎加（74.5%）的中央政府公共债务占比排名靠前。加勒比地区的中央政府公共债务占比更高，截至2021年9月，该次地区中央政府公共债务总额占GDP比重平均达到90.3%，其中巴巴多斯（145.6%）、苏里南（121.8%）和伯利兹（120.3%）位居前三。

在债务风险方面，以全球新兴市场债券指数（EMBIG）衡量，该地区的主权风险在2021年第四季度一直处于微幅上升轨道。全球新兴市场债券指数在2021年10月收盘时为401个基点，前10个月平均为389个基点，但这个指标的水平远远低于2018年和2019年大部分时间的记录，最重要的是低于2020年的平均水平（507个基点）。在国家层面上，2021年10月，阿根廷、委内瑞拉、巴西、智利、哥伦比亚和巴拉圭的主权风险实际上达到当年的最高水平，而乌拉圭的主权风险水平最低，仅有138个基点。2021年前10个月，拉美地区在国际市场上的债券发行总额为1375.13亿美元，同比增长12.3%。主要类型是主权债券和非银行公司债券，分别占发行总额的42%和40%，其次是准主权机构、银行和超国家实体的债券发行，但占比低得多。同时，债券发行出现一种新的趋势，即债券发行与可持续项目的融资关联度增强。截至2021年10月，与绿色或可持续项目有关的债券发行占比为29%，2020年的占比为8%，而2017~2020年的占比只有4%。

第五，失业问题有所缓解，但劳动力市场恢复缓慢。2021年拉美劳动力市场呈现出如下特征。一是劳动力市场仍未恢复到疫情前的水平。截至2021年9月，拉美地区劳动参与率为61.9%，就业率为56.3%，均高于2020年9月，但仍低于2019年同期。就业增长的幅度超过了劳动力重返劳动市场的幅度，其结果是公开失业率逐渐降低，但全年失业率预计为10%，仍处于较高水平。二是劳动力市场的性别差异继续扩大，女性回归劳动力市场更加缓慢且面临的就业困难更大。2021年9月，拉美地区女性失业率降

至 11.1%，而男性失业率降至 7.6%，男性与女性之间的失业率差距从 2019
年 9 月的 2.7 个百分点扩大到 3.5 个百分点。三是非正规就业比重回升。随
着 2021 年经济复苏和防疫措施放松，非正规部门工人开始回归劳动力市场，
而且自雇型就业的恢复速度快于工薪阶层。截至 2021 年 9 月，阿根廷、巴
西、智利、哥伦比亚、多米尼加、墨西哥、巴拉圭和秘鲁的非正规就业率都
上升了。四是建筑业和贸易行业的就业恢复较快，而与旅游相关的酒店和餐
饮等行业相比于疫情前仍然低迷。五是正规部门的实际工资差异性变化。在
高通货膨胀情况下，阿根廷和巴西的实际工资下降，巴拉圭、秘鲁和乌拉圭
的下降幅度较小，而智利、哥伦比亚、哥斯达黎加、厄瓜多尔、萨尔瓦多、
墨西哥和玻利维亚等国的平均工资有所增长。总体而言，2021 年通货膨胀
演变是实际工资变化的决定因素，由于名义工资调整的滞后性，实际工资呈
下降趋势。

二 宏观经济政策面临更加复杂的权衡

2020 年财政政策在应对疫情方面发挥了关键作用。拉美国家制订了大
规模财政刺激计划（平均而言，总额相当于 GDP 的 4.6%）以加强公共卫
生体系、支持家庭收入以及保护生产结构。然而，2020 年的财政措施对公
共账户、2021 年及以后的财政政策形成压力。就货币政策而言，拉美地区
正面临两难选择：既要促进可持续和包容性增长，又要面临遏制通货膨胀和
汇率波动的挑战。因此，2021 年拉美地区宏观经济政策的权衡更加复杂。

（一）大规模的财政刺激计划正在逐步退出

2020 年，财政支出的增长和公共部门收入的萎缩导致财政赤字和公共
债务大幅增加。2021 年，拉美地区的国家倾向于规划预算，以减少财政赤
字和稳定公共债务的增长。因此，该地区的财政刺激措施正在减弱，而且一
些国家的基本支出正在缩减，部分原因是与疫情有关的紧急援助计划已经结
束。在这种情况下，政策两难的局面难以避免，即在宏观经济更加复杂、财

政空间更小、融资渠道不平等的情况下要维持有利于增长的财政政策，以支持扩大投资并缩小社会差距。历史经验显示，紧缩性财政政策会使脆弱的经济复苏进程脱轨或使该地区面临低水平投资和社会差距扩大所带来的严峻挑战。

实施有利于发展的财政政策空间有限。虽然拉美地区的公共债务水平仍然低于发达国家，但该地区的公共债务总额已达到近几十年来的高值。同时，推动债务变化的条件如较高的利率、本币贬值、未来几年的低增长率预期和持续的财政赤字表明该地区的债务水平仍然很高，这将继续限制可用的财政空间。此外，政府收入仍然不能满足公共支出的需要。

从财政支出看，初级财政支出增长的放缓和缩减导致财政支出占 GDP 的比重下降，初级财政支出中在 2020 年增长最快的部分——初级经常性支出降低是主因。这一变化主要归因于 2020 年为减轻疫情冲击而采取的一些措施按计划逐步结束。这些措施包括针对家庭和企业的现金转移计划，在一些国家还有中央政府为加强卫生服务和补贴公共事业消费（如电力和水）而向其他公共部门实体提供的大量转移支付。尽管 2021 年的经常性转移和补贴下降较多，但仍然高于 2019 年的水平，特别是智利、多米尼加、萨尔瓦多、尼加拉瓜和秘鲁。

在财政支出占比下降的总趋势下，其内部结构也出现再平衡过程。2021 年拉美地区初级财政支出中的资本性支出占比同比上升 0.1 个百分点，原因主要包括实施就业密集型的经济振兴计划以及取消导致 2020 年公共工程暂停的流动性限制。然而，各国的模式不一样，反映出直接固定资本投资、资本转移和金融投资在各国相对重要性的不同。例如，在尼加拉瓜，对交通项目的公共投资特别活跃；秘鲁也推出了各种基础设施项目，其中交通、教育、卫生、住房和农业及畜牧业领域的项目最为突出；在阿根廷，不仅有形物质投资（尤其是交通工程）的支出较高，而且对住房基金和省市公共工程的资本转移也显著增加；厄瓜多尔则进行了大量的资本转移，以支持与投资项目和社会计划有关的财政资金；在墨西哥，资本支出的上升主要对应于金融投资，如为改善墨西哥国家石油公司（PEMEX）的财务状况而进行的资本注入。

与财政账户相关的公共债务性质也值得关注。如果按照货币类型划分，拉美地区国家的大部分外币公共债务是以美元计价的。在阿根廷、厄瓜多尔、巴拿马和巴拉圭，几乎80%的公共债务总额是以外币（主要是美元）计价的。主要以本国货币持有债务的国家是智利、哥伦比亚和哥斯达黎加，这些国家的外债水平较低，以美元计价的份额不到40%。在美元化的国家中，如厄瓜多尔、萨尔瓦多和巴拿马，它们的融资完全依赖于其他经济体。汇率贬值已经影响到该地区的大多数国家，随之而来的是外币债务成本的普遍增加。如果按照债权人属地划分，尽管平均而言该地区国家的债务在国内和国外市场之间保持着平衡，但各个国家的差异较大。数据显示，截至2021年9月，尼加拉瓜和巴拉圭的近90%债务由外部债权人持有，对外部债权人的义务水平给财政账户带来了额外的压力。相反，国内融资水平最高的国家，如巴西、智利、哥斯达黎加和墨西哥，其债务总额的70%以上由国内债权人持有，所受外部脆弱性的影响较小。

（二）货币政策在抑通胀和稳增长之间权衡

2020年拉美地区货币政策当局的主要任务是刺激总需求和保持宏观金融稳定；采取的措施包括传统工具和非传统工具，前者包括降息、改变法定存款准备金率和强化促进金融中介贷款的机制，后者包括央行直接购买金融机构持有的私人证券和公共证券以及为公共部门提供直接融资。此外，各国央行还调整了宏观审慎监管，维护金融体系的稳定和支付体系的正常运作。然而，自2020年下半年，整个地区的通货膨胀一直在加速，而这一进程在2021年前9个月更加显著。这减少了该地区货币当局可用的政策空间，从而造成了货币政策目标的两难境地：既要采取政策促进经济增长和创造就业，又要缓解通胀压力和汇率波动。换言之，在控制通胀和汇率波动的同时，又不能损害地区经济的增长前景，这对政策制定者而言是严峻的挑战。

2021年，鉴于地区通货膨胀上升和大多数货币贬值，8个把利率作为主要工具经济体的货币政策利率平均提高2.0个百分点，其中巴西、智利和巴拉圭的利率上升幅度较大。根据巴西国家地理统计局的数据，2021年巴西

广义消费者价格指数上涨 10.06%，创 2015 年以来最高值，远超出巴西国家货币委员会制定的 3.75% 的通胀目标。为抑制通胀，2021 年 3 月至 2022 年 2 月，巴西央行将基准利率从 2020 年 2% 的历史低点通过 8 次加息（前三次加息 75 个基点，中间两次加息 100 个基点，后三次加息 150 个基点）提高至 10.75%，创 2017 年 7 月以来的最高水平。然而，高利率不利于消费、投资，影响中短期经济增长。截至 2021 年 11 月，没有调整政策利率的 4 个经济体（哥斯达黎加、多米尼加、危地马拉和洪都拉斯）都是通货膨胀变化最小的国家，其国内货币保持相对稳定。

各国货币刺激措施加快了 2020 年第二季度拉美地区实际信贷增长的步伐，然而，此后信贷扩张趋于放缓。截至 2021 年第三季度，地区国家对私营部门的贷款普遍下降。在使用政策利率并保持灵活汇率制度的经济体①，私营部门的贷款在 2021 年第一季度增长了 1.1%，在第二季度和第三季度转为负增长（分别为 -0.2% 和 -0.1%）。在使用货币政策利率并实行中间汇率制度的经济体②，私营部门的信贷增长从 2019 年第四季度的 6.2% 放缓到 2020 年第四季度的 1.8%，在 2021 年前三个季度，该比重分别为 1.4%、1.3% 和 2.6%。在实行固定汇率制度的经济体③，私营部门的国内信贷从 2019 年第四季度的 1.8% 增长到 2020 年第二季度的 5.5%，但 2021 年前两个季度的增长率为负，分别为 -0.3% 和 -1.2%。在以货币总量目标为主要政策工具并实行中间汇率制度的经济体④，决策者的努力未能提振信贷增长，信贷增长自 2019 年第三季度以来一直在下降。

（三）货币呈现贬值趋势但汇率波动性降低

2021 年前 10 个月，拉美地区有 16 国的货币对美元贬值，该地区货币

---

① 包括巴西、智利、哥伦比亚、秘鲁、墨西哥和乌拉圭。
② 哥斯达黎加、多米尼加、危地马拉、洪都拉斯、牙买加和巴拉圭。
③ 包括安提瓜和巴布达、巴哈马、巴巴多斯、伯利兹、多米尼克、格林纳达、圣基茨和尼维斯、圣卢西亚、圣文森特和格林纳丁斯。
④ 包括尼加拉瓜、圭亚那、玻利维亚以及特立尼达和多巴哥。

平均贬值（不包括长期通货膨胀的国家）5.9%，低于2020年（8.7%）数据。截至2021年10月，巴西、智利、哥伦比亚、牙买加和秘鲁的货币贬值幅度都超过8%。与此同时，以2021年前三个季度汇率的平均日间变化绝对值衡量，该地区汇率的波动性比2020年小，但一些国家的汇率波动性比2019年大。尽管该地区的汇率波动性有所下降，但仍处于相对较高水平。

汇率的波动性反映了疫情对该地区经济深远影响所带来的不确定性。疫情期间的大规模资本流动、发展中国家中央银行政策带来的不确定性以及大宗商品价格波动使汇率波动变得更加复杂。汇率波动可能会加剧存在货币错配的经济主体的脆弱性，因为其收入是由当地货币产生的，而支出是以外币进行的。

此外，拉美地区国家对国际储备的战略管理表明，宏观审慎工具、货币工具和汇率工具的结合对于促进该地区经济体的宏观金融稳定和减轻危机对实体部门的影响至关重要。2020~2021年，拉美地区国际储备持续增加，这是该地区经济史上一个重要的进展，因为国际储备在传统经济危机时期表现为顺周期性。鉴于宏观金融风险加剧，该地区国家中央银行的未来政策将取决于每个国家自身的特点，如经常账户和资本账户的开放程度、汇率制度、宏观审慎监管以及获得外部融资的能力等。鉴于国际金融安全网的作用有限，积极主动地管理国际储备是迅速应对可能出现的金融冲击的政策选择。同时，适当维持与其他宏观审慎工具的互补性，以加强金融的国际流动性的韧性也很重要。

三 拉美地区经济前景展望

疫情冲击加剧了拉美地区本已存在的结构脆弱性，例如投资和生产率水平低、就业非正规性较高、失业严重、社会保障的覆盖率低、不平等和贫困程度严重等。而全球通货膨胀持续走高、地缘政治冲突加剧、地区重要选举的不确定性等因素使地区的结构性问题变得更加复杂。拉美地区国家还面临

财政空间缩小和主权债务风险上升的挑战。基于此,在中短期增长乏力的预测下,宏观经济政策将面临更加艰难的权衡。

(一)影响短期增长的关键因素及2022年预测

短期而言,影响拉美地区经济增长的因素仍然来自内部和外部。国际因素包括全球增长放缓、外部需求疲弱、全球贸易增速减缓、大宗商品价格大幅波动、全球融资成本上升等;地区内部因素主要包括疫情演变和疫苗接种情况、结构性改革进展、重要国家大选、宏观经济政策的回旋空间等。其中,以下方面值得高度关注。

第一,通货膨胀的走势。通货膨胀是多种因素作用的结果。相较于发达经济体的政策工具种类繁多,新兴市场和发展中经济体的应对措施较少,因此它们对通胀带来的影响更为担心。对于拉美地区而言,未来通胀类型主要有三种。一是需求拉动型通胀,主要归因于经济恢复期需求端复苏快于供给端,出现产品供不应求的局面。二是成本推动型通胀。一方面,供应链中断时间延长导致能源、资本品价格上涨,叠加疫情期间运费价格飙升,生产投入品价格普遍上涨;另一方面,疫情导致的劳动力供应短缺以及人口老龄化带来的劳动年龄人口下降将提高劳工的谈判能力以提高工资。三是国际输入型通胀。国际大宗商品价格的波动上升沿着进口渠道推升拉美地区国家的国内通胀水平。基于当前趋势,短期内影响拉美地区通胀水平的因素没有发生实质性变化,通胀水平将继续维持在高位。在这种情况下,实施紧缩货币政策抑制通胀便成为优先项,但是利率上升、融资成本增加显然不利于消费和投资,进而削弱经济增长动力。基于此,拉美地区陷入滞涨的风险正在增加。

第二,大宗商品价格的走势。短期内国际市场大宗商品价格的上涨还将持续。一是全球经济整体上复苏,市场需求和贸易需求增加。二是因为疫情反复、供应链修复期延长,大宗商品的供给偏紧,特别是国际航运价格上涨也使相关商品价格保持高位。三是地缘政治事件频发可能刺激大宗商品价格出现新一轮上涨。国际大宗商品价格持续上涨虽然能给拉美地区资源出口国带来更多的出口和财政收入，但是也将通过进口渠道加剧地区内部的通胀上涨问题。

第三，结构性改革的效果。获得更高的长期经济增长必然要求深入推进结构性改革。疫情至少在三个方面对支撑长期经济增长的因素造成深远影响。一是封锁和社会隔离措施已经打断多数儿童的在校学习教育，即使依靠在线教育弥补，效果也大打折扣，况且有些地方尚不具备在线教育的网络基础设施，这将直接影响人力资本对生产率的长期贡献。二是疫情冲击可能改变产业组织形式或者催生新业态、新模式，劳动者需要适应劳动力市场的结构调整和接受技能培训。三是全球供应链的不稳定和不确定性可能改变地区参与世界经济的方式和程度。基于此，结构性改革势在必行。然而，结构性改革效果会受到多种因素的制约，例如应对疫情冲击的缓解措施可能与某些改革目标相冲突；巴西、哥伦比亚等重要国家的大选以及非大选国家政局的不稳定可能拖延地区结构性改革的步伐；利益集团的分歧及掣肘在经济增长疲弱的环境中可能被放大。

基于此，根据拉美经济委员会预测，2022年拉美经济增长疲弱，预计增长2.1%，比2021年回落4.1个百分点。其中，南美洲国家经济预计增长1.4%，中美洲国家和墨西哥一组经济预计增长3.3%，加勒比国家经济预计增长6.1%（不含圭亚那）。从国别来看，巴西、墨西哥和阿根廷三国经济增长率预计分别为0.5%、2.9%和2.2%。拉美地区国家在宏观经济政策上面临的挑战更加严峻，因为可用于支持经济活动恢复的货币和财政空间较小。通货膨胀率持续上升导致该地区一些国家的中央银行加快加息步伐。财政方面，一些国家将采取更多的限制性预算以减少财政赤字和稳定债务比例。2022年，拉美地区33国中将有14个国家的经济水平恢复至2019年疫情前。

（二）可持续发展前景

从中长期来看，疫情冲击显然拖延了拉美地区实现2030年可持续发展目标（SDGs）的进程。拉美经济委员会报告指出，尽管拉美地区国家在一

些指标上有所改善，但在评估的 111 个目标中 68% 的进展不足以在 2030 年实现可持续发展目标，而且有 22% 的目标进展出现了逆转。① 为了实现拉美地区可持续发展目标，国际社会和拉美国家应该至少在三个方面继续努力。

首先，拓展发展筹资的空间。从中长期看，随着政策优先事项从应对疫情转向可持续发展，发展筹资议程必须支持增加就业和维持适当增长的反周期政策立场。拉美经济委员会提出五种解决途径。② 一是完善流动性的再分配，包括提高发展中国家的特别提款权或从发达国家向发展中国家转移特别提款权、建立多边基金来实现流动性的再分配等。二是通过提高区域、次区域和国家开发银行及其他区域机构的贷款能力来加强区域合作。三是通过建立一个多边债务重组机制和一个多边信用评级机构来改革国际债务结构。四是使用不同的创新工具，以提高国家的债务偿还能力和摆脱债务困扰。五是获得流动性和减少债务必须与中长期发展目标相结合，从而促进以平等和环境友好为核心的可持续发展。

其次，转换经济发展模式。拉美地区正面临三种结构性危机带来的挑战，即经济危机、不平等危机和环境危机。新冠肺炎疫情加剧了这三种结构性危机的程度，如高度不平等、就业非正规性、低增长、国际收支限制和低生产率，更为严重的是，气候变化和自然灾害也加剧了结构的脆弱性。因此，通过有效市场和有为政府的结合，构建一个能够克服上述三种结构性危机的新发展模式非常必要。

最后，建立可持续的财政政策框架。该框架应侧重于提高公共收入，提高公共支出的效率、效力和公平性。在维持公共支出水平的压力下，政府必须采取战略性的支出方式，重点实施在经济、社会和环境三方面兼具高回报率的项目。作为主要的调整变量，公共投资必须聚焦于具有性别平等的战略部门，从而创造高质量就业。同时，提高社会保障制度的覆盖率及保障其财

---

① ECLAC, *A Decade of Action for a Change of Era* (LC/FDS. 5/3), United Nations, March 2022, p. 7.

② ECLAC, *Financing for Development in the Era of COVID-19 and Beyond*, Special Report COVID-19, No. 10, March 11, 2021.

务上的可持续性至关重要。在这种情况下，政府需要进行税收制度改革以支持战略性公共支出的可持续性。然而，在疫情反复、增长低迷的环境下，税收制度改革并不容易，需要将短期目标和长期目标统筹起来。此外，多边贷款机构提供的国际流动性、公共债务减免以及暂缓债务偿付也可以在开辟额外财政空间方面发挥重要作用。

（岳云霞　审读）

Y.4
2021~2022年拉美社会形势：
疫苗助力抗疫，移民危机再起

林 华[*]

摘 要： 2021年，拉美和加勒比地区仍然无法摆脱新冠肺炎疫情的困扰。虽然各国经济有所复苏，但社会领域因疫情而丧失的发展成果难以在短期内恢复。疫苗成为各国抗击疫情的重要依靠，但拉美国家疫苗的接种进程受自身研发能力低、对域外疫苗依赖性较强、疫苗在全球范围内分配不均衡、弱势群体受重视程度低、政府可支配资源不足等因素的影响，部分国家疫苗接种率较低。政府提供的社会补贴缩水和通货膨胀加剧削弱了实际购买力，抵消了劳动力市场缓慢恢复对收入和就业的拉动效应，导致拉美反贫困和推动收入平等分配的进程仍然面临极大阻力。极端贫困人口增加及由此带来的饥饿问题是减贫成果倒退的重要表现。疫情造成的教育中断或延迟有可能对人力资本产生中长期的不可逆转的影响，损害未来一代劳动力的收入能力和发展机会。墨美边境的移民危机卷土重来，这与疫情对拉美国家经济和社会发展的消极影响不无关系，美国移民政策的调整对于解决移民危机没有帮助。

关键词： 拉丁美洲和加勒比地区 弱势群体 反贫困 人力资本 移民

---

* 林华，中国社会科学院拉丁美洲研究所社会文化研究室副研究员、阿根廷研究中心秘书长，主要研究方向为拉美社会问题和阿根廷。

2021 年，新冠肺炎疫情继续破坏及干扰拉美和加勒比地区的社会发展。劳动力市场的缓慢恢复不足以带动其他社会指标的明显改善。在疫苗分配上，拉美国家处于劣势地位。疫苗在全球范围内的不公平、不合理分配导致很多国家难以在短期内获得充足的疫苗，影响了疫苗接种进度。虽然疫情还远未结束，但其中长期影响已经显露出来，墨美边境的移民危机、教育中断对人力资本积累的长期损害值得关注。

一 疫苗成抗疫关键

2020 年，拉美地区新冠肺炎确诊病例约 1500 万例，各国都将控制疫情的希望寄托于疫苗。在经历了近一年的等待之后，墨西哥、智利、哥斯达黎加、阿根廷等国于 2020 年年底率先启动疫苗接种计划，其他国家陆续在 2021 年 1~3 月开始疫苗接种工作，古巴因为采用自主研发疫苗直到 5 月才开始接种。各国疫苗接种的推进速度不一，有的国家进展十分缓慢。截至 2021 年 12 月 31 日，拉美和加勒比地区疫苗全程接种率达到 59.4%，完成了世界卫生组织所要求的 40% 的目标，另有 10.6% 的人接种了第一针疫苗。[①] 智利和古巴的全程接种率最高，分别达到86% 和 85.5%。但是，11 个国家未能达到 40% 的目标接种率，半数以上国家的疫苗接种率低于地区平均水平，主要集中于中美洲和加勒比地区。海地的疫苗接种情况最令人担忧，其全程接种率和部分接种率分别只有 0.6% 和 0.4%。

拉美和加勒比国家疫苗接种进程受多重因素的影响。一是疫苗研发能力严重不足。虽然阿根廷、巴西、墨西哥等主要拉美国家早在 2020 年就着手进行疫苗研发，但是进展缓慢。截至 2021 年底，拉美地区只有古巴研制出新冠疫苗，其他国家仍依靠域外疫苗，只能通过政府采购或世界卫生组织的新冠肺炎疫苗实施计划（COVAX）获取疫苗。二是疫苗在全球范围内分配

---

① 本段数据来自 CEPAL, *Panorama Social de América Latina 2021*, Naciones Unidas, febrero de 2022, p. 110。

不均衡。发达国家由于研发能力强、资金雄厚等原因，在疫苗分配上占据了绝对优势。虽然发达经济体的人口只占世界总人口的13%，却把持了全球39%的疫苗。① 在疫苗上市的最初几个月里，发达国家囤积疫苗的现象尤为严重，极大地阻碍了疫苗的公平分配。而拉美国家在采购疫苗的谈判中也常常处于不利地位。有的国家被要求接受与疫情无关的附加条件，有的国家采购价格过高。新冠肺炎疫苗实施计划虽然是一项富有创新性的多边合作机制，但其运行也受到多方面的制约，难以发挥预想的效果。从2021年8月开始新冠肺炎疫苗实施计划的疫苗分配速度才逐渐加快。除古巴以外的其他拉美国家均加入了新冠肺炎疫苗实施计划，其中14个国家自筹资金购买疫苗，玻利维亚等5个国家通过捐赠方式获得疫苗。截至2022年2月中旬，新冠肺炎疫苗实施计划共向拉美国家提供了1亿剂疫苗，其中约30%来自发达国家的捐赠。② 三是弱势群体在疫苗信息获取、优先接种等方面没有受到足够的照顾。民众对疫苗有效性和安全性的了解程度影响接种进程。尽管拉美民众对新冠疫苗的接受度高于欧洲和北美国家，但是残疾人、印第安人、受教育水平较低人群等特殊群体在获取信息方面仍面临较大障碍。例如，很少有国家真正实施专门针对印第安人群体的接种计划，这是危地马拉、玻利维亚、墨西哥和秘鲁等几个印第安人口占比较高的国家疫苗接种率偏低的重要原因。此外，民众对政府机构的长期不信任也降低了信息传递的有效性，造成部分人群对接种疫苗的排斥。四是疫苗接种计划还受到政府可支配资源的制约。根据18个国家向泛美卫生组织提交的接种计划，每剂疫苗所需的管理费用平均为2.89美元，有的国家甚至达到每剂7美元，这其中还不包括人力成本和疫苗的冷链存储费用。③ 如果将与接种相关的配套服务，如疫苗的储存和运输、接种场地的设置、医疗废弃物处理、医务人员调配等全部计算在内，所需的

---

① CEPAL, *Panorama Social de América Latina 2021*, Naciones Unidas, febrero de 2022, p. 109.

② "La OPS Entrega Cien Millones de Vacunas de COVAX Contra la COVID-19 en América Latina y el Caribe", PAHO, 15 de febrero de 2022, https：//www.paho.org/es/noticias/15-2-2022-ops-entrega-cien-millones-vacunas-covax-contra-covid-19-america-latina-caribe.

③ CEPAL, OPS, *La Prolongación de la Crisis Sanitaria y su Impacto en la Salud, la Economía y el Desarrollo Social*, 14 de octubre de 2021, p. 8.

费用平均占到各国公共卫生开支的 7.5%，有些国家的这一占比可能会超过 10%。① 因此，疫苗接种不仅要求各国政府具备充足的财力，而且要做好组织管理工作。很显然，对于经济社会发展水平较低或公共资源配置不足的国家来说，有效地开展接种工作也是一项艰巨的任务。

虽然拉美地区的整体接种率较高，但是疫情并没有因为疫苗的逐渐普及而有所缓解。2021 年拉美和加勒比地区的新冠肺炎确诊病例约 3500 万例，远远超过了 2020 年，这主要与各国防疫措施逐渐放松、病毒传播力增强、部分国家疫苗接种率较低等因素有关。由于新冠病毒变异，拉美国家疫情多次出现反弹，并且在 2021 年上半年出现了一波 60 岁以下死亡病例大幅增加的疫情。这与多数拉美国家优先给 60 岁及以上老人接种疫苗有很大关系，也验证了接种疫苗对降低重症率和死亡率的重要作用。

在经济活动基本放开、严格的隔离措施难以实施的情况下，疫苗成为拉美国家控制疫情的首选。为了使所有国家都能在 2022 年年中达到世界卫生组织要求的 70% 的疫苗接种率，拉美国家需要在 2022 年上半年为 4040 万人接种第二针疫苗，为 3470 万人接种两针疫苗，这意味着拉美国家不仅要获得约 1.1 亿剂疫苗，而且要制订更加有效的接种计划来加快疫苗接种速度。

二 反贫困进程受阻

新冠肺炎疫情导致拉美地区的社会形势进一步恶化，其中贫困人口大幅增加成为重要表现之一。疫情之前，拉美地区的减贫可持续性已经难以为继，减贫进程基本停滞。疫情对拉美减贫造成了进一步冲击，使最近 10~20 年该地区取得的减贫成果几乎化为乌有。

根据联合国拉美经济委员会的数据，2020 年拉美社会的贫困率倒退至 2010 年的水平，而极端贫困率则上升到 2000 年前后的水平。如图 1、图 2

---

① CEPAL, OPS, *La Prolongación de la Crisis Sanitaria y su Impacto en la Salud*, *la Economía y el Desarrollo Social*, 14 de octubre de 2021, p. 9.

所示，2021 年，随着地区经济的复苏、劳动力市场的部分恢复以及各国政府继续实施社会救济政策，拉美地区的贫困水平由 2020 年的 33% 降至 32.1%，贫困人口大约减少 300 万人。但是由于应急性社会救助逐步减少，极端贫困水平由 2020 年的 13.1% 上升至 13.8%，极端贫困人口增加 500 万人。[①] 这表明，疫情对收入的冲击并未减弱。

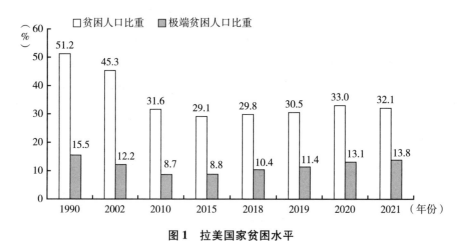

图 1　拉美国家贫困水平

资料来源：CEPAL, *Panorama Social de América Latina 2021*, Naciones Unidas, febrero de 2022, p. 68。

世界银行的测算则表明，全球减贫进程受到新冠肺炎疫情的影响。自 1992 年以来，世界范围内极端贫困的增加只发生在 1997~1998 年亚洲金融危机时期。1999 年以后，全世界极端贫困人口数量逐年下降。这种态势一直保持到 2019 年。在此期间，全球超过 10 亿人摆脱了极端贫困状态。2020 年，新冠肺炎疫情导致全球新增 1.19 亿~1.24 亿极端贫困人口，其中拉美国家新增 300 万~400 万极端贫困人口。[②] 尽管相比于世界其他发展中地区

---

① CEPAL, *Panorama Social de América Latina 2021*, Naciones Unidas, febrero de 2022, p. 68.

② Christoph Lakner, et al., "Updated Estimates of the Impact of COVID-19 on Global Poverty: Looking Back at 2020 and the Outlook for 2021", World Bank Blogs, January 2021, https://blogs.worldbank.org/opendata/updated-estimates-impact-covid-19-global-poverty-looking-back-2020-and-outlook-2021.

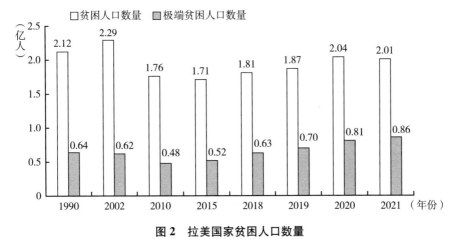

图 2　拉美国家贫困人口数量

资料来源：CEPAL, *Panorama Social de América Latina 2021*, Naciones Unidas, febrero de 2022, p. 68。

而言，这个数字并不显眼，但需要指出的是，世界银行划定的极端贫困线为每人每天收入 1.9 美元，对于经济发展水平相对较高的拉美国家而言，这个贫困线标准显然过低了。如果按照每人每天收入 5.5 美元的贫困线计算，2020 年拉美和加勒比地区新增贫困人口则达到 2000 万人左右，约占全球新增总数的 10%。[1] 根据世界银行的估算，2021 年拉美的贫困形势依然严峻，极端贫困人口不会出现明显的下降。

与贫困相伴随的是饥饿问题。根据联合国粮农组织等机构发布的报告，2020 年拉美和加勒比地区饥饿人口占 9.1%，比 2019 年提高了 2 个百分点。[2] 这意味着整个地区约 5970 万人处于严重营养不良状态，比 2019 年增加 1390 万人。与此同时，面临轻度或重度粮食安全问题的人口占 40.9%，

[1]　Christoph Lakner, et al., "Updated Estimates of the Impact of COVID - 19 on Global Poverty: Looking Back at 2020 and the Outlook for 2021", World Bank Blogs, January 2021, https://blogs. worldbank. org/opendata/updated - estimates - impact - covid - 19 - global - poverty - looking - back - 2020 - and - outlook - 2021.

[2]　本段数据来自 FAO, FIDA, OPS, WFP y UNICEF, *América Latina y el Caribe-Panorama Regional de la Seguridad Alimentaria y Nutricional 2021: Estadísticas y Tendencias*, noviembre de 2021, p. 1。

高于30.4%的世界平均水平。作为一个盛产粮食和肉类的地区，拉美的粮食安全和饥饿问题在多数情况下并不是粮食供应短缺引起的，而是贫困和不平等造成的。2021年，整个拉美地区的消费者价格指数大幅攀升，食品价格明显上涨，低收入群体获取食品变得更加困难，这必然导致受饥饿威胁的人口继续增加。

贫困和饥饿的蔓延极不利于疫情防控。一方面，贫困和饥饿人群中普遍存在的营养不良降低了人体对病毒的抵抗能力；另一方面，贫困通常意味着就业不稳定、居住拥挤、卫生设施不足等，这些现象无一例外会增加感染的风险。已有研究表明，弱势群体的重症发生率和死亡率都高于其他群体。例如，在巴西圣保罗，大部分的超额死亡①发生在公立医院，而且以非洲裔、亚裔和印第安人为主；在智利圣地亚哥，居住拥挤的情况每增加5%，死亡率就会提高32%；② 在阿根廷布宜诺斯艾利斯，尽管贫民窟居民只占总人口的7%，但占确诊病例的40%。③

三 收入分配情况无明显改善

疫情对收入分配的影响十分明显。最低收入阶层工资水平的下降是收入分配恶化的主要原因。2020年，15个拉美国家的基尼系数平均提高了0.7%，达到0.46。④ 但是国家间的收入分配存在显著差异，秘鲁、智利、萨尔瓦多、玻利维亚和哥伦比亚的基尼系数上升幅度较大，乌拉圭和厄瓜多尔基尼系数的增幅较小，而多米尼加、巴西、巴拉圭、墨西哥和哥斯达黎加的基尼系数下降。一个具有普遍性的规律是，在收入分配恶化的国家，疫情

---

① 超额死亡，指在某一时间段内的死亡人数与历史同期平均死亡人数相比，由于各种原因超出的死亡人数。

② CEPAL, OPS, *La Prolongación de la Crisis Sanitaria y su Impacto en la Salud, la Economía y el Desarrollo Social*, 14 de octubre de 2021, p. 19.

③ CEPAL, OPS, *La Prolongación de la Crisis Sanitaria y su Impacto en la Salud, la Economía y el Desarrollo Social*, 14 de octubre de 2021, p. 19.

④ CEPAL, *Panorama Social de América Latina 2021*, Naciones Unidas, febrero de 2022, p. 51.

对高收入阶层造成的收入损失要小于低收入阶层，反之亦然。

但是，对于所有国家来说，政府为减轻疫情对低收入者的冲击而实施的广泛社会救助都极大地缓解了不平等的加剧，使收入分配恶化程度低于预期水平，这也是部分国家收入分配状况有所改善的重要原因。玻利维亚、智利等7个国家的数据显示，政府提供的现金补贴使基尼系数的上升幅度由预期的4%下降到实际的1%。也就是说，如果没有补贴，这7个国家2020年的平均基尼系数将达到0.471，因为政府提供了补贴，这些国家的平均基尼系数为0.457。①

2021年，尽管地区经济有所恢复，但收入分配格局没有明显改善。一是因为各国对低收入阶层的现金补贴减少了近一半，纾困计划抑制不平等的功效逐渐减弱；二是因为财富向高收入阶层集中的现象进一步加剧。根据福布斯财富榜的数据，2021年7个拉美国家②个人资产超过10亿美元的富豪总资产达到4082亿美元，比2020年增加了41%，平均占GDP的11.1%。③虽然超级富豪的财富状况不是衡量收入分配的直接指标，但是这部分群体的财富在疫情背景下激增，一方面说明造成拉美地区不平等的结构性因素因疫情而变得更加牢不可破，另一方面也加重了普通民众对精英阶层和制度的不信任感。

从社会流动来看，2021年出现了向好趋势。如图3所示，2021年，包括极端贫困者、一般贫困者和非贫困的低收入者在内的低收入阶层占总人口的56.8%，比2020年下降了1.7个百分点；包括中低收入者、中等收入者和中高收入者在内的中间阶层占总人口的比重由2020年的38.6%提高到39.8%；高收入者的占比则上升了0.5个百分点。在社会分层中等级最低的4个层次，即已经处于贫困和具有较高脆弱性的群体占总人口的比重为75.8%，比2020年下降了2.7个百分点，比2019年下降了0.4个百分点。以上数据说明2020年向下社会流动的趋势在2021年得到了遏制。

---

① CEPAL, *Panorama Social de América Latina 2021*, Naciones Unidas, febrero de 2022, p. 57.
② 包括阿根廷、巴西、智利、哥伦比亚、墨西哥、秘鲁和委内瑞拉。
③ CEPAL, *Panorama Social de América Latina 2021*, Naciones Unidas, febrero de 2022, pp. 63, 65.

从全球范围看，拉丁美洲仍是世界上不平等程度最高的地区之一。根据《2022 年世界不平等报告》的数据，2021 年拉美地区的收入分配状况略好于中东北非和撒哈拉沙漠以南非洲地区，但不如东南亚、俄罗斯和中亚、北美、东亚和欧洲 5 个地区。拉美地区 10%的最富有群体占据了 55%的收入和 77%的家庭财富，这两个比重在欧洲分别为 36%和 58%。[1]

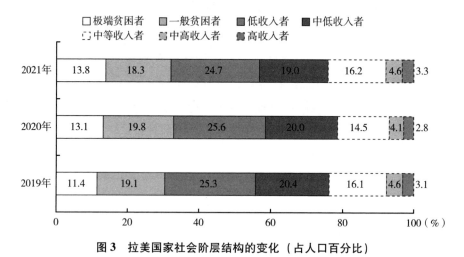

图 3　拉美国家社会阶层结构的变化（占人口百分比）

资料来源：CEPAL, *Panorama Social de América Latina 2021*, Naciones Unidas, febrero de 2022, p. 78。

四　劳动力市场缓慢恢复

新冠肺炎疫情对劳动力市场造成了严重冲击。2020 年第二季度拉美地区的就业形势明显恶化，出现了劳动参与率和就业率双双大幅度下降而失业率上升的特点。从第三季度起，劳动力市场开始缓慢复苏。2021 年延续了这种趋势，但是没有达到疫情之前的水平。

---

[1] Lucas Chancel, Thomas Piketty, Emmanuel Saez, Gabriel Zucman（coordinators），"Executive Summary", *World Inequality Report 2022*, World Inequality Lab, December 2021, p. 11-12.

2020 年拉美地区的劳动参与率由上一年的 62.6%下降到 57.7%。① 根据联合国拉美经济委员会的最新统计，2021 年第三季度劳动参与率已回升到 61.9%，仍低于 2019 年。② 劳动供给继续受到多种因素的制约。首先，餐饮、旅游、娱乐等服务行业以及部分制造业没有完全复工。其次，大部分国家的学校、幼儿园、养老照料服务机构尚处于半开放状态。最后，仍有一部分劳动人口因缺少就业机会或担心被感染而选择暂时退出劳动力市场。在劳动需求方面，随着经济活动逐渐恢复，就业岗位比 2020 年有所增加，2021 年前 9 个月的就业率由上一年同期的 51.9%回升到 55%，但与 2019 年仍有 3.2 个百分点的差距。③ 劳动力市场依旧不景气的另一个表现是失业率仍处于较高水平，虽然从 2020 年的 10.3%下降到 9.7%，但是仍高于 2019 年的 8.1%。④

劳动力市场的性别差异在疫情背景下出现扩大趋势。女性劳动参与率和就业率的回升速度都低于男性。一方面，学校和托幼、托老机构仍未全部开放，阻碍了一部分女性重新回到职场；另一方面，女性比较集中的行业，如家政服务、餐饮业、商业等未完全恢复，加剧了女性的就业困难。2021 年第三季度，女性失业率达到 11.1%，远高于男性的 7.6%，男性和女性的失业率差距达到 3.5 个百分点，而 2019 年同期为 2.7 个百分点。⑤

非正规就业的下降是疫情期间劳动力市场的新特点，这是各国实施隔离措施和要求保持社交距离的结果。2021 年，家庭收入的减少促使很多非正规就业者回归劳动力市场，这导致在阿根廷、墨西哥、秘鲁等国 70%以上的新增就业岗位都是由非正规部门创造的。2021 年第三季度，9 个拉美国家

---

① CEPAL, *Estudio Económico de América Latina y el Caribe 2021*, Naciones Unidas, octubre de 2021, p. 254.

② CEPAL, *Balance Preliminar de las Economías de América Latina y el Caribe 2021*, Naciones Unidas, enero de 2022, p. 78.

③ CEPAL, *Balance Preliminar de las Economías de América Latina y el Caribe 2021*, Naciones Unidas, enero de 2022, p. 157.

④ CEPAL, *Balance Preliminar de las Economías de América Latina y el Caribe 2021*, Naciones Unidas, enero de 2022, p. 85.

⑤ CEPAL, *Balance Preliminar de las Economías de América Latina y el Caribe 2021*, Naciones Unidas, enero de 2022, p. 79.

中有 8 个国家的非正规就业率同比上升，幅度为 2.5~4.5 个百分点。①

从行业来看，受疫情影响最大的是那些需要人员流动和接触且无法居家工作的部门，包括建筑业、旅游业、餐饮业和商业等。2021 年这些行业的就业都有所恢复，但程度不一。建筑业的恢复情况最好，已基本上恢复到疫情前的水平，商业只有部分恢复，其他行业仍处于深度萧条状态。受疫情冲击较小的行业，如农业、金融业、公用事业等，均已全面复工。

2021 年实际工资水平受到通货膨胀的影响。消费者价格指数在大多数国家有所上升，导致整个拉美地区的平均消费者价格指数由 2020 年的 3% 提高到 6.4%。② 由于名义工资的调整通常存在滞后情况，实际工资水平的下降不可避免。

五　社会开支下降

新冠肺炎疫情发生后，拉美国家随即采取了多种社会纾困措施，以缓解疫情对家庭收入的冲击，这导致政府的社会开支明显增加。2020 年，拉美国家中央（或联邦）政府的社会开支占 GDP 的比重达到创纪录的 13.6%，同比上升 2.3 个百分点。与此同时，社会开支在政府公共开支中的比重也由 52.6% 提高到 55.4%。③ 最近 20 年，拉美国家的社会开支水平呈现出小幅上升的趋势，一般情况下社会开支占 GDP 的比重涨幅不超过 0.3 个百分点。但是 2020 年的情况极为罕见，在拉美地区经济严重衰退、税收大幅收缩的情况下，政府的社会开支不但没有减少反而显著增加，各国政府为应对疫情做出了前所未有的努力。

南美洲国家的社会开支水平总体上高于中美洲和北美洲。巴西和智利是社会开支占 GDP 的比重最高的国家，分别达到 22.5% 和 20.2%；但是 8 个

① CEPAL, *Balance Preliminar de las Economías de América Latina y el Caribe 2021*, Naciones Unidas, enero de 2022, p. 81.

② CEPAL, *Balance Preliminar de las Economías de América Latina y el Caribe 2021*, Naciones Unidas, enero de 2022, p. 166.

③ CEPAL, *Panorama Social de América Latina 2021*, Naciones Unidas, febrero de 2022, p. 166.

中美洲和北美洲国家的社会开支占 GDP 的比重平均只有 11%，巴拿马、洪都拉斯和危地马拉的这一占比甚至没有达到 10%。① 从人均水平来看，国家间差异也非常明显。2020 年拉美和加勒比地区 22 个国家的人均社会开支为 1064 美元，但加勒比国家和南美洲国家分别达到 1650 美元和 1429 美元，而中美洲和北美洲国家只有 653 美元。②

从社会开支的用途来看，一个显著的变化在于社会保护方面的开支占据了最主要的份额。在以往的社会开支中，社会保护开支和教育开支基本持平。但是 2020 年教育开支占 GDP 的比重仅提高了 0.1 个百分点，而社会保护开支占比达到 5.9%，提高了 1.7 个百分点。新增的社会保护开支以各国政府提供的非缴费型社会救助即向贫困群体、失业群体等特定群体发放的现金补贴为主。另一个变化是医疗卫生开支也明显增加，占 GDP 的比重由 2.3% 上升至 2.7%。根据世界卫生组织的要求，一国医疗卫生开支应占其 GDP 的 6%，尽管 2020 年拉美国家普遍提高了医疗卫生支出，但也仅有巴西、阿根廷、智利、古巴等少数国家达到了这一标准。

2021 年，由于疫情仍在持续，拉美国家继续实施大范围社会救助计划的困难越来越大，在税收政策没有较大改变的情况下，各国在社会领域的投入无法获得有力的支持。与 2020 年相比，拉美和加勒比国家承诺发放的现金或物资总额大约收缩了一半，减少到 452.71 亿美元。③ 就整个地区而言，如图 4 所示，2020 年 3~8 月是政府发放补贴力度比较大的时期，此后逐渐降低。到 2021 年 9~12 月，各国发放的应急性现金和物资补贴占 GDP 的比重已经由最初的 1.58% 下降到 0.7%。④ 2021 年，全地区人均领取的现金和实物补贴为 87.2 美元，但南美洲国家达到 141.9 美元，而加勒比国家只有 55.2 美元。⑤

① CEPAL, *Panorama Social de América Latina 2021*, Naciones Unidas, febrero de 2022, p. 168.
② CEPAL, *Panorama Social de América Latina 2021*, Naciones Unidas, febrero de 2022, p. 170.
③ CEPAL, *Panorama Social de América Latina 2021*, Naciones Unidas, febrero de 2022, p. 183.
④ CEPAL, *Panorama Social de América Latina 2021*, Naciones Unidas, febrero de 2022, p. 185.
⑤ CEPAL, *Panorama Social de América Latina 2021*, Naciones Unidas, febrero de 2022, p. 187.

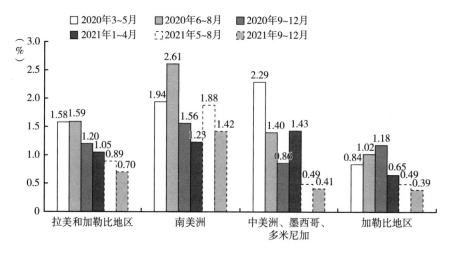

**图4　拉美和加勒比地区整体及次区域国家每月应急性现金和
实物补贴占 GDP 的平均比重**

资料来源：CEPAL, *Panorama Social de América Latina 2021*, Naciones Unidas, febrero de 2022, p.185。

新冠肺炎疫情进入第二年后，拉美国家政府在恢复经济和民生方面面临越来越大的挑战。扩大社会开支的确有助于缓解疫情造成的社会冲击，但并非长久之计。2021 年拉美国家通货膨胀水平的普遍上升与 2020 年的财政扩张不无关系，这也是拉美国家逐步削减现金转移的重要因素。但是，为了使受疫情影响最大的群体在不依靠政府补贴的情况下获得稳定的收入，需要拉美国家利用其他替代手段加以应对，如完善失业保险制度、加强对中小微企业的扶植等。

六　疫情造成人力资本损失

疫情对经济和社会发展不仅有显性、直接、短期的影响，而且也有隐性、间接、长期的影响。前者体现在 GDP、对外贸易、贫困水平、失业率等可以迅速量化的指标上，后者难以在短时间内得出明确而具体的结论，但通过中长期的观察就会发现，这类影响可能是不可逆转的。疫情期间教育的停滞或者延迟对人力资本积累造成的损害就属于后者。

疫情之前，拉美国家的教育经过数十年的发展已经取得了长足的进步，主要表现在基础教育普及率上升、辍学率下降、人均受教育水平提高、教育的性别平等问题明显改善等方面。但是，教育机会不均等和教育质量低下一直是拉美国家教育发展过程中存在的两大问题。例如，中等教育和高等教育的普及率在不同收入群体中差别很大。2019 年，收入最低的 20% 人群中，只有 40% 的 20~24 岁青年完成了中学教育，但在收入最高的 20% 人群中，这一比重达到 86%；同样，上述两个收入阶层的高等教育完成率也相差 41 个百分点。[①] 教育质量不高的表现之一是学生对知识和技能的掌握严重不足。在经济合作与发展组织"学生能力国际评价计划"（PISA）于 2018 年对 79 个国家和地区 15 岁学生的三科成绩测试中，不仅没有一个拉美国家的得分达到经合组织成员国的平均分，而且与之还有很大的差距。

2020 年疫情发生后，拉美国家最先采取的措施就包括关闭学校，将课堂教学改为网络教学、广播电视教学等。据估算，整个地区约 1.37 亿名学生受到了停课的影响。[②] 由于疫情严重，拉美和加勒比地区成为世界范围内现场教学停止时间最长的地区之一。从 2020 年 2 月 16 日至 2021 年 9 月 30 日，拉美地区各级教育机构完全停课和部分停课的时间平均达到 56 周，仅次于北美洲国家。[③] 但是，拉美国家并没有做好大范围、长时间开展远程教育的准备。一方面，很多家庭并不具备必要的硬件条件。据统计，在 20% 收入最低的家庭中，2019 年只有 53% 的 5~20 岁儿童和青少年能够上网。[④] 电脑和网络设备的缺失导致相当一部分学生失去了学习机会。另一方面，大部分国家的教育机构缺少利用数字技术开展教学活动

① Alicia Bárcena, *Educación en América Latina y el Caribe：La Crisis Prolongada como una Oportunidad de Reestructuración*, CEPAL, 13 de octubre de 2021, p. 13.

② UNICEF, *Educación en Pausa：Una Generación de Niños y Niñas en América Latina y el Caribe Está Perdiendo la Escolarización Debido al COVID-19*, octubre de 2020, p. 5.

③ CEPAL, *Panorama Social de América Latina 2021*, Naciones Unidas, febrero de 2022, p. 130.

④ Alicia Bárcena, *Educación en América Latina y el Caribe：La Crisis Prolongada como una Oportunidad de Reestructuración*, CEPAL, 13 de octubre de 2021, p. 18.

的经验。同时，在线上教学中如何调动学生的积极性、保证学生的主动参与也是一个难题。联合国儿童基金会估测整个地区约 1/3 的学生无法接受高质量的远程教学。①

长时间关闭学校不仅会加剧教育不平等、教育质量欠佳等原本就存在的问题，还会产生一系列新的问题，例如，学生日常营养水平下降、家庭暴力增多、辍学率提高等。根据联合国教科文组织的估算，整个拉美地区将有 310 万名学生因疫情而面临辍学的风险，最终有可能导致学生入学率下降 1.83 个百分点。② 无论是因无法使用网络而暂时失学，还是因家庭困难而最终辍学，都是对人力资本投资和积累的破坏。在面临辍学风险的学生中，约 1/3 是已完成中等教育的大学生。大学生辍学不仅对高等教育产生负面影响，也是国家高素质人才培养的巨大损失。同样，对于低龄学生来说，在基础教育阶段损失大量学时极不利于其提高学习能力和创造力，也会影响其未来发展。

虽然关闭学校和停课造成的损失难以量化，但已有专家进行初步估算。根据联合国开发计划署和联合国儿童基金会共同发布的报告，如果拉美国家关闭学校超过 7 个月，那么达不到最低阅读能力的中学生比重将由 53% 增加到 68%。如果叠加辍学的风险，那么停止现场教学 5 个月和 7 个月相当于分别损失 0.6 个和 0.9 个学年，将使每名学生就业后的收入分别减少 9750 美元和 15229 美元。在拉美国家不采取有效措施尽快复课并防止辍学的情况下，整个地区将会产生 8000 亿到 1 万亿美元的经济损失。③ 也就是说，疫情不仅会影响当下的就业和收入，还会通过教育中断将收入损

---

① UNICEF, *Educación en Pausa: Una Generación de Niños y Niñas en América Latina y el Caribe Está Perdiendo la Escolarización Debido al COVID-19*, octubre de 2020, p. 9.

② UNICEF, *Educación en Pausa: Una Generación de Niños y Niñas en América Latina y el Caribe Está Perdiendo la Escolarización Debido al COVID-19*, octubre de 2020, p. 10.

③ 以上数据来自 Sandra García Jaramillo, "COVID-19 y Educación Primaria y Secundaria: Repercusiones de la Crisis e Implicaciones de Política Pública para América Latina y el Caribe", *COVID 19-Serie de Documentos de Política Pública*, No. 20, Programa de las Naciones Unidas para el Desarrollo (PNUD), agosto de 2020, p. 14。

失传导给未来的劳动力，剥夺其终身的能力和机会。世界银行的测算也表明，拉美和加勒比国家每名中小学生的未来年收入将因疫情减少242~835美元，整个劳动生涯的总收入平均将减少15901美元。[①] 值得一提的是，以上两项测算都是基于拉美国家关闭学校时间在1学年以内，如果考虑到疫情持续两年之后仍有很多学校尚未恢复现场教学，那么上述结果就显得过于乐观了。

七 移民问题再起波澜

2020年，疫情减缓了拉美地区对外移民的势头，但是经济衰退和就业市场的低迷不断为移民活动酝酿强大的动力，同时美国新政府对移民政策的调整增强了美国的"吸引力"。在推力和拉力的共同作用下，2021年拉美地区对外移民再次活跃。

拜登政府上台后对特朗普执政时期的移民政策进行了大幅修正，主要改革措施包括：取消针对伊斯兰国家和非洲国家公民的旅行禁令；颁布《2021年美国公民法案》，为所有非法移民提供8年快速入籍的通道；恢复"童年入境暂缓遣返计划"（DACA）；将难民配额由1.5万人提高到6.25万人，2022年再增加一倍至12.5万人等。针对拉美国家移民，拜登政府也做出了政策调整。一是暂停修建南部边境的隔离墙；二是宣布中止2019年出台的旨在阻止中美洲国家申请避难者进入美国的"留候墨西哥"政策；三是为居住在美国的委内瑞拉人提供"临时保护身份"，允许其在美国合法居留和工作；四是延长在美海地人、洪都拉斯人和尼加拉瓜人的"临时保护身份"18个月。

在美国移民政策由紧转松的刺激下，中美洲和墨西哥再度出现了涌向墨美边境的移民浪潮。据统计，2021年前9个月，滞留墨西哥的无合法身份

---

① João Pedro Azevedo, Amer Hasan, Diana Goldemberg, Syedah Aroob Iqbal, Koen Geven, *Simulating the Potential Impacts of COVID-19 School Closure on Schooling and Learning Outcomes: A Set of Global Estimates*, The World Bank, June 2020, pp. 36-37.

外国人达到26.5万人，远远超出了2020年全年的14.3万人。① 然而，美国移民政策的调整对于那些没有合法证件、希望以避难者身份进入美国的人来说并没有实际意义。一方面，边境执法部门的执法力度未见放松。自2020年3月起，美国开始援引联邦健康法的"第42条例"，以防疫为由启动快速驱逐和遣返移民行动。拜登上台后并未取消执行这一条例。这导致2021年财年美国海关和边境保护局共逮捕试图非法入境的人员超过170万人次，创下自1986年以来的最高纪录。② 另一方面，"留候墨西哥"政策并没有真正终止。得克萨斯州和密苏里州将美国政府的决定起诉到联邦最高法院，后者于2021年8月裁定恢复该政策。"留候墨西哥"政策的反复不仅显示了美国国内在移民问题上的巨大分歧，也反映出拜登政府既无意也无力从根本上解决中美洲"北三角"的移民问题。受该政策影响最大的国家莫过于墨西哥。从2019年起，墨西哥就不得不承受大量移民被堵截在本国境内所产生的社会问题。边境地区在就业、治安、环境、卫生、防疫等方面都面临前所未有的压力。墨西哥政府多次呼吁美国采取实际行动，正视墨美边境移民问题，但都无济于事。而大量滞留的移民不仅急需人道主义救助，并且面临疫情带来的健康威胁。

海地移民危机是2021年最引人注目的事件。海地一直有对外移民的传统，但海地人移民美国的历史可用血泪斑斑来形容。美国出于种族歧视等原因，极端排斥海地移民，长期以来对其采取有别于他国的政策，千方百计阻止海地人入境。新一轮海地移民潮是多种因素作用的结果。2021年7月，海地总统若弗内尔·莫伊兹（Jovenel Moïse）被刺杀，该国深陷政治动荡，加之自然灾害和疫情的助推，大量海地人萌生了出国找出路的念头。另一方面，很多原本在其他拉美国家工作的海地人也因当地生存环境恶化或听信美国放宽移民政策而纷纷前往墨美边境。但是，海地移民的激增非但没能让美

---

① KNOMAD, The World Bank, *Migration and Development Brief 35：Recovery：COVID - 19 Crisis through a Migration Lens*, Washington, D. C., 2021, p. 44.

② KNOMAD, The World Bank, *Migration and Development Brief 35：Recovery：COVID - 19 Crisis through a Migration Lens*, Washington, D. C., 2021, p. 46.

国网开一面，反而促使其采取更严厉的限制手段。美国不仅利用"第42条例"拒绝向海地人提供庇护，而且在执法过程中全然不顾及海地人的尊严和人权。美国边境警察暴力驱离海地人的场面和大规模强制遣返移民的行动被媒体揭露后，引发了世界舆论一片哗然，也招致国际组织和美国政府内部的批评。美国海地问题特使丹尼尔·福特（Daniel Foote）以辞职表达不满。

无论是中美洲移民大潮，还是海地移民危机，其根源都在于这些国家国内局势的动荡和经济的极不发达。拉美地区落后国家的经济社会发展难以通过其自身的力量来实现，需要国际社会的援助和支持。为帮助中美洲国家应对移民问题，美国于2015年12月拨款7.5亿美元，用于"中美洲北三角繁荣联盟计划"，旨在帮助萨尔瓦多、危地马拉和洪都拉斯三国发展经济、改善治安，以减少赴美移民的数量。特朗普上台后，美国削减了对该计划的资助，却最终遭到反噬。2019年中美洲"北三角"国家国内局势的恶化引发了"大篷车移民潮"。拜登政府试图用更加宽松的政策缓解移民问题，但不仅招致国内反对，也给移民制造了一种"美国欢迎你"的错觉和假象。面对汹涌而来的移民潮，拜登政府明显力不从心，难以兑现竞选承诺，采取驱逐移民的手段应对危机，加剧了边境地区的紧张。由此看来，美国只有从根源上消除拉美国家对外移民的动因，通过加强对落后国家的经济援助，帮助这些国家保持稳定、获得发展，才能有效缓解移民问题。

八　总结与前瞻

2021年，拉美和加勒比地区仍然无法摆脱新冠肺炎疫情的困扰。虽然各国经济有所复苏，但社会领域因疫情而丧失的发展成果难以在短期内恢复。疫苗成为各国抗击疫情的重要依靠。由于获取疫苗的途径、手段和能力各不相同，拉美国家的疫苗接种进程出现了较大差异，少数国家进展缓慢。2020年，得益于积极的财政政策和大范围的社会救助，拉美地区社会形势的恶化程度小于预期。但是2021年政府补贴缩水和通货膨胀加剧，削弱了实际购买力，抵消了劳动力市场缓慢恢复对收入和就业的拉动效应，导致拉

美反贫困和推动收入平等分配的进程仍然面临极大的阻力。疫情造成的教育中断或延迟有可能对人力资本产生中长期的影响，损害未来一代劳动力的收入能力和发展机会。疫情下移民潮卷土重来，这与疫情对拉美国家经济和社会发展的消极影响不无关系。美国移民政策的调整对于解决美墨边境的移民危机没有帮助。移民问题的缓解只能通过稳定并改善拉美落后国家的国内发展、减弱移民的推动力来实现。

展望 2022 年，控制疫情和接种疫苗仍将是拉美国家维护社会发展的两大前提条件。从 2021 年新冠病毒变异和传播的速度来看，做到前者有很大难度，但是加快疫苗接种速度、提高疫苗接种率对于多数国家来讲还是很有可能实现的。联合国拉美经济委员会预测 2022 年拉美和加勒比地区的经济增长率将回落到 2.1%。[①] 经济复苏乏力将直接影响社会形势的好转，有限的财政空间也会进一步限制各国政府实施社会补偿计划的能力。预计 2022 年拉美地区的各项社会指标将难以明显改善。在此背景下，社会不满情绪将进一步高涨，各国政府将继续遭受不同程度的"信任危机"，部分国家有可能出现局部动荡。

（郭存海　审读）

---

① CEPAL, *Balance Preliminar de las Economías de América Latina y el Caribe 2021*, Naciones Unidas, enero de 2022, p. 129.

Y.5

2021~2022年拉美对外关系：
地区外交深度调整

谌园庭*

摘　要： 2021年，拉美地区外交议程发生重大变化，新冠肺炎疫情重塑拉美国家外交议程，以合作与援助为主要形式的"疫苗外交"成为拉美国家对外交往的重心。美国政府外交议程的重大变化直接影响拉美国家外交议程的转向。区域合作进展缓慢，拉美和加勒比共同体引领地区一体化合作，南方共同市场内部分歧加大，太平洋联盟致力于扩大合作伙伴。2022年，拜登政府对拉美政策将明朗化，美拉关系进入新一轮调适期，拉美国家战略自主意识上升也值得关注。

关键词： 拉丁美洲和加勒比　美拉关系　区域合作　战略自主性

　　2021年拉丁美洲和加勒比地区所面对的困难不仅来自疫情，还来自经济急剧收缩以及高度的政治极化所叠加的影响。当前，拉美国家无论是经济、社会，还是政治、外交，都将面临一个新的转型周期。大多数关键问题，从贫困和竞争力低下，到腐败、高犯罪率和低质量教育，需要中长期持续发力。缺乏团结、缺乏地区领导力，缺乏国际影响力将使围绕急需的改革建立共识变得更加困难，加强地区内外合作是解决这些结构性问题的明智选择。

---

* 谌园庭，中国社会科学院拉丁美洲研究所副研究员、国际关系研究室主任，墨西哥研究中心秘书长。

一 地区外交议程发生重大变化

在全球大变局和疫情的叠加影响之下，拉美地区外交议程发生重大变化，不同国家采取了不同政策取向。但无论采取何种政策取向，对已经处于困局的拉美国家来说，都将承受更大压力。

一是新冠肺炎疫情重塑拉美国家外交议程，以合作与援助为主要形式的疫苗外交成为拉美国家对外交往的重心。

新冠肺炎疫情对拉美地区造成的冲击是全方位的、影响是深远的。截至2021年12月2日，拉美地区新冠肺炎死亡病例达154万例，占全球新冠肺炎死亡病例的30%。① 根据泛美卫生组织的报告，2021年美洲地区新冠肺炎感染人数增加了3倍，亟须解决疫苗接种的不平等问题。截至2021年12月15日，拉美地区56%的人口已接种疫苗②，但各国接种情况差距很大。智利和乌拉圭的接种率一直居全球前五位，其中智利接种过一针疫苗的民众高达74%，超过68%的人接种了两针。该地区一些国家尤其是欠发达国家的疫苗接种率则明显偏低，低于世界卫生组织所要求的40%疫苗接种率目标。整个拉美地区需要至少6.52亿剂疫苗才能达到免疫阈值。拉美地区民众希望政府在医疗保健和公共服务上有更多投入，疫苗也成为该地区政府对外合作的重要关切。

首先，地区国家积极推动"疫苗外交"，以满足国内接种需求。一方面，在世界卫生组织对疫苗进行紧急使用认证之前，拥有资金和技术能力的拉美国家就迅速与疫苗生产商签订了双边协议。大部分拉美国家也成为新冠肺炎疫苗实施计划（COVAX）自筹资金参与者。2021年3月1

---

① "Latin America and the Caribbean: U. S. Policy Overview", CRS Reports, December 3, 2021, https://crsreports.congress.gov/product/pdf/IF/IF10460/19.

② "COVID - 19 Cases Tripled in the Americas in 2021, but Millions Now Protected Thanks to Vaccine", PAHO, December 15, 2021, https://www.paho.org/en/news/15 - 12 - 2021 - covid-19-cases-tripled-americas-2021-millions-now-protected-thanks-vaccine.

日，新冠肺炎疫苗实施计划分配给哥伦比亚的11.7万剂辉瑞疫苗抵达哥伦比亚，哥伦比亚成为美洲第一个通过新冠肺炎疫苗实施计划收到新冠疫苗的国家。另一方面，拉美国家大力请求疫苗援助。例如，多米尼加总统路易斯·阿比纳德尔在推特上呼吁拜登政府加大对欠发达国家的疫苗援助。巴拉圭外长欧克利德斯·阿塞韦多（Euclides Acevedo）也向美国提出疫苗援助请求。

其次，疫苗成为区域国家间合作的助推器。2021年6月，墨西哥向伯利兹、玻利维亚、危地马拉、洪都拉斯、牙买加和巴拉圭捐赠了总计116万剂疫苗。墨西哥还通过与阿根廷合作生产阿斯利康注射剂，向地区国家提供付费疫苗。拉美国家还加强了在边境地区的疫苗合作。2021年10月，哥伦比亚政府同意在边境地区为委内瑞拉人提供接种机会。尽管总数未知，但截至2021年11月13日，仅在北桑坦德就有超过34000名委内瑞拉人接种了疫苗。洪都拉斯也为其与尼加拉瓜边境地区预留了10万剂疫苗。巴拉圭卫生部还计划与阿根廷合作创建一个共享的新冠疫苗库，并与阿根廷当局评估在两国边境城市进行新冠疫苗联合接种的可能性。

再次，大国加强同拉美国家的疫苗合作。拜登上台后加大了美国对拉美地区的"疫苗外交"力度。截至2021年12月2日，美国已向29个拉美国家输送了超过5500万剂疫苗。① 中国则通过在疫苗提供方面的迅速行动获得了拉美国家的广泛认可。在中国-拉共体论坛第三届部长会议上，王毅外长指出中方已累计向拉方提供超过3亿剂疫苗和近4000万件抗疫物资，构建起中拉卫生健康共同体。② 俄罗斯向包括尼加拉瓜在内的拉美国家捐赠疫苗。此外，中俄两国还以比美国疫苗价格便宜得多的价格向拉美地区提供疫苗。基于与拉丁美洲的特殊利益关系，西班牙也通过疫苗加大对拉美的软实

---

① "Latin America and the Caribbean: U. S. Policy Overview", CRS Reports, December 3, 2021, https://crsreports. congress. gov/product/pdf/IF/IF10460/19.

② 《王毅谈中拉合作新成果》，中华人民共和国外交部网站，2021年12月4日，https://www.fmprc. gov.cn/web/wjbz_ 673089/zyhd_ 673091/202112/t20211204_ 10462379. shtml.

力投入。2021年7月起,西班牙通过新冠肺炎疫苗实施计划向巴拉圭、厄瓜多尔、尼加拉瓜、秘鲁和危地马拉5个拉美国家捐赠2250万剂阿斯利康疫苗。疫苗合作为包括中国、俄罗斯、欧盟和美国等国家和组织提高在发展中国家的声誉提供了机会。

二是美国政府外交议程的重大变化直接影响拉美国家外交议程的转向。拜登政府对拉美政策调整之一是推行"价值观外交",自认为在过去几年,该地区一些国家的民主"质量"有所下降,公众对民主政治运作的满意度也有所下降,并认为该地区日益严峻的挑战是由民主制度薄弱、司法制度政治化、腐败丑闻、犯罪和暴力高企等政治因素,以及经济增长率下降或停滞、收入不平等和贫困高企等经济因素造成的。拜登政府的价值观加剧了该地区的意识形态分歧,也遭到拉美左翼国家的抵制。2021年墨西哥邀请委内瑞拉总统尼古拉斯·马杜罗出席拉共体首脑峰会,邀请古巴总统米格尔·迪亚斯-卡内尔参加墨西哥9月独立日庆祝活动。

拜登政府将应对气候变化合作重新纳入美国对拉美政策方针,应对气候变化在拉美国家外交议程中的重要性上升。尽管巴西博索纳罗政府在环境政策上倒退,但包括阿根廷、哥斯达黎加、墨西哥等拉美国家都表示要与世界各国携手共进,加强全球气候治理合作。

二 区域合作进展缓慢

近几年,影响拉美区域合作的消极因素增加,一体化进程因缺乏内生动力止步不前。意识形态极化和地区合作方向分歧导致拉美地区主义的衰落,极右翼对多边主义的批判使地区合作面临更大困难,领导力量的缺位及对地区主义未来的悲观判断削弱了一体化的民意基础,地区组织对疫情以及委内瑞拉问题的处理产生了负面影响。

拉美和加勒比共同体(以下简称"拉共体")引领地区一体化合作。2021年,巴西退出拉共体造成的领导力量缺位由墨西哥和阿根廷补上,安德烈斯·曼努埃尔·洛佩斯·奥夫拉多尔和阿尔韦托·费尔南德斯两位左翼领导人组成的伙伴关系致力于推动拉美一体化前进。2020 年 1 月巴西退出拉共体时正值墨西哥担任拉共体两年轮值主席国，洛佩斯总统强调要使拉共体成为地区主要论坛，这一努力得到了费尔南德斯的支持。

2021 年 9 月，拉共体第六届首脑峰会在墨西哥城召开，包括 18 位国家元首或政府首脑在内的 31 个地区国家代表出席了这一峰会。与会各国就应对气候变化、新冠疫苗研发和空间技术合作等方面达成了一系列共识，并批准通过了《拉美和加勒比卫生事务自给自足计划：行动方针和建议》，设立自然灾害应对基金并为此筹集资金 1500 万美元，还决定成立拉美和加勒比航天局等机构。

在次区域合作中，南方共同市场是巴西地区战略的优先目标和政策偏好，但由于博索纳罗政府对南南合作的重视程度下降以及反多边主义、反全球化立场极大地削弱了巴西的领导力，南方共同市场无法形成聚合效应。在 2021 年 12 月举行的第 59 届南方共同市场首脑峰会上，因降低共同关税等问题存在分歧，乌拉圭总统路易斯·拉卡列·波乌拒绝签署联合声明。

太平洋联盟致力于扩大伙伴范围。2021 年 4 月，太平洋联盟成立十周年线上纪念仪式在哥伦比亚波哥大举行，哥伦比亚、智利、秘鲁总统及墨西哥总统代表等以视频方式出席。会议就加强贸易和人员往来、进一步推进国际化进程等议题提出了建议和规划。2021 年 7 月，新加坡和太平洋联盟完成新加坡-太平洋联盟自由贸易协定（PASFTA）谈判，对太平洋联盟与亚太地区一体化具有里程碑式的意义，能够加强联盟成员国与新加坡及亚太地区之间的货物、服务流通以及投资往来。厄瓜多尔也加快了加入太平洋联盟的进程。

三 中拉关系取得新突破

2021 年中拉关系在各方面稳步进展，就如习近平主席所强调的，"历

经国际风云变幻，中拉关系已经进入平等、互利、创新、开放、惠民的新时代"。①

一是中国和尼加拉瓜复交，中拉政治关系取得新突破。2021年12月10日，中国同尼加拉瓜在天津签署《中华人民共和国和尼加拉瓜共和国关于恢复外交关系的联合公报》，决定自公报签署之日起相互承认并恢复大使级外交关系。中尼复交是在美国全力打压中国和孤立尼加拉瓜的背景下进行的，复交后双方积极推动双边在政治、经贸等领域合作行稳致远。

二是中拉整体合作取得新进展。应拉共体轮值主席国墨西哥邀请，中国国家主席习近平在2021年9月18日举行的拉共体第六届首脑峰会上做视频致辞。习近平主席指出："2014年7月，我和地区国家领导人共同宣布建立中国-拉共体论坛，开辟了中拉整体合作的新途径。7年来，中拉论坛蓬勃发展，已成为汇聚中拉各界友好力量的主要平台，为深化中拉关系作出了重要贡献。"② 2021年12月3日，中拉论坛第三届部长会议以视频方式举行。会议通过了《中国—拉共体论坛第三届部长会议宣言》和《中国—拉共体成员国重点领域合作共同行动计划（2022—2024）》两份成果文件，制订了未来三年中拉在政治与安全、经济、基础设施、社会人文、可持续发展、国际区域事务等领域的合作路线图。

三是中拉经贸合作稳步加强。其一，2021年中拉贸易突破4000亿美元，创历史新高。全年贸易总额达到4515.91亿美元，同比增长41.1%，是中国对外贸易中增速最快的地区板块。其中中国对拉出口总额为2290.09亿美元，同比增长52.0%，自拉美进口总额为2225.82亿美元，同比增长31.4%。③ 其二，中国

---

① 《习近平向拉美和加勒比国家共同体第六届峰会作视频致辞》，中华人民共和国外交部网站，2021年9月19日，https：//www. fmprc. gov. cn/zyxw/202109/t20210919_9584012. shtml。

② 《习近平向拉美和加勒比国家共同体第六届峰会作视频致辞》，中华人民共和国外交部网站，2021年9月19日，https：//www. fmprc. gov. cn/zyxw/202109/t20210919_9584012. shtml。

③ 数据来源于中经网统计数据库，http：//202.204.164.23：91/page/Default. aspx，最后访问日期：2022年1月15日。

对拉投资合作显著增强。2021 年，中国企业努力克服疫情影响，在拉美新签承包工程合同额达到 199.8 亿美元，完成营业额为 79.7 亿美元。[①] 截至 2021 年底，中国企业在拉美地区累计签订承包工程合同额达 2371.5 亿美元，完成营业额为 1524 亿美元。[②] 其三，中拉金融合作持续深化，2021 年 9 月乌拉圭成为金砖国家新开发银行首度"扩员"的首批新成员。其四，中国企业在拉美开展了多样的社会责任行动。2021 年 8 月，华为公司宣布将为拉美初创企业设立 1000 万美元创新基金，帮助初创企业实现梦想，推动地区技术创新。[③] 中铝秘鲁在特罗莫克铜矿直接影响区域设立了约 800 公顷的生态保护区，检测并登记了多种秘鲁国家及国际保护动物。

四是中拉积极拓展共建"一带一路"合作。2022 年 2 月，在中阿建交 50 周年之际，阿根廷总统费尔南德斯应邀来华出席北京冬奥会开幕式，并签署共建"一带一路"合作协议，促进双方在电力、交通运输、电信和能源等领域的投资与合作。此外，尼加拉瓜也与中国签署共建"一带一路"谅解备忘录，参与共建"一带一路"的拉美国家增加至 21 个。

四　2022年展望

未来拉美对外关系的挑战依然是应对国际秩序和力量对比的变化，以解决地区和各国所面临的一系列外交难题，以下因素是观察 2022 年拉美对外关系走向的重要视角。

（一）拜登政府对拉政策明朗化，美拉关系进入新一轮调适期

2022 年是观察拜登政府对拉政策的关键期，美国于 2022 年 6 月主办第

---

① 《中国和拉美国家经贸关系简况》，中华人民共和国商务部美洲大洋洲司网站，2022 年 2 月 14 日，http：//mds.mofcom.gov.cn/article/Nocategory/200210/20021000042975.shtml。
② 《中国和拉美国家经贸关系简况》，中华人民共和国商务部美洲大洋洲司网站，2022 年 2 月 14 日，http：//mds.mofcom.gov.cn/article/Nocategory/200210/20021000042975.shtml。
③ 《华为云在拉美设立专项基金以助力数字化转型》，中国一带一路网，2021 年 8 月 27 日，https：//www.yidaiyilu.gov.cn/xwzx/hwxw/184835.htm。

九届美洲峰会,这是拜登政府进一步阐明其地区政策议程并加强与西半球领导人接触的机会。

在峰会上,拜登重申拉美的战略意义和地缘价值。美洲峰会的召开表明拜登视拉美为继跨大西洋、印太之后美国政策关注和资源倾斜的又一重要板块。拜登政府将双方合作重点调整为民主治理、抗疫、经贸合作、技术和数字、气候变化、移民等议题。本次美洲峰会推出的"美洲经济繁荣伙伴关系"计划涵盖贸易、投资、供应链、能源转型和劳工权利五大领域,并强调美拉合作应对共同挑战。由此可见,拜登对拉美政策手段更为柔性,以此达到确保美国在西半球绝对领导权的目标。

拜登政府对拉政策清晰化和明朗化将对拉美地区对外关系产生重大影响。首先,"重建更美好世界"倡议、"美洲经济繁荣伙伴关系"等抗衡"一带一路"倡议的特性将不可避免地给拉美国家自主外交造成压力。

其次,"价值观外交"将使拉美左翼国家承受更大压力。拜登政府以强化民主意识形态划界的特征日益显现,不仅以"独裁"和"破坏民主"之由继续对委内瑞拉、古巴、尼加拉瓜等国实施制裁,也会以腐败和法治薄弱为由对其他拉美左翼领导人施压。

再次,拜登政府对拉政策调整并未改变美拉关系控制与反控制的实质。拜登上台后的对拉美政策明显向民主党政策传统回归,但无论是民主党还是共和党,对拉政策只是形式不同,目标是一致的,即维护美国家利益、确保美国在西半球的绝对领导权。拜登政府对拉美的"后院"意识不会改变。虽然"重建更美好世界"倡议提出的新承诺让拉美各国政府看到新的希望,该地区需要在应对气候变化、医疗和技术等领域进行大量投资,但在百年未有之大变局时代,美拉双方利益诉求和实际能力之间的匹配度明显下降,双方既有的结构性矛盾在短期内无法解决,对彼此的期望值和现实之间的落差会引发新的矛盾。因此,美拉关系矛盾与斗争的一面始终存在,控制与反控制也将贯穿双方关系的始终。

拜登政府对拉美政策调整的成效将面临以下几个因素影响。一是美国国内政治的影响,包括中期选举和党派竞合需要,对华、对俄战略竞争需要。二是拉美地区意识形态分歧、政治极化和地区领导层的缺位,影响拉美国家参与多边主义的意愿，也影响拜登政府对拉美政策效果。三是域外力量的竞争会影响拉美国家对外战略选择，在一定程度上降低拜登对拉美政策调整的效果。

（二）防控中拉关系风险点，经贸合作仍是压舱石

展望后疫情时代，中拉高质量合作将迎来新的机遇，同时也需要关注和防控一些风险点和挑战。其一，伴随中美战略竞争，中拉关系的外部干预将加剧，中国需要防范一些拉美国家在某些事关中国主要利益的事务上隐形站队、软性站队。其二，拉美政治生态变化对中拉关系的不利影响。其三，关注拉美保守主义、资源民主主义上升对中拉关系的消极影响。

值得一提的是，中国与拉美国家经贸关系的紧密联系并没有因为中美战略竞争升温而削弱。在贸易层面，如不将北美洲的墨西哥计算在内，中国与拉美地区的贸易规模已经远超美国与拉美贸易总额。在投资层面，中国是拉美吸引直接投资的重要增量来源。紧密的经贸关系既是中拉合作的压舱石，也是影响拉美国家对外战略选择的重要考量。

（三）拉美国家战略自主意识上升值得关注

大国竞合加剧的背景下，拉美地区表现出独立的对外政策倾向，以管控与大国的不对称性关系。拉美国家战略自主意识之所以加强，主要受以下两个因素影响。一是拉美左翼回潮态势，哥伦比亚大选结果加强了这一趋势。哥伦比亚迎来了历史上第一位左翼总统古斯塔沃·佩特罗（Gustavo Petro），其当选必然会导致哥伦比亚对外政策的调整，尤其是哥伦比亚与委内瑞拉的关系将出现缓和。巴西大选的结果也直接影响拉美地区政治格局变化，卢拉当选巴西总统进一步夯实了此轮拉美左翼力量回潮趋势。二是拉美绝大多数国家不希望在大国战略竞争中"站队"。受社会不稳定、政治两极分化、经济恶化和外交分裂的多重影响，拉美国家不希望拉美成为"新冷战"的战场。不少拉美国家的学者和前政要提出拉美国家应采取积极的不结盟政策，以应对大国战略竞争。

（刘维广　审读）

专题报告
Special Report

Y.6
拉美能源安全：能源转型成效及挑战

孙洪波[*]

摘 要： 拉美能源资源丰富，具有保障能源安全的资源条件。拉美虽不存在绝对能源安全问题，但次区域间、国别间面临局部性、阶段性的能源安全风险，其中电力供应安全问题比较突出。拉美能源转型步伐加快，特别是太阳能、风能等可再生能源保持快速发展，占一次能源消费和发电总量的比重大幅提高。拉美国际能源合作伙伴国日趋多元化，同美国、欧洲及亚洲国家的能源合作格局日益巩固。拉美能源一体化合作将有利于强化拉美能源安全保障。中拉能源合作有力保障了拉美的能源安全，促进了拉美能源转型和绿色发展。

关键词： 能源安全 能源转型 可再生能源 气候变化 能源合作

---
* 孙洪波，中国社会科学院拉丁美洲研究所国际关系研究室副研究员，主要研究方向为拉美国际关系及能源问题。

近年来，拉美能源转型取得重要进展，特别是对改善电力供应贡献较大的太阳能、风能及水电等可再生能源保持快速发展。然而，新冠肺炎疫情对拉美油气及可再生能源发展带来了迟滞性影响。乌克兰危机发生后，受美欧加大对俄能源制裁影响，全球能源供需关系趋紧且价格保持高位，其负面外溢影响波及不少拉美国家。总体看，拉美能源储量丰富，对确保能源安全具有充足的资源条件，不仅能够实现本地区的能源自给，而且还将成为全球重要的能源净出口地区。

一 对拉美能源安全形势基本评估

无论从资源禀赋种类及储量规模看，还是从能源产业发展基础看，拉美都具有充分的保障能源安全的资源条件和产业能力。目前，拉美是全球重要的能源净出口地区，但拉美国别及次区域之间在能源安全问题上有较大差异。拉美面临的能源安全问题根源、表现形式、影响以及各国应对举措等方面存在很大差异。拉美能源安全概念内涵和外延较为丰富，既包括能源供应安全，也指代能源出口安全。

第一，拉美的能源安全观念强调能源主权、自主性，有着强烈的意识形态色彩和政治内涵。拉美能源主权意识包括资源主权、政策主权等诸多内容，在意识形态、政党、议会、司法等体系内均有所体现。拉美的能源安全观主要体现为能源主权、资源民族主义等，如墨西哥、巴西、委内瑞拉等国能源主权意识浓厚，在其宪法、能源管理体制、能源国有企业制度中均有体现。墨西哥推行电力改革，强调国家能源主权保护问题；阿根廷希望重振能源产业，增强本国能源的自主性；巴西民众反对巴西国家石油公司的部分资产私有化，担忧国家对能源价格失去控制力。

第二，拉美具有保障能源安全的资源条件。拉美国家能源消费保持高速增长，世界经济论坛数据显示，拉美人口占全球人口的 8.3%，能源需求占全球 6%，至 2040 年，拉美能源需求将增长 40%。[1] 委内瑞拉探明石油储量

---

[1] World Economic Forum, *Fostering Effective Energy Transition*, March 2019, p. 21.

居全球首位，巴西、圭亚那、阿根廷等国探明石油储量增加，主要是海上油气田和非常规油气。巴西、圭亚那作为全球新兴产油国正在崛起，全球石油大国地位趋向巩固。圭亚那近海累计发现探明石油储量增至80多亿桶，据国际货币基金组织（IMF）预测，截至2028年，圭亚那石油产量将达110万桶/日。[1] 阿根廷"死牛"非常规油气田已进入开发阶段。玻利维亚、秘鲁、特立尼达和多巴哥是全球重要的天然气出口大国。受勘探投资不足影响，墨西哥、哥伦比亚、秘鲁、厄瓜多尔等国探明石油储量呈下降趋势，主要传统油田进入成熟期，原油产量也大幅下降，但目前仍是拉美重要的产油国。

第三，拉美国别及次区域的能源安全问题差异较大。巴西的能源安全问题主要是能源产业结构发展失衡，需要大幅提高天然气、电力供应能力。阿根廷油气探明储量、可再生能源资源丰富，能源安全问题主要来自能源政策及投资环境。玻利维亚是南美重要的天然气生产国和出口国，希望扩大对亚洲的液化天然气出口。古巴电力短缺严重，需要增加石油战略储备，古巴实现能源转型与保障能源安全需要大力开发可再生能源。古巴依赖从委内瑞拉进口石油，目前古巴汽油、柴油供应短缺。受美国经济制裁影响，古巴的能源安全问题主要来自委内瑞拉对古巴石油出口下降。中美洲国家能源安全问题比较突出，主要能源资源匮乏。委内瑞拉、巴西、玻利维亚、秘鲁等油气出口国主要面临能源出口安全问题。受俄乌冲突影响，国际能源价格上涨，对拉美中小国家冲击较大。

第四，拉美能源产业链薄弱环节较多，制约了保障能源安全的能力。从能源产业链角度看，拉美能源安全存在不少薄弱环节，如资源国普遍石油炼化能力不足、油气管道及电力基础设施建设投入能力有限。巴西、墨西哥能源产业自主发展能力相对较强，其他大多数拉美国家能源产业发展的自主性、独立性偏弱，普遍依赖外资和技术。拉美国家石油产业炼化能力不足，明显存在路径依赖问题。同时也要看到美国对拉美石油产业链的控制。例

---

[1]　"Guyana", IMF, https：//www.imf.org/en/Countries/GUY, accessed July 28, 2022.

如，墨西哥石油炼化能力不足，迫切需要加强对炼油厂的投资并引入先进技术等，目前积极推进道斯博卡斯炼油厂建设，希望实现石油产品自给。[1] 拉美的能源产业缺乏竞争力和效率，不仅影响了拉美的能源安全，还制约了拉美制造业的竞争力，如墨西哥的客户工业，巴西、阿根廷的汽车等制造业面临能源成本过高。

第五，拉美能源基础设施建设存在短板。拉美能源安全保障能力主要受到能源基础设施建设短板的制约。拉美国家偏远山区由于人口稀少，能源基础设施投入不足且投资规模较大。据美洲开发银行公布的数据，目前拉美仍有2000多万人未能获得电力服务。[2] 2016~2020年，拉美的电力接入率由91.9%提高至97.7%，特别是海地、洪都拉斯等小国的电力接入率有待提高。[3] 因电网技术故障及电网基础设施的脆弱性，巴西、阿根廷、哥伦比亚等国曾发生大规模停电现象，造成重大经济损失。巴西、墨西哥、阿根廷、智利等国需要完善天然气管道、电网建设。2022年4月，阿根廷启动基什内尔天然气管道建设，投资额约为15亿美元，以实现天然气自足。智利有中央电网系统以及大北部电网系统两大电力系统，两大电网相互独立，但智利政府希望两大电网系统实现互联。

第六，拉美能源安全与经济安全的高度关联性。拉美国家的能源安全同财政安全、金融安全关联度较高，与财政收支、债务负担、国际收支等宏观经济问题紧密关联。从经济安全意义上看，拉美能源安全是仅次于金融安全的问题，具有较强的外溢效应。从功能领域的外溢来看，拉美的能源行业对财政赤字、国际收支等宏观经济以及产业竞争力具有重大影响。国际能源价格上涨的影响快速传递到拉美的物价水平、财政赤字、债务负担以及国际收

---

[1] "AMLO Prometió Autosuficiencia Energética en Refinería Dos Bocas: 'Gasolina en México es más Barata que en EEUU'", infobae, 13 de marzo de 2022, https://www.infobae.com/america/mexico/2022/03/13/amlo-prometio-autosuficiencia-energetica-en-refineria-dos-bocas-gasolina-en-mexico-es-mas-barata-que-en-eeuu/, accessed June 23, 2022.

[2] Inter-American Development Bank, https://www.iadb.org/en/sector/energy/overview, accessed August 29, 2022.

[3] World Economic Forum, *Fostering Effective Energy Transition*, March 2019, p. 28.

支。拉美国家存在大量的能源补贴问题，带来了巨大的财政压力，政府削减电力、燃气等价格补贴常引发大规模的社会抗议，甚至造成社会局部动荡。譬如，近年来国际货币基金组织为阿根廷、哥伦比亚、厄瓜多尔等拉美国家提供融资支持时，均强调需要大幅削减能源补贴。阿根廷同国际货币基金组织的主权债务谈判涉及财政补贴调整，其中包括电力、燃气、公共交通中的能源补贴问题。

第七，乌克兰危机对拉美能源安全的影响。乌克兰危机发生后，美欧加大对俄罗斯的能源制裁，对拉美产生了连锁反应，主要是国际石油、天然气能源价格上涨对拉美产生了外溢影响。受乌克兰危机影响的国家主要是那些能源安全原本就较为脆弱的国家，特别是一些能源资源匮乏的中小国家维护能源安全的压力上升，如中美洲国家、加勒比小国、高度依赖油气进口的国家。据世界经济论坛评估，拉美 27 国能源进口高度依赖 3 个国家，加大了拉美能源安全的脆弱性，拉美一些国家迫切需要实现能源进口多元化。① 同时也要看到，目前国际能源价格保持高位以及短期内全球能源供求关系紧张将刺激拉美国家加大油气、煤炭资源开发。美国巩固在拉美的能源利益加强美拉能源合作；西班牙、法国、德国等不断加大同拉美国家的能源合作，确保能源进口来源的多元化和稳定性。

第八，气候变化及极端天气对拉美能源安全的影响。拉美国家易受极端天气、自然灾害影响，也使拉美能源安全受到影响。地震灾害对拉美能源安全的影响主要体现在电力供应安全方面。墨西哥、智利、秘鲁等国地震频发，电力供应安全面临一些风险因素。水电、风电、光伏等可再生能源以及电网等基础设施易受到自然灾害和极端天气影响，如干旱或降雨量变化对巴西、阿根廷等国水电的影响。2021 年冬季极端冰雪天气造成美墨边境大面积停电，对墨西哥北部地区能源安全造成冲击。此外，网络安全与能源安全的关系更加密切，网络攻击对巴西、墨西哥及阿根廷等国的电力供应安全造成干扰。

---

① World Economic Forum, *Fostering Effective Energy Transition 2022*, May 2022, p. 13.

二 拉美国家能源转型主要成效

近年来，为落实《巴黎协定》、2030 年可持续发展目标，拉美国家普遍确定了减排、低碳政策目标，重点发展风电、太阳能、水电、天然气、核能、氢能等清洁能源。根据 2019 年联合国气候峰会上提出的"拉美及加勒比可再生能源"（RELAC）倡议，到 2030 年，拉美可再生能源发电应占电力总消费的 70%。[1] 拉美的能源转型主要集中在电力方面，尤其是太阳能、风能等可再生能源发电增长较快。

第一，拉美国家能源转型成效显著，可再生能源保持快速发展。根据世界经济论坛数据，2010~2019 年，巴西、墨西哥、智利对可再生能源投资分别为 550 亿美元、230 亿美元、140 亿美元，分别居全球第 8 位、第 14 位、第 19 位。[2] 2016~2021 年，南美可再生能源（不包括水电）消费占一次能源消费的比重从 4.1%提高到 11.77%，天然气作为清洁能源消费占比上升，水电占比略有上升，而煤炭和核能占比几乎没有变化，石油消费下降了约 7%。[3]

世界经济论坛构建了全球能源转型指数（ETI），主要围绕能源三角的三个维度即经济发展与增长、能源安全和获取途径以及环境可持续性，对全球能源转型进展进行基准评估，而拉美国家能源转型进展差异较大。2019 年，拉美国家能源转型指数位于全球第 11~115 位，[4] 其中乌拉圭、哥斯达黎加、巴西的指数排名相对靠前。2020 年，巴西、墨西哥、阿根廷在全球 115 个国家和地区的能源转型排名中分别居第 47、50、56 位。据世界经济论坛对二十国集团成员的评估，2021 年巴西、墨西哥、阿根廷的能源转型

[1] "Renewables in Latin America and the Caribbean", RELAC, https://hubenergia.org/en/relac.
[2] World Economic Forum, *Fostering Effective Energy Transition 2022*, May 2022, p.22.
[3] *BP Statistical Review of World Energy 2022*, pp.8-9.
[4] World Economic Forum, *Fostering Effective Energy Transition*, March 2019, p.21.

指数得分变化不大。①

第二，拉美国别层面可再生能源占一次能源消费比重大幅提高。根据 BP 世界能源统计计算，2016～2021 年，墨西哥、巴西、阿根廷、哥伦比亚、智利可再生能源（不包括水电）消费占一次能源消费比重分别由 0.21%、6.52%、0.81%、0.95%、6.65% 提 高 至 5.74%、19.01%、5.83%、3.65%、17.47%。

根据墨西哥 2012 年通过的气候变化法，至 2024 年，墨西哥清洁能源发电要占发电总量的 35%，至 2030 年占比提高至 43%。阿根廷政府提出，至 2030 年，阿根廷可再生能源发电占比应达到 20% 以上。哥伦比亚政府承诺，到 2030 年哥伦比亚可再生能源发电装机容量达 4 吉瓦，占发电总量的 74%。②

第三，拉美可再生能源发电量保持快速增长（见表 1）。根据 BP 世界能源统计，2011～2021 年，南美可再生能源发电量由 106.1 太瓦时增长到 229.3 太瓦时，年均增长 15.7%，其中巴西、墨西哥、阿根廷、智利年均分别增长 15.1%、15.9%、28.1%、19.9%。③

表 1　2011～2021 拉美国家可再生能源发电量

单位：太瓦时（TWH）

国　　家	2015 年	2016 年	2017 年	2018 年	2019 年	2020 年	2021 年
巴　　西	71.6	84.9	96.1	106.3	117.6	126.5	144.0
墨西哥	16.6	18.2	19.9	23.9	31.5	36.2	39.7
阿根廷	2.1	1.7	2.0	3.1	7.4	13.0	17.2
智　　利	9.0	11.7	15.0	17.9	20.7	22.0	28.5

---

① World Economic Forum, *Fostering Effective Energy Transition 2022*, May 2022, p. 26.

② U. S. Energy Information Administration, https：//www.eia.gov/international/overview/world, accessed August 20, 2022.

③ *BP Statistical Review of World Energy 2022*, p. 42.

国　家	2015 年	2016 年	2017 年	2018 年	2019 年	2020 年	2021 年
哥伦比亚	1.9	2.0	2.0	2.2	2.6	3.0	3.2
厄瓜多尔	0.5	0.6	0.5	0.5	0.7	0.6	0.5
秘　鲁	1.7	1.6	1.8	2.8	2.9	3.2	3.3

资料来源: *BP Statistical Review of World Energy 2022*, p. 42。

太阳能方面, 巴西、墨西哥、阿根廷等国大力发展太阳能发电 (见表 2)。2011~2021 年, 南美太阳能装机容量由 1.9 吉瓦增长到 22.8 吉瓦, 年均增长 61.6%, 其中巴西、阿根廷、墨西哥年均增长分别高达 115.3%、96.4%、66.7%。[1] 2018~2019 年, 巴西太阳能发电量由 3.5 吉瓦时提高至 6.7 吉瓦时。巴西太阳能发电占总发电量比重较小, 但具有成本优势, 且巴西配电市场发展较好, 太阳能发电保持快速增长。墨西哥拥有 60 多个投入运营的大型太阳能发电项目, 太阳能发电装机容量约为 5.7 吉瓦, 同时推动增建 2 吉瓦装机容量。[2]

表 2　2011~2021 拉美国家太阳能装机容量

单位: 吉瓦

国　家	2015 年	2016 年	2017 年	2018 年	2019 年	2020 年	2021 年
巴　西	—	0.1	1.2	2.4	4.6	7.9	13.1
墨西哥	0.3	0.6	1.1	2.5	4.4	5.1	7.0
阿根廷	—	—	—	0.2	0.4	0.8	1.1
智　利	0.6	1.1	1.8	2.1	2.7	3.2	4.4
洪都拉斯	0.4	0.4	0.5	0.5	0.5	0.5	0.5
其他国家	0.9	1.1	1.8	2.2	2.8	3.2	3.8
南美合计	1.9	2.8	5.3	7.5	11.0	15.5	22.8

资料来源: *BP Statistical Review of World Energy 2022*, p. 44。

---

① *BP Statistical Review of World Energy 2022*, p. 44.
② U. S. Energy Information Administration, https: //www. eia. gov/international/overview/country/MEX, accessed August 15, 2022.

水电方面，拉美多国高度依赖水电。巴西、墨西哥、阿根廷的水电消费波动较大，近年来已呈下降趋势，厄瓜多尔水电消费呈上升趋势（见表3）。根据BP世界能源统计，2011~2021年，南美水电消费呈现出下降趋势，年均下降1.6%，其中巴西、墨西哥、阿根廷年均分别下降5.0%、1%、2.2%。①阿根廷正在建设的"基塞"水电站的设计装机容量为1.7吉瓦。2018年，墨西哥水电装机容量为1300万千瓦，约占发电总量的10%。2019年，墨西哥水电占所有可再生能源发电量的39%。2021年，水电占哥伦比亚一次能源消费总量比重高达29.17%。哥伦比亚的伊图安哥水电站项目延期，总装机容量为2.4吉瓦，建成将成为哥伦比亚最大的水电站。哥伦比亚政府承诺，到2030年哥伦比亚可再生能源发电装机容量达4吉瓦，占总发电量的74%。厄瓜多尔水电项目建设进展较快，建成了科卡科多-辛克雷、美纳斯水电站等多个水电站，厄瓜多尔水电消费呈上升趋势。

表3　拉美国家水电消费

单位：艾焦

国　　家	2015年	2016年	2017年	2018年	2019年	2020年	2021年
巴　　西	3.49	3.67	3.55	3.70	3.78	3.75	3.4
阿根廷	0.31	0.29	0.30	0.31	0.26	0.22	0.18
墨西哥	0.30	0.30	0.31	0.31	0.22	0.25	0.33
智　　利	0.23	0.19	0.20	0.22	0.20	0.21	0.16
哥伦比亚	0.43	0.45	0.55	0.54	0.52	0.47	0.56
厄瓜多尔	0.13	0.15	0.19	0.20	0.23	0.23	0.24
秘　　鲁	0.23	0.23	0.28	0.29	0.30	0.29	0.30
委内瑞拉	0.72	0.60	0.67	0.55	0.47	0.58	0.58
南美合计	6.43	6.55	6.72	6.76	6.57	6.54	6.22

资料来源：*BP Statistical Review of World Energy 2022*，p.41。

风能方面，拉美装机容量保持快速增长。据BP世界能源统计报告，2011~2021年，南美风能装机容量由2.2吉瓦增长到31.8吉瓦，年均增长

---

① *BP Statistical Review of World Energy 2022*，p.41.

30.6%，其中巴西、阿根廷、智利年均增长分别为 31.0%、49.4%、32.8%。2021 年，南美风电装机容量占全球风电装机容量比重为 3.8%，其中巴西、阿根廷、智利的占比分别为 2.6%、0.4%、0.4%。[①] 2011~2021 年，墨西哥风能装机容量由 0.6 吉瓦增长到 7.7 吉瓦，年均增长 29%。

表 4　2011~2021 拉美国家风能装机容量

单位：吉瓦

国　　家	2015 年	2016 年	2017 年	2018 年	2019 年	2020 年	2021 年
巴　　西	7.6	10.1	12.3	14.8	15.4	17.2	21.2
墨西哥	3.3	4.1	4.2	4.9	6.1	6.5	7.7
阿根廷	0.2	0.2	0.2	0.8	1.6	2.6	3.3
智　　利	0.9	1.0	1.3	1.5	1.6	2.1	3.1
哥斯达黎加	0.3	0.4	0.4	0.4	0.4	0.4	0.4
乌拉圭	0.9	1.2	1.5	1.5	1.5	1.5	1.5
其他国家	1.4	1.6	1.6	1.8	2.0	2.1	2.3
合　　计	11.2	14.5	17.3	20.8	22.6	26.0	31.8

资料来源：*BP Statistical Review of World Energy 2022*, pp. 47-49.

　　第四，拉美生物燃料保持稳定发展，产量及消费量居世界前列。拉美生物燃料主要包括生物质汽油、乙醇、生物柴油等，巴西是仅次于美国的全球第二大生物燃料生产国。据 BP 世界能源统计，2011~2021 年，拉美生物燃料产量年均增长 3.6%，其中巴西年均增长 4.1%；2021 年，拉美生物燃料产量占全球生物燃料产量的 25.2%，而巴西的产量占全球生物燃料产量的比重高达 21.5%，阿根廷仅占 2.2%。[②] 2011~2021 年，拉美生物燃料消费量年均增长 5.4%，其中巴西年均增长 5.8%；2021 年，拉美生物燃料消费量占全球生物燃料消费量的 25.1%，而巴西的消费量占全球消费量的比重高达 22.4%，阿根廷仅占 0.9%。[③]

[①]　*BP Statistical Review of World Energy 2022*, p. 47.

[②]　*BP Statistical Review of World Energy 2022*, pp. 47-49.

[③]　*BP Statistical Review of World Energy 2022*, pp. 47-49.

表5　拉美国家的生物燃料产量

单位：千桶石油当量/日

国　家	2015 年	2016 年	2017 年	2018 年	2019 年	2020 年	2021 年
巴　西	338	317	320	384	411	394	376
阿根廷	38	53	58	51	46	27	38
哥伦比亚	13	13	12	14	13	12	13
其他国家	8	10	10	11	12	12	12
合　计	396	392	399	460	482	445	439

资料来源：*BP Statistical Review of World Energy 2022*，pp. 47-49。

表6　拉美国家的生物燃料消费量

单位：千桶石油当量/日

国　家	2015 年	2016 年	2017 年	2018 年	2019 年	2020 年	2021 年
巴　西	341	310	326	378	420	390	412
阿根廷	24	26	30	28	29	16	17
哥伦比亚	13	13	14	15	14	12	16
其他国家	16	17	18	18	18	16	17
合　计	398	368	391	444	484	438	466

资料来源：*BP Statistical Review of World Energy 2022*，pp. 47-49。

　　第五，阿根廷、巴西、墨西哥均希望大力发展核电，但面临投融资困难。2021 年，巴西、墨西哥、阿根廷核电分别占其发电总量的 2.25%、3.54%、7.09%。[1] 墨西哥计划增建核电站，以减少对天然气发电的依赖。2020 年 7 月，墨西哥能源部核电站 1 号机组的运营许可证延长至 2050 年。巴西积极推动安哥拉核电厂 3 号建设，希望摆脱过度依赖水电的局面。阿根廷正推动阿图查 3 号核电站建设。巴西加强同法国、俄罗斯的核能合作，阿根廷推动同中国的核能合作。考虑到国际油气价格变化，短期内拉美发展核电所需资金规模和投入成本过高，这是拉美发展核电面临的主要制约因素。

---

[1]　*BP Statistical Review of World Energy 2022*，p. 42.

三　美国对拉美能源安全及转型的影响

长期以来，能源一直是美拉关系中的主要议题之一。美国在拉美的能源利益既有能源安全的考虑，也有对经济利益的重要考量。目前，美国在拉美能源秩序及合作格局中的作用虽有所下降，但拉美一直是美国开展能源外交及合作的重要地区，美国国务院、能源部、国际开发署以及美国国际金融开发公司等官方机构不断加大对拉美的能源外交及资源投入力度。

第一，美拉之间在油气贸易、投融资及能源产业链等方面形成了牢固的不对称的利益关系。美墨之间的能源安全相互依赖且具有不对称依赖特点，墨西哥对美国的能源安全依赖程度较高。美国石油炼厂具备处理墨西哥重油的炼化能力，美墨之间的石油产业链联系紧密。美国对委内瑞拉、古巴的经济制裁使两国能源安全保障面临挑战。特别是委内瑞拉作为石油储量大国，受美国经济制裁影响，委内瑞拉难以恢复油气产量以及保障国内电力正常供应。

第二，美国担忧拉美能源安全危机产生的负面外溢影响。美国高度关注拉美能源安全可能给美国带来的外溢影响，如国际能源价格上涨对中美洲及加勒比小国的影响。美国对拉美的油气出口，特别是对中美洲及加勒比国家的能源安全有重要影响。美国曾担忧对委内瑞拉石油制裁可能波及美国国内能源安全，2021 年 2 月，美国官方评估认为，美国对委内瑞拉制裁并未引起美国国内石油价格上涨。① 美国对拉美的安全评估也包括能源价格给拉美带来的不稳定影响，2022 年美国国会评估了近年来哥伦比亚、厄瓜多尔等国能源价格上涨引发社会骚乱的政治影响。

第三，美国对拉美能源合作格局具有主导性影响力，美国一直加强对拉美的能源合作战略布局，美国看重拉美油气、锂矿等资源对美国能源安全保

---

① United States Government Accountability Office, "Venezuela: Additional Tracking Could Aid Treasury's Efforts to Mitigate any Adverse Impacts U. S. Sanctions Might Have on Humanitarian Assistance", Report to Congressional Requesters, February 2021, pp. 5-10.

障及全球能源市场的影响力。在应对气候变化、能源等全球性议题层面，美国看重拉美国家的影响力，希望获得拉美国家的政治支持，确立美国在相关议题上的领导权。美国在第9届美洲首脑峰会上更加突出美拉关系中的能源议题。美国基于资本、技术、管理等方面的优势，看重拉美的能源市场商机，加强同拉美国家在能源贸易、投融资、产业等方面合作的经济利益。美国的能源公司、技术及资本深度参与拉美的能源产业发展，且在拉美形成了联系密切的利益集团、能源合作的游说集团，对拉美的能源改革及政策施加影响。

例如，拉美国家能源公司依赖美国的融资，巴西、阿根廷等国的国家石油公司均在纽约证券市场上市或发行公司债券。美国的投资基金及投资公司普遍看重对拉美能源行业的投资，众多中小公司参与拉美的能源产业发展。美国跨国资本具有资本运作优势，利用国际金融市场在投融资方面参与拉美的能源开发、利用及国际贸易并施加政策影响。

第四，美墨之间不对称的能源安全依赖关系。美国高度关注墨西哥电力改革方案实施进展，受战略、政治、外交及经济利益驱动，美国希望进一步打开墨西哥等拉美国家的电力市场。美国试图通过美墨加贸易协定等合作机制锁定同墨西哥在能源及应对气候变化等议题上的合作。美国通过墨西哥议会渠道加大对墨西哥政治渗透，加大对墨西哥能源政策施加影响，意在撬开墨西哥国内电力市场。近两年来，美国对墨西哥能源外交软硬兼施。2022年1~2月，美国能源部长、气候变化特使密集访问墨西哥，极力对墨西哥能源改革施加影响，同时以美墨加贸易协定中的有关条款对墨西哥施压，为美国能源企业最大限度争取经济利益。美国不仅看重在墨西哥的能源利益，帮助美国跨国能源公司及资本在墨西哥能源市场赢得投资机会，而且美国还从美墨产业链角度看待墨西哥能源问题，美墨之间已形成紧密的制造业产业链关系，美国在墨西哥跨国生产企业希望大幅降低能源成本，如美国跨国汽车公司长期抱怨在墨西哥的能源成本较高。

值得关注的是，美国对墨西哥能源改革施压时所利用的利益集团、压力渠道以及墨西哥国内对美国压力的政治回应或反馈特点。美国通过美墨加协定对墨西哥施加规则性政治压力。美国国会向拜登政府施加压力，要求美国政府维护美国跨国公司在墨西哥的经济利益，而美国跨国公司及中小企业也向墨西哥政府施压，旨在推翻墨西哥的能源改革方案。能源议题是美墨经贸关系以及美墨加贸易协定中的关键内容，也是美墨投资分歧较多的合作领域。

第四，美国加大对《加勒比能源安全倡议》投入。2014 年美国出台了《加勒比能源安全倡议》，被视为美国对加勒比政策的重要支柱。① 该倡议的目标是加强加勒比的能源安全、刺激经济增长、吸引能源基础设施领域投资，主要涉及能源治理、能源融资以及能源援助协调。美国前海外私人投资公司对该倡议提供融资 1.2 亿美元，美国国际金融开发公司同美国国际援助署设立了加勒比及中美洲清洁能源融资基金（CEFF-CCA），资金投入约 2000 万美元。美国对加勒比共同体提供技术支持，在加勒比能源规划、投资项目具体落实等方面提供援助。按照《加勒比能源安全倡议》中的贷款担保协议，2019 年 10 月，美国国际援助署宣布对加勒比能源投资提供 2500 万美元担保；同时，美国国务院提供 200 万美元支持项目市场评估以及利益相关者咨询。美国对加勒比出口天然气和可再生能源技术，目的是减少加勒比国家对委内瑞拉石油进口的依赖。② 美国提供资金支持加勒比国家进行能源改革，确保能源市场的透明度和经济可行性，目的是降低美国投资风险。美国加强同加勒比国家的能源合作是服务于美国的能源企业利益和促进技术出口。

四　拉美能源转型面临的一些挑战

拉美国家推动能源转型也面临一些困难和挑战，如普遍缺乏资金、技术，国内能源政策协调面临政治阻力。一些国家未能较好地立足本国资源优

---

① "Caribbean Energy Security Initiative", U. S. Department of State, https：//www.state.gov/caribbean-energy-security-initiative-cesi/, accessed May 30, 2022.

② "Caribbean 2020：A Multi-Year Strategy to Increase the Security, Prosperity, and Well-Being of the People of the United States and the Caribbean", U. S. Department of State, https：//www.state.gov/u-s-strategy-for-engagement-in-the-caribbean/, accessed May 30, 2022.

势，实现能源自主或独立。总体看，拉美国家能源转型主要面临以下困难及风险因素。

第一，能源转型投融资缺口较大。据 2018 年墨西哥能源部估算，未来 15 年墨西哥发电投资约为 1.7 万亿比索，其中 67% 为清洁能源项目、33% 为传统化石能源项目。[①] 据阿根廷官方评估，到 2030 年，阿根廷能源转型计划需要投资 100 亿~140 亿美元[②]。

第二，能源转型及政策协调成本巨大。拉美传统化石能源资源禀赋未能充分开发利用，不仅未能发挥资源优势以保障能源安全，而且也将给经济增长及财政收支、国际收支等宏观经济带来负面影响。例如，哥伦比亚限制煤炭、石油资源勘探开发，影响其财政收入和国际收支；智利关闭煤电面临能源政策调整时间及成本问题。拉美国家普遍需要加强可再生能源相关基础设施的建设，实现太阳能发电、风电顺利入网并网问题。目前，哥伦比亚电网基础设施投入不足，成为其发展可再生能源的主要障碍。

第三，应对气候变化及环境保护对可再生能源发展的制约。例如，水电是多数拉美国家电力的可再生能源，但面临降雨量变化的影响，对水坝建设的环保要求也制约了水电建设。考虑到干旱灾害及持续时间，巴西倾向增加化石能源燃料消费。例如，2014 年，巴西为解决干旱对水电的影响，通过增加热电弥补电力供应不足，其成本约为 110 亿美元。[③] 拉美国家重视开发水电、风电、太阳能等可再生能源，特别在水电开发方面积累了丰富的经验，目前面临环境生态保护、降雨模式及水电基础设施升级改造问题。

第四，美欧跨国公司对拉美能源转型政策的负面影响。拉美的能源政策大多受到美欧的理念影响，而且美欧利用跨国金融机构、私人资本等政策工

① "Mexico", U. S. Energy Information Administration, https：//www.eia.gov/international/overview/country/MEX, accessed August 28, 2022.

② "El Plan de Transición Energética al 2030 Demandará entre US $ 10.000 y US $ 14.000 Millones", Télam, 1 de noviembre de 2021, https：//www.telam.com.ar/notas/202111/573434-ministerio-economia-transicion-energetica-secretaria-energia. html.

③ World Economic Forum, *Fostering Effective Energy Transition*, March 2019, p. 21.

具实现其在拉美的能源利益目标。事实上，拉美能源转型也有政策"跟风"特点，受到国际金融机构、美欧跨国公司以及投资基金的政策影响。美欧跨国资本看重拉美的可再生能源市场，追求投资回报最大化，其逐利行为可能给拉美的能源政策监管、安全保障带来一些干扰。

五　拉美能源转型与安全保障未来展望

拉美具有保障本地区能源安全、实现能源转型与碳中和政策目标的资源条件。拉美虽拥有能源资源及部分技术优势，如巴西的深海油气勘探、生物能源技术等，但在非常规油气开发、清洁能源及核能技术方面需要加强同具有技术优势的国家合作。拉美国家普遍面临能源投融资缺口、技术短板及产业链薄弱环节等挑战，需要加强域内能源一体化以及多元化的国际能源合作，以推动能源转型并提高能源安全保障能力。

第一，拉美国家虽坚持能源主权或能源独立，但并不排斥国际和地区能源合作。拉美国际能源合作伙伴国日趋多元化，同美国、欧洲及亚洲国家的能源合作格局日益巩固。美欧发达国家看重拉美可再生能源市场的经济利益，深度参与并推动其能源转型；亚洲新兴经济体同拉美能源合作保持快速增长，拉美对亚洲的能源安全贡献日益重要，如印度、中国、日本等国同拉美均保持了密切的能源合作。就中拉能源合作而言，中拉能源合作对维护巴西、阿根廷、智利等国的能源安全、财政及国际收支稳定具有战略性贡献。中拉能源合作逐渐从油气开发、能源基础设施逐渐向输电、配电等下游环节和可再生能源领域拓展。

第二，拉美地区推进能源一体化及互联互通建设，可加强域内能源安全保障和提高能源产业竞争力。拉美开展域内能源合作具有天然的资源优势，并利用域外国家的资金、技术优势，开展双多边能源开发以及互联互通建设，以增强拉美能源合作安全保障、提高拉美国家国际能源合作能力。南美洲不断推进能源一体化、双多边跨境能源合作，如玻利维亚、巴西、阿根廷、巴拉圭、智利等国之间的能源合作。2021年，秘玻两国签署能源合作

协议，涉及玻利维亚向秘鲁出口天然气以及玻利维亚天然气管道同秘鲁南部天然气管道互联互通。玻利维亚还同秘鲁伊洛港口合作，希望依托秘鲁太平洋港口扩大液化天然气出口。

第三，拉美国家积极参与国际能源组织框架的多边合作，以提高拉美参与国际能源治理的影响力。委内瑞拉、厄瓜多尔利用石油输出国组织（OPEC）成员国身份不断拓展其国际能源合作空间，墨西哥在"OPEC+"框架下参与国际能源政策协调。目前墨西哥是国际能源署成员国，巴西则是其联系国，拉美国家依托国际能源署治理框架，同欧美发达国家加强政策交流和信息交流。委内瑞拉、秘鲁、玻利维亚等国依托天然气输出国论坛等多边能源框架发展同伊朗、科威特、阿尔及利亚等国关系。特别是委内瑞拉为突破美国的经济制裁，加强同伊朗、俄罗斯、印度等国能源合作，加强石油开发、贸易及电力合作，以恢复委内瑞拉石油产业及保障国内能源供应安全。

（谌园庭　审读）

Y.7
多重冲击下拉美国家的
国际金融安全

王　飞[*]

摘　要： 新冠肺炎疫情叠加乌克兰危机产生的不利冲击正在塑造世界经济新格局，对国际金融安全形成了较大的影响。全球变局极可能引发新一轮全球金融危机和大规模的经济衰退。对于易受外部因素影响的拉美国家来说，其长期面临债务、汇率和资本流动、金融制裁等威胁国际金融安全因素的束缚。新冠肺炎疫情发生后，拉美国家在债务、资本流动、股市等领域面临较大的风险，这些国家也采取了一定的应对措施。随着全球通货膨胀压力加大、美联储货币政策进一步紧缩、全球供应链不稳、新技术革命带来的"数字鸿沟"等矛盾的激化，拉美国家面临的国际金融风险恐将进一步加大。

关键词： 国际金融安全　资本流动　美联储加息　货币政策

2020 年以来，新冠肺炎疫情在全球肆虐，主要国家金融流动性过度释放，严重冲击包括拉丁美洲和加勒比（以下简称"拉美"）国家在内的众多新兴经济体的经济活动和金融市场，并在一定范围内形成传染性金融风险，威胁到这些国家的国际金融安全。维护金融安全、适应充满不确定性的

---

* 王飞，中国社会科学院拉丁美洲研究所经济研究室副研究员，主要研究方向为拉美经济。

国际金融环境，给已经跌落"新发展陷阱"[①] 的拉美各国提出了新的难题。

金融全球化有两个显著特点：一是跨境资本流动的波动性高，呈现出"大进大出"之势，金融风险易集聚甚至引发金融危机；二是国际筹融资的限制性条件多，金融风险易集聚甚至引发债务危机。这两个特征在拉美非常具有代表性，使拉美国家的国际金融安全体系面临严峻的挑战。构建货币市场的稳定融资机制和外汇市场的稳定发展机制，是助力拉美国家应对国际金融安全的关键。国际资本流动加速使拉美国家实现内外均衡的调整难度加大，国际资本流动造成的汇率波动还加大了拉美国家独立货币政策的操作难度，而拉美国家自身的金融脆弱性则影响了其经济结构调整。维护金融稳定、保障国际金融安全对拉美国家来说至关重要。本文从发展中的国际金融安全的定义入手，以拉美发展史中面临的国际金融安全问题为纲，全面分析当前形势下拉美国家国际金融安全所面临的各种风险，并对未来可能影响拉美国家国际金融安全的风险点进行预测。

一　发展中的国际金融安全

金融安全（financial security）伴随金融全球化产生，是一个综合、复杂而广泛的概念，内涵和外延均十分丰富，既是经济问题，也是政治问题。从经济视角来看，金融安全涉及资金融通的安全和金融体系的稳定，强调金融稳健性；从政治视角来看，金融安全是指国家拥有金融主权，强调金融自主权。[②] 金融安全和金融风险、金融危机紧密联系，一方面可以用风险和危机

[①]　新发展陷阱于 2019 年由联合国拉美经济委员会、拉丁美洲开发银行、经济合作与发展组织（OECD）和欧盟委员会（European Comission）联合出版的报告首次提出。拉美"新发展陷阱"集中体现在生产脆弱、社会脆弱、体制脆弱和环境脆弱四个领域。具体可参见 OECD et al., *Latin American Economic Outlook 2019: Development in Transition*, OECD Publishing, 2019。

[②]　张炳辉主编《金融安全概论》，中国金融出版社，2018，第 3 页；Garry J. Schinasi, Defining Financial Stability, IMF Working Paper, 2004。

来衡量安全，另一方面则可以用安全来衡量风险和危机。金融风险集聚引发金融危机，进而危及金融安全。

国际金融安全（international financial security）是应对金融全球化负面影响的产物。在金融全球化进程中，与其相伴的传染效应使危机能迅速扩散，国际金融危机成为常态，国际金融安全问题即产生自应对金融全球化的安全战略。[①] 目前，学术界从空间和时间两个层面研究国际金融安全。空间层面，国际金融安全可以按照宏观和微观两个层级进行刻画：宏观层级的金融安全是指经济体系能正常发挥功能，微观层级的金融安全则强调市场参与主体的财务和经营安全。时间层面，国际金融安全可以按照静态和动态两个层级进行刻画：静态国际金融安全强调一种相对安全的状态，即国内金融体系处于本国控制范围内，经受住外部冲击；动态国际金融安全强调应对风险和危机的手段，即一国及时应对金融风险的维护能力和及时发出危机信号的预警能力。本文所关注的拉美国家的国际金融安全是政治问题和经济问题的统一，强调从宏观层级和动态层级展开。

国际金融市场存在无套利均衡。随着金融衍生工具的诞生和发展，即期外汇市场、远期市场、货币市场、资本市场、衍生品市场得到了长足的发展，这些市场环环相扣，牵一发而动全身。国际金融市场是这些市场的总和，由于国际金融市场的风险存在传染效应，国际金融安全亦超过了国家和区域层面。通常来说，保持金融安全状态是实现国家经济和社会稳定、参与世界经济一体化的基础。

二 拉美发展中的国际金融安全风险

作为世界经济体系当中的后发经济体，拉美国家始终面临各种各样的外部冲击。第二次世界大战后，布雷顿森林体系的崩溃和金融自由化改革的推广开启了全球金融动荡，拉美国家未能幸免，通货膨胀、汇率不稳、利率异

---

① 张炳辉主编《国际金融安全》，中国金融出版社，2020，第 2 页。

常波动时有发生。拉美国家金融发展史表明,金融风险造成的金融动荡给拉美国家带来的损失巨大,每一次危机过后,拉美国家都需要经过很长时间才能恢复,而这又要付出巨大的代价。

(一)债务风险

自拉美国家独立以来,主权国家债务偿付危机始终连绵不绝。负债发展曾是拉美的一种发展模式,该战略对拉美国家的经济发展起到过积极的作用,同时也带来了沉重的负担。20世纪30年代全球经济"大萧条"期间,拉美曾经耗费了超过1/3的外汇储备来完成其债务的还本付息。[1] 第二次石油危机后美联储政策收紧曾直接触发拉美主权债务危机。美国紧缩货币政策带来的是利率上升、资本从拉美回流、拉美国家货币面临贬值压力,这使拉美本就不健康的主要以外币计价的债务结构遭受致命打击。1982年墨西哥首先宣布暂停偿付外债以后,巴西、委内瑞拉、阿根廷、秘鲁和智利等国也相继发生债务危机,拉美国家经济因此受到重创,失业率和通胀攀升,货币普遍贬值,国民收入增长停滞不前,被称为"失去的十年"。1994年底墨西哥再度爆发金融危机。1997年亚洲金融危机爆发,受其影响,巴西和阿根廷先后在1999年和2001年爆发了金融危机,巴西在2002年也曾短暂出现金融动荡。

历史上,美国给拉美国家的援助很少能真正抵达拉美,更多的是从华盛顿的政府部门流入纽约的金融机构,用于偿还拉美国家拖欠美国的债务及利息。事实上,美国对解决拉美债务危机存在迫切需求,因为债务拖累了拉美的增长以及影响了拉美从美国进口的需求。根据美国前总统卡特的表述,1981~1984年,美国对拉美出口缩水的严重程度远远超过从日本进口的增加,美国也因此丢掉了40万~100万个工作岗位。[2] 国际社会救助对拉美的

---

[1] Rober A. Pastor, eds., *Latin America's Debt Crisis: Adjusting to the Past or Planning for the Future?*, Lynne Rienner Publishers, 1987, p. 1.

[2] Jimmy Carter and Howard Baker, "Latin America's Debt and U. S. Interests", in Rober A. Pastor, eds., *Latin America's Debt Crisis: Adjusting to the Past or Planning for the Future?*, Lynne Rienner Publishers, 1987, pp. 1-2.

贡献也极为有限，相反，拉美债务危机被定性为流动性困境，拉美各国被要求避免违约，保证全球金融网络不受牵连。于是，存在债务压力的拉美各国为了获得国际货币基金组织和私人银行的贷款不得不进行经济紧缩，而紧缩性的经济政策以及巨大的还本付息金额本身就会加剧危机。1985 年秋天的"贝克计划"是将债务问题从经济领域上升到政治范畴的"传送带"，世界银行介入拉美债务问题的解决，成为一个利益攸关者。

（二）汇率和资本流动风险

外汇市场影响国内经济供需平衡、引导产业发展、优化资源配置，是经济内外双循环得以良性互动的重要渠道之一。波动性和传染性是影响外汇市场稳定发展的主要因素，而金融危机通常与汇率的大幅波动有关，是投资者避险情绪的集中体现。汇率是影响资本流动的关键因素，外部资本在拉美经济增长中发挥着重要的作用。跨境资本流动破坏国际收支平衡，影响货币政策独立性和宏观调控的有效性。

拉美饱受资本流动周期的影响。自 20 世纪 70 年代至 2008 年全球金融危机爆发，拉美经历了三轮周期的资本流入，前两轮均以重大金融危机收场①，而第三轮流入周期后，即 2008 年以来的拉美资本流动也显示出对一些国家的冲击效果。第一轮资本流入发生在第一次石油危机到 1982 年债务危机时期，第二轮发生在 1989 年"布雷迪债券"协议提出到 2001 年阿根廷金融危机时期，第三轮则发生在 2003 年~2008 年的拉美"黄金增长期"，第三轮周期的影响延续至今。尽管 20 世纪 90 年代经历了一系列金融危机后拉美国家金融体系应对外部冲击的能力明显增强，但 2008 年全球金融危机之后，拉美国家的汇率风险急剧升高。2008 年的全球金融危机曾使拉美外汇市场出现较大波动，各国货币急剧贬值，资金外逃速度明显加快。不少拉美国家的外汇市场均出现了本币抛售潮和抢购美元潮，各国央行纷纷使用外

---

① 何塞·加布里埃尔·帕尔玛：《资本项目开放为何必然导致拉美金融危机频发》，李黎力、李双双译，《拉丁美洲研究》2013 年第 2 期，第 11~23 页。

汇储备干预汇率，打破了汇率的自由浮动属性。例如，2008年9~11月，巴西雷亚尔贬值50.5%，巴西中央银行使用了495亿美元的外汇储备依旧未能扭转雷亚尔的颓势。① 汇率贬值引发的资本流动成为金融危机扩散至拉美的主要渠道之一。危机引发的外国直接投资萎缩也是造成金融风险的一个渠道。例如，2009年拉美外国直接投资净额从2008年的935.24亿美元缩减至652.69亿美元，成为1979~2009年这30年中降幅最大的一年。②

（三）金融制裁风险

随着金融全球化的发展，金融制裁作为经济制裁的重要手段已经成为美国对外政策目标的常见工具之一。美国金融制裁的核心是阻碍金融流动。③ 在拉美，美国实施金融制裁最为典型的两个国家是古巴和委内瑞拉，特别是特朗普政府时期，美国对古巴和委内瑞拉的金融制裁影响了这两个国家经济和金融的稳定。

古巴与美国之间的关系在特朗普政府时期日趋紧张。由于在意识形态和社会制度方面对立，特朗普政府加大了对古巴的制裁。特别是在美国对古巴的制裁措施升级之后，特朗普政府还采取了制裁第三国、限制贸易和金融等更加严厉且破坏性强的措施。例如，2019年5月，美国启动了冻结中的"赫尔姆斯-伯顿法案"第三条。根据这条规定，古巴革命胜利后，美国一些公司或个人的财产被古巴政府"没收"，美国公民有权起诉使用这些财产的古巴经济实体以及与其有贸易往来的外国公司。④ 再如，2019年9月，美国财政部修订古巴资产管制法，一个汇款人每季度可以向一名古巴国民汇款

① CEPAL, *Banlance Preliminar de las Economias de America Latina y el Caribe 2009*, Naciones Unidas, 2009, pp. 70-71.

② CEPAL, *Banlance Preliminar de las Economias de America Latina y el Caribe 2009*, Naciones Unidas, 2009, pp. 18-19.

③ 〔美〕加利·克莱德·霍夫鲍尔等：《反思经济制裁》，杜涛译，上海人民出版社，2019，第10页。

④ 《综述：古巴人士认为美允许实施"赫尔姆斯-伯顿法"第三条侵犯他国主权》，新华网，2019年5月16日，http://www.xinhuanet.com/world/2019-05/06/c_1124458706.htm。

的上限为每季度 1000 美元，并禁止向被制裁的古巴官员和古巴共产党成员的近亲汇款。①

委内瑞拉长期处于美国的影响之下。作为美国稳定的石油供应国，委内瑞拉高度重视同美国的关系。由于查韦斯执政后委内瑞拉同美国之间的关系恶化，美国开始频繁对委内瑞拉实施制裁。② 特朗普政府对委内瑞拉采取极限施压政策，目的是极力推动马杜罗政府倒台并完成委内瑞拉政权更迭。在经济领域，美国加大对委内瑞拉经济和金融的制裁，冻结委内瑞拉国家石油公司美国分公司的资产，试图掐断马杜罗政府的经济命脉和外汇来源。例如，2017 年 8 月，时任美国总统特朗普签署法令，禁止委内瑞拉政府在美国发行主权债券，禁止委内瑞拉石油公司在美国发行商业债券，美国的银行也不能给委内瑞拉及其石油公司提供新贷款。③ 再如，特朗普曾在 2018 年 3 月 19 日签署行政令，全面禁止在美国购买、使用、交易委内瑞拉政府发行的加密货币"石油币"，违者将被视为触犯美国对委内瑞拉制裁举措。④

三 当前拉美国家国际金融安全风险及其应对

2008 年全球金融危机暴露出当前全球金融治理架构的重大缺陷。对于新兴经济体来说，无论是国际贸易的交易和结算货币还是国际金融的交易中介，都被美元或其他西方货币控制，国际支付和金融信息垄断带来的权力和安全隐患始终存在。新冠肺炎疫情发生后，国际金融形势瞬息变化，对于拉美国家来说，流动性短缺、信贷紧缩、风险传染等传统问题仍十分突出。

---

① "Treasury Issues Changes to Strengthen Cuba Sanctions Rules", U. S. Department of the Treasury, https：//home. treasury. gov/news/press-releases/sm770, accessed April 15, 2022.
② 赵重阳：《21 世纪以来委内瑞拉对外关系的发展及其影响》，载袁东振主编《拉丁美洲和加勒比发展报告（2018~2019）》，社会科学文献出版社，2019，第 125~129 页。
③ "EE UU Prohíbe Comprar Deuda Venezolana para Estrangular la Financiación del Régimen", El País, 25 de agosto de 2017, https：//elpais. com/internacional/2017/08/25/estados_unidos/1503 680401_228290. html.
④ 《美禁购委内瑞拉"石油币"马杜罗：违反国际法》，新华网，2018 年 3 月 21 日，http：//us. xinhuanet. com/2018-03/21/c_ 129833138. htm。

（一）货币市场流动性与债务风险

根据联合国拉美经济委员会的统计，截至 2022 年上半年，全球至少有 19 个新兴经济体的主权债务面临违约困境，阿根廷、萨尔瓦多、厄瓜多尔和巴西在拉美国家中风险最大（见表 1）。阿根廷和萨尔瓦多的主权债务风险排在乌克兰之后，在全球居第二位和第三位。主权债务风险提高会直接影响宏观经济，债务偿还负担还将侵蚀财政政策空间，使政府丧失有力的调控工具。

表 1　2022 年拉美主权债务高风险国家

国　家	过去五年信用违约掉期利差	政府债券收益率（%）	政府债务占 GDP 比重（%）
阿根廷	4470	20. 7	74. 4
萨尔瓦多	3376	31. 8	82. 6
厄瓜多尔	1006	13. 3	62. 2
巴　西	299	6. 0	91. 9

资料来源：ECLAC, *Economic Survey of Latin America and the Caribbean 2022*, United Nations, 2022, p. 44。

以全球新兴市场债券指数（EMBIG）① 衡量的拉美国家主权违约风险周期在 2022 年 4 月底达到 438 个基点，高于 2020 年和 2021 年，较 2022 年 3 月底上升了 41 个基点。具体到国家层面，智利和秘鲁的主权违约风险最低，且在过去三年始终保持稳定。尽管委内瑞拉的主权违约风险仍很高，但相较于 2021 年的高点，委内瑞拉的情况似乎好转，风险指数稳步下降。除委内瑞拉和阿根廷之外，拉美其他 5 个大国的风险指数均低于拉美地区的平均水平（见表 2）。

---

① 该指标衡量一国债务利率与美国政府债券利率之间的利差，在国际上被视为衡量主权违约风险的重要指标。

表 2　拉美主要国家主权违约风险（EMBIG 指标）

国家和地区	2020 年	2021 年	2022 年 3 月	2022 年 4 月
阿根廷	1368	1688	1718	1801
巴　西	250	306	280	291
智　利	144	153	158	182
哥伦比亚	206	353	338	375
墨西哥	361	347	349	391
秘　鲁	132	170	171	218
委内瑞拉	24099	55310	37945	32691
拉　美	386	399	397	438

资料来源：ECLAC, *Economic Survey of Latin America and the Caribbean 2022*, United Nations, 2022, p.54。

自 2020 年 5 月以来，拉美地区的通货膨胀率始终保持上升趋势，2020 年底，拉美平均通胀率已经接近新冠肺炎疫情发生之前的水平。截至 2022 年 6 月，拉美通胀率为 8.4%，是 2005 年 1 月至 2019 年 12 月平均通胀率的两倍多。与此同时，美联储开始加息。2022 年 3 月 16 日，美国联邦储备委员会宣布上调联邦基金利率目标区间 25 个百分点到 0.25%~0.5%。这是美联储自 2018 年 12 月以来首次加息。截至 2022 年 7 月底，本轮加息周期开启后，美联储政策利率共提高了 225 个百分点，进入 2.25%~2.50% 区间，且美联储还释放出继续加息的预期信号，全球流动性趋紧。

国内通货膨胀的压力以及美联储开启加息周期使拉美各国央行货币政策转向，以超出预期的速度和幅度加息。[①] 总体而言，拉美国家通过收紧货币政策、提高政策利率和抑制货币总量增长来应对不断上升的通货膨胀。2021 年 3 月，巴西中央银行率先提高货币政策利率。随后，除洪都拉斯外，拉美所有采用通货膨胀目标制的国家都提高了利率（见表 3）。其中，巴西和智利利率变化的幅度最大，分别加息 11.25 个百分点和 9.25 个百分点，而秘鲁和巴西则是加息次数最多的国家，分别连续加息 12 次和 11 次。加息使拉

---

① 事实上，拉美国家已经从 2020 年开始紧缩货币。

美国家的利息支付总额增加。相较于 2021 年 1~5 月，巴西、哥伦比亚和乌拉圭 2022 年前 5 个月政府债务的利息支付额分别增长了 60%、60% 和 34%，是拉美利息负担加重程度最高的 3 个国家。

表 3　拉美通胀目标制国家的加息节奏

国　　家	2020 年 12 月利率值(%)	开启加息时间	2022 年 7 月 15 日利率值(%)	连续加息次数	加息幅度（百分点）
巴　　西	2.00	2021 年 3 月	13.25	11	11.25
智　　利	0.50	2021 年 7 月	9.75	9	9.25
哥伦比亚	1.75	2021 年 10 月	7.50	7	5.75
哥斯达黎加	0.75	2021 年 12 月	5.50	5	4.75
多米尼加	3.00	2021 年 11 月	7.25	6	4.25
危地马拉	1.75	2022 年 5 月	2.25	2	0.50
洪都拉斯	3.00	—	3.00	—	—
牙买加	0.50	2021 年 10 月	5.50	7	5.00
墨西哥	4.00	2021 年 6 月	7.75	9	3.75
巴拉圭	0.75	2021 年 8 月	7.75	10	7.00
秘　　鲁	0.25	2021 年 8 月	6.00	12	5.75
乌拉圭	4.50	2021 年 8 月	9.75	8	5.25

资料来源：ECLAC, *Economic Survey of Latin America and the Caribbean 2022*, United Nations, 2022, p.99。

大多数拉美国家无法借入本国货币，其债务水平取决于美元的价值。当投资者感觉到不稳定并通过抛售所持有的拉美货币来"安全撤退"时，美元就会变得更加昂贵。这也适用于现有的以美元计价的债务，这些债务在拉丁美洲和加勒比国家当地经济中的份额可能会飙升。

（二）外汇市场流动性与资本流动风险

近年来，由于贸易和金融开放程度提高，拉美地区面临汇率波动与国际资本流动关联所产生的风险越来越大。[①] 尽管拉美地区 2021 年实现了资本

---

① BIS, "Monetary Policy Frameworks in EMEs: Inflation Targeting, the Exchange Rate and Financial Stability", *BIS Annual Economic Report*, June 30, 2019.

净流入，其金融账户盈余占 GDP 的比重达到 2.8%，但 2022 年第一季度的资本流入明显放缓。这是全球金融形势恶化、乌克兰危机加剧避险情绪等因素带来的综合结果，使拉美国家获得外部资金的空间受到侵蚀。事实上，全球资本市场流动性紧缩对所有新兴经济体均产生了较大的冲击。

相较于 2021 年底，2022 年上半年拉美货币平均贬值率为 3.3%，12 个经济体的货币对美元贬值（不包括长期通货膨胀的经济体）。在长期通货膨胀的经济体中，其货币贬值率在此期间攀升，阿根廷为 26.9%，海地为 14.0%，苏里南为 9.1%。委内瑞拉的货币贬值情况在好转，玻利瓦尔的货币贬值幅度从 2021 下半年的 42.7% 降至 2022 年上半年的 20.4%（见表 4）。

表 4 拉美国家汇率变动

单位：%

国　　家	2021 年上半年	2021 年下半年	2022 年上半年
巴　　西	-4.3	12.1	-3.0
智　　利	3.4	16.0	10.4
哥伦比亚	9.5	8.3	9.1
墨西哥	0.1	3.0	-0.4
秘　　鲁	6.9	3.4	-2.2
阿根廷	13.8	7.3	26.9
委内瑞拉	190.9	42.7	20.4

注：按汇率指数计算，正值表示贬值，负值表示升值。

资料来源：ECLAC, *Economic Survey of Latin America and the Caribbean 2022*, United Nations, 2022, p. 107。

汇率波动将直接影响资本流动，而资本流动可能是加剧金融渠道汇率传递效应并对国内金融状况产生不利影响的最重要因素。高汇率波动可能引发货币错配风险，既直接影响银行资产负债表，也间接影响家庭和公司的资产负债表。因此，持续的本币贬值会推高债务负担和偿债成本，进而加大信贷风险，引发资本突然外流。拉美国家采取了传统的宏观审慎外汇政策和资本管制措施应对汇率波动和资本外流。2022 年上半年，拉美国家的外汇储备在 2020 年和 2021 年分别增长 4.6% 和 5.7% 之后首次下降，降幅为 4.6%。

其中，拉美地区缩水的外汇储备总额中，96%来自巴西、墨西哥和智利，有
13个国家的外汇储备有所增加，储备增长幅度最大的经济体是圣卢西亚
（86.2%）、安提瓜和巴布达（49.8%）、厄瓜多尔（46.2%）以及圣文森特
和格林纳丁斯（29.3%）。

为了维护宏观金融稳定并遏制汇率过度波动的传递效应，拉美各国也倾
向于开展区域内的合作。拉美储备基金（FLAR）是一个旨在促进外汇稳定
的区域性央行网络，2022年2月16日智利中央银行成为该组织的新成员，
其他成员包括玻利维亚、哥伦比亚、哥斯达黎加、厄瓜多尔、巴拉圭、秘
鲁、乌拉圭和委内瑞拉的中央银行。智利央行的加入将使拉美储备基金的资
本金增加到90亿美元。加入拉美储备基金不仅使智利央行能够扩大外币流
动性来源，而且有助于强化区域金融安全网、巩固区域融资渠道。智利央行
还将通过技术援助和交流等手段扩大合作，例如金融和汇率政策管理、国际
储备投资和其他前沿问题（如绿色金融、新技术和混合工作等）。①

（三）股票市场波动性与传染风险

2021年拉丁美洲股票价格下跌。根据MSCI拉丁美洲国家指数，2021
年拉丁美洲股市下跌了13%。然而，由于价值低估和大宗商品价格上涨，
MSCI拉丁美洲国家指数在2022年第一季度上涨了26%，表现优于MSCI新
兴市场指数和MSCI-G7指数。拉丁美洲国家的货币升值是股票价格上涨的
另一大因素。②

拉美股市表现不佳的主要原因是新冠肺炎疫情及其后果产生的长期影
响，如供应链短缺和普遍存在的价格压力，而拉美国家有限的财政空间也限
制了政府刺激经济的措施和政策空间。2021年，拉美股票市场表现最差的

---

① "Banco Central de Chile se Integra al Fondo Latinoamericano de Reservas（FLAR）", Banco
Central de Chile, 16 de febrero de 2022, https：//www.bcentral.cl/contenido/-/detalle/banco-
central-de-chile-se-integra-al-fondo-latinoamericano-de-reservas-flar, accessed April 1,
2022.

② ECLAC, *Capital Flows to Latin America and the Caribbean: 2021 Year-in-Review and First Four
Months of 2022*（LC/WAS/TS.2022/1）, United Nations, 2022, pp.32-43.

国家是巴西，暴跌 23.5%，巴西财政风险和利率上升引发的恐慌以及雷亚尔对美元贬值是股市崩盘的主要原因。阿根廷和墨西哥两个国家的股市表现良好，分别上涨 20.95% 和 19.51%。2022 年，俄乌冲突加剧了全球金融状况的紧缩和动荡，金融市场的限制性越来越强。俄乌冲突带来的估值效应以及大宗商品价格的上升使巴西、秘鲁这样的大宗商品出口国看到了转机。然而，这种收益的持续性尚待观察，2022 年 4 月，在融资成本上升和风险偏好减弱的情况下，拉美国家的股票降幅明显，并产生传染效应，秘鲁股市的跌幅最大（-17.4%）。

四 未来影响拉美国家国际金融安全的风险因素

联合国拉美经济委员会倡导的拉美发展新模式着重强调了发展与安全之间的关系。[①] 这也影响到拉美在处理金融风险进而保障金融安全问题上的立场。例如，发展与安全实际上折射出国际社会和拉美国家自身对待债务的不同立场问题。国际社会认为拉美的债务是金融问题，因救助政策得力从而未引发全球金融恐慌；拉美认为其债务是发展问题，紧缩性政策恐使其陷入又一个"失去的十年"。

当前，由于新冠肺炎疫情、乌克兰危机、全球通货膨胀飙升、债务规模集聚、大宗商品和粮食价格高企，全球经济下行压力加大。包括拉美国家在内的新兴经济体的经济复苏进程本就落后于发达经济体，而乌克兰危机可能成为引发拉美金融动荡的导火索。在这样的大背景下，全球供应链面临扰动，全球融资环境的收紧程度超出预期，世界各国通货膨胀压力加大，全球资本流动的规模大幅扩大，"黑天鹅"和"灰犀牛"事件频现。

首先，世界经济增长前景黯淡，拖累拉美经济。2022 年 1 月，国际货币基金组织在《世界经济展望》中将 2022 年全球经济增速的预测下调至

---

① CEPAL, *Construir un Nuevo Futuro：Una Recuperación Transformadora con Igualdad y Sostenibilidad*, United Nations, 2020.

4.4%。随后，乌克兰危机爆发，全球经济前景进一步恶化。国际货币基金组织在 2022 年 7 月发布的《世界经济展望》中，进一步下调了全球 2022 年和 2023 年的经济增速预期值。国际货币基金组织同时提出建议，世界各国需要进行更加强有力的政策干预，加强国际合作，推动实现更公平、更有韧性的经济复苏。联合国拉美经济委员会则将 2022 年全球 GDP 增速预期定为 3.1%，比乌克兰危机爆发之前的预期下降了 1.3 个百分点。①

其次，新冠肺炎疫情和乌克兰危机双重危机加剧拉美通货膨胀压力。新冠肺炎疫情造成的物理隔离和产业链、供应链断裂扰乱了全球正常的供需环境，而俄乌冲突带来的能源和食品价格上涨迅速推高了拉美国家的通货膨胀率，尤其是中美洲和加勒比国家的能源和资源进口国。历史上，通货膨胀是拉美挥之不去的梦魇，通货膨胀引发的债务危机、资本外逃危机不胜枚举。俄乌冲突还导致全球金融市场恐慌指数快速上升，避险情绪促使资本外流和货币贬值，恐通过汇率—价格传递效应进一步加大拉美国家的通货膨胀压力。

再次，发达经济体紧缩性货币政策的外溢效应恐影响拉美金融稳定，债务水平高企、宏观经济政策空间受限的国家将面临更多的约束。美联储采取的加息和"缩表"并举的紧缩性货币政策造成全球融资环境收紧和拉美国家汇率贬值，这使拉美本就高企的债务负担因利息支出增加而进一步加重。2022 年 3 月，美联储的加息声明不再保留疫情对供应链和通货膨胀的影响，这意味着新冠肺炎疫情在货币政策层面的影响正式结束。② 美联储将会回归常态，以价格稳定作为货币政策的行动目标。

最后，新技术在金融领域的应用可能使拉美面临的"数字鸿沟"进一步被拉大。历史上，每一次重大技术发明都会重塑经济金融形态。新冠肺炎疫情发生后，"数字鸿沟"加剧了拉美的社会分化和不平等，并开始随着数

---

① ECLAC, *Economic Survey of Latin America and the Caribbean 2022*, United Nations, 2022, p. 30.

② Federal Reserve Issues FOMC Statement, March 16, 2022, https：//www.federalreserve.gov/newevents/pressreleases/monetary20220316a.htm, accessed April 7, 2022.

字经济和数字技术加持下的金融发展而影响拉美的金融稳定。各种加密货币、稳定币和中央银行数字货币层出不穷，全球数字经济的"货币竞争"格局已经基本形成。以比特币为代表的全球加密货币价格因为投机属性而频繁波动，已经在萨尔瓦多产生了不利影响。全球中央银行数字货币尚处于初步发展阶段，数字货币给拉美国家带来机遇的同时，也带来一定风险。中央银行数字货币模糊了央行独立的货币政策和政府控制的财政政策之间的界限，央行绕过商业银行同民众直接的互动使因"数字鸿沟"而受限的群体无法享受普惠金融的红利。

（张勇　审读）

Y.8

拉美地区网络安全现状及面临的问题

赵重阳*

摘 要： 拉美地区是全球互联网发展最快的地区之一，也面临严重的网络威胁。近年来，拉美国家致力于通过增强战略规划能力、应对能力和合作能力提高网络安全水平，虽然取得了很大成效，但仍面临缺乏地区性网络安全战略、各国战略法规差异大以及应对能力和合作能力不足等问题。中国与拉美国家在网络安全及治理问题上都面临严峻挑战，具有相似诉求，并已具备一定合作基础。未来双方可在中拉论坛和"一带一路"倡议框架内就网络安全进行多层级、多领域的务实合作。

关键词： 拉丁美洲和加勒比地区 网络安全 网络安全治理

当前，随着全球化扩张以及信息技术的快速发展和广泛应用，人类现实生活中的各种实践活动都开始向网络空间延伸和扩展，使其成为集政治、经济、文化、军事、安全利益于一体的战略性空间。由于网络空间具有全球性、开放性、高度共享性、匿名性和互操作性等特点，以及对现实社会产生的巨大影响，各种网络威胁也随之出现，并随着网络空间的扩张而加剧，使网络安全成为可"牵一发而动全身"的全球性问题。

虽然国际社会对网络安全的重视程度不断增强，但对于"网络安全"（cybersecurity）并没有统一的定义。国际电信联盟（ITU）认为："网络安

---

* 赵重阳，中国社会科学院拉丁美洲研究所助理研究员，主要研究方向为拉美国际关系。

全是能够保护网络环境、组织和用户资产的各种工具、政策、安全理念、安全保障、指导原则、风险管理方式、行动、培训、最佳做法、保证和技术的总和。"[1] 国际标准化组织（ISO）认为，"网络安全"或"网络空间安全"就是保护网络空间信息的机密性、完整性和可用性，包括信息安全、网络和互联网安全以及关键信息基础设施保护；"网络空间"则指"互联网上的人、软件和服务通过与之相连的技术设备和网络相互作用而产生的复杂环境"。[2] 中国 2017 年 6 月开始施行的《中华人民共和国网络安全法》将"网络安全"定义为："通过采取必要措施，防范对网络的攻击、侵入、干扰、破坏和非法使用以及意外事故，使网络处于稳定可靠运行的状态，以及保障网络数据的完整性、保密性、可用性的能力。"[3] 从以上各方定义可以看出，网络安全是指保护以互联网为基础的网络空间所有构成部分的综合性手段，以保证网络空间信息的可用性、完整性和机密性。

网络威胁（cyberthreat）指任何经由信息系统，通过未经授权的访问、破坏、披露、修改信息和/或拒绝服务对组织运作（包括使命、职能、形象或声誉）、组织资产、个人、其他组织或国家造成潜在不利影响的情况或事件。[4] 也就是说，任何对网络信息的机密性、完整性、可用性、可控性以及不可否认性造成的伤害都可被称为"网络威胁"，这既包括对设备和其他硬件等构成的物理威胁，也包括人类通过软件方式攻击网络造成的软件威胁。当前网络威胁主要呈现为网络犯罪、网络战、网络恐怖主义和黑客行动主义等形式。尽管不同形式网络威胁的实施主体和目标有所差别，但实施的手段和后果往往是重合的。

拉美地区是全球互联网发展最快的地区，也面临严重的网络威胁。近年来，拉美国家致力于通过增强战略规划能力、应对能力和合作能力提高网络

---

① ITU, "Recommendation X. 1205: Overview of Cybersecurity", April 18, 2008, p. 2.

② "ISO/IEC 27032: 2012 – Guidelines for Cybersecurity", 2012, https://www.iso27001
security.com/html/27032.html, accessed March 10, 2022.

③ 《中华人民共和国网络安全法》，第七章，第七十六条，2016 年 11 月 7 日。

④ "Cyber Threat", NIST, https://csrc.nist.gov/glossary/term/Cyber_Threat, accessed March
1, 2022.

安全水平，虽然取得了很大成效，但仍然存在很多问题。中国与拉美国家在网络安全及治理问题上都面临严峻挑战，具有相似诉求，并已具备一定合作基础。未来双方可在中拉论坛和"一带一路"倡议框架内就网络安全进行多层级、多领域的务实合作。

一 拉美地区网络安全概况

拉丁美洲和加勒比地区是全球第四大移动通信市场，也是全球互联网用户增长最快的地区之一。① 在信息技术快速发展、互联网不断普及和社交媒体广泛应用的大背景下，拉美地区也和世界其他地区一样面临各种不同程度的网络威胁。这些网络威胁不仅对该地区国家的经济和社会生活造成严重负面影响，还使其政治环境等呈现出新的动态。

（一）当前拉美所面临网络威胁的特点

拉美地区网络扩张速度快，每年都有数百万新用户首次接入互联网，对互联网威胁缺乏了解；超过 2/3 的网民年龄在 35 岁以下，并热衷于使用社交媒体；② 大部分拉美国家拥有共同的文化、历史和语言等因素，大大增强了该地区的网络威胁程度。有数据显示，2021 年上半年，拉美是全球遭受网络攻击率最高的地区，通过移动浏览器进行的攻击几乎是全球平均水平的3 倍。③ 当前拉美地区面临的网络威胁主要具有以下特点。

网络攻击集中度高。在拉美地区，由于各国政府、私营部门及个人的意识及应对能力落后于网络扩张的速度，网络发展越快的国家受到的网络攻击

---

① IDB, OAS, "Cybersecurity: Are We Ready in Latin America and the Caribbean?", 2016, p. Ⅸ, p. Ⅺ.

② The Igarapé Institute and The SecDev Foundation, "Cyberspace and Open Empowerment in Latin America", June 2013, p. 1.

③ "Countries in Latin America Most Targeted by Cyber Attacks in 2020", Statista Research Department, February 11, 2022, https://www.statista.com/statistics/818412/latin-american-countries-highest-share-cyber-attacks/, accessed March 201, 2022.

越多。巴西、墨西哥、哥伦比亚等国是当前该地区网络发展最快的国家，也是受网络攻击最严重的国家。至 2020 年 9 月，拉美地区有记录的网络攻击中，56%是针对巴西的，28%针对墨西哥，10%以上针对哥伦比亚。也就是说，拉美地区发生的 9/10 网络攻击是针对这 3 个国家的。[①]

网络犯罪是主要形式。拉美地区总体认同西方的民主、自由等理念，同时奉行和平、多边的外交政策，因此带有意识形态色彩的网络战和网络恐怖主义等在该地区并不严重。拉美地区面临的主要网络威胁是各种形式的网络犯罪行为。一是以获取非法经济收益为目的的网络犯罪行为，主要针对该地区的金融机构、私人企业和关键网络基础设施，通过恶意软件、"网络钓鱼"、黑客攻击等形式获取非法经济利益。二是传统犯罪行为的网络化。拉美地区一直面临严重的有组织犯罪问题。网络的跨边界、便利和高效性使网络犯罪的成本和风险大大降低，从而被犯罪组织发掘并加以利用。例如，该地区的贩毒组织就利用在线平台进行组织和宣传、招募成员、恐吓当局和平民、勒索钱财等多种犯罪行为。一些犯罪组织还通过网络与欧洲等其他地区的犯罪组织进行联络和勾结。

黑客行动主义引发关注。黑客行动主义（hacktivism）是指通过黑客行为对政府实体、公众人物乃至个人进行的攻击，以实现其社会、政治、宗教等活动议程并传播其思想。[②] 虽然网络战和网络恐怖主义威胁在拉美并不突出，但黑客行动主义在拉美的活动正引起越来越多的关注。例如，巴西 2014 年举行世界杯和 2016 年举行里约奥运会期间，世界著名黑客组织"匿名组织"就对巴西的相关部门、赞助厂商、军警和银行等的网站进行了大规模攻击，以表达其对巴西政府投入大量财力举办赛事却未能有效解决国内民生和腐败等问题的抗议，引起国际社会的广泛关注。

---

① Justina Alexandra Sava, "Cybersecurity in Latin America-statistics & Facts", Statista Research Department, January 25, 2022, https：//www. statista. com/topics/7126/cybersecurity - in - latin-america/#dossierKeyfigures, accessed March 3, 2022.

② "Hacktivism", Corporate Finance Institute, https：//corporatefinanceinstitute. com/resources/knowledge/other/hacktivism/, accessed March 5, 2022.

（二）网络威胁对拉美地区的影响

由于网络空间正全面融入人类社会生活的方方面面，网络威胁形成的危害也是全方位的。对拉美地区而言，当前网络威胁造成的危害主要集中于经济和社会领域，对政治领域的影响也已经初步显现。

1.经济影响

在拉美地区，网络犯罪每年造成的经济损失高达 900 亿美元。[①] 作为该地区受网络攻击最严重的国家，巴西每年因网络犯罪受到的损失达 80 亿美元，墨西哥的损失达 30 亿美元，哥伦比亚的损失达 4.64 亿美元[②]。其中金融业是受网络攻击最严重的行业。2017 年，该地区 92% 的银行实体遭遇过网络事件，其中 37% 的银行遭到过切实的网络攻击，银行部门用于数字安全事件响应和恢复的年度总成本约为 8.09 亿美元。[③] 这对致力于发展数字经济和实现整体"连通性"（connectivity）的拉美国家而言无疑是重大挑战，因为数字经济和"连通性"都是以网络安全为基础的。

2.社会影响

一是对社会生活的影响。社会经济生活离不开各种关键基础设施的支撑。随着大数据、物联网等产业的发展，关键基础设施不断数字化和信息化。食品供应链、运输工具、支付和金融交易、教育活动、政府程序、紧急服务，甚至水和能源的提供都越来越依赖于数字技术，也越来越容易受到网络攻击。有报道显示，新冠肺炎疫情在一定程度上推进了拉美国家电子商务、远程办公和在线教育等的发展，但也使其更容易受到网络攻击和"勒索"。2021 年前8 个月，该地区发生的网络攻击率比 2020 年同期增加了 24%[④]，攻击目标包

---

① IDB, OAS, "Cybersecurity: Are We Ready in Latin America and the Caribbean?", 2016, p. IX.

② Nathalie Van Raemdonck, "Cyber Diplomacy in Latin America", July 2020, p. 5; "Economic Impact of Cybercrime No Slowing Down", McAfee, February 2018, https://www.mcafee.com/enterprise/en-us/assets/reports/restricted/rp-economic-impact-cybercrime.pdf, accessed March 3, 2022.

③ OAS, "State of Cybersecurity in the Banking Sector in Latin America and the Caribbean", 2018, pp. 8-9.

④ "Ciberataques en América Latina Crecen un 24% Durante los Primeros Ocho Eeses de 2021", Kaspersky, 31 de agosto de 2021, https://latam.kaspersky.com/blog/ciberataques-en-america-latina-crecen-un-24-durante-los-primeros-ocho-meses-de-2021/22718/, accessed March 3, 2022.

括卫生部门、能源部门、新闻机构乃至新冠肺炎疫苗接种和流行病学数据平台等[1]，对民众生活造成了严重的负面影响。二是对社会安全的影响。如前文所述，网络空间不仅催生了新型经济犯罪等网络犯罪形式，也对"老式"犯罪集团具有"加持"作用，使整个拉美地区的网络空间都被犯罪组织和青年团伙所利用[2]，对社会安全造成极大危害。

3. 政治影响

一是助推了民众运动。当前，拉美的绝大多数网民是年轻人，他们热衷于使用社交媒体，并通过社交媒体进行联络。阿根廷、巴西、哥伦比亚和墨西哥人花费在社交媒体上的时间位于全球前十。[3] 这种趋势也促使拉美的民众运动网络化，拉美国家共同的语言文化则使网络动员更容易实现区域效应。例如，2019 年拉美地区掀起的抗议浪潮主要通过社交媒体进行联络、组织和动员，也因此被称为"高科技抗议"。[4] 二是影响到政治生态。网络空间具有迅速、方便、有组织地将各种群体聚集在一起的效能，政党、工会和公共实体等传统机构开始适应数字时代的新要求。一些新兴政党就利用社交媒体获得了超高的支持率。例如，2010 年哥伦比亚绿党（Green Party）的总统候选人就利用脸书和推特等社交平台吸引了大量城市和青年选民的支持，并进入当年总统选举的第二轮投票。[5] 此外，拉美地区还出现了一些致力于推动"互联网民主"的政党组织，如阿根廷就成立了一个名为"网络"（La Red）的政党，宗旨是推进电子民主（electronic democracy）和数字公

---

① Anastasia Austin, "Latin American Governments Easy Prey for Ransomware During COVID-19", January 5, 2022, https://insightcrime.org/news/latin-american-governments-easy-prey-for-ransomware-during-covid-19/, accessed March 10, 2022.

② The Igarapé Institute and the SecDev Foundation, "A Fine Balance: Mapping Cyber (In) security in Latin America", June 2012, p. 4.

③ The Igarapé Institute and the SecDev Foundation, "Cyberspace and Open Empowerment in Latin America", June 2013, p. 1.

④ Monica Clua Losada, "The Future of Protest is High Tech-Just Look at the Catalan Independence Movement", Tech Xplore, November 5, 2019, https://techxplore.com/news/2019-11-future-protest-high-tech-catalan.html, accessed April 1, 2022.

⑤ "Green is for Go in Colombia", COHA, May 5, 2010, https://www.coha.org/coha-op-ed-of-the-week-green-is-for-go-in-colombia/, accessed March 10, 2022.

民参与（digital citizen participation）。① 三是影响到政治稳定。拉美国家中央政府对地方的治理能力普遍偏弱。网络空间对犯罪集团的"赋能"增强了其对抗国家特别是地方一级政权的能力，特别是在一些武装团伙和犯罪集团较为猖獗的国家。这种影响导致地方一级政治秩序的变化，虽未达到"革命"的程度，但其累积影响是根本性的和持久的②。

二　当前拉美国家网络安全能力建设及面临的问题

网络安全能力是一个综合性体系。国际电信联盟从法律措施、技术措施、组织措施、能力发展措施和合作措施五个领域评估一个国家的网络安全能力。③ 美洲国家组织（OAS）则从网络安全政策和战略，网络文化和社会，网络安全教育、培训和技能，法律和监管框架，以及标准、组织和技术五个方面评估成员国的网络安全能力成熟度。④ 可以看出，不论是国际社会还是美洲地区，对网络安全能力的考察主要基于三个方面：战略规范能力，包括国家网络安全战略、政策以及法律法规的制定；实施应对能力，包括组织机构、设施、技术、人员、培训和宣传等；合作能力，包括国际合作、地区合作、双边合作以及公私合作等。拉美国家的网络安全能力建构也主要从这三个方面入手。

（一）拉美国家提高网络安全能力的举措

增强战略规范能力。网络犯罪的复杂性使拉美国家越来越意识到制定综合性国家安全战略和法规的重要性。一是制定网络安全战略。根据美洲开发银行（IDB）的报告，到 2020 年年初，拉美地区已有 12 个国家制定了网络

---

① The Igarapé Institute and the SecDev Foundation，"Cyberspace and Open Empowerment in Latin America"，June 2013，p. 4.

② The Igarapé Institute and the SecDev Foundation，"Cyberspace and Open Empowerment in Latin America"，June 2013，p. 2.

③ ITU，"Global Cybersecurity Index 2020"，p. Ⅶ.

④ IDB，OAS，"Cybersecurity：Risks，Progress，and the Way Forward in Latin America and the Caribbean"，2020，p. 20.

安全战略，是 2016 年的 3 倍，还有 6 个国家正在制定的过程中。二是制定与网络安全相关的法律法规。根据国际电信联盟的评估，法律措施是拉美国家总体发展最完备的网络安全领域，所有拉美国家在这一项上都有得分[1]，意味着每个拉美国家都或多或少地制定了与网络安全相关的法规。拉美国家开始制定相关法规的时间也比较早，如玻利维亚在 1997 年就制定了针对计算机犯罪的第 1768 号法律。[2]

提高应对能力。一是设立专门的监管机构。2012 年，拉美地区已有 10 个国家设立了专门打击网络犯罪的警察部门，8 个国家设立了负责相关事务的行政部门。[3] 2015 年，已有 25 个拉美国家建立了独立的互联网监管机构。[4] 至 2020 年初，共有 10 个拉美国家设立了国家级牵头机构，负责协调管理全国的网络安全事务。[5] 二是建立网络犯罪应对机制。至 2020 年年初，拉美地区已有 18 个国家设立了网络安全事件应对团队（CRIRT)[6]，负责辨别、应对和减轻网络威胁。三是增强社会意识。拉美国家普遍推崇公共机构、私营实体、学术界乃至个人等多利益相关方平等参与的网络空间管理模式，在制定网络安全相关战略规划时也多采取自下而上的方式。这有助于提高各参与方对自身活动、责任和能力的认识，提高网络安全意识。

加强合作能力。在国际层面，拉美国家积极参加联合国框架内与网络空间治理相关的机制，在联合国大会第一委员会、联合国信息安全政府专家组（UNGGE）以及联合国信息安全开放式工作组（OEWG）等机制内发表自己

---

① ITU, "Global Cybersecurity Index 2020", pp. 54−71.

② The Igarapé Institute and The SecDev Foundation, "A Fine Balance: Mapping Cyber (In) security in Latin America", June 2012, p. 13.

③ The Igarapé Institute and The SecDev Foundation, "A Fine Balance: Mapping Cyber (In) security in Latin America", June 2012, pp. 14−16.

④ CEPAL, "La Nueva Revolución Digital: La Revolución Digital de la Internet del Consumo a la Internet de la Producción", Santiago, julio de 2015, 转引自何露杨《互联网治理：巴西的角色与中巴合作》，《拉丁美洲研究》2015 年第 6 期，第 69 页。

⑤ IDB, OAS, "Cybersecurity: Risks, Progress, and the Way Forward in Latin America and the Caribbean", 2020, pp. 178−179.

⑥ IDB, OAS, "Cybersecurity: Risks, Progress, and the Way Forward in Latin America and the Caribbean", 2020, pp. 178−179.

或地区的见解和主张。此外，拉美国家还积极参加并承办联合国互联网治理论坛（IGF）和信息社会世界峰会（WSIS）等互联网治理和信息通信技术论坛，提出该地区关注的议题。在地区层面，美洲国家组织是协调美洲地区网络安全治理的核心机构，参与了大多数拉美国家的网络安全能力建设。该组织2004年制定的《全面美洲网络安全战略》（Inter-American Integral Strategy to Combat Threats to Cyber Security）是拉美国家制定网络安全战略和提高网络安全能力的指导性文件，该组织提出的一些地区倡议和机制也是拉美国家主要参与的地区性合作框架。在次地区层面，太平洋联盟和南方共同市场的相关机构都将网络安全列入贸易合作议程。拉美和加勒比国家共同体以及南美洲国家联盟也就网络空间治理发布了一些声明，强调在维护信息自由流动的同时保护国家主权。此外，一些拉美国家还开展过打击网络犯罪的联合行动。例如，2012年2月，哥伦比亚和西班牙等国合作发起了打击在线黑客社区的"揭面行动"（Operation Unmask）等。

（二）当前拉美地区网络安全面临的问题

尽管拉美国家越来越重视网络安全问题，并采取一定措施提高网络安全能力，但总体而言仍面临许多问题和挑战。

网络安全和战略法规状况差异大。一是网络安全状况差异大。根据国际电信联盟的评估，巴西是拉美地区网络安全能力最高的国家，总得分高达96.6分，而得分最低的洪都拉斯却只有2.2分，两者相差94分。此外，在国际电信联盟设定的5个网络安全领域内，除了法律措施领域拉美国家都有得分外，其他4个领域各有不少国家得零分，洪都拉斯和格林纳达甚至有4个领域都是零分。这意味着很多拉美国家的网络安全能力较差或几乎不具备网络安全能力。二是战略法规差异大。在战略规划方面，仍有近1/3的拉美国家没有制定网络安全战略，接近4/5的国家没有制订关键基础设施保护计划。[①] 在法

---

① IDB，OAS，"Cybersecurity：Risks，Progress，and the Way forward in Latin America and the Caribbean"，2020，p.10.

律法规方面，根据美洲开发银行的评估，1/3 的拉美国家没有制定专门针对网络犯罪的法规，22 个拉美国家调查网络犯罪的能力很低，对网络犯罪的审判难度也很大。此外，拉美各国在网络犯罪等问题上也未形成统一的定义和应对程序，与网络犯罪相关的立法、执法和监管程序以及完善程度差别很大。这意味着网络犯罪分子能够绕过法律，阻挠执法；即使网络犯罪分子被识别和逮捕，也难以被起诉和审判。

实施应对能力仍然不足。在机构设置方面，很多国家的网络安全监管、协调和应对等职能分属不同的部委，分散性和缺乏专业性限制了其辨识和响应网络攻击的能力。例如，不同拉美国家的网络安全事件应对团队设置在不同的部门，包括行政部门、军警部门、专业技术部门乃至教育学术机构，墨西哥的网络安全事件应对团队就设置在墨西哥国立自治大学。在技术、人力资源和培训方面，该地区的机构和企业对网络安全技术的应用不足。例如，49% 的银行实体仍未将大数据、机器学习或人工智能等新兴数字技术应用于银行工具、控件或数字安全流程。[①] 此外，该地区还存在约 60 万名网络安全专业人才缺口，2/3 的国家在网络安全教育、培训和技能发展等方面进展甚微或没有进展。因此，拉美国家总体而言并没有做好应对网络攻击的充分准备。[②]

合作能力有待提高。在国际层面，拉美国家虽然在相关国际治理机制中积极发声，但从目前来看并未成为一个有强大影响力的集团。地区合作也主要在美洲国家组织领导的美洲地区框架内进行，缺乏统一的打击网络犯罪的拉美区域战略。此外，各国推进地区性合作的意愿不够强烈，虽然开展了一些地区性联合行动，也取得了切实成果，但次数很少。在公私伙伴关系方面，尽管私营部门在开发网络安全技术等方面具有相对优势，并面临实际的网络威胁，但拉美地区的私营部门总体而言参与网络安全建设

---

① OAS, "State of Cybersecurity in the Banking Sector in Latin America and the Caribbean", 2018, p. 52.

② IDB, OAS, "Cybersecurity: Risks, Progress, and the Way Forward in Latin America and the Caribbean", 2020, p. 10.

的程度较低。企业主要依靠自己进行网络安全保障,公私之间和企业之间的合作较少。此外,绝大多数拉美国家没有建立网络安全事件的上报机制,私营企业也不愿意透露其面临或遭受的网络威胁,以免因此失去市场份额。

三 中拉网络安全合作

中国和拉美地区都是世界上互联网发展最快的国家和地区之一,同时也都面临严峻的网络安全挑战。双方在全球网络安全治理领域有着相似的诉求,在网络安全能力建设方面也有较强的互补性,具有很大的合作潜力。

(一)中拉网络空间治理合作的基础

1. 双方在全球网络安全治理问题上有相似的诉求

一是双方都认为应该充分发挥联合国在网络空间和安全治理中的主导地位和作用,支持将联合国作为网络空间和平与安全对话的场所。大部分拉美国家支持由中国等国推动成立的联合国信息安全开放式工作组进程,以在联合国层面确立一个容纳各方广泛参与的对话机制,将更多的国家和利益相关方纳入其中,增强联合国网络空间制定规则的合法性。[①]

二是双方都认为应该增强发展中国家在网络空间和安全治理进程中的代表性和话语权,应当充分顾及发展中国家的发展和安全等利益,以建立公正、正义的网络空间秩序。反对美国等单方面控制互联网治理体系,反对网络霸权,反对网络攻击和大规模监控,反对狭隘、封闭的小集团主义。此外,双方都认为应该加强全球网络基础设施建设,反对设备和技术垄断,主张提高发展中国家互联网普及率和民众应用互联网的能力;认为应当在全球范围内对域名、IP地址及根服务器等互联网核心关键资源的管理进行协调,

---

① 刘金河、杨乐:《联合国框架下双轨制进程的博弈焦点与发展趋势》,《中国信息安全》2021年第9期,第84页。

不允许只有一个国家享有决定权，各国应平等参与国际互联网资源的管理和分配。

三是双方都反对网络空间军事化和安全化。中国政府在《网络空间国际合作战略》中明确提出："网络空间加强军备、强化威慑的倾向不利于国际安全与战略互信。中国致力于推动各方切实遵守和平解决争端、不使用或威胁使用武力等国际关系基本准则，建立磋商与调停机制，预防和避免冲突，防止网络空间成为新的战场。"① 这充分表明中国政府反对网络空间军事化，反对以威慑为基础的网络战略的立场。拉美国家总体而言也反对网络空间军事化。南美洲国家联盟于2015年和2016年代表拉美国家在联合国大会上发表声明，对发展进攻性网络能力发出警告，并建议针对进攻性行动采用不首先使用的标准。2019年巴西和秘鲁在联合国信息安全开放式工作组会议上对信息通信技术工具的武器化提出警告。古巴和委内瑞拉等国则多次旗帜鲜明地反对网络空间军事化。②

2. 双方已具备开展网络安全合作的基本条件

一是具备开展合作的战略政策基础。2016年，中国政府发布的《中国对拉丁美洲和加勒比政策文件》得到拉美国家的高度关注和赞赏。文件将网络安全列为加强中拉国际协作的五大领域之一。2021年年底，中国-拉共体论坛第三次部长会议发布《中国-拉共体成员国重点领域合作共同行动计划（2022—2024）》，将网络空间合作列入"政治与安全合作"领域。③ 这些文件表明中拉具备开展网络安全合作的基本共识，对于进一步制定更加符合双方利益、全面务实的网络安全合作战略和政策具有重要指导意义。

二是具备开展网络安全合作的机制基础。当前，中拉论坛是中拉整体合作的主渠道，《中国-拉共体成员国重点领域合作共同行动计划（2022—

---

① 中华人民共和国外交部、中华人民共和国国家互联网信息办公室：《网络空间国际合作战略》，第三章，2017年3月1日。

② Nathalie van Raemdonck, "Cyber Diplomacy in Latin America", July 2020, p. 25.

③ 《中国-拉共体成员国重点领域合作共同行动计划（2022—2024）》，第一条第六款，2021年12月7日。

2024）》提出加强双方信息技术合作，包括在数字基建、通信设备、5G、大数据、云计算、人工智能、物联网、智慧城市、互联网＋、电信普遍服务、无线电频谱管理等领域的合作。"一带一路"倡议是加强中拉合作的重要抓手，而"数字丝绸之路"是"一带一路"倡议的重要组成部分，是拉美地区实现数字化互联互通的"绝佳方案"。① 目前，已有21个拉美国家加入共建"一带一路"合作，一些国家已经加入"数字丝绸之路"项目。可以说，中拉论坛、"一带一路"倡议等为双方加强网络安全合作提供了必要的机制基础。

三是双方已经开展了一些合作实践。在全球层面上，双方在网络安全治理方面的相似诉求使双方都积极参与全球网络治理进程，并实现了一些合作。例如，拉美国家普遍支持中国等国提出的在联合国大会设立联合国信息安全开放式工作组等提案，并重视中方提出的《全球数据安全倡议》等提议。在公私伙伴关系和企业合作层面上，中国的华为、中兴等电信企业多年来积极参与拉美国家信息通信基础设施建设，提供针对拉美市场的通信技术解决方案，设立培养本地数据人才的项目机制，为推进拉美国家互联网建设和数字化转型、增进拉美区域内和国家内部互联互通做出重要贡献。此外，中国的阿里巴巴、腾讯等互联网公司也对拉美地区数字经济的发展起到重要推动作用。

（二）中拉加强网络安全合作的路径

中拉网络安全合作尚处于起步阶段。当前，拉美国家的网络安全合作方主要是美国、加拿大和欧盟国家等西方国家。美国和加拿大通过美洲国家组织、美洲开发银行等美洲地区合作机制深度参与拉美国家的网络安全能力建设。美国通过美洲国家组织实际引导着拉美国家网络安全战略制定、应对机

---

① 《秘鲁驻华大使：秘鲁等国已在推行数字丝绸之路》，人民网，2017年6月25日，http：//world. people. com. cn/n1/2017/0625/c1002-29360751. html，最后访问日期：2022年3月10日。

制建设等进程，加拿大则是美洲国家组织网络安全计划最大的捐助者。^① 欧盟国家也通过与联合国拉美经济委员会的合作等参与拉美国家网络安全政策、规划和行动方案的制定，并开展了一些大型网络建设项目，如"建立欧拉联系"（BELLA）海底光纤项目等。此外，拉美与这些国家之间的合作历史也较长，例如美洲国家组织在 20 世纪 90 年代末就开展过网络犯罪等方面的合作。而中拉之间的网络安全合作尚处于起步阶段，中国相关企业在拉美的业务也主要集中于销售和组装领域，网络安全合作较少。整体而言，中拉可从政策规划、应对能力建设和合作能力建设三大方面挖掘合作潜力。

加强网络安全政策规划合作。虽然中拉双方已经视网络安全为一个重要的合作领域，并形成了一些共识，但双方在网络安全治理理念、治理模式和治理重心以及网络安全战略和政策等方面的沟通仍显不足。因此，双方可加强在这些领域的交流和沟通，就治理理念、面临的挑战、网络犯罪执法以及可开展合作的领域等进行深度探讨和辨析，寻求形成最大共识，推动制定网络安全合作规划，从战略高度引领双方网络安全合作。

加强实施应对能力建设合作。一是加强双方网络安全监管部门间的合作。例如，中国国家计算机网络应急技术处理协调中心是中国计算机网络应急处理体系的牵头单位，承担国家网络信息安全管理技术支撑保障职能，拉美国家也设有国家和地区层级的网络安全事件应对团队及合作平台，可加强相互之间的交流与合作，也可建立网络安全对话机制。二是可在网络安全技术、人员和培训等方面开展合作。虽然中拉面临的网络威胁情况不同，但在面临的网络犯罪等问题上具有共通性，可相互交流、借鉴经验，提高应对能力。此外，随着双方关系持续深化和在数字经济领域合作的加强，双方共同面临的网络安全问题将会增多，可在已有的中拉政府和学术机构的交流机制内加强对相关问题的研讨，并开展有针对性的人员交流和培训等合作。

---

① Nathalie van Raemdonck，"Cyber Diplomacy in Latin America"，July 2020，p. 28.

加强合作能力建设。一是加强在全球和地区多边框架内的合作。除了联合国相关机制外，二十国集团、金砖国家等全球性多边机制以及一些地区组织等都将网络安全治理以及与之相关的物联网、数字经济、人工智能等列为重要的讨论和合作议题。中拉应加强在这些机制内的合作，在更多层级和层面就网络安全治理发表主张。此外，双方还可通过南方共同市场、太平洋联盟等拉美次区域组织进行相关交流与合作。二是加强双边合作，特别是与拉美主要国家的合作。例如，巴西是拉美地区网络安全能力最高和最全面的国家，其关于网络治理的理念和举措在拉美地区和世界范围内都受到关注和赞赏。[①] 乌拉圭是拉美地区网络安全治理最成功的国家，也是唯一发展了"网络安全文化"的拉美国家。[②] 中国可重点加强与这些国家在完善治理机制、加强治理能力、开发新技术软件等方面的合作，并在此基础上推进与其他拉美国家的合作。三是加强公私合作和企业间合作。企业是网络安全治理的重要参与方，尤其是高科技信息企业掌握大量的一手数据，能够快速应对潜在的安全威胁，并根据相应的网络安全问题提出具有针对性的解决办法，是网络安全治理的重要主体。例如，华为实施的"未来种子"项目就与多个拉美国家政府合作，为当地培养信息通信技术人才。华为拉美区域部门还组织信息通信技术产业政策研讨会，包括墨西哥、智利、阿根廷、乌拉圭、哥伦比亚、哥斯达黎加等拉美多国的通信政策主管机构、产业组织和运营商都参与会议。中拉可进一步推动和鼓励相关企业进行更多的网络安全技术研发、人员培训和交流合作。

（王鹏　审读）

---

① Louise Marie Hurel, Maurício Santoro Rocha, "Brazil, China and Internet Governance: Mapping Divergence and Convergence", *JCIR*, Vol. 6, No. 1, 2018, p. 103.

② EIU, "Latin America Has a Long Way to Go on Cyber-Security", July 7, 2017; IDB, "Cybersecurity: Are We Ready in Latin America and the Caribbean?", 2016, pp. 108-109.

国别和地区报告
National and Regional Report

Y.9

巴西：政治斗争加剧，经济恢复增长

何露杨*

摘　要： 2021 年，博索纳罗政府通过内阁调整，加大对中间派政治力量的倚重，稳住府院关系，同司法部门围绕选举制度展开斗争，通过社会动员巩固支持。在国际市场价格上涨和疫苗接种推广的带动下，巴西经济实现恢复性增长，但通货膨胀加剧，贫富差距进一步扩大。中巴关系稳定发展，巴美加强在环境和安全议题上的合作。

关键词： 巴西　政治竞争　总统大选

一　政治形势

2021 年，围绕博索纳罗政府防疫政策的政治斗争继续发酵，反对派利

---

* 何露杨，中国社会科学院拉丁美洲研究所助理研究员、巴西研究中心副秘书长，主要研究方向为拉美国际关系、巴西外交。

用国会新冠调查展开攻势，加大对政府施压力度。2022 年大选热度逐步上升，博索纳罗同司法部门围绕选举制度产生冲突，总统通过社会动员巩固执政基础。卢拉的回归和选举新规定的出台给 2022 年大选带来变数，加之疫情对社会经济发展的拖累，博索纳罗的连任之路面临巨大挑战。

（一）博索纳罗政府：扩大政治斗争，巩固社会支持

2021 年年初，巴西新冠肺炎疫情加剧，疫苗接种进程缓慢。面对疫情造成的负面影响，为了巩固执政基础，博索纳罗加大对中间派政治势力的倚重，不仅帮助进步党众议员阿图尔·利拉（Arthur Lira）成功当选众议长，还在 2021 年 3 月底对内阁做了大幅度调整，以总统府民办主任、政府秘书长等政府职位换取中间派的支持。同时，博索纳罗还对饱受争议的卫生部长和外长进行了人事调整，分别由心脏病学专家马塞卢·凯罗加（Marcelo Queiroga）和总统府礼宾局前局长卡洛斯·弗兰萨（Carlos França）接任。

针对疫情蔓延和新冠疫苗接种迟缓的局面，巴西国会成立专门的新冠调查委员会，2021 年 4 月底正式就政府应对疫情措施开启调查。2021 年 6 月底，巴西媒体披露，博索纳罗政府以虚高价格采购印度 Covaxin 新冠疫苗，国会新冠调查委员会和联邦检察院均就此事展开调查。面对争议，巴西卫生部宣布中止采购印度 Covaxin 新冠疫苗。涉贪消息传出后，劳工党、巴西共产党、民主工党、社会党、社会主义自由党、社会民主党、进步党、民主党、社会自由党等多党众议员、政党代表，以及多个行业协会、社会团体共同签署并向利拉递交针对总统的"超级弹劾申请"。至此，针对博索纳罗的弹劾申请过百，弹劾风波达到高潮。利拉以缺乏实质性证据为由，暂不启动弹劾程序。

在疫情持续恶化的背景下，鉴于国会斗争收效有限，反对派转向动员民众参与示威游行向政府施压。2021 年 5 月 29 日，巴西 200 余个城市举行反对博索纳罗政府的示威游行。2021 年 6 月 19 日，巴西全国多个城市举行反政府游行。参与者的诉求主要包括弹劾博索纳罗总统、推进新冠疫苗接种、

发放紧急救济金、消除绝对贫困、加强环保和保证世居民族权益等。7月3日和24日，巴西上百个城市再度举行大规模的反政府游行，并得到美国、加拿大、西班牙、葡萄牙等海外侨民的响应。

民众不满情绪上升加大了博索纳罗的执政压力，同司法部门的斗争成为政府转移矛盾焦点的重要手段，高等选举法院院长路易斯·罗伯托·巴罗索（Luís Roberto Barroso）和联邦最高法院大法官亚历山大·德莫赖斯（Alexandre de Moraes）成为主要攻击对象。博索纳罗不仅指责高等选举法院允许卢拉参选，而且多次抨击巴西大选的电子投票系统，称该系统存在舞弊风险，要求进行纸质投票。尽管司法部门就选举制度问题进行了说明和回应，但博索纳罗仍坚持更改投票系统，并呼吁民众上街游行。2021年8月1日，巴西利亚联邦区、圣保罗州、里约热内卢州等多地举行支持总统的游行，要求2022年大选进行纸质投票。在博索纳罗的动员下，2021年9月7日巴西独立日当天，全国多地举行大规模的支持政府游行，反对联邦最高法院、国会和反对派等，成为博索纳罗和司法部门双方斗争的顶峰。在民众的压力之下，众议院就纸质投票法案进行投票表决，却以失败告终。针对博索纳罗支持者的攻击，司法部门以攻击民主制度为由，批准逮捕了社会自由党众议员丹尼尔·西尔韦拉（Daniel Silveira）和巴西工党主席罗伯托·杰斐逊（Roberto Jefferson）。独立日游行之后，博索纳罗在多方压力下发表全国声明，表示无意攻击任何权力机关，宪法中规定各部门间和谐共处的内容应得到尊重，为这场斗争暂时画下句号。

国会新冠调查委员会于2021年10月20日正式公布调查报告草案，对包括博索纳罗总统及卫生部长凯罗加、劳工和社会保障部部长奥尼克斯·洛伦佐尼（Onyx Lorenzoni）、前卫生部长爱德华多·帕祖洛（Eduardo Pazuello）、前外长埃内斯托·阿劳若（Ernesto Araújo）和部分支持博索纳罗的国会议员等66人和2家企业提出23项指控，其中博索纳罗涉及危害人类、渎职、欺诈、侵犯社会权利、挪用公共资金等9项罪名指控。2021年12月3日，根据国会新冠调查委员会提交的最终报告，巴西联邦总检察院开启针对博索纳罗总统及多位部长和议员的初步调查。

此起彼伏的斗争令巴西的政治极化不断加深，博索纳罗政府的反对率也

有所上升。2021 年 12 月巴西民调机构的数据显示，博索纳罗政府的反对率已达 63%，女性、25~44 岁的中青年以及受过高等教育的知识分子是主要的反对群体。①

（二）2022年大选：选举新规的试验场

卢拉的回归和新的选举规定成为影响巴西 2022 年总统选举的重要因素。2021 年 3 月 8 日，联邦最高法院大法官埃德松·法钦（Edson Fachin）判定巴拉那州库里蒂巴市第 13 联邦法庭对前总统卢拉在"洗车行动"中三起涉贪案件的判决结果无效，恢复卢拉包括选举权在内的所有政治权利。2021 年 6 月 23 日，巴西联邦最高法院全会审议认定，"洗车行动"前主审法官、前司法部长塞尔吉奥·莫罗（Sérgio Moro）在审理卢拉三层别墅贪腐案中存在偏颇行为，相关判决失效。上述司法判决令卢拉有机会回归政坛，成为大选的有力竞争者，在一定程度上决定了巴西 2022 年选举的基本格局。

2021 年，巴西国会不仅明确大选将继续使用电子投票系统，还通过了政党结盟法案。该法案允许两个及以上意识形态、政治理念相近的政党在竞选中组建长期联盟（Federação）。不同于曾经实行的短期结盟（Coligação）在竞选结束后即解散，政党联盟必须维持至少四年，联盟成员不仅共享政党基金和电视宣传时间，还必须在国会中以单一政党形式运作，在全国事务中保持相同的立场。选举新规为政党联合参选设立了更高的门槛，旨在促进巴西政治力量的协同一致，减少政党林立与政治碎片化对巴西政治进程的阻碍，其实际效果有待观察，2022 年大选将成为选举新规的试验场。

随着大选日益临近，多个政党逐步开启联合，预备候选人陆续浮出水面。2021 年 10 月 6 日，巴西民主党和社会自由党正式合并，合并后政党更

---

① "Governo Bolsonaro Encerra ano com 63% de Reprovação, diz Pesquisa PoderData", UOL, 23 de dezembro de 2021, https://noticias.uol.com.br/politica/ultimas-noticias/2021/12/23/governo-bolsonaro-encerra-2021-reprovado-por-63-diz-pesquisa-poderdata.htm?cmpid=copiaecola, accessed January 27, 2022.

名为"巴西联盟"（União Brasil）。作为众议院第一大党，巴西联盟成立后致力于推出本党的总统候选人。11 月 10 日，前司法部长莫罗正式加入"我们能"党，成为该党的潜在总统候选人。11 月 27 日，巴西社会民主党完成 2022 年总统选举党内初选，圣保罗州州长若昂·多里亚（João Doria）击败另外两位竞争者，成为该党预备总统候选人。11 月 30 日，博索纳罗总统正式加入自由党，为竞选连任积极做准备。左翼方面，凭借执政期间积攒的人气，卢拉回归后将顺理成章代表劳工党参与 2022 年的大选角逐。为凝聚力量、提高胜率，卢拉计划邀请中右翼阵营的社会民主党前总统候选人热拉尔多·阿尔克明（Geraldo Alckmin）成为副手搭档竞选，劳工党拟同巴西社会党、巴西共产党、绿党等组建政党联盟。2018 年大选民主工党候选人戈麦斯（Ciro Gomes）仍将代表该党参加 2022 年的总统选举。

在多个巴西民调机构发布的 2022 年大选模拟民调中，前总统卢拉和现任总统博索纳罗的支持率分列前两位，较其他候选人优势明显。最终，在 2022 年 10 月 2 日举行的首轮投票中，卢拉和博索纳罗分别以 48.43% 和 43.20% 的投票进入第二轮角逐。10 月 30 日，根据巴西高等选举法院公布的计票结果，卢拉以 50.9% 比 49.1% 的投票率战胜博索纳罗，将于 2023 年 1 月 1 日上台执政。

二　经济形势[①]

2021 年，巴西经济实现 4.7% 的恢复性增长。在疫苗接种的积极效应下，农牧业、工业、服务业均实现增长。受全球经济恢复和国际市场价格上涨的影响，巴西对外贸易再创佳绩。巴西通货膨胀率远超中央银行设定的目标上限，失业率较 2020 年小幅下降。国际货币基金组织报告指出，2022 年

---

① 本节数据除特别标注外均来源于 CEPAL, *Balance Preliminar de las Economías de América Latina y el Caribe 2021*, Naciones Unidas, 2021。

巴西经济增长预期为 0.3%。①

2021 年，尽管疫情影响仍未消除，但巴西政府的抗疫开支明显减少。2021 年年初，抗疫紧急援助一度暂停，在第二季度恢复后，援助金额和覆盖范围均出现下滑。针对生产部门的就业与信贷支持力度、地方政府收到的转移资金、卫生部及其他部委的抗疫支出均出现下降。2020 年，联邦政府的抗疫支出总额占到 GDP 的 7%，2021 年该数据预计不超过 1.4%。同时，政府税收增长强劲，2021 年 1~11 月比 2020 年同期增长 33.5%。

鉴于经济复苏、税收增多、抗疫开支减少，2021 年巴西联邦政府初级财政赤字为 350.73 亿雷亚尔，为 2014 年以来最佳表现，占 GDP 比重为 0.4%，比 2020 年实际减少 95%。② 2021 年，巴西联邦政府公共债务达 5.613 万亿雷亚尔，同比增长 12%。③ 得益于国际货币基金组织向巴西分配的 150 亿美元特别提款权，2021 年巴西外汇储备达 3620 亿美元，这是博索纳罗执政三年来最高水平。④

2021 年，巴西工业增长 3.9%，四大经济门类中的 3 个和 26 个工业类别中的 18 个均实现增长，其中车辆、机械设备、冶金表现抢眼，分别增长

① "FMI: Redução da Projeção de Crescimento para o Brasil Reflete Recuperação que já Aconteceu", Valor, 25 de janeiro de 2022, https://valor.globo.com/brasil/noticia/2022/01/25/fmi-reducao-da-projecao-de-crescimento-para-o-brasil-reflete-recuperacao-que-ja-aconteceu.ghtml, accessed March 3, 2022.

② "Déficit do Governo Diminui 95% em 2021, para R$ 35 Bilhões", Folha, 28 de janeiro de 2021, https://www1.folha.uol.com.br/mercado/2022/01/deficit-do-governo-diminui-95-em-2021-para-r-35-bilhoes.shtml, accessed March 3, 2022.

③ "Dívida Pública Federal Passa de R$ 5, 6 tri e vai Alcançar até R$ 6, 4 tri em 2022", Folha, 26 de janeiro de 2021, https://www1.folha.uol.com.br/mercado/2022/01/divida-publica-federal-passa-de-r-56-tri-e-vai-alcancar-ate-r-64-tri-em-2022.shtml, accessed March 3, 2022.

④ "Reservas Internacionais do Brasil Crescem com FMI e Vendas Menores de Dólares em 2021", Folha, 20 de janeiro de 2022, https://www1.folha.uol.com.br/mercado/2022/01/reservas-internacionais-do-brasil-crescem-com-fmi-e-vendas-menores-de-dolares-em-2021.shtml, accessed March 3, 2022.

20.3%、24.1%和15.4%。① 全年服务业增长10.9%，系2012年以来最高涨幅，其中家庭服务、交通运输和邮政、信息通信同比分别增长18.2%、15.1%、9.4%。②

对外贸易方面，巴西经济部外贸秘书处统计数据显示，2021年巴西实现贸易顺差610.08亿美元，创1997年以来新高，同比增长21.1%。贸易总额为4997.80亿美元，同比增长35.8%，其中出口额为2803.94亿美元、进口额为2193.86亿美元，同比分别增长34%和38.2%。③ 其中，农牧业表现依旧抢眼，2021年的贸易盈余高达1051亿美元，比2020年增长19.8%。国际市场价格上涨是主要原因，其中大豆油、木材、皮革、大豆、鸡肉、豆粕等产品价格涨幅都超过20%。尽管巴西牛肉出口量下滑8.3%，但2021年牛肉出口额比2020年增长8.5%。④

在燃料、电力及燃气价格上涨的影响下，2021年巴西官方通胀率为10.06%，远高于央行设定的5.25%目标上限，创2015年以来新高。⑤ 受疫情和政局影响，2021年第一季度美元对雷亚尔汇率有所上涨，一度达到1∶5.8的峰值，之后受全球主要货币流动性增加、巴西外贸盈余增长及央行

① "Indústria Avança 2, 9% em Dezembro Frente a novembro e Fecha 2021 com Alta de 3, 9%", IBGE, 2 de fevereiro de 2022, https：//agenciadenoticias. ibge. gov. br/agencia-noticias/2012-agencia-de-noticias/noticias/32870-industria-avanca-2-9-em-dezembro-frente-a-novembro-e-fecha-2021-com-alta-de-3-9, accessed March 3, 2022.

② "Setor de Serviços Cresce 10, 9% em 2021 e Supera Perdas de 2020", IBGE, 10 de fevereiro de 2022, https：//agenciadenoticias. ibge. gov. br/agencia-noticias/2012-agencia-de-noticias/noticias/32953-setor-de-servicos-cresce-10-9-em-2021-e-supera-perdas-de-2020, accessed March 3, 2022.

③ "Balança Comercial Brasileira Termina 2021 com Superávit de US ＄ 61 Bilhões", Valor, 3 de janeiro de 2022, https：//valor. globo. com/brasil/noticia/2022/01/03/balanca-comercial-brasileira-termina-2021com-superavit-de-us-61-bilhoes. ghtml, accessed January 27, 2022.

④ "Balança Comercial do Agro tem Superávit de US ＄ 105 bi, Confirma Ipea", Valor, 17 de janeiro de 2022, https：//valor. globo. com/agronegocios/noticia/2022/01/17/balanca-comercial-do-agro-tem-superavit-de-us-105-bi-confirma-ipea. ghtml, accessed January 27, 2022.

⑤ "Inflação Sobe 0, 73% em dezembro e Fecha 2021 com Alta de 10, 06%", IBGE, 11 de janeiro de 2022, https：//agenciadenoticias. ibge. gov. br/agencia-noticias/2012-agencia-de-noticias/noticias/32725-inflacao-sobe-0-73-em-dezembro-e-fecha-2021-com-alta-de-10-06, accessed March 3, 2022.

加息等内外因素影响，雷亚尔对美元开始升值，6 月 22 日美元对雷亚尔汇率回落至 1∶4.96，近一年来首次跌破 1∶5。但随着国内政治局势升级和变异病毒的传播，雷亚尔又进入贬值通道。2021 年美元对雷亚尔的平均汇率为 1∶5.4。[1]

为缓解通货膨胀和货币贬值压力，2021 年 3 月 17 日，巴西央行货币政策委员会将基准利率上调 75 个基点至 2.75%，这是自 2015 年以来首次上调。此后央行继续上调基准利率，12 月 8 日第七次加息，将基准利率由 7.75% 上调至 9.25%，创 2017 年 10 月以来新高，预计 2022 年将维持加息趋势。

2021 年第四季度，巴西的失业率为 11.1%，环比下降 1.5 个百分点。2021 年全年平均失业率为 13.2%，比 2020 年的 13.8% 有所下降，失业人口为 1390 万人。[2]

三 社会形势

2021 年，巴西的社会经济发展仍深受新冠肺炎疫情的干扰，博索纳罗政府通过推广疫苗接种和推出紧急救助金应对疫情，取得了一定的效果。政府在环境议题上进行了积极的外交表态，但实际行动和统计数据不尽如人意，而极端气候引发的自然灾害已经对巴西的社会民生造成了破坏性影响。

（一）疫情逐步趋稳，但影响显现

在疫苗的作用下，巴西疫情出现好转并趋于稳定。2021 年年初，巴西政府开启了疫苗接种进程，但疫苗和原液的供应短缺导致接种进程较为缓慢，全国多地医疗系统承受巨大压力。进入第三季度，随着疫苗供应情况的

---

① EIU，*Country Report：Brazil*，February 2022.

② "Desemprego cai para 11，1% no Quarto Trimestre e Taxa Média Anual é de 13，2%"，IBGE，24 de fevereiro de 2022，https：//agenciadenoticias.ibge.gov.br/agencia－noticias/2012－agencia－de-noticias/noticias/33041-desemprego-cai-para-11-1-no-quarto-trimestre-e-taxa-media-anual-e-de-13-2，accessed March 3，2022.

好转和疫苗接种工作的进展，巴西新增确诊和死亡病例的动态平均值均稳步下降，多个州的病床占用率随之降低，地方开始放宽部分管控措施。虽然新冠病毒变异毒株"德尔塔"令巴西疫情有所反复，但 2021 年下半年巴西疫情总体呈现稳步好转的态势。截至 2021 年年底，巴西超过 1.61 亿人已接种至少一剂疫苗，约占总人口的 75.57%，其中超过 1.43 亿人已接种第二剂，占总人口的 67.19%。① 尽管如此，博索纳罗对疫苗的态度仍有所保留，表示政府不会强制推行接种且反对推行"疫苗护照"，还多次批评地方政府的封控政策。

为降低疫情对社会民生的影响，巴西政府在 2020 年推出紧急救助金（Auxílio Emergencial），于当年 4 月至 12 月为每户目标家庭发放每月 300~600 雷亚尔的应急补助。该项目到期后，2021 年博索纳罗政府制定了新一轮的紧急救助金发放方案，于 4 月至 10 月每月向每户目标家庭发放 150~375 雷亚尔的应急补助。同时，政府通过一项法案，将家庭补助金、社会红利等合并为"巴西救助金"（Auxílio Brasil），在 2022 年向全国 1750 万户低收入家庭发放每户至少 400 雷亚尔的补助。② 事实证明，紧急救助金对缓解巴西贫困问题、维持社会稳定意义重大。2020 年巴西贫困人口和赤贫人口分别为 5000 万人和 1200 万人，占总人口比重相较 2019 年均出现下降，其中贫困率由 25.9% 降至 24.1%，赤贫率由 6.8% 降至 5.7%。③

随着疫情相对缓解，巴西的就业形势出现好转。巴西国家地理统计局最新数据显示，2021 年 9~11 月，巴西全国失业率为 11.6%，较 6~8 月降低

① "Mapa da Vacinação Contra COVID-19 no Brasil", G1, 31 de dezembro de 2021, https://especiais.g1.globo.com/bemestar/vacina/2021/mapa-brasil-vacina-covid/, accessed January 27, 2022.
② "Caixa paga Auxílio Brasil e Vale-gás a Partir Desta Terça", Valor, 18 de janeiro de 2022, https://valor.globo.com/brasil/noticia/2022/01/18/caixa-paga-auxlio-brasil-e-vale-gs-a-partir-desta-tera.ghtml, accessed January 27, 2022.
③ "Mesmo com Benefícios Emergenciais, 1 em Cada 4 Brasileiros Vivia em Situação de Pobreza em 2020", IBGE, 3 de dezembro de 2021, https://agenciadenoticias.ibge.gov.br/agencia-noticias/2012-agencia-de-noticias/noticias/32420-mesmo-com-beneficios-emergenciais-1-em-cada-4-brasileiros-vivia-em-situacao-de-pobreza-em-2020, accessed January 27, 2022.

1.6 个百分点，同比下降 2.8 个百分点，失业人口减少至 1240 万人。① 尽管如此，巴西的贫富差距问题却有所加剧。《2022 年世界不平等报告》显示，2019 年巴西最富有的 10% 群体的收入占全国总收入的 58.6%，2021 年这一数字上升到 59%，而最贫穷的 50% 群体的收入占全国总收入的比重从疫情前的 10.1% 降至 10%。当前，巴西最富有的 1% 的人拥有全国近一半财富，而最贫穷的 50% 的人拥有全国不到 1% 的财富。② 另外，疫情之下，巴西出现了针对印第安人和非洲裔公民等群体的暴力和种族歧视行为，联合国消除种族歧视委员会对此表示关切。

（二）环保表态积极但行动不力

2021 年 4 月 13 日，巴西 30 多位商界领袖和社会机构负责人发布联署信函，呼吁博索纳罗政府提高应对气候变化目标，缩短巴西实现碳中和的时间。此后，多家欧洲大型零售商因质疑巴西国会审议的法案将加重亚马孙雨林的非法砍伐，进而发表联名信威胁抵制巴西农产品。美国拜登政府对气候和环境议题的重视也促使博索纳罗政府调整此前在环保上的立场。

在内外压力之下，巴西政府在环境议题上进行了更加积极的表态。2021 年 4 月 22 日，博索纳罗总统出席领导人气候峰会并发表讲话，承诺巴西将在 2030 年前杜绝非法砍伐森林的行为，到 2025 年减少 37% 的二氧化碳排放，到 2030 年减少 43% 的二氧化碳排放，到 2050 年实现碳中和。③

① "PNAD Contínua：Taxa de Desocupação é de 11，6% e Taxa de Subutilização，de 25，0% no Trimestre Encerrado em novembro"，IBGE，28 de janeiro de 2022，https：//agenciadeno ticias. ibge. gov. br/agencia-sala-de-imprensa/2013-agencia-de-noticias/releases/32823-pnad-continua-taxa-de-desocupacao-e-de-11-6-e-taxa-de-subutilizacao-de-25-0-no-trimestre-encerrado-em-novembro，accessed January 30，2022.

② "Desigualdade Avançou no País na Pandemia，Aponta Levantamento"，Valor，8 de dezembro de 2021，https：//valor. globo. com/brasil/noticia/2021/12/08/desigualdade-avancou-no-pais-na-pandemia-aponta-levantamento. ghtml，accessed January 27，2022.

③ "Na Cúpula do Clima，Bolsonaro Responde a Ceticismo com Promessas Vagas"，Folha，22 de abril de 2021，https：//www1. folha. uol. com. br/mundo/2021/04/em-cupula-de-biden-bolsonaro-promete-duplicar-recursos-para-fiscalizacao-ambiental. shtml，accessed January 30，2022.

2021 年 11 月 1 日，博索纳罗出席第 26 届联合国气候变化大会，宣布提高应对气候变化目标，到 2030 年将温室气体排放在 2005 年的基础上降低50%，比此前 43%的目标提高了 7 个百分点，正式宣布将提前 10 年即至2050 年实现碳中和。[①]

然而，相比积极的外交表态，巴西政府的实际行动及相关统计数据则展现出相反的一面。2021 年 5 月，环境部长里卡多·萨列斯（Ricardo Salles）涉嫌参与木材走私、非法获利并阻碍监管机构审查而受到调查。6 月 23 日，萨列斯辞去职务，由副部长接任。亚马孙环境研究所的报告显示，2019~2021年亚马孙森林砍伐超过 3.2 万平方公里，比 2016~2018 年增长 56.6%。[②] 报告指出，环境治理机制的破坏和监管机构的预算缩水是重要原因。

2021 年，巴西遭遇干旱、洪涝等一系列自然灾害。6 月，受拉尼娜现象影响，巴西遭遇严重的干旱，全国多地连续几个月水电资源短缺，电价及农产品价格上涨，加剧通胀压力。极端天气还对巴西的玉米、甘蔗、橙子和咖啡作物生产造成了较大影响。在经历连日强降雨后，2021 年 12 月下旬，巴伊亚州遭遇严重洪涝灾害，受灾情影响人数超 64.3 万人，约占该州总人口的 4.3%，该州 151 座城市处于紧急状态。[③]

四　外交形势

2021 年，博索纳罗政府对巴西外交进行了一系列调整，新外长弗兰萨上台后淡化对外政策的意识形态色彩，维持中巴关系稳定发展，加强巴美在

---

① "Bolsonaro Atualiza Pedalada Climática que Começou com Dilma", Folha, 1 de novembro de 2021, https://www1.folha.uol.com.br/ambiente/2021/11/bolsonaro-agrava-pedalada-climatica-que-comecou-com-dilma.shtml, accessed January 30, 2022.

② "Desmatamento sob Bolsonaro Chegou a Nível Alarmante, Aponta Ipam", Folha, 4 de fevereiro de 2022, https://www1.folha.uol.com.br/ambiente/2022/02/desmatamento-sob-bolsonaro-chegou-a-nivel-alarmante-aponta-ipam.shtml, accessed February 27, 2022.

③ 《巴西巴伊亚州洪灾死亡人数上升至 25 人》，中国灾害防御信息网，2021 年 12 月 31 日，https://zaihaifangyu.cn/22359.html。

环境和安全议题上的合作，积极发展同周边国家及葡语国家的关系，参与国际社会的多边议题协作。

（一）中巴关系稳中向好

2021 年，中巴两国在政党交流、双边贸易、联合抗疫等方面取得较为丰硕的成果，在金砖国家、环境治理等议题上继续加强多边协调与合作。

在中国共产党成立 100 周年之际，巴西多个政党积极参与相关庆祝研讨活动，不断深化同中国共产党围绕治国理政多领域的沟通与交流。2021 年 7 月 6 日，包括巴西共产党、劳工党、民主工党在内的多个巴西政党、政治组织领导人以视频连线方式出席中国共产党与世界政党领导人峰会，积极评价并响应习近平总书记重要主旨讲话。

2021 年中巴贸易额达 1354 亿美元，同比增长 32%，其中巴西对华出口额为 877.5 亿美元、自华进口额为 476.5 亿美元，同比分别增长 29.4% 和 37%，巴西对华贸易实现顺差 401 亿美元，占巴西对外贸易总顺差比重超过 65%，中巴贸易的重要性进一步凸显。[①] 农牧业在双边贸易中占据重要地位。2021 年巴西对华农牧业出口 410.2 亿美元，比 2020 年增长 20.6%，主要出口产品包括大豆、牛肉、纸浆、食用糖、猪肉、鸡肉和棉花。[②]

2021 年中巴两国继续积极开展抗疫合作，成果丰硕。在中国的支持下，巴西成为拉美地区首个拥有新冠疫苗生产能力的国家。2021 年 1 月 17 日，巴西国家卫生监督局正式批准中国科兴疫苗的紧急使用，开启了巴西的首批新冠疫苗接种。2021 年 4 月 16 日和 7 月 14 日，巴西国家卫生监督局又先后批准了三叶草生物和科维福两款中国疫苗在巴西开展三期临床试验。截至

① Ministério da Economia：Balança Comercial-Dados Consolidados, 3 de janeiro de 2022, https：// balanca. economia. gov. br/balanca/mes/2021/BCP056A. xlsx, accessed February 27, 2022.

② "Balança Comercial do agro tem Superávit de US ＄ 105 bi, Confirma Ipea", Valor, 17 de janeiro de 2022, https：// valor. globo. com/agronegocios/noticia/2022/01/17/balanca - comercial - do - agro-tem-superavit-de-us-105-bi-confirma-ipea. ghtml, accessed February 27, 2022.

2021 年 8 月中旬，中方提供的疫苗和原液占巴方接收总量的近 80%。[①] 在新冠疫苗合作国际论坛首次会议上，中国、巴西等 23 个与会国发表联合声明，呼吁国际社会团结协作，促进全球疫苗公平、可负担、及时、普遍、合理分配。

在多边领域，2021 年 9 月 9 日，中国国家主席习近平和巴西总统博索纳罗共同在线出席了金砖国家领导人第 13 次会晤视频会议。博索纳罗在讲话中回顾了同习近平主席在金砖国家领导人第 11 次会晤期间举行的双边会谈，表示当前巴中伙伴关系对巴方抗击疫情发挥了关键作用。2021 年 10 月 19 日，巴西政府向联合国《生物多样性公约》第 15 次缔约方大会（COP15）第一阶段会议在昆明闭幕表示祝贺，巴西环境部长雷特以线上方式出席相关活动，重申巴西愿为推动达成兼具雄心和可操作性的"2020 年后全球生物多样性框架"做出贡献。

（二）环境安全议题引领巴美关系

随着美国拜登政府上台，应对气候变化和环境保护议题成为巴美关系的优先事项。2021 年 2 月 11 日，巴西时任外长阿劳若同美国国务卿布林肯通话，开启了拜登政府上台以来两国间首次高层互动。2 月 17 日，阿劳若和环境部长萨列斯同美国总统气候问题特使克里举行视频会议，探讨巴美在应对气候变化和打击森林砍伐领域开展合作和对话的可能性。通过上述对话沟通，博索纳罗政府逐步调整巴西在环境议题上的立场。2021 年 4 月 15 日，博索纳罗致信拜登，承诺巴西将在 2030 年前解决非法森林砍伐问题，表示如获得资金支持，巴西或可提前至 2050 年实现碳中和目标。

2021 年，巴美两国在安全领域的交流合作不断推进。2021 年 6 月 15 日，博索纳罗签署加入美国国家航空航天局"阿尔忒弥斯"登月计划协议，巴西正式成为拉美首个加入上述计划的国家。2021 年 8 月 5 日，美国总统

---

① 《驻巴西大使杨万明发表署名文章纪念中巴建交 47 周年》，中华人民共和国驻巴西联邦共和国大使馆网站，2021 年 8 月 16 日，http：//br.china-embassy.org/dsxx/dshd/202108/t20210816_9120950.htm。

国家安全事务助理沙利文率高级别代表团访问巴西，访问期间会见博索纳罗总统，同巴西外长、国防部长、通信部长、总统府机构安全办公室主任等人士进行会谈，就强化美巴战略伙伴关系、促进地区形势稳定、推进应对气候变化合作、开展数字基础设施合作及促进疫后经济复苏等进行交流。8月22日，美国南方司令部司令克雷格·法勒访问巴西利亚。11月23日，新上任的美国南方司令部司令理查森访问巴西，会见巴西国防部长、巴西武装力量联合参谋长及陆海空三军司令等巴西军方高层，就地区安全和强化双边防务合作等交换意见。

（三）周边及域外关系各有发展

地区层面，2021年7月8日，巴西在南方共同市场第58届首脑峰会上正式接任阿根廷成为轮值主席国。尽管巴西和阿根廷在降低统一关税、允许成员国独立开展自贸谈判等问题上存在较大分歧，但巴西仍利用轮值主席国身份积极推动南方共同市场成员国间的议程交流和对外合作。12月17日，南方共同市场召开第59届首脑峰会，会后四国发表联合公报并发布了关于数字一体化、疫后经济复苏以及防务合作的总统宣言。与其他国家关系方面，2021年5月24日，博索纳罗赴基多出席厄瓜多尔新任总统就职仪式。2021年10月19日，博索纳罗在巴西利亚同来访的哥伦比亚总统杜克举行工作会晤。

在域外关系层面，2021年巴西同葡语国家的联系更加紧密。2021年7月15日，巴西副总统莫朗、外长弗兰萨等赴安哥拉首都罗安达出席葡萄牙语国家共同体第13届峰会。8月2日和24日，博索纳罗在巴西利亚分别会见来访的葡萄牙总统德索萨和几内亚比绍总统恩巴洛。此外，博索纳罗还于2021年11月13~16日访问阿联酋、巴林、卡塔尔三国。

（谌园庭　审读）

Y.10

墨西哥：总统在挑战中开启任期后半程

杨志敏*

摘　要： 2021年墨西哥举行了中期选举和总统任期信任公投，总统也开启了任期后半程。2021年墨西哥经济增速同比增长5.8%，2022年前两季度数据显示经济呈现快速复苏态势。未来继续应对疫情、治理腐败和犯罪以及解决贫困问题将是政府重要议程。2021年，墨美关系有序恢复，中墨关系进入新的发展阶段。

关键词： 墨西哥　中期选举　信任公投　美国

一　政治形势

2021年以来，在严峻的新冠肺炎疫情考验下，墨西哥举行了中期选举和总统任期信任公投等重要政治活动。尽管成效不理想，但洛佩斯·奥夫拉多尔（López Obrador）总统仍继续推动重要的结构性改革。至2021年12月，墨西哥现政府任期已过半，各政党已着手备战2024年大选。

（一）总统支持率显著回升

2021年，墨西哥政府应对新冠肺炎疫情的表现不佳，该国新冠肺炎死亡病例人数居全球前列。与此同时，政府也未能有效解决诸如犯罪、腐败、

---

* 杨志敏，中国社会科学院拉丁美洲研究所研究员、区域合作研究室主任、墨西哥研究中心执行主任，主要研究方向为拉美经济、区域经济合作及墨西哥问题等。

贫困和收入差距等长期存在的结构性问题。2018 年，洛佩斯总统本人正是因为民众对他解决墨西哥的结构性问题寄予厚望而赢得了大选。尽管如此，根据相关民调数据，洛佩斯总统仍然很受墨西哥民众欢迎。据墨西哥媒体"El Financiero"的民调数据，2021 年 12 月，洛佩斯的支持率上升至 67%，为过去两年来的最高水平，其反对率也降至 29%。虽然总体上洛佩斯获得正面支持，但民众对其具体政策的看法则存在差异。[①] 洛佩斯的支持率之所以不降反升，在很大程度上得益于目前的反对党没有能力利用现政府的失误或提供一个可行的政治替代。[②]

（二）历经两场重要"考试"

2021~2022 年，墨西哥举行了两场重要的活动，即中期选举和总统任期信任公投，对于执政党、洛佩斯本人以及他所在的政党来讲可谓意义重大。其一，2021 年 6 月，墨西哥举行了中期选举。国家复兴运动党在选举中有失有得，虽与友党组成执政联盟拿下了绝大多数州的选举，但在众议院失去了压倒性优势地位。不过，墨西哥执政联盟在议会两院依然占据多数的席位。其二，2022 年 4 月，墨西哥举行了总统任期信任公投。根据洛佩斯 2018 年竞选时的承诺，他将在六年任期中的第四年举行信任公投，以决定是否取消其剩余任期。公投结果显示，超过 90% 参加投票的选民支持洛佩斯完成任期。不过，由于公投的投票率未达到国家选举委员会规定的 40%，因此该结果不具有法律约束力。

（三）洛佩斯执政面临的重要挑战

自 2021 年 12 月起，洛佩斯总统的任期就进入后半程。在剩余任期里，洛佩斯政府面临诸多挑战。一是重大改革面临议会的掣肘。尽管洛佩斯拥有执政联盟在参众两院占据多数的优势，但因中期选举后执政联盟在众议

①　EIU, *Country Report*：*Mexico*, February 2022, p. 21.

②　EIU, *Country Report*：*Mexico*, December 2021, p. 4.

院失去了绝对多数席位，这在一定程度上增加了洛佩斯推进宪法改革等重大议程的难度。2022 年 4 月，在反对党联合抵制下，洛佩斯总统提出的电力改革法案未能在众议院获得所需的 2/3 赞同票而遭否决。此法案的核心内容是修改宪法相关条款，以进一步限制外资和私人控制电力部门的比例。二是与有关异见派别的可能冲突。洛佩斯总统试图将权力集中于行政部门的做法导致他与包括联邦法院、独立监管机构、有关商业团体和记者等在内的反对派发生冲突，并引起民众对墨西哥民主制度独立性的担忧。三是洛佩斯的某些执政理念及成效引发争议。据有关机构预测，2022～2026 年墨西哥的犯罪率、收入不平等和贫困水平仍将居高不下。民众不看好洛佩斯总统将军事化作为打击贩毒团伙的方式而扩大武装部队在社会中作用的做法及其成效。此外，还有分析认为，洛佩斯总统在解决公共机构中普遍存在的腐败问题所必需的制度建设上不够努力，政府推动法制建设的力度不够。[①]

（四）对未来大选的观察

在 2021 年中期选举期间，革命制度党、国家行动党和民主革命党这三大传统政党首次组成政治联盟参与竞选。有关分析认为，墨西哥反对党组建的"异质性联盟"（左翼-中间派-右翼）的稳定性不如国家复兴运动党组建的"同质性联盟"。同时，鉴于革命制度党和国家行动党两大反对派在以往长期执政时声誉受到一系列腐败丑闻影响和较差的执政业绩，一方面将严重影响其试图削弱国家复兴运动党对议会的控制以及赢得下届大选的努力，另一方面尚难以扭转其在 2018 年选举中遭受的损失，并且有进一步丧失州级地方选举的可能。而国家复兴运动党在 2024 年大选前依然在墨西哥国家政治中占据主导地位。[②]

---

① EIU，*Country Report*：*Mexico*，November 2021，p. 4.
② EIU，*Country Report*：*Mexico*，February 2022，p. 5.

二 经济形势

据联合国拉美经济委员会估计，2021 年墨西哥的国内生产总值（GDP）增长率为 5.8%，2020 年经济增速则为 -8.2%。2021 年经济呈现较高增速有两方面原因：一方面是对美国出口增长的推动作用；另一方面是因为 2020 年较低的基期增速，还有小部分原因在于墨西哥国内市场的渐进复苏。

（一）宏观经济形势

2021 年前三季度，预计墨西哥经季节性调整的 GDP 同比增长 6.4%。其中，第一产业、第二产业和第三产业增速分别为 1.9%、8.6% 和 5.6%，私人消费平均增长 10.2%，固定投资总额同比增长 14.1%。阻碍经济更快复苏的因素包括生产复苏方面的部门差异巨大、国家公共政策的不确定性、生产投入（尤其是半导体）不足、外包就业水平下降导致的附加值损失等。2021 年，通胀率预计为 7.5%，通胀压力主要来自能源产品价格上涨、关税和某些食品价格上涨。因社会和经济发展支出增加，非金融公共部门财政赤字相当于 GDP 的 4.2%（2020 年为 2.9%）。受商品进口大幅增加影响，国际收支经常账户赤字相当于 GDP 的 0.6%。截至 2021 年 11 月，墨西哥就业人口为 5650 万人，同比增加 370 万人，就业不足人数为 590 万人（占就业人口的 10.5%），非正规就业率为 55.6%。2021 年，墨西哥的失业率为 3.7%，比 2020 年 11 月低 0.7 个百分点。2021 年，最低工资和北部边境地区客户工业区的最低工资分别增长了 15.0%。其中，前者由 123.22 比索/天增至 141.71 比索/天，后者从 185.56 比索/天增长到 213.39 比索/天。2019~2021 年墨西哥部分宏观经济指标见表1。①

---

① 经济形势部分主要参考 CEPAL, *Balance Preliminar de las Economías de América Latina y el Caribe 2021*, Naciones Unidas, enero 2022。

表1　2019~2021年墨西哥主要经济指标

指标	2019 年	2020 年	2021 年[a]
	年均增长率(%)		
GDP	-0.2	-8.2	5.8
人均 GDP	-1.3	-9.1	4.7
消费者价格指数	2.8	3.2	6.0[b]
实际平均工资[c]	2.9	3.8	1.7[b]
货币供应量(M1)	5.2	17.4	15.3[d]
实际有效汇率[e]	-3.1	8.9	-7.8
贸易条件	2.2	-1.2	-6.1
	年均(%)		
公开城市失业率	3.5	4.4	4.3[b]
公共部门收支余额占 GDP 比重[f]	-1.7	-2.8	—
名义存款利率[g]	7.2	5.2	3.9[b]
名义贷款利率[h]	30.3	30.2	29.5[d]
	百万美元		
货物和服务出口额	492635	434179	525242
货物和服务进口额	495748	411255	537423
经常账户余额	-3945	26122	-1536
资本和金融账户余额[i]	6583	-14133	—
国际收支余额	2638	11990	—

注：a. 估计值；b. 2021 年 9 月数据；c. 社保覆盖的平均工人工资；d. 2021 年 8 月数据；e. 负值表明货币实际升值；f. 联邦公共部门；g. 多银行资金管理系统成本；h. 商业银行信用卡平均利率以及 TAC 费率（年总成本）；i. 包括错误和遗漏项。

资料来源：CEPAL, *Balance Preliminar de las Economías de América Latina y el Caribe 2021*, Naciones Unidas, enero 2022。

（二）具体经济表现

1. 财政方面

2021 年 1~10 月，墨西哥公共部门预算收入同比实际增长 5.1%，主要是因为较低的非石油收入（-1.8%）被较高的石油收入所抵消（64.3%）。

同时，因资本性支出（30.4%）和经常性支出（2.8%）增加，公共部门预算净支出实际增长 5.0%，其中包括社会支出。2021 年同期，公共部门赤字为 3510.35 亿比索，而 2020 年同期为 3273.87 亿比索。由于墨西哥政府采取审慎的公共负债管理政策，以及经济呈现恢复性增长、利率稳定和通胀率上升等因素的共同作用，至 2021 年年底，墨西哥净公共债务占 GDP 比重降至 49.9%（2020 年为 51.5%）。2021 年 7 月，墨西哥发行了第二只与可持续发展目标（SDGs）挂钩的主权债券，这只 15 年期欧元计价债券的票面利率（2.25%）创历史新低。2021 年 9 月，墨西哥财政和公共信贷部提出了 2022 年经济一揽子计划，其中包括一项改进税收征管的行政建议。

2. 金融方面

2021 年 2 月，墨西哥央行将基准利率下调 25 个基点后降至 4.0%，成为自 2016 年 6 月以来的最低水平。然而，由于通胀压力，央行在此后数月连续上调利率，12 月的利率达到 5.5%。2021 年 10 月，墨西哥商业银行对私营部门的组合贷款实际同比下降 6.1%，消费贷款减少（-4.5%），企业和个体经营者的贷款减少（-9.4%），住房信贷略有增长（3.2%）。贷款利率和存款利率的实际水平与上年持平，分别为 21.5% 和 -2.0%。

2021 年前 11 个月，标准普尔、惠誉国际和穆迪等国际评级机构对墨西哥的主权债务评级保持不变，在未来前景展望方面也仅有标准普尔给予负面评价。鉴于墨西哥国家石油公司（PEMEX）存在的流动性高风险和持续增长的债务问题，穆迪对其评级由 Ba2 降为 Ba3，并维持负面展望。

2021 年 12 月，美元兑墨西哥货币比索的汇率平均为 1∶21。截至 2021 年 8 月，墨西哥国际储备余额增至 2053.91 亿美元，这主要是因为国际货币基金组织向墨西哥转移了 121.17 亿美元的特别提款权。2021 年 9 月，墨西哥政府从央行购买了 70.21 亿美元准备金用于预付债务，国际储备余额降至 2014.41 亿美元（相当于墨西哥 5.9 个月的进口额）。此外，国际货币基金组织向墨西哥提供了 500 亿美元灵活信贷额度。墨西哥央行与美联储决定将一项金额为 600 亿美元的货币互换工具至少延长至 2021 年 12 月，以向墨西哥国内银行间市场注入美元流动性。因此，墨西哥央行拥有 3110 多亿美元用于应对外汇和金融市场可能出现的动荡。

3. 对外部门方面

截至 2021 年 11 月，墨西哥货物贸易逆差为 120.81 亿美元，而去年同期则为顺差 278.34 亿美元。2021 年前 11 个月，墨西哥的出口额增长了 19.4%，成为 2021 年其经济增长的主要驱动力之一，进口额增长了 32.5%。同期，占墨西哥出口额 81.9% 的对美国非石油出口年均增长 16.8%，而对世界其他地区的非石油出口则增长 19.5%。截至 2021 年 10 月，墨西哥侨汇收入为 421.68 亿美元（相当于 GDP 的 3.5%），比 2020 年同期增长 25.6%，这主要受益于墨西哥移民在美国获得的良好劳动条件。同期，墨西哥的国际旅游外汇收入比 2020 年同期累计增长 70.6%。2021 年年中，《墨西哥合众国与大不列颠及北爱尔兰联合王国之间的贸易连续性协议》开始实施。2020 年 12 月，墨西哥和英国签署该协议，它保留了英国退出欧盟后两个经济体之间的优惠贸易条件。该协议为谈判一项现代化和全面的新自由贸易协定设立了三年的期限。

（三）未来经济走势

据拉美经济委员会预测，2022 年，由于对美国出口激增和国内需求复苏，墨西哥 GDP 将实际增长 2.9%，并将恢复正常增长路径。然而，墨西哥经济增速将随着全球经济复苏程度、对国内外投资的吸引情况、生产投入的国际可获性以及疫情的演变等上下波动。预计 2022 年墨西哥的通胀率为 4.0% 左右，主要是因为经济形势好转和大宗商品价格上涨引发的需求增加。2022 年，墨西哥的失业率预计为 4.0%。疫情若结束，就业机会的创造将更加强劲，求职者人数也将增加，预计最低工资将增长 22%。受贸易流量尤其是进口恢复的影响，预计墨西哥非金融公共部门的财政赤字约相当于 GDP 的 3.5%，国际收支经常账户赤字相当于 GDP 的 0.5%。据墨西哥国家统计局统计，2022 年前两个季度，墨西哥进出口额为 5744.9 亿美元。其中，出口额为 2807.7 亿美元，同比增长 18.7%；进口额为 2937.2 亿美

元，同比增长 25%，进口额和出口额创历史同期新高。① 同期，墨西哥吸引外资 275.116 亿美元，同比增长 49.2%。②

三 社会形势

2021 年以来，墨西哥在治理腐败、打击犯罪和改善贫困等领域虽有所进展，但步伐缓慢，社会顽疾的治理形势严峻，任重道远。当前，应对新冠肺炎疫情及其对经济社会造成的冲击仍是墨西哥政府的一项重要议程。

（一）应对疫情任务艰巨

据统计，2020 年 8 月，墨西哥一度成为全球仅次于美国和巴西的疫情重灾区。截至 2022 年 4 月，墨西哥新冠肺炎累计确诊病例超过 500 万例，在拉美地区仅次于巴西、阿根廷和哥伦比亚，其中死亡病例数居拉美地区第二位，超过 32 万例。当前，应对疫情将继续在政府政策议程中占有重要位置。不过，随着时间的推移，这种政策的重要性也会逐渐减弱。2022 年 1 月，墨西哥政府调整有关注射疫苗加强针等一系列相关政策，开始向 40 岁及以上的年龄组人口提供加强针。墨西哥政府也逐步放松了社交距离、旅行限制或隔离措施等要求。据统计，截至 2022 年 1 月下旬，墨西哥 64% 的人口至少接种了一剂疫苗，58% 的人口已完成全程疫苗接种，但这一比例仍低于其他拉美大国的平均水平。③

（二）社会顽疾久治不愈

长期以来，墨西哥的公共安全和腐败问题不仅是社会顽疾，也是政府的两

---

① 《2022 年上半年墨西哥进出口额创历史新高》，中华人民共和国驻墨西哥合众国大使馆经济商务处网站，2022 年 7 月 29 日，http：//mx. mofcom. gov. cn/article/jmxw/202207/20220703 336830. shtml，最后访问日期：2022 年 8 月 1 日。

② 《2022 年上半年墨西哥吸引外资同比增长 49.2%》，中华人民共和国驻墨西哥合众国大使馆经济商务处网站，2022 年 7 月 29 日，http：//mx. mofcom. gov. cn/article/jmxw/202208/2022 0803342823. shtml，最后访问日期：2022 年 9 月 1 日。

③ EIU, *Country Report：Mexico*, February 2022, p. 6.

个痛点。自 2021 年年中开始，民众对政府治理公共安全问题措施的认可度逐渐提高。据一项民调数据，民众在这方面的认可度由 2021 年 6 月的 27% 升至 12 月的 40%，但是在 12 月的民调中，仍有 47% 的受访者认为墨西哥的公共不安全是国家最大的问题，成为自 2020 年年初以来的最高值。① 近期，在墨西哥发生的针对记者的谋杀活动有所抬头。长期以来，墨西哥被认为是世界上对记者而言最危险的国家之一，甚至超过了许多战区。新闻记者在墨西哥面临极端风险和恐惧气氛主要是因为犯罪分子企图阻止其准确报告犯罪活动和腐败问题。据有关统计，2016~2018 年，每年遇害的记者人数为 13 人，2021 年则降至 9 人。然而，仅在 2022 年年初，墨西哥就有 6 位记者遭谋杀。由此有关分析认为，2022 年遇害记者人数有可能超越墨西哥有史以来最糟糕的一年。②

（三）其他突发社会事件

2022 年夏季，全球普遍遭遇极端高温天气，墨西哥也不例外。极端高温天气和较低的降水率导致墨西哥 3/4 的国土严重干旱，2022 年 7 月 13 日，墨西哥政府宣布进入紧急状态。在乌克兰危机带来的负面影响下，墨西哥食品价格遇到额外的上行压力。墨西哥罕见的严重旱情还与近 21 年来墨西哥创纪录的通胀率（2022 年 6 月达到 8%）形成了"同频共振"现象。③ 此外，2019~2020 年，墨西哥一度明显减少的石油盗窃活动高企。据墨西哥官方估计，2022 年第一季度，石油盗窃活动同比增长 14%，主要原因是近期油价激增带来的巨大利润刺激。但由于政府无法有效管控涉及石油盗窃活动的有组织犯罪网络，这意味着该问题可能会持续较长时间。④

总体来看，墨西哥在社会治理领域面临的挑战依然艰巨。有关预测认为，2022 年至 2026 年期间，墨西哥在解决收入不平等和改善贫困问题方面将进展缓慢，而在打击犯罪和治理腐败方面也将收效甚微。

---

① EIU, *Country Report*：*Mexico*, February 2022, p. 21.
② EIU, *Country Report*：*Mexico*, March 2022, p. 25.
③ EIU, *Country Report*：*Mexico*, August 2022, p. 26.
④ EIU, *Country Report*：*Mexico*, July 2022, p. 26.

四　外交形势

洛佩斯总统执政以后，墨西哥的外交政策被置于国内事务之后，居于次要地位，预计今后洛佩斯总统还将延续这种做法。

墨西哥与美国的关系在特朗普政府时期颇为紧张。拜登政府执政后，2021年以来墨美关系逐渐恢复。2021年6月，美国副总统哈里斯到访墨西哥，墨美双方签署了一份备忘录，旨在制订推动北三角地区（萨尔瓦多、危地马拉和洪都拉斯）发展的计划，此举表明墨美将在共同关注议题上开展合作以促进双边关系。两国在墨西哥的能源政策上仍存在争论。[①] 2022年1月，美国能源部长到访墨西哥，主要讨论墨西哥电力改革问题。[②] 2021年9月墨西哥和美国官员重启美墨高级别经济对话，确定了促进双边经济发展的经济、贸易和安全相关优先事项，但回避了双方存在争议的话题。在暂停四年后，美墨高级别经济对话重启显示了双边互动的积极迹象。[③] 2021年11月，北美三国领导人峰会在美国举行。墨西哥总统洛佩斯、加拿大总理特鲁多和美国总统拜登均与会，这是三国领导人峰会中断5年后的首次会晤。峰会上，洛佩斯呼吁通过《美墨加协定》加强三国间的一体化。洛佩斯还明确表示，在与古巴、尼加拉瓜和委内瑞拉等美国所反对的某些左翼拉美国家打交道时，他倾向于采取不干预政策。此外，洛佩斯设法获得了美国对一些关键性议题的支持，包括获得额外的疫苗、为中美洲农村发展计划提供资金援助以及讨论地区内劳动力流动的途径等，墨方也承诺管理来自中美洲的非法移民潮、打击人口贩运、合作开发可再生能源、减少甲烷排放尤其是石油天然气行业的排放问题等。[④] 预计墨美双边关系仍将继续以安全和移民议题为主导。目前，双方正在进行关于取代现有"梅里达计划"（Mérida

① EIU, *Country Report*: *Mexico*, July 2021, p. 25.
② EIU, *Country Report*: *Mexico*, February 2022, p. 27.
③ EIU, *Country Report*: *Mexico*, October 2021, p. 21.
④ EIU, *Country Report*: *Mexico*, December 2021, p. 24.

Initiative）的新双边安全框架谈判，合作重点将转向打击合成毒品贸易和贩毒团伙的金融活动。2022 年 7 月 12 日，墨西哥总统洛佩斯与美国总统拜登会晤，讨论了非移民、边境安全、贸易和投资等一系列问题。①

墨西哥积极拓展与亚太国家的经贸合作，其中包括积极深化与中国的经贸合作，与韩国探讨墨韩双边自由贸易协定等。2021 年以来，中墨双边关系中大事、喜事不断，两国元首保持了密切的交流。2021 年 9 月 16 日，中国国家主席习近平致电墨西哥总统洛佩斯，祝贺墨西哥独立战争胜利 200 周年。② 12 月 3 日，中国-拉共体论坛第三届部长会议召开，中国国家主席习近平与墨西哥总统洛佩斯在开幕式上做视频致辞。③ 2021 年正是墨西哥担任拉美和加勒比国家共同体轮值主席国。2022 年 2 月 14 日，中国国家主席习近平与墨西哥总统洛佩斯互致贺电，庆祝两国建交 50 周年。④ 建交 50 年来特别是 2013 年两国建立全面战略伙伴关系以来，中墨双边关系发展进入快车道。以建交 50 周年为契机，双边关系发展进入一个新阶段。

2021 年，墨西哥为中国在拉美第二大贸易伙伴，中国则是墨西哥在全球的第二大贸易伙伴。2021 年中墨双边贸易额再创历史新高。据中方统计，2021 年，中墨贸易额达 866.0 亿美元，同比增长 41.9%。其中，中国对墨西哥出口额为 674.4 亿美元，同比增长 50.4%；中国自墨西哥进口额为 191.6 亿美元，同比增长 18.1%。中国对墨西哥主要出口液晶显示板、电话机、机动车零部件等，自墨西哥主要进口铜矿砂、集成电路、医疗仪器等产

---

① EIU, *Country Report：Mexico*, August 2022, p. 21.
② 《习近平就墨西哥独立战争胜利 200 周年向墨西哥总统洛佩斯致贺电》，中华人民共和国外交部网站，2021 年 9 月 16 日，https：//www.mfa.gov.cn/web/wjb_ 673085/zzjg_ 673183/ldmzs_ 673663/xwlb_673665/202109/t20210916_10411952.shtml，最后访问日期：2021 年 10 月 8 日。
③ 《中国-拉共体论坛第三届部长会议宣言》，中华人民共和国外交部网站，2021 年 12 月 7 日，https：//www.mfa.gov.cn/web/wjb_673085/zzjg_673183/ldmzs_673663/xwlb_673665/202112/t20211207_10463450.shtml，最后访问日期：2021 年 12 月 9 日。
④ 《习近平同墨西哥总统洛佩斯就中墨建交 50 周年互致贺电》，中华人民共和国外交部网站，2022 年 2 月 14 日，https：//www.mfa.gov.cn/web/gjhdq_ 676201/gj_ 676203/bmz_ 679954/1206_ 680604/xgxw_ 680610/202202/t20220214_ 10642022.shtml，最后访问日期：2022 年 3 月 1 日。

品。据《中国对外直接投资统计公报》，截至 2020 年年底，中国对墨西哥直接投资存量约为 11.7 亿美元。截至 2021 年年底，墨西哥在华实际投资 1.7 亿美元。据中方统计，截至 2021 年年底，中国企业累计在墨西哥签订承包工程合同额为 178.4 亿美元，完成营业额为 111.0 亿美元。2021 年，中国企业在墨西哥新签承包工程合同额为 30.4 亿美元，完成营业额为 7.5 亿美元。[①]

中国为墨西哥新冠疫苗和防疫物资采购提供了巨大支持。中墨抗疫合作经历了从分享经验到开辟物资运输"空中走廊"、从疫苗临床试验到实现疫苗本地化生产的不断深化的过程。2021 年 2 月，墨西哥政府宣布批准紧急使用两款中国研发的新冠疫苗，分别是中国军事医学研究院和康希诺公司联合研发的腺病毒载体疫苗和中国科兴公司研发的新冠疫苗。首批科兴新冠疫苗于 2021 年 2 月 20 日运抵首都墨西哥城，数日后墨西哥民众开始接种该疫苗。[②] 2021 年 3 月，康希诺疫苗在墨西哥克雷塔罗州墨西哥药业公司（Drugmex）完成首批灌装。[③]

（谌园庭　审读）

---

① 《中国与墨西哥经贸关系简况》，中华人民共和国商务部美洲大洋洲司网站，2022 年 2 月 14 日，http：//mds. mofcom. gov. cn/article/Nocategory/200812/20081205968699. shtml，最后访问日期：2022 年 3 月 3 日。

② 《墨西哥开始接种中国科兴新冠疫苗》，人民网，2021 年 2 月 23 日，http：//world. people. com. cn/n1/2021/0223/c1002-32034903. html，最后访问日期：2022 年 1 月 1 日。

③ 《驻墨西哥大使祝青桥出席首批康希诺疫苗完成灌装暨交接仪式》，中华人民共和国驻墨西哥合众国大使馆网站，2021 年 3 月 22 日，http：//mx. china-embassy. gov. cn/sgxx/202103/t20210323_ 9012811. htm，最后访问日期：2021 年 5 月 25 日。

Y.11
阿根廷：经济快速复苏，执政挑战加大

郭存海*

摘　要：　2021 年，阿根廷的经济社会环境大大改善，但政府面临的执政
挑战明显增加。政治上，执政联盟中期选举失利，在参议院失去
简单多数席位，在众议院与反对党联盟形成均势，这无疑将加大
政府的改革阻力。费尔南德斯总统不得不面对两大政治挑战：执
政联盟的分裂风险和极右翼力量的崛起。经济上，历经三年连续
衰退后，阿根廷经济恢复增长且达到 2014 年以来的最高纪录。
经济增长主要是由不断释放的消费需求和对外贸易条件的改善驱
动的。然而，财政高赤字、汇率震荡、巨额外债和高通胀仍然是
阿根廷短期内难以克服的挑战，并将限制 2022 年阿根廷的经济
复苏进程。受经济高增长的驱动，阿根廷的减贫形势显著改善，
贫困率和极端贫困率双双下降。经济环境的改善激发劳动力市场
的活力，失业率大大下降，就业率显著提高。然而，疫情反复严
重影响阿根廷的社会生活，疫情治理低效也日益加剧社会不满情
绪。在对外关系方面，阿根廷延续了平衡、多元和务实主义的外
交政策，在维持同西方传统伙伴友好关系的同时，特别加强了同
墨西哥的协调与合作，以期共同引领拉美左翼的回归和整个大陆
的团结。

关键词：　阿根廷　经济复苏　中期选举　多元外交

---

* 郭存海，中国社会科学院拉丁美洲研究所社会文化研究室研究员、阿根廷研究中心执行主
任，主要研究方向为拉美社会和文化及阿根廷。

一　政治形势

2021年阿根廷政治形势总体平稳，但执政挑战明显增加。2021年，阿尔韦托·费尔南德斯（Alberto Fernández）总统面临的执政环境正从上一年的"相对有利"转变为"相对不利"。一方面，他领导的左翼执政联盟"全民阵线"正面临政治分裂；另一方面，执政联盟中期选举失利，失去在参议院的简单多数优势，在众议院则与反对党联盟平分秋色，改革难度加大。

阿根廷面临的最大政治挑战是执政联盟面临分裂风险。费尔南德斯总统上台一年来，外界一直质疑其执政独立性和维持执政联盟团结的能力。这种质疑主要是因为拥有广泛政治影响力的副总统克里斯蒂娜·费尔南德斯（Cristina Fernández de Kirchner）逐步对政府决策表现出干预倾向，导致外界对"双重领导权"的疑虑陡增。2021年国会中期选举初选失利加剧了总统和副总统之间的政治分歧，执政联盟有破裂风险。在9月12日举行的国会中期选举初选中，执政联盟"全民阵线"仅赢得31%的选票，而中右翼的反对派联盟"共谋变革"赢得了40%的选票，尤其在执政联盟的"大本营"布宜诺斯艾利斯省斩获颇丰。[1] 这种趋势让执政联盟有失去对国会主导权的风险。副总统克里斯蒂娜公开发声，将初选失利归咎于政府的一系列错误，此举导致支持她的强硬派和支持费尔南德斯总统的温和派内阁成员之间的关系越发紧张。9月15日，支持克里斯蒂娜的5名内阁部长提出辞呈，借以向费尔南德斯总统施压。16日，克里斯蒂娜发表致总统的公开信，批评政府的公共支出政策并呼吁改组内阁。17日深夜，费尔南德斯总统宣布改组内阁，更换内阁首席部长、外交部长、农业部长等关键职位。国会中期选举初选结果充分暴露了费尔南德斯总统和克里斯蒂娜副总统之间的矛盾，同时也反映出执政联盟

---

① EIU, *Country Report*：*Argentina*，October 2021，p. 26.

内部激进派与温和派之间存在结构性冲突。不过面对接下来更具决定性意义的中期选举，执政联盟不得不弥合分歧，全力争取在中期选举中挽回颓势，守住对国会的控制力。

执政联盟在中期选举初选失利，导致朝野在参众两院形成均势，改革阻力增大。2021 年 11 月 14 日，阿根廷举行国会中期选举，改选参议院 72 个席位中的 24 席和众议院 257 个席位中的 127 席。尽管执政联盟汲取了 9 月初选的惨痛教训，加大了宣传攻势，但受汇率、就业和疫情防控等方面一系列负面因素的影响，"全民阵线"在中期选举中仍然落败，仅略好于预期。执政联盟在参议院失去 6 个席位，由选前的 41 席减少到 35 席，反对派联盟的席位则由选前的 28 席增加到 33 席。这一结果导致"全民阵线"失去了在参议院的简单多数优势，也终结了阿根廷自民主回归以来中左翼政党长期主导参议院多数席位的历史。这意味着执政联盟将不得不同省党和"共谋变革"的温和派谈判，以争取通过政府提出的议案，批准总统提名的法院和大多数联邦机构的负责人人选。在同期举行的 127 名众议员选举中，执政联盟赢得 50 席，在众议院占 118 席；而最大的反对派联盟"共谋变革"赢得 61 席，在众议院占 116 席。尽管中期选举结果未能改变众议院的均势局面，但"全民阵线"仍然是众议院最大的单一政治力量。

国会力量的对比直接影响了政府的改革议程。由于未获得国会反对派的支持，2021 年 12 月 17 日，阿根廷众议院以 121 票赞成、132 票反对、1 票弃权的表决结果否决了政府提交的 2022 年度财政预算案。预算案涉及的 2022 年通胀预期与财政收支目标等重要内容，是阿根廷政府与国际货币基金组织（IMF）经多轮谈判商定的实现债务重组的关键性指标。这意味着阿根廷或将推迟与国际货币基金组织达成 440 亿美元债务重组协议的时间。而在 2022 年度财政预算案获得国会通过前，阿根廷不得不继续执行现行的 2021 年度财政预算。

2021 年，公众对政府的新冠肺炎疫情防控政策由支持转向抱怨，而疫情引发的高通胀和就业不足进一步加剧了社会的不满情绪。2021 年，公众对费尔南德斯总统的支持率总体上呈直线下滑态势。根据阿根廷民调机构

"立法指导"的数据①，费尔南德斯总统的支持率由疫情前的55%上升到疫情初期的80%，此后不断下降，至2020年年底只有49%；进入2021年，支持率持续稳定下降，到2021年年中已经降至34%，到2021年年底更是降至30%，是费尔南德斯总统执政以来的最低点。

2021年阿根廷政坛值得关注的一个现象是以哈维尔·米莱（Javier Milei）为代表的极右翼力量的潜在崛起。哈维尔·米莱是2021年新成立的自由前进党（La Libertad Avanza）创始人，自由主义经济学家。在2021年9月的国会中期选举初选中，他领导的自由前进党在布宜诺斯艾利斯市获得13.66%的选票，名列第三，引发政坛关注。他在竞选中打出了"我是来唤醒雄狮，而不是来领导绵羊的"口号并在11月的国会中期选举中顺利当选联邦众议员。他持保守和极右立场，如在国内鼓吹全面禁止堕胎、持枪自由化、废止中央银行、放弃资本管控、反对增加新税、坚持气候变化"阴谋论"。在国际上，他追随巴西总统博索纳罗、美国前总统特朗普，并同智利前极右翼总统候选人何塞·安东尼奥·卡斯特（José Antonio Kast）及博尔索纳罗总统之子爱德华多·博索纳罗（Eduardo Bolsonaro）共同签署西班牙极右政党Vox倡导的《马德里宪章》，将左翼视作伊比利亚美洲的"敌人"。哈维尔·米莱的异军突起，反映了阿根廷年青一代对国内两大政治力量的不满。他们反建制，既批评克里斯蒂娜和费尔南德斯的左翼政府，又批评以前总统马克里和现布宜诺斯艾利斯市市长拉雷塔为代表的中右翼力量。鉴于哈维尔·米莱在青年群体中的影响力且他已积极准备2023年总统大选，阿根廷政坛的这种极右翼暗流值得特别关注。

二 经济形势

历经连续三年衰退之后，2021年阿根廷实现经济增长，全年增长率高

---

① Directorio Legislativo, Image of Power, Power of an Image, Report on Presidential Approval Ratings in Latin America, January-Februrary 2022, p. 9.

达 10.3%[①]，这也是 2014 年以来的最高经济增长纪录。但受全球市场需求放缓、财政赤字高企和通胀压力加大等因素的影响，阿根廷的经济复苏前景受限，增长预期将放缓。

阿根廷经济的高速增长源于需求侧和供给侧的共同驱动。按当前价格衡量，私人消费是需求侧的最重要组成部分，占 GDP 的比重高达 61.8%，其次是出口（占比为 18.3%），最后是固定资本投资（占比为 17.0%）。[②] 根据阿根廷国家统计局的数据，2021 年阿根廷的固定资本形成总额同比增长 32.9%，私人消费增长 10.2%，出口增长 9.0%，公共消费增长 7.8%。[③] 这种反弹性恢复给阿根廷经济注入了强心剂，成为经济增长的强大支撑。从供给方面来看，阿根廷几乎所有经济部门都出现了复苏态势，不过农林畜牧业出现 0.3% 的小幅下降。其中恢复最快的经济部门包括个人、社交和社区服务活动（增长 29.4%），建筑业（增长 27.1%），酒店和餐饮业（增长 23.5%）。渔业、制造业和批发零售业等部门也恢复了经济活力，同比分别增长 16.5%、15.8% 和 13.2%。

为刺激私人消费和中小企业活力以及增加财政收入，阿根廷实施了两项重要的财税改革。第一项是主要针对中等收入家庭的税收法案，该法案旨在减缓新冠肺炎疫情和通货膨胀对中产阶级的压力，同时提高其购买力和刺激私人消费。2020 年 3 月阿根廷出现新冠肺炎疫情后，联邦政府采取了一系列针对低收入家庭和弱势群体的社会救助政策，但中等收入群体遭到忽视。2021 年 4 月，阿根廷政府公布了一项对个人收入具有重要影响的税收减免法案。这项法案将个人所得税的免征额提高至月薪 15 万比索，惠及 130 万名劳动者，约占缴纳个人所得税群体的 63%；法案同时规定退休人员的个人所得税最低起征额从以前的 6 倍最低薪资上调至 8 倍，惠及约 40 万人；降低收入为 15

---

① INDEC, *Informe de Avance del Nivel de Actividad Cuarto Trimestre de 2021*, Informes Técnicos, Vol. 6, n°53.

② INDEC, *Informe de Avance del Nivel de Actividad Cuarto Trimestre de 2021*, Informes Técnicos, Vol. 6, n°53.

③ INDEC, *Informe de Avance del Nivel de Actividad Cuarto Trimestre de 2021*, Informes Técnicos, Vol. 6, n°53.

万~17.3 万比索的劳动者的个人所得税纳税比例，对月收入不超过 30 万比索的人群则减税 40%。与此同时，联邦政府也大力推动企业税改革，以调整不同企业的税负水平，增加财税收入。2021 年 6 月，阿根廷参议院通过了企业所得税改革立法，对企业实施三级累进税率，即对净收入超过 500 万比索的企业按 25%征税，对净收入超过 5000 万比索的企业按 35%征税，两者之间按 30%税率征税。这项税收改革将减轻 75%的中小企业的税负，但同时增加了大企业和盈利能力较强企业的税负，预计将新增税收 1200 亿比索，从而抵消了针对中等收入家庭的税收减免法案带来的财政成本。①

通货膨胀仍然是阿根廷面临的一大严峻挑战。联邦政府曾将 2021 年的目标通货膨胀率确定为 29%以内，然而实际通货膨胀率几乎翻了一番。根据阿根廷国家统计局的数据②，2021 年 12 月，消费者价格指数达 3.8%，导致全年累计通货膨胀率高达 50.9%，位居全球前列。这一数字是巴西的 5 倍、智利的 7 倍、玻利维亚的 50 倍，成为自 1991 年以来第二高通货膨胀涨幅。2021 年价格增幅最大的是酒店和餐饮业（65.4%），其次是纺织业、服装与鞋类，价格增长达 64.6%；与人民生活密切相关的食品、烟酒、医药、交通和教育等消费者价格指数也增长了 50%~57%。2021 年 12 月核心通胀率上升到 4.4%，而 11 月仅为 3.3%。价格压力的普遍加大反映了多种因素的影响。首先，政府的价格控制措施未能完全发挥作用，还适得其反，导致部分基本商品短缺。其次，在央行加大财政赤字融资力度的推动下，货币总量在年底前出现较大幅度扩张。最后，关于中期选举后货币贬值的猜测导致美元黑市溢价大幅扩大，对锚定通胀预期产生负面影响。面对这种形势，政府实行了新一轮的价格管控政策，即将 1321 种商品的价格管控时长延至 2022 年 4 月。虽然 2021 年阿根廷政府竭力管控公用事业及基本食品的价格，但成效甚微，2022 年通货膨胀率有可能继续保持高位，将达到 55%。

比索对美元汇率持续贬值，外汇短缺导致黑市交易活跃。2021 年阿根

---

① EIU, *Country Report*: *Argentina*, April 2021, p. 27.

② INDEC, *Índice de Precios al Consumidor*: *Cobertura Nacional*, *Índices de Precios*. Vol. 6, n°1, diciembre de 2021.

廷外汇市场持续动荡，比索对美元汇率持续贬值，进而形成官方和黑市两个平行市场：比索对美元的官方汇率总体保持在 100∶1 的水平，而黑市汇率从 2021 年 4 月开始呈现逐渐偏离官方汇率的态势。到 2021 年 11 月底，比索对美元的黑市汇率已经达到 200∶1，几乎是官方汇率的两倍。汇率的不稳定同阿根廷的巨额外债和外汇储备持续减少密切相关。截至 2021 年年底，阿根廷外债高达 2600 多亿美元，而同期外汇储备只有 365 亿美元。为避免债务违约，阿根廷政府加大同国际货币基金组织在债务重组和展期上谈判的力度。尽管遭到执政党内强硬派的反对，联邦政府还是在 2022 年 1 月底同国际货币基金组织达成了约 445 亿美元的资金援助计划协议。这项协议主要减轻了 2022 年和 2023 年阿根廷即将到期的债务压力，避免了债务违约和货币大幅贬值，也有助于延续经济复苏进程。

对外贸易形势显著改善，贸易顺差达 147.5 亿美元。[①] 2021 年阿根廷一举扭转疫情造成的出口萎缩态势，全年出口增加 42%，出口总额为 779.34 亿美元，主要出口目的地是巴西（15%）、中国（8%）、美国和印度（6%）以及智利（5%）。出口额大幅增加主要是由谷物、动物饲料和动植物油等商品出口驱动的。2021 年阿根廷谷物出口额为 136.59 亿美元，同比增长 51.8%；动物饲料出口额为 127.46 亿美元，同比增长 50.6%；动植物油出口额为 86.99 亿美元，增幅高达 81%。进口方面也逆转了 2017 年以来的逐年衰减态势，进口总额大幅增加，2021 年达到 631.84 亿美元，主要进口来源国是中国（21%）、巴西（20%）、美国（9%）和巴拉圭（5%）。从国别来看，巴西和中国是阿根廷的第一大、第二大贸易伙伴，而荷兰和印度是同阿根廷贸易增幅最显著的国家。2021 年阿根廷对巴西出口额为 117.77 亿美元，同比增长 48.3%，而自巴西进口额为 124.42 亿美元，同比增长 43.3%，全年对巴西贸易逆差为 6.65 亿美元。值得特别关注的是，2021 年阿根廷与荷兰的贸易大幅增加，对荷兰出口额为 29.86 亿美元，同比增长 87.4%，自

---

① INDEC, *Argentine Foreign Trade Statistics Preliminary Data for 2021*, Informes Técnicos, Vol. 6, n°17.

荷兰进口额为 7.27 亿美元，同比增长 125.1%。同期阿根廷和印度的贸易增幅也十分明显，对印度出口增长 71.5%，自印度进口增长 74%。

尽管同国际货币基金组织达成了债务展期协议，但阿根廷的经济复苏进程仍将面临严重挑战。国际货币基金组织预计，2022 年阿根廷经济增速将大幅放缓，降至 3.0%；[①] 而根据多家国际机构的预测，阿根廷的通货膨胀率仍将超过 50%。此外，受全球市场需求放缓影响，阿根廷贸易顺差可能收窄，引发比索贬值，加剧通胀压力。

三　社会形势

受经济恢复和就业扩大的积极影响，2021 年阿根廷的贫困状况大大改善。根据阿根廷国家统计局的统计数据[②]，2021 年下半年，阿根廷的贫困率降至 37.3%，同比下降 4.7 个百分点，贫困人口减少 200 多万人至 1680 万人。极端贫困率也有所下降，2021 年下半年极端贫困率降至 8.2%，同比下降 2.3 个百分点，极端贫困人口减少至 240 万人。尽管如此，受高通胀的影响，贫困率和极端贫困率仍然没有恢复到新冠肺炎疫情发生前的水平。需要特别注意的是，阿根廷的减贫形势在不同年龄段和不同地区存在显著差异。在所有年龄段，14 岁以下儿童的贫困问题最为突出，2021 年下半年 14 岁以下儿童的贫困率降至 51.4%，下降 6 个百分点，已低于 2019 年下半年的水平（52.3%），但仍意味着每 10 个 14 岁以下儿童中就有 5 个儿童生活在贫困家庭。在布宜诺斯艾利斯郊区，贫困率的降幅最为显著，2021 年下半年下降到 42.3%，但仍高于全国平均水平；而布宜诺斯艾利斯市的贫困率只有 16.4%，极端贫困率只有 2.3%。

---

① "IMF Slashes 2022 Global Growth Outlook, Forecasts 3% Rise in GDP for Argentin", Buenos Aires Times, January 26, 2022, https：//batimes. com. ar/news/economy/imf - slashes - 2022 - global-growth-outlook - forecasts - 3 - rise - in - gdp - for - argentina. phtml, accessed March 18, 2022.

② INDEC, *Incidencia de la Pobreza y la Indigencia en 31 Aglomerados Urbanos*, Condiciones de Vida, Vol. 6, n°4, Segundo semestre de 2021.

受经济高速增长的驱动，巴西劳动力市场恢复活力，就业率显著提高。根据阿根廷国家统计局的数据①，2021 年第四季度阿根廷的失业率下降 4 个百分点，降至 7%，这是 2016 年以来的最低水平；同期就业率上升至 43.6%，达到 2016~2021 年的最高纪录。就业不足率在 2021 年第四季度达到 12.1%，和上一季度持平，但比 2020 年同期降低 3 个百分点。从绝对数量来看，2021 年阿根廷失业人数降至 94.7 万人，同比减少近 50 万人；而就业人数达到 1260 万人，就业人口比 2020 年增加 100 万人，其中包括 60 万个正式授薪工作岗位和 40 万个非正式授薪工作岗位。不过，同期就业不足人数高达 164.7 万人，这就意味着阿根廷有 200 多万人存在就业问题。就业恢复程度因行业而异，工业、房地产和建筑行业等更具活力行业的就业水平已经超过疫情前；采矿业仍在复苏，受疫情影响最大的是酒店和餐饮业，其就业活力仍没有恢复。

2020 年，阿根廷政府采取了比较严格的防疫政策，但效果不彰。由于疫情在短期内无法缓解且持续影响经济活动，公众的不满情绪日增，政府逐渐放宽了限制措施。2021 年阿根廷政府延续了相对宽松的抗疫政策，但随着疫情变化，限制政策再度收紧。2021 年 4 月，每日新冠肺炎确诊病例数和 ICU 床位占用率持续上升，政府宣布从 4 月 15 日起在大布宜诺斯艾利斯实施为期两周的新限制措施，包括关闭学校、实施宵禁，以及暂停室内运动、娱乐活动、宗教活动和文化活动。然而，每日新增确诊病例仍在增长，迫使政府扩大限制措施，宣布在全国范围内实行为期 9 天（5 月 22 日至 31 日）的封锁，禁止社会、经济、宗教和体育活动。进入下半年，感染人数大幅减少，疫苗接种范围不断扩大，到 10 月疫苗接种率已经达到 70%。布宜诺斯艾利斯市政府率先放宽限制，取消户外戴口罩的强制性规定，这一举措得到全国其他许多省市的响应。然而，2021 年 12 月初新冠病毒变异毒株"奥密克戎"引发了新一轮更严重的疫情，全国单日新增感

---

① INDEC, *Mercado de Trabajo: Tasas e Indicadores Socioeconómicos (EPH)*, Trabajo e Ingresos, Vol. 6, n°2, Cuarto trimestre de 2021.

染病例屡创新高，政府决定将自2020年3月开始的"全国卫生紧急状态"再度延长，以防止疫情进一步扩散。阿根廷政府大力推广疫苗接种，对遏制疫情传播发挥了重要作用。截至2021年年底，新冠疫苗全程接种率达到75.37%，位居拉美国家前列，仅次于智利（88.57%）和古巴（86.22%）。[1]

疫情反复和疫情治理低效加剧社会不满情绪。根据著名民调机构"拉丁美洲晴雨表"的报告[2]，阿根廷民众在多个方面的社会满意度都远低于地区平均水平。调查发现，尽管超过一半（55%）的受访民众认可民主体制，但对民主运行的满意度只有20%，低于25%的地区平均水平。这种低满意度具体体现在多个维度。比如认为"执政为民"的比重只有13%，远低于地区平均水平（22%）。社会不满情绪尤其集中于财富的不公正分配。调查发现，只有5%的受访民众认为阿根廷的财富分配比较公平，不足地区平均水平（12%）的1/2，在18个受调查国家中居倒数第一。司法不公被认为是阿根廷社会不满情绪的另一个重要原因。只有16%的受访者表示信任或非常信任阿根廷的司法机构，这一比重同样居拉美国家较后位置，仅略好于巴拉圭，比地区平均水平低1/3以上。腐败问题最易引发社会不满情绪，而阿根廷的腐败问题积重难返，鲜有改善。民调显示，认为近两年国家机构反腐败努力取得成效的受访者比重仅为14%，这一比重甚至低于委内瑞拉（17%），不足地区平均水平的一半（29%）。

四　外交形势

阿根廷延续平衡、多元和务实主义的外交政策，在维持同西方传统友好关系的同时，努力加强拉美特别是左翼执政国家的团结，并日渐显现出地区

---

[1] "Latin America and the Caribbean: Impact of COVID - 19", Updated January 21, 2021, https://sgp.fas.org/crs/row/IF11581.pdf.

[2] Latinobarometro Informe 2021, http://www.latinobarometro.org.

领头羊的倾向。在西半球之外，阿根廷重点加强了同中国及俄罗斯等国家的合作。

加强同区域内国家的团结与合作是阿根廷 2021 年外交政策的突出特点。传统上在正义党执政时期，阿根廷的外交政策更加偏向区域内国家，特别是加强左翼国家的团结。2021 年 2 月，费尔南德斯总统对墨西哥进行国事访问，目的是加强两国合作，共同推动创建一个"团结整个大陆"的新进步联盟。这是费尔南德斯当选总统后第二次出访墨西哥，第一次是 2019 年，他以当选总统的身份选择墨西哥作为首次海外出访目的地。2021 年访问期间，阿根廷和墨西哥签署了战略伙伴关系协议，双方同意在拉丁美洲和加勒比国家共同体（以下简称"拉共体"）以及二十国集团等框架下就共同关心的双边、区域和多边问题保持沟通与协商。阿根廷同墨西哥总统奥夫拉多尔加强互动，表明拉美左翼联合趋向日益明显，希望发出拉美独立声音的呼声日益强烈，2018 年在墨西哥普埃布拉市由拉美现任和前任左翼领导人成立的普埃布拉集团就是最显著的体现，普埃布拉集团成为费尔南德斯总统推动拉美左翼回归和团结的重要平台。与此相呼应，阿根廷政府于 2021 年 3 月 24 日正式退出利马集团，认为该集团未能给解决委内瑞拉的困境带来实质性帮助，反而有选择性地支持反对派一方。这是阿根廷政府历经一年的摇摆后，正式表明对委内瑞拉现政府的支持立场，从而为全面恢复同委内瑞拉的外交关系打下了基础。尽管面临反对的声音，但在拉共体轮值主席国墨西哥的支持下，阿根廷于 2022 年 1 月 8 日在布宜诺斯艾利斯举行的拉共体第 22 次外长会议上成功当选该组织 2022 年度轮值主席国。这为阿根廷施展地区领导抱负，推动地区团结和区域一体化提供了新的舞台。

受意识形态影响，阿根廷同巴西在一系列问题上存在明显分歧。巴西总统博索纳罗奉行极右保守主义，对左翼政权采取敌视态度。受此影响，两国在政治和政策层面上存在诸多分歧，比如在阿根廷大选期间博索纳罗总统公开支持中右翼候选人马克里连任，缺席费尔南德斯总统的就职仪式，公开指责阿根廷严格的社会隔离政策和堕胎合法化法案。两国在意识形态上的分歧还影响到南方共同市场的对外贸易政策。2019 年以来，巴西、巴拉圭与乌

拉圭寻求建立更加灵活和开放的南方共同市场，而阿根廷则坚守贸易保护立场，从而影响到该组织和欧盟的自由贸易谈判。在玻利维亚加入南方共同市场问题上，巴西和阿根廷也存在显著分歧。2021 年 3 月和 5 月，时任阿根廷外长索拉两度出访玻利维亚，就其加入南方共同市场、成为该组织正式成员进行讨论。尽管阿根廷、乌拉圭和巴拉圭三个创始成员国都同意玻利维亚加入，但巴西一直搁置该议题。尽管意识形态成为影响两国关系乃至南方共同市场发展的严重阻碍，但经济上的高度相互依存最终抑制了政治分歧的冲击。2021 年 4 月，阿根廷、巴西、巴拉圭和乌拉圭在蒙得维的亚正式签署了《南方共同市场电子商务协议》，以建立一个共同的法律框架，促进南方共同市场成员国之间通过电子方式开展商品和服务贸易。2021 年 10 月，阿根廷和巴西还达成协议，同意将共同对外关税削减 10 个百分点，以缓解国内通货膨胀、增加本国的产品供应。

阿根廷对美关系寻求"斗而不破"的基调。拜登上台后，继承了特朗普对拉美左翼的压制政策，只是力度有所减轻。费尔南德斯当选总统后，同墨西哥总统奥夫拉多尔共同推动拉美地区的团结，并加强拉美左翼力量的联合。2021 年 3 月，阿根廷退出反对委内瑞拉马杜罗政权的利马集团，并寻求同委内瑞拉外交关系的正常化；阿根廷还致力于加强同玻利维亚阿尔塞政府的关系，公开支持巴西前总统卢拉和智利总统博里奇。这一系列举动引起了美国的忌惮。尽管如此，鉴于美国在国际事务上特别是对国际货币基金组织的重要影响，阿根廷仍同美国保持积极合作，寻求"斗而不破"。

阿根廷同中国的关系持续稳定发展。自 2014 年阿根廷同中国建立全面战略伙伴关系以来，两国高层互动频繁。继 2020 年 4 月和 7 月两次互致信函之后，2021 年新年伊始费尔南德斯总统与习近平主席第三次互致信函，表示要共同引领中阿全面战略伙伴关系持续深入发展。2021 年费尔南德斯总统还出席了三场中国主办的重要会议（5 月举办的郑州全球跨境电商大会、7 月举办的中国共产党与世界政党领导人峰会和 10 月举办的上海中国国际进口博览会）的开幕式并发表讲话，凸显阿根廷对发展对华关系的高度重视。中国和阿根廷相互支持在主权问题上的立场，支持捍卫多边主义和全球治理合作。2021 年 10 月 30 日，中国国务委员兼外长王毅和阿根廷外长卡菲耶罗在罗马举行会谈，双方确认以 2022 年建交 50 周年为契机，深化两国经济合作与协调战略对话，通过"一带一路"和"全球发展倡议"推动两国发展战略对接。政治高层互信和密切互动，为两国经贸和其他领域的合作奠定了坚实的基础。2021 年中阿贸易额同比增长 28.3%，达到 178.3 亿美元，创下历史最高纪录，中国继续保持阿根廷第二大贸易伙伴地位。[①]与此同时，双方投资规模稳步扩大，特别是清洁能源等新领域的投资合作不断加强。双方在承包工程领域的合作也日益密切，尤其集中于水电、铁路、能源、通信等领域。以货币互换为重要内容的金融合作继续深化。8 月 10 日签署的《中国人民银行与阿根廷央行合作备忘录》明确两国央行建立定期信息交流机制，这将有利于推动人民币国际化进程。在医疗卫生领域，中阿始终保持密切协调，联合抗击疫情，重点加强了疫苗合作。2021 年 2 月和 6 月，阿根廷卫生部先后批准了中国国药和康希诺生物研发的新冠疫苗在该国紧急使用许可。阿根廷还同中国达成协议，共同建立生物联合实验室，在本土生产中国研发的新冠疫苗。

（林华　审读）

---

① 《商务部召开例行新闻发布会》，中华人民共和国商务部网站，2022 年 2 月 10 日，http：// www.mofcom.gov.cn/xwfbh/20220210.shtml，最后访问日期：2022 年 3 月 26 日。

Y.12
古巴：新一代领导层掌权，经济艰难复苏

范 蕾[*]

摘 要： 2021 年，古共八大召开，新一代领导层顺利接过国家主要领导权。新冠肺炎疫情、美国封锁下的经济困境和物资短缺以及货币和汇率并轨初期带来的经济混乱对政治稳定构成严峻挑战。由于美国封锁政策和疫情反弹，古巴经济支柱旅游业复苏艰难，经济增速缓慢，政府加快"更新"进程。物资短缺问题在疫情下凸显，货币和汇率并轨带来高通胀，构成社会不稳定因素，政府承受更大压力。古巴延续外交多元化路线，与美国的关系紧张，同中国保持友好关系，与俄罗斯的关系日益密切，与西方其他国家的关系平稳发展。

关键词： 古巴 经济复苏 社会形势

一 政治形势

2021 年，古共八大召开，新一代领导层顺利接过国家主要领导权。古巴政局基本平稳，但是新冠肺炎疫情和美国封锁下的经济困境和物资短缺以及货币和汇率并轨初期带来的经济混乱对政治稳定性构成严峻挑战。

（一）古共八大顺利召开标志新一代领导层掌权

2021 年 4 月，古共八大召开。与会代表共 300 人，代表古共 70 万名党

* 范蕾，中国社会科学院拉丁美洲研究所马克思主义理论与拉美政治研究室副研究员、古巴研究中心成员，主要研究领域为拉美社会组织和社会运动。

员和 5.8 万个支部。古共八大讨论的重点是经济和社会发展模式的更新进程及落实情况，党的工作、党群关系、思想工作和干部政策，国家年度计划、五年计划和 2030 年计划，以及如何应对新冠肺炎疫情和美国的封锁等。古共八大选举产生由 96 位委员组成的古共中央委员会，候选人全部以 99% 以上的得票率当选。古巴国家主席迪亚斯－卡内尔当选中央委员会第一书记，接替劳尔·卡斯特罗成为党的最高领导人。在新的古共中央政治局 16 位委员中，有 9 位上届委员、5 位新当选委员，平均年龄 61 岁，革命一代中的劳尔、马查多和巴尔德斯退出。卡内尔宣布了新的书记处 6 位成员名单。古共八大的顺利召开标志着古巴新一代领导层顺利接过国家主要领导权，并将延续革命领袖菲德尔和继任者劳尔开创的社会主义道路，坚持伟大的社会主义事业，争取新的胜利。

（二）国内外多重因素对政治稳定性构成挑战

2021 年，国内外多重因素对古巴的政治稳定性构成挑战。2020 年 11 月 15 日国境开放后，古巴的疫情再次反弹，加之美国的封锁政策和货币、汇率统一带来的高通胀，经济困局和物资短缺引发社会不满情绪，反政府分子在外国势力支持下趁机发难。2021 年 7 月，包括首都哈瓦那和第二大城市圣地亚哥在内的古巴多个城市发生游行示威活动并引起骚乱。古巴政府严正谴责美国的政治干预和颠覆革命政权的企图，举行民众集会坚决捍卫革命和社会主义，出动安全部队平息骚乱，加强网络安全监督，在 11 月成功粉碎反政府分子策划的又一次反革命活动。

（三）对政治走势的基本判断

近年来，古巴新宪法确立了社会主义路线，顺利完成政权新老交替，显示出古巴共产党领导权和社会主义制度的稳固性。但是，在美国封锁政策、新冠肺炎疫情反复、拉美左右翼博弈的大背景下，古巴陷入卫生和经济双重危机，古巴新一代领导层面临非常严峻的治理挑战。2021 年 7 月发生的骚

乱说明,在经济表现糟糕、民生需求难以满足的情况下,民众的不满情绪很容易被利用,也说明互联网逐步普及对国家治理提出了更高要求。

事件发生后,古巴政府采取多项措施,如特许进口食品、药品和卫生用品,放宽一些对小企业的管理规定;出台一系列互联网管理措施,包括将通过网络散布虚假消息和政治抗议呼吁定性为"网络安全风险",制裁可能损害国家声誉的网络出版物,设立专门的网络安全办公室;允许成立中小微型企业并出台有关非农合作社和个体户的新规定,允许从事近2000种经济活动;加快国产疫苗研发,提高接种率。但是,来自外部的封锁政策和国内疫情将在较长时间内持续妨碍古巴经济和社会发展,加之货币和汇率并轨带来的通货螺旋式上升和硬通货短缺,关乎民生要事的物资短缺问题短期内无法缓解,民众的不满情绪很可能会继续发酵。同时,互联网的普及带来了更广阔的交流和沟通空间,民众对政府抱有更加强烈的问责期待。这要求古巴政府既要竭力满足民众的问责要求,又要防范不满情绪通过互联网发酵和蔓延。综上,政治稳定性的风险将在一段时间内持续存在,革命一代领导层的退出和权力结构的分散化将加大这种风险。

二 经济形势

2021年,由于美国封锁政策和新冠肺炎疫情反弹,古巴经济支柱旅游业复苏艰难,经济增速缓慢,货币和汇率并轨带来高通胀。为缓和经济困局,古巴政府加快推进"更新"进程。

(一)经济艰难复苏

2021年,古巴GDP增长率为0.5%,人均GDP增长率为0.6%。[1] 美国的封锁政策和新冠肺炎疫情反复令古巴经济支柱旅游业复苏乏力,工农业生

---

[1] CEPAL, *Balance Preliminar de las Economías de América Latina y el Caribe 2021*, Naciones Unidas, 2022.

产资料供应受到严重影响，国有企业亏损加重，非国有经济部门生存艰难。美国拜登政府尚未放宽对古巴的人员流入、外部融资、医疗服务出口、汇款等方面的限制措施，令古巴经济复苏难上加难。

从三大产业来看，农业产值与2020年相比增长2.1%，主要原因是政府着力促进农业生产以缓和国内食品供应问题，加大进口替代力度；工业产值同比下降1.7%，主要原因是新冠肺炎疫情造成的生产资料供应和外部融资不足；服务业产值同比略增0.5%，显示旅游业表现和医疗服务出口依然不尽如人意。[1]

2021年，古巴公共部门收入占GDP的比重为58.1%，公共支出占比为75.7%，财政赤字占比为17.6%，均比2020年有所上升；经常账户余额继续锐减，从2020年的5亿美元盈余减少至0.4亿美元赤字，疫情反复对旅游业的持续打击和来自美国的侨汇减少是主要原因；商品出口额为16.21亿美元，进口额为89.93亿美元，逆差扩大为73.71亿美元；服务进出口顺差74.81亿美元；主要收支逆差11.96亿美元，次要收支顺差10.47亿美元。[2]

2021年，古巴外债总额达292.05亿美元。[3] 2015年，巴黎俱乐部同意注销古巴政府1986年拖欠的110亿美元主权债务中的85亿美元及债务利息，剩余的债务被重组为分期付款，每年支付一次，直到2033年。在美国封锁、气候变化引发的自然灾害和疫情的多重打击下，古巴经济举步维艰，无法如约偿还债务。经双方协商，巴黎俱乐部债权国集团同意修改2015年协议，重组中长期债务，推迟古巴的债务偿还期限。

2021年，古巴的国际储备继续缩减，约为72.03亿美元。[4] 2021年，货币和汇率并轨引发过一次高通胀，2020年9月至2021年8月按本国货币计算的消费者价格指数上涨72.1%，远超目标值。[5]

---

[1] EIU, *Country Report：Cuba*, 4th Quarter, 2021.

[2] EIU, *Country Report：Cuba*, 4th Quarter, 2021.

[3] EIU, *Country Report：Cuba*, 4th Quarter, 2021.

[4] EIU, *Country Report：Cuba*, 4th Quarter, 2021.

[5] CEPAL, *Balance Preliminar de las Economías de América Latina y el Caribe 2021*, Naciones Unidas, 2022.

（二）"更新"进程接连推出新举措

2021年1月1日，古巴正式启动货币和汇率并轨。保留比索（CUP）为单一货币，对美元的官方汇率调整为1∶24，可兑换比索（CUC）退出流通。在改革之前，古巴有两种法定汇率，国有企业和公共行政部门使用1∶1的官方汇率，而私有部门和民间使用1∶24的汇率。汇率并轨意味着官方汇率贬值96%，国有部门受到最严重的影响。为此，古巴政府采取了若干弥补性措施，特别是价格管控和提高工资。2020年12月，国有部门的平均工资和福利增加了4倍。与此同时，在国有企业重组期间提供过渡性补贴，以降低裁员率。对私有部门实行严格的价格管控，严厉打击和处罚牟取暴利的行为。正如所预料的，货币和汇率并轨带来了阵痛，美元流动性严重短缺，通货膨胀率攀升，对供应链和就业产生负面冲击。但是，货币和汇率统一能够暴露之前在多重汇率掩盖下的真实经营状况，促进企业提高效率，从中长期来看有利于促进生产，增加出口收入，减少进口支出。

2021年2月，古巴政府扩大了私有部门所能从事的经济活动范畴，以缓解货币和汇率并轨及未来国有企业重组的影响。目前古巴约有60万人在私有部门就业，其中40%从事在疫情中受到严重打击的旅游业及相关活动。此前，私有部门的经济活动仅限于127种，主要集中在旅游业和消费服务业。此次政府允许私有部门从事2000多种经济活动，仅保留124种最具战略意义的活动限国家参与，包括雇用受教育程度高的古巴人的行业，卫生、教育、会计、工程等政府标杆行业，汽车零售业等利润高的行业，以及出版、媒体行业。此外，政府还将放宽私有部门雇员申请执照的程序。[①] 这一举措为私有部门开辟了更加广阔的经济活动领域，有助于私有部门增强经济活力，促进经济复苏，同时也能在一定程度上缓解流动性短缺和通胀压力，并增加就业岗位，缓和失业问题。

2021年8月，古巴颁布有关微小中型企业与非农合作社和个体户的新

---

① EIU, *Country Report：Cuba*, 4th Quarter, 2021.

规定，允许成立国有、私有或公私合营的微中小型企业；亏损的国有企业可重组为微小中型企业，工资制度灵活化，企业可自主确定职工工资；微型、小型和中型企业规模分别为 1~10 人、11~35 人和 36~100 人；部分个体户可注册为微小中型企业主，具有法人地位。非农合作社于 2003 年开始试验，之后一度停顿，此次再度允许经营并取消对成员人数和经营区域的限制。上述法规于 2021 年 9 月 20 日正式生效。2021 年 10 月，古巴政府批准成立首批 35 家中小微型企业，涵盖食品生产、制造业、回收等经济活动，私有企业占比较高。古巴经济计划部长亚历杭德罗·希尔强调，随着中小微企业合法化和国有企业拥有更大自主权，古巴经济将迎来转型。"这是经济发展进入新阶段、走向多元化的起点。一系列改革措施将促进就业，实现经济复苏。"①

（三）政策趋势和经济走势

在 2021 年 12 月公布的工作报告中，古巴政府提出 2022 年的经济工作重点是宏观经济稳定发展、遏制通胀、推动经济复苏、提高农牧业和工业产值以及改善民生。基于上述目标，古巴政府应会出台生产激励措施以促进更大程度的进口替代，特别是 80% 以上依赖进口的粮食生产。鉴于摆脱经济困境、改善民生的迫切需要，古巴政府在 2021 年加快推出经济和社会模式"更新"措施，2022 年会延续这种做法，如给予国有企业在决策、企业规划等方面更大的自主权，允许私有企业和合作社打破国家垄断的进出口等。但是，古巴的"更新"进程总体上仍会审慎、渐进地推进。财政政策方面，由于政府难以获得外部融资、国内资源也十分有限，政府将实行财政紧缩政策，继续发行国债弥补财政赤字。货币政策方面，面临非正规经济庞大、银行部门弱小、价格波动和不统一等难题，古巴政府应会以平抑物价、控制通胀为重，推进货币和汇率并轨进程当以"稳"字当头。

---

① 《古巴鼓励中小微企业发展》，《人民日报》2021 年 10 月 18 日，第 17 版。

短期内，货币和汇率并轨导致的高通胀与购买力下降、美国的封锁政策、疫情和气候原因造成的旅游业复苏乏力将对古巴经济复苏形成不小阻力。为遏制新冠病毒变异毒株"奥密克戎"传播而出台的入境管控措施将对投资和贸易产生直接影响，进而影响政府财政状况，制约其推出经济刺激措施和推动经济快速复苏的能力。2022年，古巴本土研发的新冠疫苗出口增加和服务出口反弹是大概率事件，古巴获得外汇的机会将得到改善，物资短缺将缓解，通胀也将随之放缓。随着经济结构调整、效率提高和通胀消退，2022年GDP将继续增长，但受到国内消费能力不足和疫情持续的影响，经济增速将是缓慢而渐进的，联合国拉美经济委员会预计2022年古巴的GDP增长率为3.5%。[1]

目前，古巴已进入《2030年国家发展规划》实施的第二阶段。在第一阶段，受美国封锁和疫情影响，古巴未能达到预定目标。古巴政府认为当前是实现目标的关键阶段。国家主席卡内尔在2022年新年贺词中强调，经济复苏仍是古巴有待解决的巨大挑战，"只有我们控制住新冠肺炎疫情，并发挥国家力量做出改变、追求效率，它才有可能实现"。[2]

疫情给外部依赖性较高的古巴经济造成沉重打击，成为古巴经济和社会模式"更新"进程的催化剂。从中长期看，"更新"进程仍将面临诸多内外部挑战，美国新政府的对古政策是古巴经济增长的重要影响因素，古巴应继续加强经济和出口结构多元化。

三 社会形势

2021年，由于经济困境和物资短缺，在外国势力的煽动和支持下，古

① CEPAL, *Balance Preliminar de las Economías de América Latina y el Caribe 2021*, Naciones Unidas, 2022.

② 《古巴进入2030年国家经济社会发展规划第二阶段》，中华人民共和国国家发展和改革委员会网站，2022年1月18日，https://www.ndrc.gov.cn/xwdt/ztzl/zlcnyutzhz/202201/t20220128_1313663_ext.html，最后访问日期：2022年2月25日。

巴社会形势出现不稳定因素。2020 年，古巴的失业率为 1.4%，其中女性失业率为 1.6%、男性失业率为 1.3%。① 2021 年，古巴的就业形势依然严峻。古巴的老龄化问题非常突出，人口绝对数量呈下降趋势。根据古巴国家统计局的数据，2020 年古巴登记出生人数为 105038 人，死亡人数为 112439 人，人口总数为 11181595 人，比 2019 年减少 11875 人。② 古巴人口呈现出生育率低、预期寿命高、人口净流出的特点。古巴政府实行"母婴计划"，重点是保护和照顾怀孕妇女、有子女的劳动者和看护儿童的家庭，优先向有 3 个及以上 12 岁以下子女的母亲发放修建住房补贴，为不孕夫妇提供专业咨询服务。

2021 年至 2022 年初，古巴的新冠肺炎疫情依然严峻。2020 年 11 月 15 日古巴边境重开后，输入病例持续增长，防疫形势日益严峻。2021 年 1 月 1 日，古巴政府宣布减少来自美国、墨西哥等国的航班。1 月 9 日，哈瓦那省等 9 个省份大幅收紧防控措施。哈瓦那疫情严峻，从防控解封第三阶段退回到防控更为严格的第一阶段，执行关闭电影院等公共场所等 22 项防疫措施。自 1 月 10 日起，所有入境人员必须出示 72 小时内新冠病毒核酸检测阴性证明。1 月 12 日，34 个市从疫情解封阶段退回到解封前的本土传播阶段，并于 14 日起再次停课。尽管如此，古巴的疫情仍然未得到有效控制。病例激增给公共卫生系统带来极大压力，医院病床和药品短缺，政府不得不中止医院和诊所对确诊病例密切接触者的强制隔离。随着情况不断恶化，政府加紧新冠疫苗的自主研发、临床试验、生产和接种。7 月初，"阿夫达拉"成为拉美国家首款获得紧急使用许可证的自主研发新冠疫苗。8 月下旬，古巴芬利疫苗研究所研发的两款新冠疫苗"主权 02"和"主权 Plus"获批投入紧急使用。在严格的防疫管控和疫苗接种的双重措施下，古巴的疫情从 9 月起出现缓解态势。政府逐步放宽相关措施，11 月 1 日，全国公共汽车、火车

① CEPAL, *Balance Preliminar de las Economías de América Latina y el Caribe 2021*, Naciones Unidas, 2022.

② "El Problema No Es que Envejece la Población, Sino que Decrece", Granma, 26 de agosto de 2021，https：//www.granma.cu/cuba/2021－08－26/el－problema－no－es－que－envejece－la－poblacion－sino－que－decrece－26－08－2021－23－08－28, accessed December 22, 2022.

和渡轮恢复运营。11月7日，取消对国际到港旅客的强制核酸检测，旅客可持健康证明、国际认可的新冠疫苗接种证书或72小时以内的核酸检测阴性证明入境，不满12岁的旅客无须提交上述证明。11月15日，古巴学校全面恢复线下教学，同时全面开放边境。

古巴的稻米生产长期无法满足国内实际需求，疫情下粮食安全形势更为严峻。2018年，古巴稻米产量约为30.4万吨，达到历史峰值，2019年稻米产量降至24.67万吨，2020年、2021年因疫情和美国封锁政策，稻米产量继续下滑。由于播种率下降和产出减少，古巴不得不依赖大量进口满足国内需求，而稻米的国际市场价格已经从2019年的每吨468美元上涨至2021年底的633美元。价格上涨和资金不足严重影响了古巴的购买力，2022年预计仅能购买18吨稻米，而古巴每年需要约70万吨，缺口巨大。在这样的情况下，古巴必须着力提高农业生产效率，提高单位产量，优化成本与产出。2022年年初，古巴设立农牧业发展基金，为稻米种植计划投入4.47亿比索。古巴政府的《2030年国家发展规划》将2030年的产量目标值设定为60万吨，可满足国内86%的需求。① 根据古巴食品产业部的数据，2021年食品产量共计1252848吨，比2020年减少334835吨。2022年计划增产349918吨，其中牛奶增产356980000升、牛肉增产99299吨，以寄售货物的方式稳定批发市场，激励大豆生产。同时，还将吸引外资投入，共设28个新项目。②

2021年，古巴国产药品和进口药品均出现严重短缺。古巴生物制药集团向国家卫生体系供应900多种产品，包括药品、疫苗、医疗设备等。2021年，基本药品目录上359种由生物制药集团生产的药品中，平均每月

① "Del Arroz Cosechado al que Demandamos en el País", Granma, 21 de febrero de 2022, https://www.granma.cu/cuba/2022-02-21/del-arroz-cosechado-al-que-demandamos-en-el-pais-21-02-2022-22-02-27, accessed February 25, 2022.

② "A la Industria Alimentaria le Urge Producir Más y con la Calidad Requerida", Granma, 19 de febrero de 2022, https://www.granma.cu/cuba/2022-02-19/a-la-industria-alimentaria-le-urge-producir-mas-y-con-la-calidad-requerida-19-02-2022-00-02-52, accessed February 25, 2022.

短缺 121 种，一部分药品持续数月短缺。药品短缺的最主要原因是缺乏药品生产原材料，还有一部分原因是生产设备破损。原材料缺乏的原因首先是购买资金严重不足，共需要 10 亿美元，但可用的资金仅有 1.6 亿美元左右。2021 年，生物制药集团约一半的资金投入新冠疫苗的开发和生产，仅余 50%可用于购买药品生产原材料。美国的封锁政策使古巴无法收回大量疫苗等产品出口的收入，令资金不足问题更加突出。此外，全球公共卫生形势也对药品原材料供应和物流产生影响。古巴生物制药集团正在寻求替代方案，持续实时跟踪每种药品的原材料采购、生产、订购、物流等具体情况，想方设法克服困难。[①]

四　外交形势

2021 年，古巴与美国的关系持续紧张，与中国保持友好关系，与俄罗斯的关系日益密切，与欧盟的关系以经贸为主导。同时，古巴延续外交多元化路线，积极参与国际和地区事务。

（一）与美国的关系持续紧张

2021 年 1 月，即将卸任的特朗普政府再次将古巴列入"支持恐怖主义国家"名单。外界评论认为美国新政府上台有利于改善美古关系。然而，对古政策显然不是拜登政府外交政策的优先关切。2021 年 3 月，白宫新闻秘书詹·普萨基表示，拜登政府不会优先考虑古巴政策，美国对古政策的重点仍是促进古巴的民主和人权。[②] 2021 年，拜登政府未放宽特朗普政府的对古巴强硬措施，更未如一些预期那样停止特朗普政府于2019 年启动的《古巴自由与民主声援法》（又称"赫尔姆斯–伯顿法

① "En Junio Debe Comenzar a Mejorar Producción de Medicamentos", Granma, 30 de enero de 2022, https：//www. granma. cu/cuba/2022 - 01 - 30/en - junio - debe - comenzar - a - mejorar - produccion-de-medicamentos-30-01-2022-23-01-59, accessed February 25, 2022.

② EIU, *Country Report*：*Cuba*, 2nd Quarter, 2021.

案")第三条或将古巴移出"支持恐怖主义国家"名单。相反,拜登政府对古巴革命政权保持了一贯的敌对立场,继续对古巴的经济、贸易和金融实行封锁,采取多种隐蔽的方式破坏古巴的政治和社会稳定,美国国际开发署和国家民主基金会等机构继续为"颠覆革命政权"的活动提供资金支持,美国财政部以"镇压"抗议活动为由宣布对古巴官员和机构连续实施四轮制裁,令美古关系持续紧张。出于2022年中期选举的考量,为赢得拉丁裔特别是古巴裔选民的支持,拜登政府短期内应不会放宽对古强硬措施。

2021年新冠肺炎疫情反复,沉重打击古巴经济,美国对古巴的封锁政策不松反紧,古巴的融资、疫苗生产和物资获取面临重重障碍。食品和药品严重短缺令古巴陷入经济和卫生的双重危机。过去两年,古巴因制裁至少损失了40亿美元收入。古巴政府表示,美国的封锁已经构成最复杂、最持久和最不人道的经济战争行为,其本质是违反国际法的域外政策,旨在通过压力、胁迫和惩罚措施孤立古巴,最终达到颠覆古巴政府的目的。① 此外,美国政府还利用信息技术手段破坏古巴政治稳定,扰乱古巴社会秩序,如散布谣言、煽动民众不满情绪,致使古巴多地发生反政府示威活动。

(二)与中国的关系保持友好

古巴与中国长期保持友好关系,在重要国际场合相互支持。2021年3月,古巴革命领袖劳尔·卡斯特罗,古共中央第一书记、国家主席迪亚斯-卡内尔向中共中央总书记、国家主席习近平致函祝贺中国脱贫攻坚取得全面胜利,习近平主席复信感谢。② 4月16日,中共中央委员会致电祝贺古共八

---

① 《美国对古巴封锁凸显美霸权主义本质》,人民网,2022年2月25日,http://world.people.com.cn/n1/2022/0225/c1002-32359299.html,最后访问日期:2022年2月25日。
② 《习近平同古巴领导人互致信函》,中华人民共和国驻古巴共和国大使馆网站,2021年3月28日,http://cu.china-embassy.org/yw/zggx/202103/t20210330_9032080.htm,最后访问日期:2022年2月25日。

大召开，肯定古巴共产党的核心领导地位、重要成果和古共八大的重要意义。① 5月6日，中共中央总书记、国家主席习近平同古共中央第一书记、国家主席迪亚斯-卡内尔通电话，表达了相互支持、加强交流合作的共同愿望。② 7月1日，古巴共产党举行隆重仪式庆祝中国共产党成立100周年，古巴革命领袖劳尔·卡斯特罗，古共中央第一书记、国家主席迪亚斯-卡内尔等约50名古巴党政领导代表出席。③ 7月6日，古共中央第一书记、古巴国家主席迪亚斯-卡内尔出席中国共产党与世界政党领导人峰会并致辞。8月30日，习近平再度同古巴国家主席迪亚斯-卡内尔通电话，就中古关系以及抗疫等各领域合作交换看法，达成重要共识。④ 9月9日，古共中央委员会国际关系部副部长马尔散出席中共中央对外联络部与圣保罗论坛共同组织的新冠肺炎溯源问题情况说明会，充分肯定中国的抗疫成果和提供的国际援助，表示古方坚决反对将新冠病毒溯源政治化、标签化和污名化。⑤ 9月28日，古巴科技与环境部长参加第三届中国-拉美和加勒比国家科技创新论坛并发言。10月26日，古巴能源和矿业部长以视频方式出席中拉新能源合作论坛并发言。11月4日，古巴通信部长以视频方面参加第四届中国国际进口博览会暨虹桥国际经济论坛开幕式。12月3日，中古生物技术合作联

① 《中共中央致电祝贺古巴共产党第八次全国代表大会召开》，中华人民共和国驻古巴共和国大使馆网站，2021年4月16日，http://cu.china-embassy.org/yw/zggx/202104/t20210420_9032081.htm，最后访问日期：2022年2月25日。

② 《习近平同古共中央第一书记、国家主席迪亚斯-卡内尔通电话》，中华人民共和国外交部网站，2021年5月7日，https://www.mfa.gov.cn/web/gjhdq_676201/gj_676203/bmz_679954/1206_680302/xgxw_680308/202105/t20210507_9183435.shtml，最后访问日期：2022年2月25日。

③ 《古巴共产党举行隆重仪式庆祝中国共产党成立100周年》，中华人民共和国驻古巴共和国大使馆网站，2021年7月1日，http://cu.china-embassy.org/yw/zggx/202108/t20210812_9032089.htm，最后访问日期：2022年2月25日。

④ 《习近平同古巴国家主席迪亚斯-卡内尔通电话》，中华人民共和国外交部网站，2021年8月31日，https://www.mfa.gov.cn/web/gjhdq_676201/gj_676203/bmz_679954/1206_680302/sbgx_680306/，最后访问日期：2022年2月25日。

⑤ 《古巴共产党反对病毒溯源政治化、标签化、污名化》，中华人民共和国驻古巴共和国大使馆网站，2021年9月11日，http://cu.china-embassy.org/yw/zggx/202109/t20210912_9946419.htm，最后访问日期：2022年2月25日。

合工作组第 11 次会议召开，签署新的项目合作协议。12 月 24 日，中古签署《中华人民共和国政府与古巴共和国政府关于共同推进"一带一路"建设的合作规划》，明确了中古共建"一带一路"的重点合作内容和合作项目，确定了时间表、路线图。① 同日，中古（巴）政府间科技合作混委会第 12 次会议以视频方式举行。

（三）与俄罗斯的关系日益密切

2021 年，古俄关系继续顺利发展。两国最高领导人数次通话，保持高层互访，推进经贸合作。俄罗斯向古巴提供约 200 吨人道主义援助，包括面粉、肉类罐头、食用油和药品生产原材料等，支持古巴抗疫，缓解其物资短缺问题。②

2021 年 1 月，古俄外长通话。2 月，古巴总理马雷罗以视频方式参加欧亚经济联盟政府间理事会会议，这是古巴 2020 年 12 月获得观察员国身份后首次参会。③ 3 月，俄罗斯联邦航空运输署宣布古俄将考虑扩展航空合作的可能性，并将全面恢复俄罗斯飞往古巴的航班。④ 4 月 1 日，古共第一书记、国家主席迪亚斯-卡内尔会见前来古巴参加古俄经贸与科技合作政府间委员会第 18 次会议的俄罗斯副总理鲍里索夫。⑤ 4 月，菲德尔·卡斯特罗基金会

① 《中国政府与古巴政府签署共建"一带一路"合作规划》，中华人民共和国驻古巴共和国大使馆网站，2021 年 12 月 26 日，http：//cu. china-embassy. org/yw/zggx/202112/t20211226_10475784. htm，最后访问日期：2022 年 2 月 25 日。

② "Rusia y Cuba Profundizan Relaciones Bilaterales", Granma, 12 de octubre de 2021, https：//www. granma. cu/mundo/2021-10-12/rusia-y-cuba-profundizan-relaciones-bilaterales-12-10-2021-22-10-23, accessed February 25, 2022.

③ "Cuba Participa Hoy por Primera Vez en el Consejo Intergubernamental Euroasiático", Granma, 5 de febrero de 2021, https：//www. granma. cu/mundo/2021-02-05/cuba-participa-hoy-por-primera-vez-en-el-consejo-intergubernamental-euroasiatico-05-02-2021-01-02-17, accessed February 25, 2022.

④ "Cuba y Rusia por Ampliar la Conexión Aérea", Granma, 22 de mayo de 2021, https：//www. granma. cu/mundo/2021-03-22/cuba-y-rusia-por-ampliar-la-conexion-aerea-22-03-2021-00-03-02, accessed February 25, 2022.

⑤ "Recibió Díaz-Canel a Vicepresidente del Gobierno de la Federación de Rusia", Granma, 1 de abril de 2021, https：//www. granma. cu/cuba/2021-04-01/recibio-diaz-canel-a-vicepresidente-del-gobierno-de-la-federacion-de-rusia-01-04-2021-20-04-30, accessed February 25, 2022.

在俄罗斯成立。5月，古共第一书记、国家主席迪亚斯-卡内尔以视频方式参加欧亚经济联盟最高理事会会议。迪亚斯-卡内尔表示古巴已做好准备与欧亚经济联盟开展多领域合作，交流疫苗研发经验，强调古巴吸引外资的意愿。① 6月，俄罗斯联邦委员会发布声明，强烈谴责美国对古巴的封锁政策，呼吁国际社会支持古巴。② 10月，俄罗斯副总理鲍里索夫访问古巴，与古巴革命领袖劳尔·卡斯特罗、古共第一书记及国家主席迪亚斯-卡内尔和古巴副总理卡布里萨斯分别会晤，就古俄经贸和金融关系及合作的现状和未来展开交流。古巴生物制药集团与俄罗斯化工技术大学签署合作谅解备忘录，将在俄罗斯建立科技研习中心，培养古巴制药专家，开展创新药品和设备的研发合作。③ 11月10日，古俄高等教育部长在莫斯科会晤，商谈加强两国高等教育合作和科技交流。俄方表示将在古巴高校开设俄语课，古巴学生将到俄罗斯留学，特别是地球科学、农学、生物学等古巴人才亟须的领域。俄罗斯将继续实施面向古巴留学生的政府奖学金项目。④ 11月23日，古巴副总理卡布里萨斯访问俄罗斯，与俄罗斯国家杜马第一副主席梅尔尼科夫、副总理鲍里索夫、外长拉夫罗夫、国际投资银行副主席等政经要人和企业界代表会谈。⑤ 12月，古巴派代表参加在哈萨克斯坦举行的欧亚经济联盟最高理事

① "Díaz-Canel: Cuba Apuesta Decididamente por la Solidaridad, la Cooperación y la Integración", Granma, 21 de mayo de 2021, https://www.granma.cu/cuba/2021-05-21/diaz-canel-cuba-apuesta-decididamente-por-la-solidaridad-la-cooperacion-y-la-integracion, accessed February 25, 2022.

② "Senado Ruso Condena Bloqueo de Estados Unidos Contra Cuba", Granma, 2 de junio de 2021, https://www.granma.cu/mundo/2021-06-02/senado-ruso-condena-bloqueo-de-estados-unidos-contra-cuba-02-06-2021-19-06-57, accessed February 25, 2022.

③ "Senado Ruso Condena Bloqueo de Estados Unidos Contra Cuba", Granma, 2 de junio de 2021, https://www.granma.cu/mundo/2021-06-02/senado-ruso-condena-bloqueo-de-estados-unidos-contra-cuba-02-06-2021-19-06-57, accessed February 25, 2022.

④ "Cuba y Rusia Fortalecen Cooperación en la Educación Superior", Granma, 10 de noviembre de 2021, https://www.granma.cu/cuba/2021-11-10/cuba-y-rusia-fortalecen-cooperacion-en-la-educacion-superior-10-11-2021-09-11-29, accessed February 25, 2022.

⑤ "Amistad Entre Cuba y Rusia Forjada en el Legado de Fidel", Granma, 25 de noviembre de 2021, https://www.granma.cu/mundo/2021-11-25/amistad-entre-cuba-y-rusia-forjada-en-el-legado-de-fidel-25-11-2021-01-11-57, accessed February 25, 2022.

会会议。欧亚经济联盟与古巴联委会还举行了第二次会议，签署2021~2025年合作计划，加强双方的多方位合作关系。①

目前，俄罗斯在古巴的共同开发项目投资超过10亿欧元，涉及铁路建设、电厂改造、能源开发等关键经济领域，两国的军事技术合作也十分密切。

（四）与欧盟的关系以经贸为主导

自2017年关系恢复以来，欧盟一直寻求与古巴建立更密切的关系。尽管美国的制裁持续并不断收紧，但欧盟仍是古巴的主要投资和贸易伙伴之一，也是古巴旅游业的重要来源市场。欧盟在单边强制性措施第三次对话会上声明，美国禁运给欧洲地区的银行和企业带来了重大的合规挑战，要采取措施减轻美国禁运的域外影响。5月，欧盟向古巴官员通报，欧盟正在制定政策，旨在通过避免美国管辖下的"赫尔姆斯-伯顿法案"约束的美元交易，提高欧洲企业对域外单方面制裁影响的抵御能力。② 古巴将从这一对策中受益，因为欧盟委员会有关外国资本进入欧洲资本市场的举措将允许古巴企业获得欧洲投资银行的融资。该银行此前曾对古巴进行过探索性考察，但尚未启动对古巴项目的资助。鉴于古巴无法通过国际货币基金组织等多边机构获得许多官方信贷额度，欧洲投资银行的软贷款将为古巴提供急需的融资渠道。但是，欧盟与古巴在意识形态上存在差异，双方关系的推进基于共同的经济利益，在政治事务中则会出现不和谐音，如欧洲议会中的右翼势力以"侵犯人权"为由推动反古巴决议。

（五）同地区内国家的关系以及参与国际事务

2021年，古巴继续巩固与地区内左翼执政国家之间的关系。2021年10月，古巴副总理卡布里萨斯率团访问委内瑞拉，与委内瑞拉总统马杜罗会晤。

---

① "Cuba y la Unión Económica Euroasiática, una Alianza Estratégica", Granma, 11 de diciembre de 2021, https：//www. granma. cu/mundo/2021-12-11/cuba-y-la-union-economica-euroasiatica-una-alianza-estrategica-11-12-2021-00-12-13, accessed February 25, 2022.

② EIU, *Country Report*：*Cuba*, 2nd Quarter, 2021.

双方讨论即将满 21 年的《古委一揽子合作协议》，表示将继续紧密团结协作，加强抗疫合作，共同为满足人民需求而努力。① 12 月 14 日，第 20 届美洲玻利瓦尔联盟峰会在古巴首都哈瓦那举行，纪念联盟成立 17 周年，10 个成员国的国家元首、政府首脑或代表与会。委内瑞拉总统马杜罗、尼加拉瓜总统奥尔特加、玻利维亚总统阿尔塞在会上发言。会议的主要内容是应对新冠肺炎疫情和制定联盟的 2022 年行动计划。峰会声明要加强与拉美其他一体化组织和拉共体的合作，反对美国的封锁和制裁，共同应对疫情，恢复经济。②

古巴积极参与地区和国际事务。2021 年 3 月 12 日，在日内瓦举行的联合国人权理事会第 46 次会议上，古巴代表 64 个国家做共同发言，主张各方通过建设性对话与合作促进及保护人权，坚决反对将人权问题政治化和双重标准做法。③ 9 月 16 日，古共第一书记、国家主席迪亚斯-卡内尔应邀访问墨西哥，出席墨西哥独立 200 周年庆典并发表演说，称墨西哥是古巴在美洲最亲密的兄弟，墨西哥总统洛佩斯则呼吁美国终止对古封锁。9 月 18 日，迪亚斯-卡内尔出席在墨西哥举行的拉共体第六届首脑峰会并发言，强调各国加强合作，求同存异，反对外部干涉，共克时艰。④

（杨建民　审读）

---

① "Recibe Presidente Venezolano, Nicolás Maduro, a Vice Primer Ministro Cubano, Ricardo Cabrisas", Granma, 22 de octubre de 2021, https：//www.granma.cu/mundo/2021-10-22/recibe-presidente-venezolano-nicolas-maduro-a-vice-primer-ministro-cubano-ricardo-cabrisas, accessed February 25, 2022.

② "Con el ALBA Hay que Contar si Queremos una América Unida", Granma, 15 de diciembre de 2021, https：//www.granma.cu/mundo/2021-12-15/con-el-alba-hay-que-contar-si-queremos-una-america-unida-15-12-2021-01-12-06, accessed February 25, 2022.

③ 《古巴代表 64 国在联合国人权理事会作共同发言，敦促有关方面停止出于政治动机对中国进行无理指责》，中华人民共和国驻古巴共和国大使馆网站，2021 年 3 月 13 日，http：//cu.china-embassy.org/yw/zggx/202103/t20210323_9032072.htm，最后访问日期：2022 年 2 月 25 日。

④ "Díaz-Canel en México: Una Visita Extraordinaria, Histórica", Granma, 18 de septiembre de 2021, https：//www.granma.cu/cuba/2021-09-18/diaz-canel-en-mexico-una-visita-extraordinaria-historica, accessed February 25, 2022.

Y.13
委内瑞拉：后疫情时代的艰难复苏

李昊旻*

摘　要： 2021 年，委内瑞拉政府与反对派和谈取得进展，政治危机有望缓和。马杜罗领导的执政党以绝对优势赢得了地方选举，胡安·瓜伊多领导的反对派联盟支离破碎。在新冠肺炎疫情的冲击下，委内瑞拉经济在 2021 年连续第 8 年处于负增长状态，虽然通胀有所缓解，但尚未出现结构性改革。美国的经济制裁使委内瑞拉原油生产和出口面临巨大挑战。经济衰退使社会形势更加恶化，贫困和暴力问题更加尖锐。随着拉美左翼的复苏，委内瑞拉面临的外交压力逐渐缓解，美国的孤立与制裁政策陷入僵局。

关键词： 委内瑞拉　马杜罗　经济衰退　社会形势

在经历了持续多年的政治危机和经济衰退后，委内瑞拉处于艰难缓慢的复苏当中，政治局势有所缓和，恶性通胀暂时缓解，但社会矛盾依然突出，外交局面复杂多变。

一　政治形势

近两年以来，委内瑞拉政治局势整体趋于平稳。委内瑞拉统一社会主义党（PSUV）继续执政，分裂的反对派难以威胁马杜罗政府。在国际社会的

---

* 李昊旻，中国社会科学院拉丁美洲研究所发展与战略研究室助理研究员，主要研究方向为拉美政治。

共同支持下，双方试图通过开启对话来打破政治僵局。

2021年8月13~15日，在挪威、墨西哥等国的积极斡旋下，马杜罗政府与反对派在墨西哥首都墨西哥城开启对话，委内瑞拉全国代表大会主席豪尔赫·罗德里格斯（Jorge Rodríguez）和反对派代表团团长赫拉尔多·布莱德（Gerardo Blyde）共同签署谅解备忘录。双方就诸多议题达成一致，同意共同遵循委内瑞拉宪法要求，保证选举程序依照宪法推进，认为有必要推动其他国家取消对委内瑞拉施加的制裁，维护国家独立自主。9月3~6日，双方在墨西哥城举行第二轮谈判，并就社会保障和领土主权等问题达成协议。可见马杜罗政府和反对派在关系国家主权利益的事项上有共同关切，这为此轮谈判奠定了互信基础。2021年10月，在经过几轮和谈后，委内瑞拉当局暂停会谈。欧洲和拉美国家敦促委内瑞拉当局与反对派领导人恢复对话，以解决其政治和经济危机。2022年3月，在美国高级官员代表团访问委内瑞拉后，马杜罗政府决定重启与反对派的对话。

马杜罗政府依然拥有军队和民众的稳固支持。执政党在2021年11月举行的地方选举中表现突出，在全国23个州中，执政党统一社会主义党赢得20个州。在市长选举方面，执政党在335个市中赢得205个。

以瓜伊多为首的反对派联盟难以通过选举途径动摇执政党的地位。虽然瓜伊多曾拥有包括美国在内的大多数西方国家的支持，并利用美国对马杜罗政权进行最大限度的施压，如经济制裁、外交孤立等，但由于其强硬策略未能取得成果，委内瑞拉国内外对瓜伊多的支持已经减弱。

由于内部分歧严重，反对派在地方选举中失利。在过去几年中，反对派一直在政治策略上存在严重分歧，这导致他们难以推出统一战略和共同候选人。在2021年的地方选举中，多个州出现数名反对派候选人同时参选州长的状况，导致反对派的竞选活动非常分散。由于缺乏明确的统一战略，反对派没有能力吸引民众的支持。

反对派试图启动针对马杜罗总统的罢免公投。2022年1月26日，全国选举委员会（CNE）在全国1200个选举中心征集启动公投所需的选民签名，

签名人数不到选民总数的 2%，远低于启动公投所需的 20%的门槛，因此罢免公投没有启动。

二 经济形势

2021 年，委内瑞拉持续多年的恶性通货膨胀得以缓解，马杜罗政府试图在国际油价上升时期恢复经济增长，但由于缺乏更多结构性改革动力，以及面临美国的制裁，委内瑞拉经济复苏道阻且长。

继 2014～2020 年的经济急剧萎缩（实际国内生产总值收缩 77%）后，2021 年委内瑞拉经济出现恢复迹象。虽然 2021 年委内瑞拉国内生产总值增长率为-3.0%，在拉美和加勒比 33 国之中继续垫底，这意味着该国经济已经连续 8 年衰退，但与 2020 年的-30.3%增长率相比，2021 年的国内生产总值增长率已有明显改观，证明委内瑞拉经济进入复苏阶段。① 但这在很大程度上归因于往年的基数太低，并不是经济出现实质性复苏的表现。当前委内瑞拉的公共债务依然非常沉重，超过国内生产总值的 250%。除央行之外，马杜罗政府几乎无法获得其他融资来源。私营经济依然低迷，金融体系现金准备金率高达 85%，严重遏制了目前占国内生产总值不到 1%的私营部门信贷。②

为期四年的恶性通胀暂时缓解。央行数据显示，2021 年全年消费者价格指数为 1.589%，12 月消费者价格指数环比上涨 8%。③ 多种因素使通胀下降。首先，政府设法大幅缩小财政赤字，以大幅削减通胀性印钞。其次，采取经济自由化措施，包括非正式的美元化、取消各种价格和货币管制。这些举措也有助于增加一些基本商品的供应。再次，央行采取了高度紧缩的信贷政策，大大减少了玻利瓦尔的流动性。最后，货币新政助力通胀降低。2021

---

① CEPAL, *Balance Preliminar de las Economías de América Latina y el Caribe 2021*, Naciones Unidas, 2022.
② EIU, *Country Report*: *Venezuela*, February 27, 2022.
③ EIU, *Country Report*: *Venezuela*, February 27, 2022.

年 10 月 1 日，委内瑞拉政府宣布实行新的货币政策，对货币玻利瓦尔进行重新计价，发行新面值的货币，玻利瓦尔的币值将被去掉 6 个零，即新货币与现在流通的玻利瓦尔兑换比为 1 比 100 万。此外，将启用数字货币玻利瓦尔，数字货币不会影响货币价值。委内瑞拉政府希望通过发行新面值的货币，减少玻利瓦尔票面金额，以恢复其流通功能。尽管通胀有所缓解，但委内瑞拉生产和进口商品的能力有限，这意味着供应短缺将持续存在。因此，虽然通胀暂时下降，但通胀将依然保持在两位数的高度，中长期通胀前景可能再次恶化。

委内瑞拉的经济增长与石油生产和出口密切相关。2020 年 10 月的石油产量曾跌至 35.9 万桶/天，创历史最低。2021 年 12 月，石油产量提高到 68 万桶/天，虽有增加但幅度有限，与 2018 年以前的产量相去甚远。① 此外，国内的石油钻井平台数量（25 个）几乎没有从 2020 年的最低点上升，并且远远低于 2012 年年初的峰值（95 个），短期内几乎没有激励措施让新钻机上线。因此，除非政府进行重大投资或被大幅解除制裁，否则短期内石油产量不会大幅增长。在石油价格方面，国际油价虽上涨，但由于美国的制裁增加了与委内瑞拉经贸往来的风险，委内瑞拉原油价格大幅下降，2021 年 12 月委内瑞拉的石油交易价格为 55 美元/桶。②

因石油产量和价格增长，委内瑞拉的国际收支压力缓解，但前景依然严峻。委内瑞拉央行数据显示，2021 年 6 月外汇储备仅为 62 亿美元，至 2022 年 2 月底，外汇储备提高到 109 亿美元。③ 尽管受石油出口收入和海外汇款增加的推动，经常账户状况相对好转，但央行对玻利瓦尔汇率的高估会导致外汇储备日益减少。

在财政方面，2017～2018 年财政状况急剧恶化之后，委内瑞拉政府采取了财政紧缩政策，减少了公共财政支出，大幅削减公共工程、补贴支出

---

① OPEC, *OPEC Monthly Oil Market Report*, January 2022.

② EIU, *Country Report：Venezuela*, February 27, 2022.

③ "Reservas Internacionales", Banco Central de Venezuela, http：//www.bcv.org.ve/estadisticas/reservas-internacionales, accessed March 1, 2022.

和提供转移支付。即便在 2021 年 11 月举行地方选举之前，政府也没有采取任何加薪或其他刺激性措施。在财政收入方面，2021 年石油财政收入有所增加，石油租金的改善为马杜罗政府提供了急需的财政救济。2018 年财政赤字占国内生产总值的 31%，达到历史峰值，2021 年的占比已降低至 4.1%。①

三　社会形势

虽然马杜罗政府在新冠肺炎疫情期间实行了严格的防疫措施，但疫情依旧给委内瑞拉社会带来了巨大影响。与巴西、阿根廷等其他拉美国家相比，委内瑞拉的疫情防控更加有效。即便如此，由于政府治理能力有限、医疗体系薄弱、医用物资匮乏等原因，该国的抗疫形势仍十分严峻。疫情导致的经济下行造成收入水平和就业率下降、贫困率上升、贫富差距加大。②

疫情期间，马杜罗政府大幅缩减政府开支。自 2018 年年底以来，马杜罗政府一直在缩减公共部门支出以及对地方政府的转移支付，在基础设施和住房方面的支出也持续缩减，公共工程投资仅占 2021 年第三季度委内瑞拉所有建筑项目的 12.5%。③

委内瑞拉贫困率较高，民众生活水平较低。由于新冠肺炎疫情加剧了委内瑞拉的经济衰退，燃料更加短缺，公共服务水平下降，委内瑞拉民众的生活水平急剧下降。2016~2021 年，委内瑞拉人口减少了 1.1%，总人口数为

---

① EIU, *Country Report*：*Venezuela*，February 27，2022.

② Gini Index, The World Bank, https：//data. worldbank. org/indicator/SI. POV. GINI, accessed March 10，2022.

③ "Venezuelan Construction Sector Adapts to Long-running Crisis", EIU, http：//country. eiu. com/article. aspx? articleid = 1911472174&Country = Venezuela&topic = Economy&subtopic = Forecast&subsubtopic＝Sectoral+trends，accessed March 10，2022.

2870 万人，死亡率上升、出生率降低以及对外移民增加是人口减少的主要原因。[1]

委内瑞拉的抗议示威活动有所减少。2021 年委内瑞拉发生了 6000 多起抗议活动，与 2020 年相比减少了 30%。在 2021 年登记的抗议活动中，绝大多数与经济、社会、文化和环境权利有关，少数与公民权利和政治权利有关。[2] 在经济下行和经济美元化的情况下，委内瑞拉人更专注于寻找经济来源以购买生活必需品和食物。

委内瑞拉民众依然承受着暴力威胁。暴力犯罪团伙控制着委内瑞拉大片地区和公路交通，尤其在农村地区和城市贫民区。暴力威胁深刻影响着委内瑞拉民众的人身安全、教育和健康状况，尤其是儿童、青少年和老年人缺乏保护，反映出委内瑞拉高度排斥型的社会发展模式。

疫情加剧了教育不平等。为防止疫情蔓延，委内瑞拉政府采取了关闭教育机构的方法，这对各年龄段的教育均产生了不利影响。虽然教育机构采用了先进的远程教育模式，但大部分学校无力为家庭条件不好的学生提供必要的电子设备和网络支持，以便他们能够正常接受远程教育。

四　外交形势

在国际社会态度存在分歧的形势下，马杜罗政府持续深化与俄罗斯和伊朗等国家的联系。美国的制裁依旧是该国经济和政治发展面临的严峻考验。

美国对委内瑞拉政策陷入僵局。美国特朗普总统在离任前对委内瑞拉实施了几轮石油制裁，试图对马杜罗政府施加财政压力。拜登政府上台后，两国关系尚无实质性进展。美国继续承认瓜伊多为"临时总统"。2021 年 3

---

[1]　ENCOVI, *Encuesta Nacional de Condiciones de Vida 2021*, Universidad Católica Andrés Bello（UCAB）.

[2]　OVCS, "Informe Annual Conflictividad Social en Venezuela 2021", 15 de febrero de 2022, https：//www. observatoriodeconflictos. org. ve/destacado/conflictividad-social-en-venezuela-en-2021, accessed March 2, 2022.

月，拜登总统将2015年颁布的关于"委内瑞拉威胁"的法令延长一年。这则法令由奥巴马总统首次签署，特朗普总统继续支持该法令，拜登宣布维持法令。该法令宣布委内瑞拉局势"对美国的国家安全和外交政策构成非同寻常的威胁"，对马杜罗政府实施制裁，以支持所谓的"委内瑞拉民主进程"。2021年拉美左翼复苏，美国对委内瑞拉的干涉和制裁遭到拉美国家普遍反对，其对委内瑞拉政策陷入僵局。2022年3月，美国高级官员代表团访问委内瑞拉，讨论了能源安全和释放美国公民等内容。会谈后，马杜罗政府释放了至少两名美国公民，被释放者此前涉嫌金融犯罪和恐怖主义行为被拘押。马杜罗总统还宣布重启与国内反对派的对话，委美关系可能出现缓和，但由于马杜罗政府没有对美信任基础，委美关系很难出现实质改善。

欧盟与委内瑞拉关系缓和。欧盟于2021年1月起不再承认瓜伊多为"临时总统"，但视他为委内瑞拉政治进程的"特殊对话方"，同时重申不承认委内瑞拉2020年年底举行的议会选举。这场选举遭到多个反对派政党抵制，执政党主导的竞选联盟获胜。2022年3月12日，在土耳其安塔利亚举行的外交论坛上，欧盟委员会副主席兼欧盟外交与安全政策高级代表和委内瑞拉外长举行会晤，讨论了乌克兰危机和石油贸易等问题。

委内瑞拉和伊朗达成关键性的石油交换协议，委内瑞拉将用重质原油与伊朗交换凝析油。协议由委内瑞拉国家石油公司与伊朗国家石油公司签署，有效期为6个月，今后可能延长。对此，美国财政部称，美方已下令制定惩罚措施，继续强化对伊委两国的制裁。委内瑞拉石油储备量丰富，但在美国制裁下，其国内炼油系统产能不足，主要出产重油，品质较差，需要从国际市场进口成品油。伊朗主要出口凝析油，品质更好，可直接用作燃料。因此，这份石油交换协议是双方互利合作的体现。

2021年10月，委内瑞拉和秘鲁恢复了外交关系，并任命了各自的大使，两国结束了四年多大使缺位的状态。库琴斯基政府期间，秘鲁于2017年3月撤回了该国驻委内瑞拉外交人员，并于当年8月驱逐了委内瑞拉外交人员。利马集团于2017年8月成立于秘鲁首都利马，由加拿大、巴西、阿根廷、秘鲁等17个美洲国家组成，该集团的宗旨名义上是推动解决委内瑞拉的国内冲突，实际上是美国打压马杜罗政权的"马前卒"。随着拉美地区左翼势力复苏崛起，利马集团的号召力也逐渐下降，马杜罗政府面临的外交压力逐渐缓解。

委内瑞拉依旧与俄罗斯保持密切的合作关系。委内瑞拉的新冠疫苗主要来自俄罗斯，其他来自古巴、中国等国。2022 年 2 月 16 日，俄罗斯副总理尤里·鲍里索夫访问加拉加斯期间，两国签署了 20 项协议，协议内容集中于能源领域，两国还承诺深化"强有力的军事合作"。

（王鹏　审读）

Y.14
智利：新兴政治力量打破传统两党格局

芦思姮*

摘　要： 2021年，智利总统大选政治分化严重，最终左翼新兴政治力量的候选人博里奇当选，打破了长达30年的传统两党格局。受益于政府实施的一揽子经济提振计划和社会福利计划，在经历了严重衰退后，智利宏观经济强劲增长，就业形势显著改善，但通胀压力有所加剧，面临经济过热风险。养老金改革持续推进，第三份预支养老金法案获得通过。智利的新冠疫苗接种率领先于拉美各国。中智两国合作持续深化推进，博里奇当选后的双边关系受到关注。

关键词： 智利　总统大选　经济复苏　养老金改革

一　政治形势

（一）政治分化加剧的总统大选

自20世纪90年代"还政于民"以来，智利政治形势始终保持稳定，无论是左翼还是右翼政党当政，政府均倾向于温和趋中路线。因此，政策呈高度稳健性和连续性。然而，2021年的总统大选与以往历届选举相比，显现出三个主要特征，将对智利未来政治生态产生深远影响：一是极具变数，

---

* 芦思姮，中国社会科学院拉丁美洲研究所区域合作研究室副研究员，主要研究方向为新制度经济学、国际政治经济学、区域合作、拉美公共政策。

复杂性与不确定性尤甚；二是新兴力量崛起，打破了持续近30余年的传统两党格局；三是选情胶着，政治立场分化严重。

奉行传统中间路线的左右翼两大政党联盟首次止步于总统大选初选。最终以显著优势进入大选第二轮决选的是两位持激进取向的新兴政党联盟候选人，分别是吸纳了智利共产党的左翼"尊严制宪"联盟（Apruebo Dignidad）候选人加夫列尔·博里奇（Gabriel Boric）以及极右翼政党联盟"基督教社会阵线"（Frente Social Cristiano）候选人何塞·安东尼奥·卡斯特（José Antonio Kast）。在竞选承诺中，前者主张国家主义，致力于提高社会福利和推行宪法改革；后者则主张采取一揽子亲市场的举措，如降低政府在宏观经济调控中的作用、削减个人和公司所得税等。最终博里奇获得55.9%的选票，以超过10个百分点的大幅优势击败了竞争对手，成为智利史上最年轻的总统。

此外，议会选举与总统大选同期举行。众议院155席和参议院50席都得到了更新。此次议会选举呈现出三个显著趋势：一是首次对议席连任期限进行了限制；二是尽管总统选举极化严重，但在议会选举中这种特征并未体现，温和趋中的传统左右两大联盟所获议席均占据优势；三是虽然左翼总统当选，但在议会选举中，右翼力量（中右翼和极右翼）赢得的席位与左翼（中左翼和左翼）基本相当。

（二）宪法改革在变局中进展缓慢

2021年5月15~16日，制宪大会155名民选代表全部选举产生。中右翼执政联盟仅获得37席，未及成员总人数的1/3；左翼力量赢得超过半数的席位，其中中左翼"我赞成"联盟（Apruebo）获得25席、包括智利共产党在内的"尊严制宪"联盟获得28席，以及以2019年大规模社会运动代表为主的反建制左翼联盟"人民名单"（La Lista del Pueblo）获得27席（见图1）。

自此，制宪大会开启了为期12个月的新宪章拟定进程。但受大选影响，相关条款文本的讨论与起草进展缓慢，若干问题也逐渐显现。例如，一些民选制宪代表缺乏足够的政策制定经验，且政治倾向高度极化，尤其是极左翼

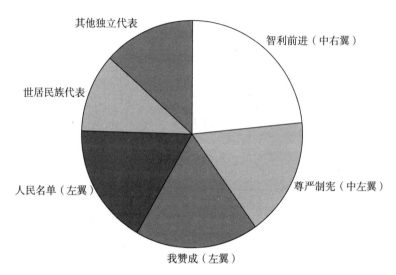

图1 2021年智利制宪大会政治力量分布

资料来源：作者根据"智利决定"（Dedidechile）公布的数据绘制，参见"Elección 2021 Constituyentes"，Dedidechile，https：//2021.decidechile.cl/#/ev/2021/ct/2021.N/。

成员由于一些激进观点引发分歧，这在很大程度上加剧了新宪法草案达成共识的难度。由于缺乏实质性推进，公众对新宪法的信任度有所下降。根据智利智库公共研究中心（CEP）2021年9月发布的一项调查，在2019年改革启动初期，高达56%的民众对新宪法能够改善国家社会经济状况予以正向预期，然而这一支持率在两年后下降了7个百分点，相应的，认为新宪法会恶化现状的民众占比从6%上升至15%[①]。应当指出，改革进程的拖延不仅会引发民众对制宪大会的失望情绪，而且将对国家政治生态基本面的稳定产生影响。

可以预期，与卡斯特胜选相比，新宪法草案的制定在博里奇政府的治理下能更有效地推进，这是因为政治倾向的契合使新政府改革议程与制宪大会

[①] "Estudio Nacional de Opinión Pública Encuesta CEP 85"，Centro de Estudios Públicos，https：//www.cepchile.cl/cep/site/docs/20210915/20210915081102/encuestacep_ sep2021.pdf，accessed March 12，2022.

任务高度一致，如扩大国家层面提供的社会服务、提高累进税等。然而，新政府如果想就新宪法内容达成共识，不仅将面临来自中右翼和极右翼势力的挑战，还亟待协调与政党联盟内部极左翼力量的关系。

（三）左翼胜选原因及未来拉美政治生态预期

博里奇最终能够在大选中获胜，一方面，预示着新总统展现出的治理能力得到了广泛认可；另一方面，至少在短期内，新政府面临的执政环境趋于平稳，各方阻力有所缓和。近十年来，面对日趋失衡的社会保障体系造成的阶层固化、贫富分化加剧，以及新自由主义改革尤其是私有化进程中的一系列沉疴积弊，智利抗议运动频发。广大民众亟待政府在宏观社会经济调控中发挥更大作用，尤其是在养老金和公共医疗卫生等方面。基于此，博里奇的国家主义理念显然更为契合民心所向，这与极右翼卡斯特的亲市场观点形成了鲜明对比。

此外，博里奇能够在第一轮投票落后的情况下成功当选在很大程度上归功于对中间选民的争取。在大选前的几轮民调中，博里奇虽然始终领先，但支持率没有明显提升，这是因为他提出的一些更为趋左的竞选理念使广大持温和立场的选民望而却步。在初选落下风后，博里奇竞选团队适时调整策略，最终实现胜选。主要举措有：一是公布了一揽子渐进的经济改革提案，如在增税举措中，提出在任期四年内逐步将税收水平提升至国内生产总值（GDP）的5%，而非原先计划的8%[①]；二是寻求与原先关系紧张的中左翼政党缓和关系；三是为了改革顺利开展，承诺与右翼联盟进行对话。

值得注意的是，政治格局分化的加剧、反建制派力量的崛起，投资者对市场稳定性产生的负面预期，以及民众对新政权竞选承诺兑现给予的高期望，在中期内对博里奇构成了相当程度的治理挑战。此外，智利大选左右翼更迭，对拉美地缘政治生态亦产生了重要影响。域内主要大国，阿根廷、墨西哥、智利、哥伦比亚均实现"左转"，左翼执政周期全面到来。但与左右

---

① EIU, *Country Report：Chile*, January 2022, p. 23.

翼钟摆的传统政治派别特征不同，近两年来，随着疫情对地区增长结构与经济生态造成的冲击，拉美地区正处于一个社会矛盾加深、政治波动加剧的阶段。在此背景下，地区政治格局日趋呈现出意识形态极端化。在可能来临的地区左翼执政周期下，老牌传统左翼政党日趋衰落，更具变革倾向的新兴政党力量将加速崛起。民众对政治体制的不满和失望会转化为寄希望于"救世主"式的政治领袖，作为智利史上最年轻的总统，激进学生运动领袖博里奇高度符合这一政治思潮对领导人的身份认同——承诺深度改革、走基层路线、非传统政党出身。

二 经济形势

（一）宏观经济调控

2021 年，智利政府继续加大扩张性财政政策实施力度。审慎的财政管理和相对低位的公共债务水平为当局的宏观调控提供了相对充足的空间。从公共支出来看，随着一揽子社会经济提振措施的大范围铺开，尤其是高达 120 亿美元的经济复苏计划以及 71 亿美元的社会项目的实施和延长①，公共支出持续保持高位。此外，第三轮预支养老金法案的出台也将进一步加重公共支出负担。预计未来两年智利的公共债务会出现较为明显的上涨，但整体规模仍可控。

从公共收入来看，预算再分配、两大主权财富基金、出售国库资产、增加公债等仍然是主要财政来源。虽然智利政府 2021 年预算法中没有新的税种或提高现有税率，但根据新总统博里奇的竞选承诺，2022 年政府财政议程将侧重于提高高收入群体和资源采掘业的税负。

作为扩张性财政举措的重要组成部分，2021 年，智利财政部对外发行了价值约 42.5 亿美元的绿色债券和社会债券，这是拉美地区主权国家在国

---

① EIU, *Country Report：Chile*, May 2022, p. 8.

际证券市场上发行的最大规模的可持续发展类债券。配售分为两部分，一是价值 22.5 亿的美元债券，其中包括 7.5 亿美元的再次发行债券和 15 亿美元的新债；二是价值 16.5 亿欧元的欧元债券，包括价值 4 亿欧元的再次发行债券及 12.5 亿欧元的新债券，后者为拉美迄今为止发行的规模最大的外币社会债券。

据新兴市场债券指数，自 2020 年以来，智利国家风险大幅下降，营商环境利好。在此背景下，此次债券发行广受欢迎，被投资者以数倍超额认购，这显示出投资者对智利市场的强烈信心。作为智利财政部 2021 年融资计划的一部分，在此次配售中，美元和欧元债券分别超额认购了 3.2 倍和 2.5 倍。拥有环境、社会及公司治理指标（ESG）评级资格的投资者购买了近一半的配售。截至 2021 年 2 月，智利已发行总计 126 亿美元与 ESG 评级相关的债券（以本币比索、美元和欧元计）。这些债券收益将用于智利可持续发展类债券框架下的各项举措，即对绿色和社会部门的投资，如与智利住房和城市化部合作的新能源项目，与公共工程部合作的绿色建筑项目，以及支持低收入家庭、解决失业与缓解粮食安全问题的社会项目。[①]

货币政策方面，2021 年，智利中央银行调控力度大幅加强，低位政策利率水平为当局提供了广阔的调控空间。上半年，央行持续扩张流动性，利率始终保持在 2020 年第二季度所确定的 0.5%，这是近十年以来的最低水平。但随着经济增长强劲、通胀压力不断加大，自第三季度起，央行收紧扩张性货币政策，连续三次上调基准利率，尤其是 2021 年 7 月将利率温和上调至 0.75%后，当局加息力度持续加大，超出市场预期。具体而言，8 月和 10 月先后提高了 75 个基点和 125 个基点，连续突破近 20 年来加息的最大上调幅度，最终达到 2.75%。[②] 政策利率的大幅快速上升开启智利货币紧缩周期，这反映出该国央行试图通过强有力的调控手段遏制经济过热、稳定物价和汇率市场，并缓解大选与宪法改革不确定性给市场和投资者带来的负面预期。

---

① EIU, *Country Report*：*Chile*, February 2022, pp. 32-33.

② EIU, *Country Report*：*Chile*, November 2021, p. 31.

（二）宏观经济表现

经济强劲复苏。2021 年，智利在经历了近 40 年来最严重的经济衰退后，呈现强劲回暖，全年国内生产总值高达 11.8%[①]，不仅比上一年骤增 18 个百分点，而且成为南美地区增速次高的国家。据智利央行发布的月度经济活动指数（见图 2），该国产业部门在经历了 2020 年第二季度因疫情重创而产生的明显动荡后，逐步走上平稳复苏道路，尤其是自 2021 年下半年起，全国经济提振计划的出台为固定投资注入活力。此外，疫苗接种的迅速普及、就业岗位的增加以及养老金预支政策力度的加大进一步刺激了私人消费，加之铜矿等大宗商品价格的高企拉动了出口部门的繁荣，智利宏观经济表现异常活跃。强劲的复苏表现为货币政策逐步退出扩张周期创造了利好条件。尽管疫情的波动在一定程度上阻碍了复苏进程，但智利仍成为拉美地区经济复苏最快的国家之一，实际国内生产总值恢复到疫情前水平。

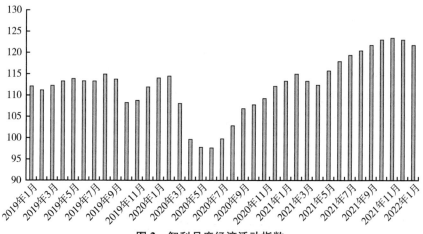

图 2　智利月度经济活动指数

注：为了保证数据趋势更为平稳，笔者采用去除季节效应的月度经济活动指数。
资料来源：作者根据智利央行发布数据绘制，参见 IMACEC 数据库，https：//www.bcentral.cl/en/web/banco-central/area/statistics/imacec。

[①] CEPAL, *Balance Preliminar de las Economías de América Latina y el Caribe 2021*, Naciones Unidas, 2022, p. 128.

预计这种繁荣的宏观经济基本面将在 2022 年有所降温，主要原因有经济重新开放的热潮经过一段时间的释放后逐渐退却；随着"紧急家庭计划""紧急劳动薪酬计划"等临时性社会补贴举措的逐渐退出，民众高涨的消费需求将逐步降低；货币政策以高于市场预期的激进方式步入紧缩周期；市场对左翼新政府治理下营商环境的不确定性表示担忧等。

就业企稳回暖。2021 年，随着经济复苏步伐加快，就业形势得到较大改善，基本恢复到疫情前水平。据智利国家统计局数据，在 2020 年年中社会经济活动受到重创的情况下，智利全国失业率一度飙升至 13%，直至 2021 年第一季度，这一数字仍保持在 10% 以上的水平，但在经济活力被不断激发的背景下，自 2021 年下半年，就业总人口增长了 8.1%，失业率迅速下降，截至 2021 年 12 月，达到 7.2%，回归 2019 年的低位水平。按照经济部门划分，对就业人口吸纳能力最强的行业有建筑业（22.2%）、商业（8.5%）以及餐饮和住宿业（30.9%）。[①] 就业问题的大幅改善与政府一揽子经济提振计划及社会福利举措密切相关，尤其是《就业保护法》和"紧急劳动薪酬计划"的出台，以及通过基础设施建设工程项目创造了近 150 万个新就业岗位。

智利实行通货膨胀目标制。根据智利国家统计局数据，自 2021 年 2 月起，智利物价持续高企，至 2021 年年中已接近央行所制定的目标区间（2%~4%）上限，此后仍连续上升，至 12 月，通胀率已达到 7.2%。其中，通胀率涨幅最大的是交通部门（18%）、文化休闲部门（14.4%）以及餐饮和住宿业（10.1%）。[②] 通胀风险有所加剧是由多重因素共同促成的。一是扩张性财政政策不断推高价格压力，新一轮预支养老金法案的颁布带来了额外的流动性；二是大宗商品进口价格高企（尤其是石油）和供应链约束进

① "Encuesta Nacional de Empleo", INE, Departamento de Estudios Laborales, Edición No. 279, https：//www. ine. cl/estadisticas/sociales/mercado-laboral/ocupacion-y-desocupacion, accessed February 28, 2022.

② "Índice de Precios al Consumidor", INE, Boletín Informativo, Edición No. 278, https：//www. ine. cl/estadisticas/economia/indices- de - precio - e - inflacion/indice - de - precios - al - consumidor, accessed March 11, 2022.

一步抬高了生产成本；三是疫苗接种的迅速大规模普及使重新开放的经济充分释放了活力。此外，高度分化的总统大选、争议不断的宪法改革等一系列政治不确定性事件引致的比索加剧贬值也对物价形成压力。预计随着国内需求企稳、供应链瓶颈缓解，以及央行货币紧缩周期开启，通胀水平将在2022年年底有所回落。

对外部门保持基本稳定。2021年，作为全球最大的铜矿生产国和出口国，国际铜矿市场的繁荣惠及了智利出口部门，私人消费和投资的强劲反弹助推进口部门涨幅更高。因此，经常账户转盈为亏，从2020年的小幅顺差34亿美元，降至2021年77亿美元赤字。[①] 随着对新兴市场投资潮的日趋高涨，智利吸收外国直接投资水平也有所恢复。随着外资的流入，经常账户赤字得到缓解，进而补充了外汇储备。2021年，智利外汇储备显著增加，从上年的392亿美元增长至533亿美元。[②] 汇率方面，自2021年下半年，受到制宪大会选举与大型铜矿工人罢工引发的市场动荡影响，智利本币兑美元持续贬值，汇率在10月底突破了800∶1。对此，随着铜价走高以及央行紧缩货币步伐加快，本币的疲软走势或将得到遏制。

三　社会形势

（一）第三次预支养老金法案高票获得通过

鉴于新冠肺炎疫情对智利经济、就业及民众基本生活产生的负面冲击，2020年，在中左翼反对党联盟的大力推进下，两份预支养老金法案相继出台，允许民众从其个人账户中提取最多相当于储存额10%的养老金，以供生活消费所需。2021年4月，中左翼联盟将第三份预支养老金法案提

---

① CEPAL, *Balance Preliminar de las Economías de América Latina y el Caribe 2021*, Naciones Unidas, 2022, p.132.

② CEPAL, *Balance Preliminar de las Economías de América Latina y el Caribe 2021*, Naciones Unidas, 2022, p.141.

上议事日程，主要在三个方面进行了改进：一是进一步扩大养老金受益人群，将覆盖面从 60% 提高至 80%，这意味着享受政府提供的养老保障的人口将新增 48 万人；二是将基础养老抚恤金标准提高到 17.7 万比索，保证高于贫困线基准（目前约为 17.1 万比索）；三是提高企业强制缴纳养老金的比重，逐步将雇主对工人养老金储蓄的缴款额从 10% 提高至 16%。与前两份预支法案一样，第三份法案在议会投票中以超过 3/5 的压倒性优势获得批准。与此同时，这一法案的出台也遭到了总统的反对，皮涅拉甚至递交了一份由政府拟定的独立救助提案，以对冲第三份预支养老金法案的强大支持力量，但 2021 年 4 月被宪法法院驳回，皮涅拉被迫撤回了政府提案，并签署了第三份预支养老金法案。应当指出，一方面，这一结果进一步削弱了皮涅拉总统本已脆弱的执政能力与民意基础；另一方面，更具民众主义倾向的政治生态与立法环境下，趋左的养老金改革进程获得了广泛的支持。[①]

2021 年 8 月，智利众议院宪法事务委员会开始审议起草第四份预支养老金法案，最新提案允许受益人在个人养老金账户存款少于 100 万比索（约合 1250 美元）时提取所有储蓄额。尽管该提案在众议院投票中险胜，但在参议院以仅 1 票的微弱劣势未能通过，主要原因是对该法案可能进一步加剧智利经济过热问题的担忧。根据国家养老金监管局的数据，自 2020 年 7 月第一份预支养老金法案通过以来，养老金账户已被提取了近 500 亿美元。如果第四份法案获批，将新增 170 亿美元支出，并导致养老金账户中无剩余储蓄额的人数从 220 万人增加到 500 万人（占养老保障体系中受益人总数的 44.6%），这些流动性的注入将推高已处于高位的通胀率。[②]

（二）全国疫苗接种率大幅提升

2021 年，控制疫情传播仍然是智利政府面临的严峻挑战。为避免全国

---

① EIU, *Country Report：Chile*, May 2021, p. 32.
② EIU, *Country Report：Chile*, October 2021, p. 32.

再次陷入疫情发生之初的持续高峰期，政府必须确保新冠疫苗接种工作的快速推进。2020 年年底，智利政府引进的美国和德国两款疫苗在初始分发阶段推进缓慢，但自 2021 年 1 月底，中国科兴疫苗交付 400 万剂后，智利全国性大规模的疫苗接种工作迅速展开，并取得了实质性进展。在不到两周的时间里，该国已完成 200 多万剂疫苗接种。除了购买疫苗以外，智利还允许国外制药公司在国内进行第三阶段临床研究，这有助于政府在疫苗可获性方面获得优先权。政府优先为 65 岁及以上老年人、慢性病患者和一线医疗卫生工作者接种疫苗。截至 2021 年年底，近 90% 的人接种了两剂疫苗，63% 的人接种了加强针，这一进度遥遥领先于拉美其他国家。较高的疫苗接种率主要得益于智利医疗卫生服务的覆盖面广、城市化与人口高度集中、与疫苗接种相关的基础设施完善，以及当局通过名为"我接种"（yo me vacuno）活动开展大力宣传科普。应当指出，这为皮涅拉政府带来了政治红利，其支持率出现了较为明显的上升。

然而，由于新冠病毒变异毒株"奥密克戎"的传播力加强，智利新冠肺炎确诊病例在 2021 年年末激增，智利卫生部在国内几个疫情严重地区实施了更为严格的社交距离管制。据一项民意调查，传播率的迅速上升导致原先持正向立场的公众对政府处理疫情能力的支持率骤降 9 个百分点。①

四 外交形势

以 2020 年中国与智利建交 50 周年为新的起点，2021 年两国关系发展持续向好，逐步摆脱疫情冲击，从多维度、多领域显示出较强的发展潜力。贸易方面，双边经贸关系呈现出强劲增长态势。据智利海关统计，2021 年

---

① EIU, *Country Report: Chile*, February 2022, p. 30.

全年双边贸易总额超过 600 亿美元，同比增长近 50%。[①] 投资方面，2021 年 5 月，中智企业家委员会以线上方式举行第三次圆桌会议，双方企业家就推动双向投资多元化和高质量发展、鼓励两国企业践行社会责任、促进当地就业、为重大项目落地提供便利条件等问题充分交换了意见。科技创新与数字经济作为未来中拉重点产业投资领域的亮点与重点，将为两国对标新经济业态下深化可持续发展合作赋能。公共卫生方面，中国科兴疫苗充足、及时的供给为智利政府大规模新冠疫苗接种工作提供了坚实的保障。此外，科兴诺华实验室表示出对智投资意向，提出希望通过在当地建立疫苗生产厂与研发中心加快疫苗普及，进而帮助当地尽快恢复正常的生产生活秩序。

应当特别指出的是，博里奇当选总统后，中智关系的走向受到高度关注。根据新总统竞选团队此前的表态，即与中国构建"战略性但保持中立"的关系，可以从两个层面对未来四年的双边关系做出预判。一方面，保持延续性并进一步夯实合作是大方向。作为智利第一大贸易伙伴，尤其是最重要的铜矿出口目的地，中智双边关系的持续深化已在两国达成普遍共识。另一方面，智利新政府注重国家经济利益，如新政府旨在提高企业税负的一揽子主张可能对中国能矿供应产生一定影响。此外，为了助力绿色复苏，新政府对环保提出的高标准将提高中国对智利投资企业的营商成本。

推动太平洋联盟合作是智利多年来面向亚太地区、践行自由贸易与区域经济一体化理念的重要举措。2021 年，适逢该组织成立十周年，除了 4 个拉美成员国以外，该组织在世界范围内已拥有 59 个观察员国、6 个候选联系国，并与区域外不同国际组织开展了深度合作。在疫情冲击下，智利、哥伦比亚、墨西哥和秘鲁四国共同呼吁借助数字化和技术进步手段，并基于成员国优势互补和经贸发展潜力，深入履行合作协议，助力企业发展。一方面，为成员国经济重启提供新的合作机遇，如依托数字平台的优化使用，提高中小企业出口能力。另一方面，加速推进地区一体化进程，对标全球产业

---

① 《2021 年中智双边贸易更上层楼》，中华人民共和国驻智利共和国大使馆经济商务处网站，2022 年 2 月 17 日，http：// cl. mofcom. gov. cn/article/jmxw/202202/20220203280705. shtml，最后访问日期：2022 年 2 月 18 日。

模式与分工结构的深度调整，为改善世界经济发展结构做出自身贡献。此外，智利、秘鲁、哥伦比亚三国正研究在两年内建立共同股市的可行性。为了在处于变革期的全球竞争格局中充分释放规模效应红利，三国希望能够通过股市的接轨整合，为全球投资者提供更为便捷、高效的融资渠道。

（杨志敏　审读）

Y . 15
哥伦比亚：经济逐步恢复

赵重阳*

摘　要： 2021 年，哥伦比亚开启总统和国会竞选进程，左翼候选人古斯塔沃·佩特罗的民意支持率大幅领先，并于 2022 年当选总统。经济在经历 2020 年大衰退后于 2021 年下半年恢复到新冠肺炎疫情前的水平。政府继续采取措施抗击新冠肺炎疫情，但国内和平进程推进缓慢。对外关系中与中国的关系稳步发展，与美国继续保持紧密关系，与海地出现摩擦，气候外交成为哥伦比亚政府一大亮点。

关键词： 哥伦比亚　经济复苏　和平进程　气候外交

2021 年，哥伦比亚开启总统和国会竞选进程，左翼候选人古斯塔沃·佩特罗（Gustavo Petro）的民意支持率大幅领先，并于 2022 年当选总统。哥伦比亚经济在经历 2020 年大衰退后于 2021 年下半年恢复到新冠肺炎疫情前的水平，并实现历史上最大增长。政府继续采取措施抗击疫情，国内和平进程推进缓慢。对外关系中，哥伦比亚与中国的关系稳步发展，与美国和海地的关系值得关注，气候外交成为一大亮点。

一　政治形势

哥伦比亚将于 2022 年上半年举行国会和总统选举，并于 2021 年 3 月开启竞选进程，因此其 2021 年的政治活动主要围绕选举展开。

---

* 赵重阳，中国社会科学院拉丁美洲研究所助理研究员，主要研究方向为拉美国际关系。

（一）2021年的竞选态势

哥伦比亚于 2022 年 3 月 13 日举行国会选举，由不同党派组成的政治联盟也于当天进行党际协商（interparty consultations），选出各自的总统候选人。此后，2022 年 5 月举行第一轮总统选举，在没有候选人的得票率超过 50% 的情况下，于 6 月举行第二轮选举。2021 年 3 月，哥伦比亚正式开启竞选进程，并主要呈现出如下态势。

左翼总统候选人、"人文哥伦比亚"（Colombia Humana）领导人古斯塔沃·佩特罗的民意支持率大幅领先，但不足以在第一轮选举中胜出。佩特罗曾在 2018 年的总统选举中进入第二轮选举，并获得 41.8% 的选票，创下左翼政党在哥伦比亚政坛中获得的最好成绩。2021 年，在多个机构开展的民意调查中，佩特罗的支持率都大幅领先其他候选人，但均未达到可在第一轮选举中胜出所需的 50% 支持率。此外，佩特罗的反对率也是所有候选人中最高的。根据哥伦比亚"全国咨询中心"（Centro Nacional de Consultoría，CNC）于 2021 年 9 月开展的一项民意调查，其反对率高达 51%。鉴于民众支持率的不足和认可度的分裂性，佩特罗于 2021 年 2 月成立"历史性协议"（Pacto Histórico）联盟，以寻求最大限度地团结各政治派别，争取更多民众的支持。

中间派具有较大竞选潜力，但缺乏团结。2021 年，民调排名前十位的候选人中有多位中左翼或中右翼候选人，包括公民承诺党（Compromiso Ciudadano）领导人塞尔吉奥·法哈多（Sergio Fajardo）在内的两至三位候选人基本都位列前五名。虽然这几位候选人的民意支持率与佩特罗相比差距较大，但他们的民众认可度较高，反对率较低，如果形成合力，竞选前景不容小觑。2021 年 11 月，包括法哈多在内的多位中间派候选人组建"希望中心联盟"（Coalición Centro Esperanza），并决定参加 2022 年 3 月的党际协商以推选出统一的候选人。但是，随着竞选活动的进行，联盟内部一些党派间矛盾激化，另一些党派被全国选举委员会赋予竞选资格后从联盟分离，大大削弱了该联盟的力量。

右翼执政党民主中心党（Centro Democrático，CD）的支持率较低，难凭一己之力进入第二轮选举。由于杜克（Iván Duque）政府在腐败问题、税收改革、应对全国性抗议活动和推进哥伦比亚和平进程等方面饱受批评，该党在民众中的形象不断下滑，执政联盟中的其他党派也出于选举考虑开始与其保持距离。根据"全国咨询中心"2021年11月的民意调查结果，该党有意参选的候选人中支持率最高的也只排名第六位，获得的投票意向为4%。2021年11月下旬，该党确定前财政部长奥斯卡·伊万·祖鲁阿加（Óscar Iván Zuluaga）为其总统候选人，并试图争取与其他右翼党派结盟。

（二）影响2022年总统选举结果的主要因素

影响哥伦比亚2022年选举结果的主要因素包括如下三点。

1. 民众对左翼领导人的认可度和接受度

哥伦比亚是个传统上非常保守的国家，一直由右翼政党执政，从未有左翼政党执政的经历。近年来，受腐败、和平进程和疫情等问题的冲击，哥伦比亚民众特别是年轻人的思想有所转变，佩特罗等左翼政治人物和党派的影响力也有所扩大，但总体而言其国内民众对右翼政治人物及政党的接受度仍相对较高，对左翼的看法呈分裂状态。根据"全国咨询中心"2021年9月的一次民调，有18%的受访者表示会支持左翼候选人，6%的人会支持中左翼候选人，7%的人会支持中右翼候选人，28%的人会支持右翼候选人。[①]

2. 中间派别的结盟情况

法哈多等民调排名较为靠前的中间派候选人组成"希望中心联盟"参加总统选举，还有一些中左翼或中右翼联盟也表示将参加2022年3月的党际磋商。根据"全国咨询中心"2021年11月的民调结果，有37%的受访者没有明确的投票意向。如果各中间派政党能够推选出统一的候选人并保持团

---

① "Senator Gustavo Petro Launched the Historical Pact for the 2022 Elections on September 10 in Barranquilla"，December 6，2021，https：//today. in - 24. com/News/467972. html#：~：text = Senator%20Gustavo% 20Petro %20launched% 20the %20Historical %20Pact %20for，the% 202022% 20elections %20on%20September%2010%20in%20Barranquilla，accessed December 10，2021.

结，且提出清晰而有吸引力的执政方略，那么其有可能获得那些尚无明确投票意向选民的支持。

3. 哥伦比亚的经济状况

如果疫情能够在选举前得到缓解，经济快速恢复，那么右翼党派也有可能在选举中获胜。根据"全国咨询中心"2021 年 6 月的一项民调，哥伦比亚民众最关注的问题是失业问题，其余依次为疫情导致的经济危机、医疗和教育问题，再往后才是安全问题以及和平进程问题。长期以来，安全问题一直是哥伦比亚民众最关注的问题，而此次的民调结果显示，民众的优先关注重心已经从安全问题转向了经济和社会问题。因此，如果选举前哥伦比亚的经济能够得到较好的恢复和发展，也不能完全排除右翼再次执政的可能。

总之，哥伦比亚作为拉美和加勒比地区第四大经济体、美国在拉美的"坚定盟友"、拉美"历史最长的民主国家"之一，以及右翼保守政党长期执政的国家，其在此次选举进程中表现出的新动向十分引人关注。2022 年 6 月，左翼候选人佩特罗当选总统。他的当选不仅关系到哥伦比亚自身的发展进程，还将产生重要的地区乃至国际地缘政治影响。

二 经济形势

受新冠肺炎疫情的影响，哥伦比亚经济在 2020 年大幅衰退 6.8%。此后，随着流动限制措施逐步解除和经济活动逐渐恢复，哥伦比亚的经济状况有所好转，至 2021 年下半年已经恢复到疫情前的水平。①

（一）2021年经济状况

根据哥伦比亚国家统计局的数据②，2021 年哥伦比亚的经济增长率为10.8%，高于联合国拉美经济委员会 9.5% 的统计数据，被杜克总统称为

---

① OECD, "Economic Forecast Summary（December 2021）", https：//www.oecd.org/economy/colombia-economic-snapshot/, accessed February 25, 2022.

② Colombia's National Statistics Institute, DANE, https：//www.dane.gov.co/index.php.

"哥伦比亚有史以来最快的增长"。这主要是因为经济活动恢复带动服务行业的恢复，就业率回升，国内需求特别是消费需求上涨，促使经济实现短期内增长。2021 年哥伦比亚的出口总额为 412.2 亿美元，比 2020 年增长 32.7%，比疫情前的 2019 年增长 4.4%。值得注意的是，出口额中有 181.8 亿美元来自非采矿业或能源部门，比 2020 年增长 24.5%。农产品出口额为 94.4 亿美元，增长 19.9%；制成品出口总额为 89.3 亿美元，增长 28.7%。至 2021 年 11 月，哥伦比亚进口总额为 654 亿美元，比 2020 年同期增长 56.3%。制成品进口增长 50.8%，比疫情前的 2019 年增长 40.8%。其他进口增长强劲的部门包括采掘业燃料及产品，增长 62.1%；农产品、食品和饮料进口增长 27.0%。从美国的进口占哥伦比亚进口总额的 25.6%，其次占比较高的国家是中国（22.8%）、墨西哥（6.1%）和巴西（5.5%）。至 2021 年 12 月，哥伦比亚的年通货膨胀率为 5.62%，2022 年 1 月的通胀率为 6.94%，是 2016 年以来的最高值。这主要是由食品和非酒精饮料（17.23%）以及餐馆和酒店业价格上涨（8.83%）推动的。年度通货紧缩的两个部门是信息和通信业（-12.1%）以及服装和鞋业（-2.6%）。作为回应，央行在 2022 年 1 月底将利率上调 100 个基点至 4.00%，以在 2022 年将通胀率控制在 3% 以内。

（二）2021年主要经济政策

2021 年，哥伦比亚政府的经济政策仍然着眼于促进经济复苏，制定和实施财政支持政策。一是继续延长一些财政刺激计划。例如于 2020 年 3 月开始实施的"团结收入"（Ingreso Solidario）计划，经过多次延期后已被延长至 2022 年 12 月。二是实施"经济和社会复苏政策"（Política de Recuperación Económica y Social）。该政策制定了一个投资金额相当于哥伦比亚国内生产总值 12.5% 的投资规划，主要针对创造就业机会，清洁和可持续的增长，弱势家庭，农村地区、和平与法制，以及医疗卫生五大领域。①

---

① ECLAC, *Latin American Economic Outlook 2021*, p. 248.

三是提高最低工资。2021年12月，政府与私营部门和工会达成协议，从2022年起将最低工资提高10.07%，达到100万哥伦比亚比索（约合250美元）。哥伦比亚政府继续推进税收改革。2021年4月，政府出台新的税收改革方案后，再次引发全国性的抗议活动和大规模骚乱。此后，政府将方案撤回并进行修改。修改后的税改法案于9月在国会获得通过。该法案的一项主要内容是将企业所得税税率由31%提高到35%。这将有助于增加国家财政收入，支撑针对疫情的刺激计划，并使财政账户回到可持续发展的轨道上。此外，该法案的通过也表明政治障碍不会阻止必要的改革，有利于哥伦比亚提高国际信誉。

2022年，哥伦比亚的经济形势将继续受到国内政局走势、疫情、通胀预期上升和全球融资条件收紧等因素的影响，2022年上半年举行的总统选举结果也将影响其未来经济政策走向。不过，无论哪方政治阵营赢得选举，升级交通基础设施、加快能源转型以及更加重视环境对经济的影响都将成为其经济政策的重心。

三 社会形势

2021年，哥伦比亚仍面临应对新冠肺炎疫情、推进和平进程与改善安全状况等严峻挑战。

（一）应对新冠肺炎疫情

2021年，哥伦比亚已经经历了三波疫情，高峰期分别出现于1月、4月和11月，2021年12月底哥伦比亚又出现第四波疫情。2021年哥伦比亚政府应对疫情主要采取了三方面措施。一是实施疫苗接种计划。哥伦比亚于2021年2月17日启动全国新冠疫苗接种计划。但是，由于接种工作进展较慢和疫苗供应不足等原因，哥伦比亚的疫苗接种速度低于拉美地区平均水平。至12月31日，哥伦比亚人口疫苗接种率为74.8%，全程接种率约为

55.2%，在拉美地区位居第八。① 此外，哥伦比亚政府还与本国和国际制药公司达成协议，联合建造疫苗生产厂。二是继续实施防控措施，在疫情高峰期实施限时宵禁、限制民众出行、暂停酒吧等场所营业、禁止举办任何节庆活动等措施。三是实施"疫苗接种证"措施。哥伦比亚卫生部规定，自2021年11月16日起，餐厅、电影院、剧院等场所须核验成年消费者的疫苗接种证，并逐步扩展至青少年群体；自12月14日起，除特例群体外，所有18岁以上国际旅客入境哥伦比亚都须持有新冠疫苗接种证明。

（二）推动和平进程情况

2021年11月24日是哥伦比亚政府与前哥伦比亚革命武装力量（FARC）游击队签署《最终和平协定》五周年纪念日。为此，哥伦比亚政府举行纪念活动，联合国秘书长安东尼奥·古特雷斯（António Guterres）访问哥伦比亚并出席活动。和平协议签署五年来，和平进程取得了一定进展，但也面临很大阻碍。

在和平进程进展方面，协议开始实施后，共有1.3万余名哥伦比亚革命武装力量战斗人员解除武装，该组织也转型为政党，可在两届国会任期内拥有10个国会席位；设立名为"和平特别司法管辖机制"（Jurisdicción Especial para la Paz，JEP）的特别法庭和真相委员会等机构，调查战争罪行和行使过渡司法权；和平协议中的农村发展计划、前战斗人员再融入计划以及战争受害者赔偿计划等得到部分执行。

但和平协议各方在执行协议时的局限性和不彻底性特别是杜克政府对协议的消极态度使和平进程进展缓慢，主要面临两个问题。一是武装暴力活动不仅未减少，还呈现出更具地方性和武装性的新态势。目前，由前哥伦比亚革命武装力量反叛分子组成的武装团体就有约30个，活动范围涉及哥伦比亚22个省份。"哥伦比亚民族解放军"（ELN）和其他贩毒组织等非法武装团伙也在争夺前哥伦比亚革命武装力量控制地区。二是未能有效实施毒品替

---

① ECLAC, *Social Panorama of Latin America 2021*, United Nations, 2022, pp. 22, 105.

代种植计划。和平协议规定政府对古柯种植家庭提供支持，帮助其改种合法经济作物。然而，杜克政府更倾向于通过动用武装部队根除古柯种植的方式打击毒品生产和走私，虽然古柯的种植面积有所减少，毒品产量却增加了。例如，2020年政府铲除的古柯种植面积虽然高达13万公顷，但可卡因产量依然达到创纪录的1010吨，为2016年签署和平协议时的1.3倍。[1]

（三）其他安全问题

一是政治暴力行为增多。近年来，哥伦比亚针对政治反对派、社会领袖、环保人士、人权活动家和世居民族领导人的暴力行为一直未能得到有效控制。二是针对政府军的袭击增加。2021年，哥伦比亚发生多起针对政府军人员、营地或车辆的袭击事件，并造成人员伤亡。2021年6月中旬，杜克总统在北桑坦德省搭乘直升机时也遭到射击，同机乘坐的还有哥伦比亚国防部长、内政部长等高级官员。这是哥伦比亚近20年来发生的首次直接针对国家元首的袭击事件。

为维护社会安全，政府加大了打击非法武装的力度。2021年5月，哥伦比亚特种部队打死一名前哥伦比亚革命武装力量反叛组织的领导人；9月，哥伦比亚安全部队打死"哥伦比亚民族解放军"的两名领导人；10月，哥伦比亚军警采取联合行动，逮捕了该国头号毒枭、毒品犯罪集团"海湾帮"的头目乌苏加（Usuga），被杜克总统称为"本世纪哥伦比亚最大的一次打击贩毒行动"。

四　外交形势

2021年，哥伦比亚继续与美国保持紧密关系，与海地出现摩擦，与中

---

① "ONDCP Releases Data on Coca Cultivation and Potential Cocaine Production in the Andean Region", The White House, July 16, 2021, https://www.whitehouse.gov/ondcp/briefing - room/2021/07/16/ondcp-releases-data-on-coca-cultivation-and-potential-cocaine-production- in-the-andean-region/, accessed January 1, 2022.

国的关系继续加强，并致力于环保外交。

2021 年 4 月 2 日，美国国务卿布林肯与杜克总统通话；2021 年 10 月 22 日，布林肯访问哥伦比亚，这是拜登政府执政后美国重要官员首次访问哥伦比亚。此外，拜登总统也于 6 月 28 日与杜克总统进行了首次通话，并宣布捐赠 250 万剂新冠疫苗，使哥伦比亚成为继巴西之后第二个接受这种捐赠的拉美国家。2021 年 11 月 2 日，杜克总统与拜登总统在出席联合国气候大会期间会面。① 当前，两国政府虽然在哥伦比亚和平进程问题上存在分歧，但在应对气候变化、经济合作和移民关怀等问题上存在共识。

2021 年 10 月 25 日，美哥政府间禁毒工作组公布了一项新美国-哥伦比亚禁毒战略（U. S. -Colombia counternarcotics strategy）。该战略以减少毒品供应、农村综合安全与发展、环境保护为三大支柱，也是对拜登政府"更广泛毒品政策战略"的支持。②

在哥伦比亚和平协议签署五年后，美国于 2021 年 11 月 30 日宣布将哥伦比亚革命武装力量从"外国恐怖主义组织"名单上删除。评论普遍认为，这一举动将解除有关该组织及相关人员的制裁和禁令，使美国更易于同哥伦比亚政府协调推进和平协议实施，使美国机构能够更全面地参与哥伦比亚经济发展计划，也有助于推动哥伦比亚政府与其他武装组织进行和平努力。

2021 年 7 月 7 日，海地时任总统莫伊兹遇刺身亡。在一系列嫌犯抓捕行动中，共有 40 余名嫌疑人被捕或被击毙，其中有 21 人为哥伦比亚人（18 人被捕、3 人被击毙），还有 3 名哥伦比亚人在逃，这些人大部分是哥伦比亚退役军人。此事引发全球关注，也引发对哥伦比亚雇佣军的关注。事件发生后，杜克总统、副总统兼外交部长露西亚·拉米雷斯（Lucía Ramírez）多

---

① Richard Emblin, "Duque at COP26: 'Colombia Is in the Heart of President Biden'", The City Paper, November 2, 2021, https: //thecitypaperbogota. com/news/duque-at-cop26-colombia-is-in-the-heart-of-president-biden/28399, accessed December 31, 2021.

② "The White House Releases Details of the New, Holistic U. S. -Colombia Counternarcotics Strategy", The White House, October 25, 2021, https: //www. whitehouse. gov/ondcp/briefing-room/2021/10/25/the-white-house-releases-details-of-the-new-holistic-u-s-colombia-counternarcotics-strategy/, accessed January 1, 2022.

次表示，哥伦比亚政府、司法部门将与其他相关国家的司法和情报部门以及国际刑警组织合作，调查莫伊兹总统遇刺案。哥伦比亚国家情报局局长、国家警察情报处处长以及国际刑警组织派驻哥伦比亚的人员一同前往海地，哥伦比亚警察部队的一支特别部队也前往海地协助调查。此外，由于全球疫情延续和海地局势动荡，大量海地移民聚集在哥伦比亚北部边境，试图通过哥伦比亚经由中美洲前往美国，至2021年10月已接近1.9万人。这些海地移民有些来自南美洲其他国家，有些来自海地，给当地的公共服务系统带来沉重负担。

2021年，中国与哥伦比亚的关系稳步发展。2021年2月，习近平主席与杜克总统进行了电话会谈，双方表示将共同努力推进两国关系取得更大发展。①

两国疫苗合作取得积极成效。2021年2月，首批中国疫苗运抵哥伦比亚，哥伦比亚政府高度重视并举行了疫苗接收仪式，总统杜克、副总统拉米雷斯和多名政府官员出席仪式。至2021年11月，哥伦比亚已采购中国科兴新冠疫苗约2000万剂②，收到超150万份中国政府和企业捐赠的防护物资。此外，中哥还就疫情防控和治疗、疫情期间航班运行等事项开展经验交流。

两国经济合作进一步扩大。近年来，中哥两国积极巩固双边经贸关系，中国成为哥伦比亚第二大贸易伙伴，也是在哥伦比亚投资规模最大的亚洲国家。2021年7月，中国成为哥伦比亚第一大进口国，两国贸易往来向好发展。中国企业还帮助哥伦比亚推动能源转型和绿色发展。当前哥伦比亚运行的电动公交车绝大部分产自中国。中国汽车企业比亚迪向哥伦比亚多个城市提供电动公交车，还帮助首都波哥大组建了拉丁美洲第一支纯电动出租车车队。至2021年1月，比亚迪已在哥伦比亚获得累计1500辆纯电动公交车订

---

① 《习近平同哥伦比亚总统杜克通电话》，中华人民共和国外交部网站，2021年2月25日，https://www.mfa.gov.cn/web/gjhdq_676201/gj_676203/nmz_680924/1206_681072/xgxw_681078/202102/t20210225_10408650.shtml，最后访问日期：2021年11月5日。

② 《粤为哥中合作提供活力平台》，新浪网，2021年11月2日，https://k.sina.com.cn/article_7517400647_1c0126e4705901mbqw.html，最后访问日期：2021年11月5日。

单。2021 年 7 月和 11 月，阿特斯阳光电力集团两次中标哥伦比亚新能源项目。2021 年 10 月 29 日，中国电力建设集团签署了哥伦比亚拉斯玛利亚斯光伏项目 EPC 合同，这是中国电建在哥伦比亚签约的第一个大型 EPC 光伏项目。

哥伦比亚近年来加强环保立法，注重生态保护。2021 年 8 月，哥伦比亚举行《生物多样性公约》第十五次缔约方大会预备会议，并在会上宣布加大资金投入、开展国际合作等多项保护生物多样性的举措。2021 年 10 月，杜克总统访问巴西，探讨两国合作保护亚马孙雨林等问题。2021 年 11 月，在《联合国气候变化框架公约》第二十六次缔约方大会上，杜克总统表示，哥伦比亚将在 2022 年把 30% 的领土（包括陆地和海洋领土）设为自然保护区，种植 1200 万棵树；到 2030 年将温室气体排放量减少 51%，到 2050 年实现碳中和的目标。同时，哥伦比亚希望国际社会提供绿色金融支持，以开展亚马孙森林修复保护等工作。

（谌园庭 审读）

Y.16

秘鲁：新总统难解旧问题

郑　猛[*]

摘　要： 2021年，秘鲁政局依旧动荡，新任总统虽志在改革，却因缺乏政治经验和治理能力不足举步维艰，并由此面临民众支持率持续下降和被国会反对党弹劾下台的巨大风险。在新冠肺炎疫情、世界经济不均衡复苏等背景下，虽然秘鲁宏观经济基本面保持良好，实现恢复性增长，但国际大宗商品价格剧烈波动，央行不得不收紧货币政策以缓解较大的输入性通货膨胀压力。秘鲁劳动力市场虽有所改善，但仍未达到疫情前水平。同时，政府与矿区矛盾加剧，严重破坏国内矿业投资环境，打击国际资本投资信心。中秘关系在政治互信、经贸互利、共同抗疫等方面取得积极进展。秘鲁在区域合作上实现进一步突破。

关键词： 秘鲁　内阁重组　通货膨胀　社会动荡

一　政治形势

2021年7月19日，秘鲁国家选举委员会（JNE）宣布，极左翼自由派（PL）的佩德罗·卡斯蒂略（Pedro Castillo）在6月6日举行的第二轮总统选举中以0.25个百分点的微弱优势击败人民力量党候选人、前总统阿尔韦托·藤森之女藤森庆子（Keiko Fujimori），成为秘鲁新任总统（此次得票差

---

[*] 郑猛，中国社会科学院拉丁美洲研究所助理研究员，主要研究方向为世界经济、发展经济学。

距仅略高于 2016 年大选的 0.24 个百分点，可谓秘鲁历史第二险胜）。此前，藤森庆子团队质疑本轮投票存在舞弊现象，但秘鲁国家选举委员会等相关机构就争议选票进行重新验票后表示，本次选举全程透明，并无违规。

卡斯蒂略的竞选承诺过于激进，难以顺利实施。卡斯蒂略自竞选开始就提出要实施"去中心、财富再分配及国有化"经济政策（这一政策将颠覆过去 20 年来一直为该国服务的传统经济模式），在执政的前 6 个月举行全民公投，以建立制宪会议进行宪法修改。其中强调废除现行宪法第 62 条（该条涉及否认国家有权修改为私人投资者提供保护的合同条款），允许国家与外国公司重新谈判，特别针对采矿、能源和通信公司等战略部门；对上述公司征收更高的税收和特许权使用费，撤回大多数税收豁免，强制补缴税款，对利润征收高达 80% 的税收，并将任何反对该协议的公司国有化。在社会支出方面，卡斯蒂略计划通过取消所有免税措施、增加国家在私营部门利润中的份额以及私人资产国有化来为公共支出提供资金，将公共教育和医疗保健支出分别增加到国内生产总值（GDP）的 10%（分别高于 2019 年的 3.8% 和 2018 年的 3.3%）。2021 年 10 月 25 日和 27 日，卡斯蒂略政府先后就天然气国有化和税收改革进行了提议，但遭到国会反对党的质疑，他们认为此举将对国外投资产生负面影响，导致资本外逃和货币贬值，严重阻碍本国经济发展。

府院之争持续，内阁危机不断。秘鲁政府与国会冲突不断，内阁多次重组，党内分歧凸显，政治不确定性不断提高，政治动荡长期持续。由于卡斯蒂略缺乏政治经验，政策议程迟迟不能明确，也未能与国会建立良好的工作关系，其执政能力被极大地削弱，就任以后接连面临内阁危机。卡斯蒂略在上任第二天就任命吉多·贝利多（Guido Bellido）出任部长会议主席，但由于左翼色彩过于浓厚，与反对党控制的国会矛盾重重，贝利多于 2021 年 10 月 6 日宣布辞职。随后，卡斯蒂略为了缓和政府与国会的关系，展现出愿与反对党阵营加强沟通的态度，任命律师出身、政治立场偏温和左翼的米尔塔·巴斯克斯（Mirtha Vásquez）担任部长会议主席。2022 年 1 月 28 日，内政部长因与卡斯蒂略产生分歧而辞职，3 天后巴斯克斯也宣布辞职。为了缓

和与右翼反对党阵营的矛盾，卡斯蒂略进一步做出妥协，在巴斯克斯辞职后的第二天便任命由右翼政党成员转变为较为温和党派的成员埃克托尔·巴莱尔·平托（Héctor Valer Pinto）为部长会议主席，但巴莱尔因家暴丑闻上任仅4天便宣布辞职，司法部长阿尼瓦尔·托雷斯（Aníbal Torres）被任命为第四任部长会议主席。托雷斯是2021年卡斯蒂略总统竞选团队的主要法律顾问，也是卡斯蒂略最忠诚的盟友之一。

部长频频撤换，被弹劾风险提升。除上述四次组阁外，在担任秘鲁总统不到一年的时间里，卡斯蒂略任命了56名官员担任内阁部长，平均每月任命5名新部长，仅外贸和旅游部长，住房、建设和用水部长，发展和社会融合部长3人任职至今。内政部、农业和灌溉部及能源和矿业部各更换了5次部长，成为变动最多的部门。上述重要部门的负责人频繁更换凸显出本届政府战略政策高度不稳定，对国家经济可持续性造成损害。此外，卡斯蒂略曾面临两次弹劾，目前仍面临多项涉嫌腐败的司法调查。2021年11月国会反对派议员以"道德无能"为由要求弹劾卡斯蒂略，但因在国会表决中未能获得足够票数（至少52张赞成票），弹劾案的辩论和投票程序未能启动。2022年3月反对党再次以"道德无能"为由发起弹劾案，弹劾程序虽得以启动，但国会最终表决未能通过弹劾案（55票赞成、54票反对和19票弃权，弹劾总统需要达到130票中的2/3）。

政府和国会的民众支持率下降。卡斯蒂略执政首月的支持率和反对率持平。民调公司数据显示，秘鲁受访者对卡斯蒂略执政表现的支持和反对比重各占43.5%，还有13%不知道或未表态。随后，2021年12月IEP（当地民意调查机构）的调查显示卡斯蒂略的支持率仅为28%，其中58%的受访者认为卡斯蒂略将无法完成他的任期。民意调查机构益普索（Ipsos）于2021年12月开展的一项调查显示，56%的受访者认为国家的经济状况正在恶化（只有6%的受访者认为正在改善），这是自新冠肺炎疫情发生以来最糟糕的结果。另据IEP于2022年2月开展的一项调查，卡斯蒂略的支持率仅为28%，而反对率上升至63%。调查还显示，56%的受访者不再希望卡斯蒂略担任总统，只有38%的人希望他完成任期。益普索公司2022年7月的一项民调结果显示，秘鲁人民对卡斯蒂略总统的不满率持续上升，74%的受访者不认可卡斯蒂略总统，与2022年6月的民调结果相比上升了4个百分点。同时，对现任部长会议主席托雷斯的不满率为69%，66%的受访者认为应该替换他的职位，仅24%的受访者认为他应继续留任。此外，79%的公民不赞成国会的管理，与2022年6月相比上升了4个百分点。对国会主席玛丽亚·阿尔瓦（Maria Alva）的不满率达到72%，支持率为16%。同时，将提前举行大选作为摆脱当前政治危机的方式正在得到民众的支持，65%的受访者赞成这一方案。只有32%的受访者认为，总统和国会应该完成任期。

二 经济形势①

2021年，秘鲁经济增速（13.5%）仅落后于圭亚那（18.5%），居拉美地区第二位。截至2021年年底，在宏观经济基本面尚好、财政政策和货币政策刺激以及国际需求和投资强劲的共同作用下，秘鲁经济增长超过疫情前水平。

（一）国内需求

相比2020年（下降9.8%），2021年秘鲁国内需求增长14.4%，远超2019年的3.2%水平，原因在于私人消费复苏、私人投资重启、防疫限制措施放松，以及自建工程、重建项目和其他投资项目的顺利开展。2021年得益于私人部门正式就业和工资恢复，长期低利率提振消费者信贷，以及更多商品和服务的可获性增强，私人消费增长11.7%，高于2019年（0.8%）和2020年（-9.8%）。因受疫情影响的私人投资项目重启，自建工程和家居装修工程、新房销售以及基础设施项目增加推动投资实现37.4%的增长（其中矿业部门投资增长23.1%，非矿业部门投资增长

---

① 除特别说明外，本节资料均引自 CEPAL, *Balance Preliminar de las Economías de América Latina y el Caribe 2021*, Naciones Unidas, 2021.

39.7%），远高于 2019 年的 4.5%，也扭转了 2020 年（16.5%）的下降趋势，2021 年私人固定资产投资占国内生产总值的比重上升至 20.5%（近十年仅略低于 2013 年的 20.9%）。但因国内政治不确定性加剧导致商业信心下降，2021 年第四季度私人投资明显下降。2021 年公共支出增长率为 14.0%，高于 2020 年的 1.3%。其中，由于政府在采购医疗用品、应对健康危机的专业和技术服务以及道路维护和保养方面的支出增加，公共消费增速从 2020 年的 7.8% 提高至 2021 年的 10.6%（2021 年第四季度由于地方政府支出减少，公共消费下降）；国内外部分重建项目的顺利实施使 2021 年的公共投资增速达 24.9%，是 2019 年（6.1%）增速的 4 倍多，扭转了前一年 15.1% 的下降态势。①

（二）国际贸易

2021 年伴随全球需求恢复，秘鲁商品和服务贸易总量增长至 1226.88 亿美元，比 2020 年（下降 19.6%）贸易量增长 38.85%。但商品贸易（盈余）和服务贸易（赤字）明显分化。商品贸易额为 1096.57 亿美元，比 2020 年增长 41.21%，其中出口额为 606.29 亿美元，进口额为 490.28 亿美元，顺差为 116.01 亿美元，分别比 2020 年增长 41.19%、-56.56% 和 40.99%。按照出口商品分类，2021 年出口商品中传统商品（矿业和渔业部门产品）和非传统商品（农产品、纺织品、化工品、钢铁和非金属采矿产品）出口分别增长 10.5% 和 20.2%。服务贸易额为 130.31 亿美元，虽比 2020 年增长 23.25 亿美元，但未恢复至疫情前水平（2019 年为 181.98 亿美元）。其中，服务出口额比 2020 年微增 0.4 亿美元，进口额增长 22.85 亿美元，贸易赤字扩大至 64.15 亿美元（2019 年为 31.52 亿美元，2020 年为 41.7 亿美元）。

在全球经济复苏和供应链断裂日趋严重的综合影响下，包括基本金属和

---

① "Inflation Report（Summary）", Central Reserve Bank of Peru, December 2021, pp. 18 - 21, https：//www.bcrp.gob.pe/eng-docs/Publications/Annual-Reports/2021/annual-report-2021.pdf.

石油在内的大多数大宗商品价格大幅上涨。一方面，2021年秘鲁主要出口商品中铜、锌和天然气价格分别增长51.5%、53.7%和355.8%，平均出口价格比2020年上涨30.3%。另一方面，食品（39.4%）、石油（61.7%）和工业投入品（27.0%）的价格上涨导致进口价格上涨16.6%。因此，2021年秘鲁的商品贸易条件指数是过去十年来增幅最大的一年。①

（三）通货膨胀

2021年秘鲁全国消费者价格指数（CPI）增长6.43%（2020年为1.97%），高于通胀目标区间（1%~3%）。受疫情导致的全球供应链断裂和世界经济快速复苏双重影响，国际大宗商品价格上涨明显，尤其是石油、小麦、玉米和大豆油等商品。海运、化肥和其他投入品的成本上升进一步加剧上述大宗商品价格的上涨。在秘鲁国内层面，汇率波动助推进口产品价格提高，进而推高国内通胀率（增长3.2%~4.5%），高于目标区间，剔除食品和能源的通胀率为3.24%（2020年为1.76%），而食品和能源通胀率为10.18%（2020年为2.22%），高于长期平均水平（见图1）。②

（四）货币政策

2020年4月至2021年7月，考虑到新冠肺炎疫情带来的冲击，秘鲁央行将基准利率保持在0.25%，为实施明确通胀目标制度以来的最低水平，同时采用了一系列货币政策工具以避免支付和信贷链崩溃。在2021年通胀预期上升的背景下，为了避免通胀预期与目标区间差距不断扩大，秘鲁央行于2021年8月撤回了货币刺激措施，将基准利率提高25个基点。随后，在2021年9~12月举行的货币政策会议上，秘鲁央行决定将货币政策参考利率

---

① "Inflation Report（Summary）", Central Reserve Bank of Peru, December 2021, p.61, https://www.bcrp.gob.pe/eng-docs/Publications/Annual-Reports/2021/annual-report-2021.pdf.

② "Inflation Report（Summary）", Central Reserve Bank of Peru, December 2021, p.101, https://www.bcrp.gob.pe/eng-docs/Publications/Annual-Reports/2021/annual-report-2021.pdf.

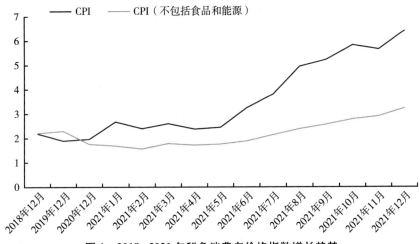

图1　2018~2021年秘鲁消费者价格指数增长趋势

资料来源："Inflation Report（Summary）"，Central Reserve Bank of Peru，December 2021，p. 102，https：//www.bcrp.gob.pe/eng – docs/Publications/Annual – Reports/2021/annual-report-2021.pdf。

累计加息4次，每次上调50个基点。因此，基准利率从7月的0.25%上升到12月的2.50%。但秘鲁央行未改变其维持扩张性货币政策的立场，实际基准利率在8月达到-2.53%的历史低点，此后仍保持在负水平，12月为-1.21%。值得一提的是，秘鲁央行关于提高基准利率的决定是在2021年3月以来拉美地区多家央行上调政策利率的背景下做出的。①

三　社会形势

（一）新冠肺炎疫情形势

2021年年初，由于在第二波疫情中，首都利马的新冠肺炎死亡病例超

---

① "Inflation Report（Summary）"，Central Reserve Bank of Peru，December 2021，p. 109，https：//www.bcrp.gob.pe/eng – docs/Publications/Annual – Reports/2021/annual – report – 2021.pdf.

过了第一波疫情，秘鲁政府于 2 月 19 日发布了第 009-2021-SA 号最高法令，将原本定于 3 月 6 日到期的卫生紧急状态再延长 180 天至 2021 年 9 月 2 日，以继续开展预防、控制和保健行动，保护民众的健康，这是秘鲁新冠肺炎疫情发生以后第四次延长卫生紧急状态。2021 年上半年，秘鲁疫情依旧严峻，新增确诊病例在波动中增长，新增死亡病例明显增加，死亡率在 6 月 18 日达到年内最高水平 9.4%（见图 2）。随着接种新冠疫苗的人数不断增加以及民众继续遵守防护措施，2021 年下半年疫情得到明显控制，死亡率也呈现出显著下降趋势。截至 2021 年 12 月 31 日，秘鲁共有 2000 多万人接种了两剂疫苗，占全国目标人口的 80%。

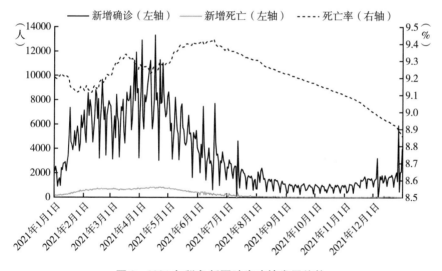

图 2　2021 年秘鲁新冠肺炎疫情发展趋势

资料来源："WHO Coronavirus（COVID-19）Dashboard"，WHO，https：//covid19. who. int/WHO-COVID-19-global-data. csv，accessed June 29，2022。

（二）劳动力市场

根据联合国拉美经济委员会和国际劳工组织的调查数据，2021 年秘鲁全国失业率比 2020 年有所好转，从 7.7% 降至 5.7%，其中男性和女性失业率分别降至 5.1% 和 6.4%，但仍显著高于疫情前水平。从劳动参与率来看，尽管 2021 年总体劳动参与率比 2020 年上涨 8.6 个百分点至 70.9%，男性和女性劳动参与率也分别上升至 79.5% 和 62.5%，但仍未恢复到疫情前水平；同上述两项指标一样，全国就业率虽增幅明显（近 10 个百分点），但仍不及 2019 年及以前水平。秘鲁劳动力市场中存在明显的性别不平等，男性失业率不仅显著低于女性，劳动参与率也远远高于女性（见表 1）。从工资收入来看，2021 年秘鲁劳动力实际平均工资同比降低 1.7%，高于 2020 年降幅（1%）；城市平均实际月工资指数为 89.5（2019 年为基数 100）；城市女性平均实际月工资指数为 103.7（2019 年为基数 100）；15～24 岁青年的平均实际月工资指数为 89.3（2019 年为基数 100）。① 同时，在疫情期间，秘鲁成为拉美地区 17 个国家②中唯一未对名义最低工资政策进行调整的国家。

表 1 全国失业率及劳动参与率

单位：%

指标	失业率			劳动参与率			就业率		
	全国	男性	女性	全国	男性	女性	全国	男性	女性
2012 年	3.7	3.2	4.4	73.6	82.4	64.8	70.8	79.8	61.9
2013 年	4	3.4	4.7	73.2	82	64.5	70.3	79.2	61.5
2014 年	3.7	3.4	4	72.2	81.3	63.2	69.6	78.5	60.7
2015 年	3.5	3.4	3.6	71.6	81	62.3	69.1	78.2	60.1
2016 年	4.2	3.9	4.6	72.2	81.2	63.3	69.2	78.1	60.4
2017 年	4.1	3.8	4.4	72.4	81	64	69.5	77.8	61.1
2018 年	3.9	3.5	4.4	72.3	80.7	64	69.4	77.3	61.3
2019 年	3.9	3.5	4.5	72.7	81.1	64.5	69.8	77.7	61.8
2020 年	7.7	7.6	7.7	62.3	72.1	53.2	57.7	66.8	49.1
2021 年	5.7	5.1	6.4	70.9	79.5	62.5	66.9	75.4	58.6

资料来源：ECLAC, ILO, "Real Wages during the Pandemic: Trends and Challenges", Employment Situation in Latin America and the Caribbean, No. 26（LC/TS. 2022/71），June 2022, pp. 33-35.

---

① ECLAC, ILO, "Real Wages during the Pandemic: Trends and Challenges", Employment Situation in Latin America and the Caribbean, No. 26（LC/TS. 2022/71），June 2022.

② 包括巴西、阿根廷、墨西哥、智利、玻利维亚、哥伦比亚、哥斯达黎加、多米尼加、厄瓜多尔、洪都拉斯、巴拉圭、乌拉圭、萨尔瓦多、危地马拉、尼加拉瓜、巴拿马、秘鲁。

（三）社会动乱频发

总统卡斯蒂略于 2021 年 7 月上任以后，针对矿山的抗议活动激增。这反映出卡斯蒂略在内阁不断更替的情况下未能明确政策方向，在与当地社区进行协调的过程中存在困难，这也对本国财政和经济造成了巨大负面影响。2021 年 11 月 5 日，政府与秘鲁最大的铜矿安塔米纳（Antamina）的所有者举行了圆桌会议，讨论结束针对矿业生产的抗议活动。发生在安塔米纳附近的示威活动以及一系列反采矿抗议活动的目的都是维护当地社区的经济和社会利益。该矿总经理维克多·戈比茨（Víctor Gobitz）称，由于道路封锁，安塔米纳的运营于 10 月 31 日暂停，每天损失近 1400 万美元。

长期以来，反对采矿的抗议活动一直影响着秘鲁经济发展。2021 年下半年的一系列抗议活动则直接与卡斯蒂略在竞选期间对采矿业的态度有关。在一些以采矿业为主导产业的省份，卡斯蒂略赢得了超过 90% 的选票。然而，秘鲁中央银行总裁胡里奥·维拉德（Julio Velarde）警告说，矿业抗议活动正在影响并将长期影响国际资本对该国投资环境的信心。根据能源和矿业部的数据，未来十年将有价值 580 亿美元的矿业投资项目。然而，抗议活动导致采矿作业持续中断势必减少国际投资与国内税收，影响经济增长前景。

四　外交形势

1971 年 11 月 2 日，秘鲁与中国建立外交关系，成为拉丁美洲第三个与中国建立外交关系的国家。2021 年双方迎来建交 50 周年。建交 50 年来，双方政治互信不断深化，务实合作日益拓展，人文交往持续扩大，成为中国与拉美国家团结合作、共同发展的典范。[1] 2010 年 3 月，中秘自贸协定正式

---

① 《习近平同秘鲁总统卡斯蒂略就中秘建交 50 周年互致贺电》，中国政府网，2021 年 11 月 2 日，http：//www.gov.cn/xinwen/2021-11/02/content_ 5648421.htm。

生效实施。目前，双方正积极推进自贸协定升级谈判。中国已成为秘鲁最大贸易伙伴和主要投资来源国，双方关系已于 2013 年 4 月提升为全面战略伙伴关系。2019 年 4 月，中秘签署共建"一带一路"合作谅解备忘录，成为共建"一带一路"合作伙伴。2021 年，中国积极支持全球抗疫，也是第一个向秘鲁提供疫苗的国家，帮助其应对疫情。

2021 年 1 月 18 日，秘鲁卫生部长皮拉尔·马泽蒂（Pilar Mazzetti）宣布，秘鲁已经签署了中国国药集团新冠疫苗的空运协议，随后秘鲁药监总局于 1 月底紧急授权使用中国国药集团生产的新冠灭活疫苗，2 月 5 日首批 30 万剂疫苗运抵秘鲁。截至 2021 年 7 月，已有 300 万剂中国国药集团研发的新冠疫苗抵达秘鲁。截至 2021 年 11 月，秘鲁已收到约 1500 万剂国药集团的疫苗。①

在现任总统卡斯蒂略正式上任前一周，秘鲁前总统弗朗西斯科·萨加斯蒂（Francisco Sagasti）于 2021 年 7 月 21 日正式签批《全面与进步跨太平洋伙伴关系协定》（CPTPP）。该协定有利于秘鲁进一步拓展环太平洋地区国际市场，扩大其优势产品出口，提高国际竞争力。尽管卡斯蒂略在就职演说中表示，他将重新谈判或退出自由贸易协定，但 9 月 19 日《全面与进步跨太平洋伙伴关系协定》按期正式生效，秘鲁成为该协定生效的第八个经济体。随后，秘鲁经济和财政部提出将积极深化同太平洋联盟的合作，通过促进要素自由流动和减少贸易壁垒，促进中小企业和全球市场的联系，助力中小企业发展和价值链建设。此外，2021 年 10 月初，总统卡斯蒂略致信经济合作与发展组织（OECD）秘书长马蒂亚斯·科曼（Mathias Cormann），表达秘鲁加入该组织的强烈意愿。此举是在 2012 年秘鲁提交加入申请、2014 年受邀参加经合组织"国家计划"项目，以及 2016~2019 年担任经合组织拉美地区项目联合主席国后的最新一次进展。

---

① 《中国国药疫苗效果显著　秘鲁扩大中国新冠疫苗接种》，新浪网，2021 年 11 月 24 日，http://finance.sina.com.cn/jjxw/2021-11-24/doc-iktzscyy7472151.shtml。

五 前景展望

2021 年大选没有解决秘鲁长期的政治两极分化问题，甚至可能使之恶化。现任总统卡斯蒂略的政治环境相较于前任更加复杂多变。2021 年 12 月试图弹劾卡斯蒂略的行动凸显了秘鲁政治制度日益失灵的问题，这导致总统难以推行其政策。卡斯蒂略较低的支持率仍在下降，同时其在国会的支持力量也正在被削弱，需要依靠中间派政党来寻求支持。由于秘鲁政党制度薄弱，国会议员很容易在关键投票上产生分歧（比如弹劾），这进一步降低了卡斯蒂略顺利完成任期的可能性。在国际紧张形势并未缓解、地缘政治冲突动荡起伏、新冠肺炎疫情持续的背景下，秘鲁国内政局不稳定因素增加，社会冲突频现；生产和供应问题导致国际大宗商品价格上涨，秘鲁经济通胀上行预期有所提高；商业和消费者信心恢复减弱、投资者决策谨慎和矿业投资下降将使秘鲁的经济活动受挫；政治不确定性增强会导致资本外流，秘鲁金融市场将出现较大波动。以上结果直接导致秘鲁经济复苏步伐放缓，劳动力市场改善成效有限。鉴于中国仍是秘鲁最大的贸易伙伴，也是其采矿业的主要投资者，卡斯蒂略政府将继续优先加强与中国的关系。虽然经合组织已经邀请秘鲁讨论其加入该组织的可能性，但秘鲁不太可能在当前政治、经济和社会均不稳定的情况下实施加入该组织所需的结构改革。

（张勇　审读）

Y.17
玻利维亚：政治分化加剧，经济复苏缓慢

宋　霞*

摘　要： 2021 年是阿尔塞总统执政第一年。尽管执政党争取社会主义运动在国会中占多数席位，但执政党内部以及执政党和反对党之间冲突加剧，政治两极分化严重。阿尔塞上台之初推出的政策改革困难重重，其政策空间明显不足。2021 年玻利维亚的经济形势相较 2020 年有所好转，经济缓慢复苏，GDP 和人均 GDP 均实现正增长，就业率也有所提高，但主要经济部门产能不足、质量偏低。2021 年玻利维亚的社会政策以疫苗接种推广计划和社会纾困政策为主。阿尔塞政府在外交领域推行温和务实策略，恢复和维持同传统邦交国的友好关系，在国际舞台上呼吁和倡导尊重"地球母亲"的绿色发展与生态一体化合作模式。

关键词： 玻利维亚　政治分化　经济复苏

一　政治形势

2021 年是阿尔塞执政的第一年。阿尔塞执政以后，其支持率不断下降。根据民调数据，2021 年 9 月阿尔塞的支持率还不到 30%，不及 7 月的 34%，更是远低于 2021 年年初 50% 的水平。[①] 玻利维亚的政治图景不乐观，呈现

---

* 宋霞，中国社会科学院拉丁美洲研究所区域合作研究室副研究员，主要研究方向为拉美区域组织和一体化。

① EIU, *Country Report：Bolivia*，December 2021.

出十分明显的两极分化之势，这种分化不仅表现在执政党与反对党之间，还表现在执政党内部；不仅表现在政党或党派政治层面，还表现在央地关系层面。

（一）执政党内部分化是2021年最明显的政治特点之一

尽管争取社会主义运动（MAS）在2020年10月大选中赢得总统选举，在国会中也占简单多数席位，但2021年执政党内部分裂加剧，持不同政见的派别在内政和外交政策偏好方面的分歧越来越多，党内越来越缺乏政策共识。2021年阿尔塞推出税收改革法案，试图征收数字服务税（digital services tax），却遭到国会中许多执政党议员的强烈反对，他们担心一旦征收数字服务税，公司会将新税转嫁给消费者，数字产品的价格会上涨，因此该法案被立法者搁置。这表明阿尔塞在执政党内部的支持度不高，不能团结政党，在立法方面不能依靠执政党的支持。争取社会主义运动内部的分歧将给国家治理带来挑战。

2021年发生的"达维拉腐败事件"也暴露了执政党内部分裂的严重性。马克西米利亚诺·达维拉（Maximiliano Dávila）是玻利维亚"打击贩毒特种部队"（FELCN）的前任主管，2020年9月，美国大陪审团正式指控他贩毒和贩卖武器。2022年1月，达维拉在试图逃离玻利维亚时被捕，美国随后提出了引渡他的请求。玻利维亚执政党内一部分人支持引渡，他们担心如果不批准美国的引渡申请，美国可能会对玻利维亚实施经济制裁；另一部分人则反对引渡，认为美国的引渡申请干涉了玻利维亚内政，侵犯了国家主权。显然，"达维拉腐败事件"激化了执政党内部的不和与冲突。

党内分歧也影响了地方选举，尤其是城市地区的选举。在2021年3月和4月举行的地方选举中，执政党失去了大多数省长和市长职位以及市议会席位。执政党地方选举失败的主要原因如下。一是执政党争取社会主义运动虽在全国范围内仍是一支强大的力量，但它在地方层面上的社会基础已发生动摇，面临更具挑战性的环境。反对党集中在地方，他们在地方选举中往往比在全国舞台上表现更好。二是执政党的分裂使选票更为分散，

一些脱离执政党的新党派在主要城市地区有一定的选民基础，如争取社会主义运动前参议员伊娃·科帕（Eva Copa）曾在右翼临时政府中担任参议院议长一职，因此次选举未得到执政党的支持，于是她改变了政党身份，在埃尔阿尔托市参与竞选，从而分散了执政党的选票。根据民意调查显示，在选举伊始，科帕的支持率即超过了 76%①，最终伊娃·科帕以约68%的选票赢得了选举②。三是总统在执政党内部的号召力和领导力受到削弱，阿尔塞虽当选总统，却不是执政党领袖。作为执政党领袖的莫拉莱斯则选择支持对党忠诚但政治资格较浅的候选人，因此不同的偏好引发党内不满，分散了选票。

（二）执政党与反对党之间分歧和冲突加剧凸显国家政治两极分化

执政党与反对党之间的分歧和两极分化日渐加剧，这是 2021 年玻利维亚政治中频繁出现的画面，2021 年的地方选举则加重了这种对抗态势。尽管反对党的社会基础支离破碎且集中在城市，难以形成一个强大的单一反对党派别，但在数量上仍具有优势。反对党赢得了玻利维亚十大城市中的 8 个市长职位，执政党只获得了首都苏克雷和奥鲁罗的市长职位。在 9 个省长中，执政党只在科恰班巴、奥鲁罗和波托西 3 省赢得胜利。③ 反对党控制了大多数地方政府，从而加剧了省和市政当局之间以及地方政府与中央政府之间的困难关系。执政党控制的中央政府与反对派控制的地方政府在政策优先领域的冲突加剧。2021 年 12 月，阿尔塞政府推出了新政府议程，旨在寻求

---

① "Main Report: Local Election Races Take Shape", EIU, February 15, 2021, http://www.eiu.com/index.asp? layout = displayIssueArticle&issue_ id=100717393&article_ id=780715861, accessed March 1, 2022.

② "Local Elections Deal the Ruling MAS a Heavy Blow", EIU, March 9, 2021, http://www.eiu.com/index.asp? layout = displayIssueArticle&issue_ id=1250797708&article_ id=1470794530, accessed March 1, 2022.

③ "El Presidente Arce y Evo Morales Advierten que no Permitirán otro 'Golpe de Estado' en Bolivia", Bolivia, 18 de abril de 2021, https://www.bolivia.com/actualidad/nacionales/arce-y-morales-advierten-que-no-permitiran-otro-golpe-de-estado-en-bolivia-304636, accessed March 1, 2022.

实施新的五年国家发展计划，该计划会削弱地方政府制定支出和投资政策的权力，因而遭到反对党所掌控地区的强烈抵制。

2021 年执政党与反对党冲突加剧的最大聚焦点还是围绕 2019 年底玻利维亚总统大选引发的一系列"政治遗产"问题。阿尔塞政府认为，当年以珍妮娜·阿涅斯为首的反对派右翼逼迫莫拉莱斯总统下台，以及阿涅斯担任临时总统的事件至少违反了"国家政治宪法"（CPE）的九项条款和立法议会的规定，因此是违宪的，是一场政变。① 3 月，政府逮捕了阿涅斯和部分前内阁官员和军事官员。之后，阿涅斯对司法"不独立"的言辞以及她绝食抗议的做法引发了欧洲议会的干预。欧洲议会随后以 396 票赞成、267 票反对和 28 票弃权通过决议②，对玻利维亚司法系统的独立性和公正性进行粗暴干涉，要求其对司法系统进行"结构性变革"。阿涅斯事件引来的外部干涉非但无益于解决国内问题，反而使执政党与反对党之间的政治裂痕进一步加大。③

总之，2021 年执政党虽掌握着总统职位，在国会中占多数，但执政党内部分化以及执政党和反对派之间冲突加剧使阿尔塞政府在立法和政策等方面面临重重阻碍，总统不得不多次动用总统令取消"有争议"的法律。阿尔塞刚当选时提出要"重建"国家"和平生活"的"新阶段"，但在他执政的第一年里，朝野之间没有和解迹象，却有冲突加剧之趋势。④

---

① "Jeanine Áñez Violó al Menos Nueve Artículos de la CPE: Asegura el Vocero Presidencial", Bolivia, 14 de febrero de 2022, https://www.bolivia.com/actualidad/politica/vocero-presidencial-asegura-que-jeanine-anez-violo-al-menos-nueve-articulos-de-la-cpe-340519, accessed March 1, 2022.

② "Evo Morales Cuestiona a la 'Vieja Europa' por Resolución de la Eurocámara", Bolivia, 4 de mayo de 2021, https://www.bolivia.com/actualidad/politica/evo-morales-cuestiona-vieja-europa-por-resolucion-de-eurocamara-306225, accessed March 1, 2022.

③ "Una Eurocámara Dividida Condena la Detención de Áñez y Pide su Liberación", Bolivia, 29 de abril de 2021, https://www.bolivia.com/actualidad/internacionales/eurocamara-dividida-condena-la-detencion-de-anez-y-pide-su-liberacion-305773, accessed March 1, 2022.

④ "Bolivia Culmina un 2021 Polarizado Entre Oficialismo y Oposición", Bolivia, 30 de diciembre de 2021, https://www.bolivia.com/actualidad/politica/bolivia-culmina-ano-de-polarizacion-entre-gobierno-y-la-oposicion-333224, accessed March 1, 2022.

二 经济形势

2021 年，尽管疫情仍在蔓延，但玻利维亚经济基本面好于 2020 年。政府有了应对疫情的经验和空间，同时大宗商品价格有所回升，国家经济步入缓慢却不均衡、不稳定的复苏之路。

据联合国拉美经济委员会初步统计，2021 年玻利维亚国内生产总值（GDP）实现 5.2% 的增长[①]，比 2020 年提高 13.2 个百分点。2021 年人均 GDP 增速为 3.8%，比 2020 年提高 13.9 个百分点。在 2020 年基数较低的情况下，玻利维亚经济的复苏幅度较大，但依然处于脆弱和不平衡、不稳定的发展状态，主要原因如下。一是虽然政府抗击疫情的相关限制措施有所放松，疫苗得以推广，企业和消费者信心逐渐恢复，需求适当回升，但国内疫苗生产能力不足和全球供应不均衡等因素导致玻利维亚新冠疫苗推出速度缓慢，且新的感染浪潮不断卷土重来，私人消费仍受疫情制约，需求拉动经济增长乏力。二是虽然采矿和金属精炼、建筑业以及运输和存储业在第二季度增长显著，农工业部门在多年低迷后获得一定程度发展，但金融和公共服务业的持续疲软和收缩对整体增长起了一定抑制作用。三是对天然气需求前景不确定以及投资滞后带来的产量偏低，导致天然气收入的结构性下降和不稳定。

2021 年，玻利维亚中央政府财政收入大幅缩水。据官方估计，2021 年财政收入主要来源——碳氢工业收入约为 14 亿美元，比 2014 年的 35 亿美元峰值下降了 60%。[②] 来自碳氢工业的税收和特许权使用费还不到繁荣时期（2012~2015 年）平均水平的一半。收入减少的主要原因在于碳氢工业投资

---

① 除特别标明以外，经济形势的数据均引自 ECLAC, *Preliminary Overview of the Economies of Latin America and the Caribbean 2021*, United Nations, 2022。

② "Bolivia's New Energy Mix", EIU, December 3, 2021, http://www.eiu.com/index.asp?layout=displayVw&article_id=451653028&geography_id=130000013&region_id, accessed March 7, 2022.

和产量不足，同时玻利维亚的两个主要市场（阿根廷和巴西）致力于实现能源自主，增加本国天然气产量，减少从玻利维亚的进口。为缩小因疫情蔓延、政府收入降低而扩大的巨大财政缺口，支撑2021年的扩张性预算，阿尔塞政府推出了一项财富税（wealth tax）——被称为"阿尔塞的标志性税收措施"。但是，2021年上半年该项税收仅筹集了2200万美元，远低于最初政府估计的每年筹集1.05亿美元的目标。

2021年，玻利维亚消费者价格指数初步估计为1%，高于2020年同期的0.7%，但低于2019年12月的1.5%。近两年玻利维亚的通货膨胀率波动较大，反映了受新冠肺炎疫情蔓延和世界局势变化的影响，许多大宗商品价格波动较大。玻利维亚通胀还主要受进口商品和食品价格波动以及外汇走势推动。

2021年玻利维亚商品出口额为103.2亿美元，与2020年的69.53亿美元相比增长幅度较大，甚至超过了2019年的88.19亿美元；服务贸易出口额为5.28亿美元，略低于2020年的6.05亿美元，远未恢复到2019年的14.43亿美元规模。2021年货物贸易进口额为83.98亿美元，略高于2020年的65.17亿美元，但仍未达到疫情前2019年90.55亿美元的进口额；服务贸易进口额为22.1亿美元，略高于2020年的18.42亿美元，亦未达到2019年的28.93亿美元水平。从整体贸易来看，玻利维亚仍未恢复疫情前的贸易规模，但2021年实现了2.4亿美元的贸易顺差，主要由出口额的显著反弹推动。出口复苏的主要原因一是2021年疫情对贸易的冲击变小，二是2021年出口额和出口量复苏的引领矿产和制成品（包括精炼金属和加工豆制品等半制成品）尤其是锌、铅和白银等国际大宗商品价格阶段性走强。出口额下降的部门是碳氢工业部门，天然气出口量的增加被价格疲软所抵消。

2021年1~4月，主要进口部门（不包括用于农业的资本设备和原材料）的进口额比上年同期水平略有上升，但仍低于2019年水平，主要原因是，消费者对非耐用消费品和资本货物的需求疲软，食品和饮料、车辆和零部件的进口额均出现下降，使得进口总额增长幅度不大。2021年第四季度燃料和润滑油进口推高了进口额，进口量同比增长141.4%，但与2019年同

期相比仍下降 0.5%。① 从全年情况来看，进口额下降是由于基数和季节性影响。进口额环比下降被资本货物（环比增长 8%）和建筑材料（增长15%）的环比和同比增长部分抵消。②

玻利维亚 2021 年的侨汇收入为 6.83 亿美元，比 2020 年的 11.16 亿美元减少了将近一半。玻利维亚侨汇占 GDP 的比重为 3% 左右，高于地区平均水平。侨汇收入对实际 GDP 和私人消费的增长均有很大影响。2021 年玻利维亚侨汇急剧下降的主要原因是 2020 年侨汇来源国自身经济萧条导致就业机会萎缩，以及侨汇来源国实施遏制新冠病毒传播的隔离措施等。玻利维亚最主要的侨汇来源国是西班牙、智利和美国，其中来自西班牙的侨汇占比高达 41%，而疫情期间西班牙推行了十分严格的隔离措施。③ 2021 年玻利维亚国际储备总额为 49.55 亿美元，低于 2020 年的 52.76 亿美元，更远未达到2019 年新冠肺炎疫情之前的 64.68 亿美元水平，国际储备减少的主要原因是碳氢工业品等大宗商品出口量减少。

三　社会形势④

2021 年，玻利维亚针对疫情采取的社会纾困措施取得一定成效，社会指标有所改善，但社会动荡频繁而激烈，呈现出更加不稳定、不安全的局面。

从社会指标来看，据估计，2021 年 1~9 月，玻利维亚全国范围的劳动参与率为 76.2%，高于 2020 年同期的 66.3%。男性的劳动参与率要高于女

---

① "Main Report: Tepid Import Growth Drives a Trade Surplus in January-April", EIU, June 4, 2021, http://www.eiu.com/index.asp? layout = displayIssueArticle&issue _ id = 1971094980 &article_id = 2031091986, accessed March 7, 2022.

② "Main Report: Higher Commodity Prices Drive Trade Surplus in Q1", EIU, May 6, 2021, http://www.eiu.com/index.asp?layout=displayIssueArticle&issue_id=1461000129&article_id = 700996653, accessed March 7, 2022.

③ "Main Report: Workers' Remittances Continue to Pick up During Q1", EIU, April 9, 2021, http://www.eiu.com/index.asp? layout=displayIssueArticle&issue_ id=460911229&article_ id = 800907263, accessed March 7, 2022.

④ 除特别标明以外，"社会形势"部分的数据均引自 ECLAC, *Preliminary Overview of the Economies of Latin America and the Caribbean 2021*, United Nations, 2022。

性，女性的劳动参与率为 69.7%，男性的劳动参与率高达 83.1%。全国就业率为 72%，高于 2020 年同期的 61.2%，其中女性就业率为 65.5%，低于男性的就业率（79%）。全国失业率为 5.5%，低于 2020 年同期的 7.8%，其中女性失业率为 6%、男性失业率为 5%。从就业情况可以看出，玻利维亚的经济正在复苏。

抗疫仍是 2021 年玻利维亚政府关注的首要社会问题。政府推行部分隔离和接种疫苗政策。采取部分隔离的原因是之前实行的全面隔离对玻利维亚约 70% 的非正规劳动力造成严重的经济影响，同时政府也缺乏推行全国性长期隔离措施的能力。2021 年 1 月，玻利维亚开始推行疫苗接种计划，第一批 20000 剂是俄罗斯的 Sputnik V 疫苗，但疫苗的供应不稳定，影响了接种计划的推进速度。2021 年 2 月以来，中国国药集团成为玻利维亚最大的疫苗进口商，为其提供了所需供应总量 66% 的疫苗，牛津大学阿斯利康疫苗和 Sputnik V 疫苗分别占 16.4% 和 15.2%。[1] 截至 2021 年年底，玻利维亚全程接种和部分接种疫苗的人口（占总人口的百分比）分别是 38.7% 和 8.7%。[2] 为更好地应对疫情，阿尔塞政府出台了一项强制私立医院以极低的固定成本为新冠肺炎患者提供护理的《医疗改革法》（Health Reform Law），但遭到大多数医疗专业人员的反对，他们多次发起抗议政府政策的罢工行动，影响了玻利维亚新冠疫苗接种计划。[3]

为缓解新冠肺炎疫情影响而推出的养老金支付提款和进一步延长信贷延期计划等社会纾困政策仍是 2021 年玻利维亚社会政策的核心。养老金支付提款措施允许不再正式受雇的小型养老金持有者提取养老金储蓄。为防止养

---

① "Main Report：COVID-19 Infections Spike as Vaccine Rollout Remains Slow", EIU, May 27, 2021, http：//www. eiu. com/index. asp? layout = displayIssueArticle&issue_id = 771073060&article_id = 1501 069333, accessed March 7, 2022.

② "Coronavirus Pandemic （COVID - 19）", Our World in Data, 2020, https：//ourworld indata. org/coronavirus, accessed March 7, 2022.

③ "Main Report：Protest Action Heats up in Bolivia", EIU, March 3, 2021, http：//www. eiu. com/index. asp? layout = displayIssueArticle&issue_id = 1840775967&article_id = 77077 5060, accessed March 7, 2022.

老金储备大幅流失，这项措施仅适用于 50 岁以上的人，尤其是失业者和最贫穷的人，不包括公共和私营部门工人，也不包括养老金储蓄超过 100000 玻利维亚诺（约 14300 美元）的人，养老金低于 100000 玻利维亚诺的人最多可以提取其储蓄的 15%，而低于 10000 玻利维亚诺的人可以提取全部金额。① 该措施虽能暂时缓解民众的生活困难，但不可持续。

然而，社会纾困政策和疫苗接种推广计划并未有效缓解疫情的蔓延和民众的生活困苦，国家政治两极分化也加剧了社会危机。2021 年各种罢工和抗议活动此起彼伏，其中最严重、影响最为深远的是反对第 1386 号法的全国性罢工。

2021 年 7 月，政府通过了《打击非法利润和反对资助恐怖主义的国家战略法》，即第 1386 号法。该法是玻利维亚反对洗钱和反恐怖主义融资法律的国际承诺的一部分。其中第一项法律作为《经济和社会发展规划（2021~2025年）》一部分得到立法议会批准，一些地方政府认为这项法律要求各地区根据中央政府的建议调整规划，是对地方自治权的干涉，因而表示反对。部分抗议者认为该法律加强了政府的金融调查权，但缺乏制衡、约束和追究政府责任的机制。② 另外，玻利维亚占企业 3/4 的非正规部门也担心此类法案可能被用于将其活动定为刑事犯罪而表示反对。2021 年 11 月 8 日，记者、商人、教师、劳工团体、运输工人、世居民族和社会组织等举行了联合罢工，罢工很快扩展至拉巴斯、波托西、科恰班巴、埃尔阿尔托、苏克雷、塔里哈、奥鲁罗和圣克鲁斯等地区，演变成全国性大罢工和抗议活动。迫于压力，政府撤回了部分法案，但罢工者仍拒绝取消罢工。另外，他们声称只有行政部门审议通过批准了，这项废止才能生效。为对抗这次罢工，执政党的选民基地——埃尔阿尔托等市的农民、工人和邻里联合会也举行了一场支持

---

① "Government Seeks Pension Withdrawal to Aid Domestic Demand", EIU, January 25, 2021, http：//www.eiu.com/index.asp? layout = displayIssueArticle&issue_ id = 910645674&article_ id = 470640630, accessed March 7, 2022.

② "El Oficialismo y la Oposición Miden Fuerzas tras Abrogación de la ley 1386", Bolivia, 18 de noviembre de 2021, https：//www.bolivia.com/actualidad/politica/oficialismo - y - oposicion - miden-fuerzas-tras-abrogacion-de-la-ley-1386-328101, accessed March 7, 2022.

政府的大规模群众集会，从而出现了执政党的拥护者和反对者对峙的局面，社会冲突加剧。

四　外交形势

2021 年，温和而务实的阿尔塞政府在外交方面遵循"恢复与发展"理念，恢复临时政府断绝的外交关系，巩固与古巴、中国、俄罗斯和委内瑞拉等国家的传统友好关系；加强与智利、阿根廷等邻国的关系；在国际社会倡导绿色发展与生态一体化合作模式，批判旧资本主义发展方式，提高本国在国际舞台上的作用。

阿尔塞政府认为，2021 年智利总统博里奇的执政标志着两国"外交关系新阶段"的开始。[1]尽管玻利维亚出海口问题是其"不可剥夺的"诉求，但在新的玻智关系中，阿尔塞政府不再优先强调这一问题，而是致力于同智利开启建设性对话，优先关心贸易问题。2021 年，为恢复并加强与智利的双边经贸合作，双方签署了 2021 年发展路线图协议，为两国经济一体化奠定基础，这可能成为双边关系的"转折点"。[2] 2021 年，玻利维亚还和阿根廷签署了《合作、融合和兄弟情谊总协议》，确定了未来十年的双边关系走向。[3]

玻利维亚重视多边外交和区域合作，倡导反对旧资本主义发展方式的绿色发展与生态一体化合作模式。2021 年，玻利维亚呼吁将南美洲国

---

[1] "Bolivia, Entre el Optimismo y la Prudencia ante el Triunfo de Boric en Chile", Bolivia, 24 de diciembre de 2021, https：//www. bolivia. com/actualidad/internacionales/bolivia－entre－optim ismo－y－prudencia－ante－el－triunfo－boric－en－chile-332741, accessed March 7, 2022.

[2] "Bolivia y Chile Prevén Reanudar Diálogo Económico a Finales de Abril", Bolivia, 25 de mayo de 2021, https：//www. bolivia. com/actualidad/internacionales/bolivia－y－chile－preven－reanudar－dialogo-economico-finales-de-abril-301476, accessed March 7, 2022.

[3] "Canciller Argentino Viaja a Bolivia para 'Intensificar' la Relación Política", Bolivia, 10 de mayo de 2021, https：//www. bolivia. com/actualidad/internacionales/canciller－argentino－viaja－a－bolivia－para-intensificar-relacion-politica-299022, accessed March 7, 2022.

家联盟转变成一个反资本主义、反新自由主义和反殖民身份的联盟。[①] 另外，在尚未以正式成员身份加入南方共同市场的情况下，玻利维亚在2021年纪念南方共同市场成立30周年峰会上积极提出新的南方共同市场发展理念，呼吁建立一个"与地球母亲和谐相处"的南方共同市场。[②] 阿尔塞总统在2021年4月召开的伊比利亚美洲峰会上谴责资本主义生产方式和分配方式导致人类与自然的平衡关系破裂。在纪念国际地球母亲日和拉巴斯市"帕查玛玛天然产品"博览会上，阿尔塞又指出，"地球母亲正受到疯狂的资本主义发展体系的威胁"。[③] 阿尔塞总统还提议创建"地球母亲经济"，在全球建立并发展绿色经济和生态经济，作为应对气候变化和在所有人之间更好地分配资源的替代方案，以解决富裕国家发展模式造成的环境危机，使富国和贫国之间更加平衡发展。[④] 玻利维亚副总统戴维·乔克万卡2021年6月在世界环境日和"联合国生态系统恢复十年（2021~2030）"倡议会议上，再次强调全球视野，呼吁世界范围的绿色合作。[⑤]

中玻合作一直践行全方位、多层次模式。2021年，为帮助玻利维亚抗击疫情，中国政府除提供医用口罩、呼吸机、检测试剂盒、防护服、中成药、红外线测温设备、移动野战医院等医疗物资外，还积极提供疫苗帮助玻

① "La Política Exterior Boliviana Retoma la Ruta Progresista", Bolivia, 10 de noviembre de 2021, https：//www. bolivia. com/actualidad/politica/politica-exterior-boliviana-retoma-ruta-progresista-327311, accessed March 7, 2022.

② "Bolivia Pide un Mercosur que Esté 'en Armonía con la Madre Tierra'", Bolivia, 17 de diciembre de 2021, https：//www. bolivia. com/actualidad/internacionales/bolivia – pide – mercosur-que-este-en-armonia-con-la-madre-tierra-332065, accessed March 7, 2022.

③ "Desarrollo Capitalista 'Salvaje' Amenaza la Madre Tierra y la Vida, Dice Arce", Bolivia, 22 de abril de 2021, https：//www. bolivia. com/actualidad/nacionales/desarrollo – capitalista – salvaje-amenaza-madre-tierra-y-vida-dice-arce-305055, accessed March 7, 2022.

④ "El Presidente de Bolivia Propone Crear la 'Economía de la Madre Tierra'", Bolivia, 24 de abril de 2021, https：//www. bolivia. com/actualidad/politica/presidente – de – bolivia – propone – crear-economia-de-la-madre-tierra-305230, accessed March 7, 2022.

⑤ "Bolivia Alerta de que 'la Vida Está en Riesgo' a Causa de la Contaminación", Bolivia, 4 de junio de, 2021, https：//www. bolivia. com/actualidad/nacionales/bolivia – alerta – que – vida – esta-en-riesgo-a-causa-de-contaminacion-309396, accessed March 7, 2022.

利维亚推行疫苗接种计划。2021 年 2 月，首批中国国药新冠疫苗抵达玻利维亚，该国成为海外第三个、南美洲首个批准国药疫苗注册上市的国家。中国是玻利维亚最大的新冠疫苗供应国，占其新冠疫苗供应的 2/3，帮助其实现了全国医护人员和有基础病易感染人群全覆盖，大大提高了玻利维亚的疫苗接种率。

能源和矿业一直是中玻双方合作的重点领域，2021 年两国在锂矿和钢铁等多个领域的合作得以深化。早在 2019 年，玻利维亚锂矿公司（YLB）与中国新疆特变电工集团宝成联合体签署了成立合资企业的协议，旨在将波托西、奥鲁罗等地盐滩的锂储量工业化。2019 年 11 月阿涅斯临时政府上台后中玻谈判中断，2021 年 7 月中玻恢复谈判，致力于共享技术，推动玻利维亚锂资源工业化。同时，中钢集团与穆通钢厂也恢复了生产。该厂由中钢集团承建，是中玻两国重点产能合作项目，2019 年 1 月开工，但 2020 年 1 月因玻利维亚政权更迭和新冠肺炎疫情等停工。阿尔塞政府执政后，明确提出加快穆通钢厂项目建设，推进矿业的工业化。穆通钢厂成为玻利维亚工业化的示范项目和中玻两国合作的典范。

2022 年，玻利维亚经济将持续缓慢增长，但可能陷入包括公共卫生危机在内的多重危机带来的经济三重困境，即结构困境、发展困境和政策困境。政府在经济、社会、国际层面上的政策空间将逐渐缩小，中央政府和反对派控制的地方政府在政策优先事项上的冲突将日益加剧，这些都是阿尔塞政府在新的一年里进行国家治理所面临的严峻挑战。随着国际局势变化和突发事件增多以及由此引发的能源和粮食等多重危机，阿尔塞政府也会面临不断调整应对策略的挑战。

（杨志敏　审读）

Y.18
厄瓜多尔：右翼政府加快贸易自由化进程

方旭飞*

摘　要： 2021 年，吉列尔莫·拉索当选总统，新旧政府实现平稳交接。政党高度碎片化阻碍了政府政策议程的顺利推进。厄瓜多尔经济缓慢复苏，石油收入大幅增长，财政赤字显著降低。毒品走私活动猖獗，国内安全形势恶化。在对外关系领域，拉索政府强调全球化、自由贸易和多边主义，加快推进加入太平洋联盟进程，积极寻求加入《全面与进步跨太平洋伙伴关系协定》。

关键词： 厄瓜多尔　大选　社会形势　贸易自由化

一　政治形势

2021 年 2 月 7 日，厄瓜多尔举行大选。在总统竞选第一轮投票中，右翼的创造机会运动（Movimiento Creando Oportunidades）和基督教社会党（Partido Social Cristiano）联盟候选人吉列尔莫·拉索（Guillermo Lasso）与左翼的希望联盟（Unión por la Esperanza）候选人安德烈斯·阿劳斯（Andrés Arauz）分别以 32.72% 和 19.74% 的得票率位居第一和第二。在 4 月 11 日举行的第二轮投票中，拉索以 52.49% 的得票率击败阿劳斯，当选总统。2021 年 5 月 24 日，拉索就任总统职位，任期至 2025 年 5 月。

---

* 方旭飞，中国社会科学院拉丁美洲研究所马克思主义理论与拉美政治研究室副研究员，主要研究方向为拉美政治、拉美左翼和社会运动。

新一届国会于 2021 年 2 月 7 日选举产生，5 月 14 日正式成立。新一届国会的政党构成发生了变化，碎片化程度加深。15 个党派分享了国会 137 个席位，比上一届国会增加 3 个党派，但是没有一个政党获得多数席位。中左翼政党成为主导政治力量，其中，希望联盟占 49 席，为国会第一大党；帕恰库蒂克多民族团结运动（Movimiento de Unidad Plurinacional Pachakutik）获 25 席，是该党历史上席位数最多的一次；民主左派党（Partido Izquierda Democrática）获 18 席。右翼方面，执政党创造机会运动党只有 12 席，执政党的盟党基督教社会党获 17 席。其余席位由其他不同意识形态和政治光谱的 10 个政党获得。科雷亚政府时期的执政党主权祖国联盟运动（Movimiento Alianza PAIS）由于政治内耗而分崩离析，在上一届国会中有 30 个席位，在此届国会中没有获得席位。

国会的高度碎片化、执政党在国会中席位不占多数对新政府的立法和决策形成严重阻碍。国会第一大党希望联盟在政治立场和政策主张方面与执政党严重对立，严重制约拉索政府的政策议程。拉索和执政党拉拢国会内其他两个重要左翼政党帕恰库蒂克多民族团结运动和民主左派党，并于 2021 年 5 月与其签署政治和政策协议，结成联盟。创造机会运动党、帕恰库蒂克多民族团结运动和民主左派党三个政党在选举新一届国会主席和国会行政委员会的过程中成功进行了合作，但由于明显的意识形态差异，在国有资产、税收、贸易自由化等领域的政策立场存在严重分歧，联盟难以长久。国会第二大党帕恰库蒂克多民族团结运动的内部分歧也日渐明显，逐渐分裂成支持议长瓜达卢佩·略里（Guadalupe Llori）并愿意与政府合作的温和派，以及支持该党主席莱昂尼达斯·伊萨（Leonidas Iza）的激进派。激进派得到国会内希望联盟和基督教社会党的支持，反对政府提出的税收改革和劳工改革，并试图弹劾议长。

新政府面临的首要任务是遏制新冠肺炎疫情、加快疫苗推广、进行结构改革和推动经济复苏。拉索在 2021 年 9 月 1 日执政 100 天之际，成功兑现了为 900 万名厄瓜多尔人（约占人口的 50%）全面接种疫苗的竞选承诺。根据民调机构 Cedatos 的数据，截至 2021 年 8 月 30 日，拉索的支持率达到

74%，与其前任莱宁·莫雷诺离任时只有9.3%的低支持率形成鲜明对比。① 但是由于执政党在国会中的弱势以及国会内党派分歧日益加深，新政府的政策议程不可避免地遭到了左翼政党的批评和反对。拉索被迫利用行政权力，使用"紧急法案"规则，即如果政府提交的"紧急法案"在30天内不能得到国会的审批，将自动生效成为法律。

除国会之外，公民参与和社会监督委员会内部也存在严重的派系斗争，危及政治秩序和稳定。公民参与和社会监督委员会是根据2008年宪法设立的除行政、立法、司法和选举委员会之外的第五种权力机关，主要负责任命国家选举委员会、总检察长、总审计长、监察专员、司法委员会委员等重要部门官员。拉索对该机构高度不满，在2021年4月提出将通过全民公投来决定是否解散公民参与和社会监督委员会。2022年2月，该委员会主席索菲娅·阿尔梅达（Sofía Almeida）被免职，由支持拉索政府的埃尔南·乌略亚（Hernán Ulloa）替代。反对党指责拉索干预公民参与和社会监督委员会的内部事务，希望联盟、基督教社会党和帕恰库蒂克多民族团结运动党的议员发起了针对埃尔南·乌略亚和该机构三名成员的弹劾动议。公民参与和社会监督委员会的人事变动和内部矛盾暴露出厄瓜多尔广泛的党派分歧，并对未来政局稳定产生了影响。

二 经济形势②

2021年，厄瓜多尔经济缓慢复苏，全年国内生产总值增长率为3.1%；人均GDP增长率实现了1.7%的正增长。2021年下半年，新冠肺炎疫情开始缓解，私人消费增长迅速反弹。疫苗的成功推广和全球供应链的重建为厄瓜多尔企业提供了更多的确定性，再加上出口市场表现强劲以及民众对政府信心增强等因素的带动，私人投资回升。

---

① EIU，*Country Report：Ecuador*，September 2021，p. 4.
② 除特别注明外，本部分数据均来自 CEPAL，*Balance Preliminar de las Economías de América Latina y el Caribe 2021*，Naciones Unidas，2022。

在财政方面，拉索政府的目标是恢复公共财政盈余、提高财政透明度、加强厄瓜多尔中央银行的自主性。据厄瓜多尔中央银行的数据，厄瓜多尔的财政赤字从 2020 年的逾 70 亿美元（占 GDP 的 7%）大幅下降到 2021 年的 37 亿美元（占 GDP 的 3.5%）。① 主要原因是经济复苏、税收增加、石油价格上涨以及 2020 年政府对 174 亿美元债券重组使债务清偿成本降低。2021 年 1~11 月，厄瓜多尔的税收同比增加 12 亿美元，达到 127 亿美元。2021 年 1~9 月，政府财政支出同比增长 11%，补贴和经常性转移支付的支出减少 7.2%，资本支出同比增长 43%，利息支出水平下降。2021 年 11 月 26 日，政府提出的税制改革法案在国会通过。该法案规定未来两年内对资产超过 100 万美元的个人和资产超过 500 万美元的公司征收一次性财产税。税收改革是国际货币基金组织提出的贷款条件之一，也有助于拉索政府缓解短期财政压力。

厄瓜多尔中央政府公共债务总额占 GDP 的比重由 2020 年 12 月的 59% 降至 2021 年 9 月的 57.1%。厄瓜多尔以外币计价的债务存量（以美元为主）占债务总额的 80%。非金融公共部门债务占 GDP 的比重 2019 年为 52.3%，2020 年为 63.1%。厄瓜多尔外债总额持续增加，2019 年年底为 526.68 亿美元，2020 年为 568.93 亿美元。2021 年 9 月，政府与国际货币基金组织达成协议，继续执行 2020 年 9 月签署的为期 27 个月、价值 65 亿美元的延长基金安排（EFF）。2021 年 8 月底，厄瓜多尔的国际储备为 52.17 亿美元。

厄瓜多尔实行美元化货币制度。2021 年 4 月 22 日，国会通过"捍卫美元化"紧急法案。该法案旨在吸引投资，提高流动性，加强中央银行自主性，增加国际储备，最终达到支持美元化的目的。根据法案，中央银行将设立两个政策和监管委员会。

厄瓜多尔是拉美地区通货膨胀率较低的国家之一，2021 年 6 月甚至出现负通胀率。2021 年下半年通胀率有所回升，截至 2022 年 1 月通胀率上升

---

① LatinNews, *Latin American Economy & Business*, March 2022, p. 7.

至 2.6%。从地区和全球的角度来看，这一通胀率仍然处于较低水平。[1]

在进出口贸易方面，拉索政府上台后采取了许多促进贸易自由化的措施，例如降低数百种产品的关税，其中 590 种产品的关税降至零，计算机零件、数码相机、汽车零部件、电信设备和机械等 50 种产品的关税降至 5%～10%（2021 年 8 月 1 日生效）。进一步推进贸易自由化的难点是取消"资本外流税"（Impuesto a la Salida de Divisas，ISD）。该税种于 2008 年设立，税率为 0.5%，2011 年提高到 5%，每年贡献近 10 亿美元税收收入（其中 2020 年占税收收入的 8%），是厄瓜多尔第三大税收来源。

2021 年，厄瓜多尔进出口总额同比实现较大幅度增长。出口总额为276.03 亿美元，其中商品出口总额为 258.66 亿美元，服务出口总额为17.37 亿美元；进口总额为 257.48 亿美元，其中商品进口总额为 225.44 亿美元，服务进口总额为 32.04 亿美元。出口增长的动力主要来自虾和矿产品等非石油部门，虾的月平均出口额为 5 亿美元，铜和黄金的出口也达到新高。疫情前，非石油部门进出口贸易经历多年赤字，2020 年下半年，疫情导致进口需求萎缩，非石油部门贸易才再次出现盈余。2021 年 1～11 月，随着经济逐渐复苏，进口激增，非石油部门重回赤字状态，赤字总额为 14 亿美元，但总体上仍低于疫情前的 2019 年同期（36 亿美元）。石油部门的贸易平衡恢复到正常状态，2021 年 1～11 月累计盈余 41 亿美元，与 2019 年同期的水平持平。石油收入的增长主要是因为石油价格上涨以及出口增加。2021 年，石油出口总额为 86 亿美元，高于 2020 年的 52 亿美元。[2] 2021 年，经常账户余额为 25.70 亿美元，与 2020 年基本持平。2021 年，厄瓜多尔侨汇收入为 20.09 亿美元，低于 2020 年的 33.38 亿美元。

厄瓜多尔投资吸引力不足，主要原因是营商环境较差、投资成本高、劳工市场僵化、人力成本高昂等。拉索政府提出在其四年任期内吸引 300 亿美元外国直接投资。为此，政府采取许多改善营商环境的措施，例如对所有行

① EIU, *Country Report：Ecuador*, March 2022, p. 23.

② LatinNews, *Latin American Economy & Business*, March 2022, p. 7.

业的新投资实施税收优惠、简化投资程序、实施劳工改革、增加自由贸易区数量、改革股票市场等。但是，政府承诺的实现遇到困境，截至 2021 年 9 月，厄瓜多尔吸引外国直接投资额只有 4.93 亿美元，相当于 2020 年同期的一半左右。①

2021 年 10 月 30 日，拉索向国会提交 2022 年预算。基于新冠肺炎疫情逐步缓解的前提，预计厄瓜多尔经济将在 2022 年进一步复苏，全年 GDP 增速可达到 2.6%。财政预算收入将从 2021 年的 227 亿美元左右增长至 261 亿美元，增幅为 15% 左右。政府冻结燃料价格后导致燃料补贴成本增加了 40%，预算支出将增加 2.2%，达到 339 亿美元，预算赤字将占 GDP 的 3.5%。如果政府能提高所得税和财富税收入，公共财政赤字将大大缩小。上述预算是在假设 2022 年原油平均价格为 59 美元/桶的前提下做出的。鉴于 2022 年年初国际市场石油价格持续上涨，厄瓜多尔财政预算收入可能高于政府预期。另外，随着经济逐渐复苏，公共债务占 GDP 比重将持续下降。②

三 社会形势

厄瓜多尔是拉美地区新冠肺炎疫情比较严重的国家，死亡率高达 4.22%。截至 2022 年 3 月 5 日，厄瓜多尔共确诊新冠肺炎病例 836216 例，死亡病例为 35264 例。由于新冠病毒变体"奥密克戎"快速传播，2022 年 1 月，厄瓜多尔确诊病例激增，共有 182620 人确诊，是疫情发生后确诊人数最多的月份，几乎所有城市的疫情防护级别都提高到最高的"红色"级。③即便如此，拉索政府采取的封锁措施也仅限于关闭学校、禁止举行大型户外集会等。拉索政府积极推进新冠疫苗接种，2021 年年底要求 5 岁以上的厄

① LatinNews, *Latin American Regional Report*: *Andean Region*, February 2022, p. 11.
② EIU, *Country Report*: *Ecuador*, December 2021, p. 23.
③ "Ecuador: COVID-19 Overview", Johns Hopkins University School & Medicine, Coronavirus Resource Center, https://coronavirus.jhu.edu/region/ecuador, accessed March 5, 2022.

瓜多尔人必须接种疫苗。截至 2022 年 3 月 5 日,厄瓜多尔已接种新冠疫苗共计 31996832 剂,完成全程接种的有 13565454 人,疫苗全程接种覆盖率为 78.08%。①

2021 年 1~9 月,厄瓜多尔失业率为 4.7%,比上一年同期下降 2.2 个百分点;女性失业率为 6%,男性失业率为 3.8%,均比上一年有所下降。同期,厄瓜多尔就业率为 62.5%,比上一年同期高出 6.8 个百分点,其中女性就业率为 50.6%,男性就业率为 74.8%,均高于上一年同期的数据。厄瓜多尔国家统计局的数据显示,2021 年 11 月,厄瓜多尔失业率为 4.4%,与 2020 年同期相比降低了 1.2 个百分点;女性失业率为 5.8%,男性失业率为 3.4%;从地域来看,农村地区的失业率明显较低,为 1.7%,城市地区的失业率为 5.8%;劳动力参与率为 66.5%,同比上升 1.5 个百分点;就业不足率上升了 0.4 个百分点,达到 24.5%。② 2021 年 1 月下旬,时任总统莱宁·莫雷诺在访美期间宣布了厄瓜多尔历史上最大的现金转移支付计划,决定向 57 万个因疫情而失业的家庭每户发放 500 美元补贴。

劳工改革是拉索政府的主要议程之一。但拉索政府的劳工改革条款会导致劳工市场更为灵活、损害工人利益而遭到反对派批评。2021 年 9 月,拉索政府试图将劳工改革与税制改革合并,一起提交给国会审议,但遭到国会行政委员会否决。2022 年 3 月,拉索政府就劳工改革启动了与厄瓜多尔总工会工人统一阵线(Frente Unitario de Trabajadores)的对话。

2021 年,劳工部以本国通货紧缩为由,宣布冻结工资,将最低工资维持在 2019 年和 2020 年的 400 美元。2021 年年底,拉索政府将 2022 年的全国最低工资提高至 425 美元,这是过去 8 年里增幅最大的一次。

厄瓜多尔安全形势持续恶化。近年来,贩毒组织活动猖獗,致使瓜亚基尔等沿海城市暴力犯罪案件激增。2021 年,全国凶杀案发生率达到 2012 年以来的最高点,为每 10 万人 13.13 起。此外,毒品帮派不断渗透进监狱系

---

① "Ecuador: COVID-19 Overview", Johns Hopkins University School & Medicine, Coronavirus Resource Center, https://coronavirus.jhu.edu/region/ecuador, accessed March 5, 2022.

② "In Brief: Unemployment Drops in Ecuador", *LatinNews Daily*, December 23, 2021.

统，使监狱系统成为毒品暴力的高发场所。厄瓜多尔监狱系统管理混乱，人满为患，全国 65 所监狱的关押人数大大超过设计容量，原本只能容纳 3 万名囚犯的监狱系统却关押了 3.9 万名囚犯，这也为毒品帮派渗透提供了条件。2021 年，厄瓜多尔多次发生监狱暴乱，300 多名囚犯在暴乱中死亡。①为打击毒品犯罪和应对监狱暴力事件，拉索政府承诺将维护公共安全作为行政部门的首要任务之一。2021 年 10 月，拉索宣布为期两个月的紧急状态，解除国防部长职务，任命新的监狱系统最高负责人，命令武装部队加强武装巡逻，促进警察和武装部队之间的合作，共同承担维护国内公共安全的责任。2022 年 1 月 24 日，拉索宣布在瓜亚基尔市增派警察和军事力量，对接受调查的官员提供法律支持，改革刑法以弥补阻碍警察工作的漏洞，以及改革驻军管理。拉索认为，厄瓜多尔需要来自哥伦比亚、以色列和美国等国的外国安全援助来打击贩毒组织。

四 外交形势

拉索政府推行务实的对外政策，强调全球化、自由贸易和多边主义。2021 年 9 月，拉索出席在墨西哥举行的拉美和加勒比国家共同体首脑峰会和在纽约举行的联合国大会，积极推动对外贸易。为推动贸易自由化进程，吸引外国直接投资，拉索政府积极推进国内政策改革，减少保护主义政策，降低关税税率。拉索政府还加快推进厄瓜多尔加入太平洋联盟进程，努力与更多的贸易伙伴签署自由贸易协定，积极寻求加入《全面与进步跨太平洋伙伴关系协定》（CPTPP）。在与主要贸易伙伴签署自由贸易协定方面，拉索政府将目标放在美国、中国和加拿大。

拉索政府继续与美国加强友好关系。2021 年 5 月 4 日，厄瓜多尔国会批准厄美贸易和投资委员会达成的贸易规则和透明度议定书，主要内容包括贸易便利化、简化贸易流程、制定中小企业优惠政策以及打击国际贸易中的

---

① LatinNews, *Latin American Regional Report: Andean Region*, February 2022, p. 2.

腐败行为等内容。厄瓜多尔还被列为美国"重建更美好世界"倡议的首批对象国之一。厄瓜多尔外交部长毛里西奥·蒙塔尔沃（Mauricio Montalvo）认为该倡议将促进厄瓜多尔基础设施、卫生、教育以及应对气候变化等领域的投资。2021年10月19日，美国国务卿安东尼·布林肯访问厄瓜多尔，与拉索总统就民主治理、禁毒合作、扩大双边贸易和投资机会、改善地区安全和人权、移民、应对气候变化等问题进行讨论，布林肯承诺美国将继续为厄瓜多尔的社会政策与基础设施提供经济援助和贷款。2021年上半年，美国超过欧盟成为厄瓜多尔最大的非石油产品出口国，出口额为15.6亿美元，主要产品为虾、香蕉、玫瑰、可可和黄金。①

拉索政府将尽快加入太平洋联盟视作本国迈向贸易一体化的重要步骤。厄瓜多尔与墨西哥于2020年启动自由贸易协定谈判，但进展缓慢。2021年5月厄瓜多尔国会批准与智利达成的贸易一体化协议之后，墨西哥成为唯一未与厄瓜多尔签署自由贸易协定的太平洋联盟成员国，也是厄瓜多尔加入太平洋联盟的唯一障碍。拉索执政后将与墨西哥缔结自贸协定作为工作重点，推动厄瓜多尔从太平洋联盟观察员提升为联系国。2021年8月23日，拉索总统访问墨西哥，与墨西哥总统洛佩斯·奥夫拉多尔就自由贸易协定进行谈判。9月，在出席拉共体首脑峰会期间，两国总统再次会晤，就自由贸易协定进行商谈。12月，洛佩斯·奥夫拉多尔承认，双边自由贸易协定谈判正在取得进展，但仍需就虾和香蕉关税做进一步协商。

拉索政府在加快加入太平洋联盟进程的同时，也积极申请加入《全面与进步跨太平洋伙伴关系协定》。厄瓜多尔于2021年12月提出加入申请，太平洋联盟4个成员国中智利、墨西哥和秘鲁已经是该协定成员，哥伦比亚也表示有兴趣加入。成为太平洋联盟和《全面与进步跨太平洋伙伴关系协定》成员，既可推进厄瓜多尔与各成员之间贸易制度的接轨，也可表明拉索政府对自由贸易的承诺，推动本国贸易自由化和投资便利化，扩大出口贸易和投资。

---

① EIU, *Country Report: Ecuador*, September 2021, p. 26.

　　厄瓜多尔与中国的关系迈向新的发展阶段。两国经贸合作成果显著，双边贸易增势明显。2021 年，中厄双边贸易总额为 109.5 亿美元，同比增长 44.5%，中国已连续两年成为厄瓜多尔第二大贸易伙伴。2021 年 9 月，中厄双方启动自贸协定联合可行性研究，并于 2022 年 1 月完成。商签自贸协定将有助于进一步深入挖掘中厄双边贸易潜力，促进双边贸易持续、稳定、多元化发展。2022 年 2 月 3 日至 6 日，拉索总统访华并出席北京冬奥会开幕式。2 月 5 日，习近平主席会见拉索总统，双方发表《中华人民共和国和厄瓜多尔共和国关于深化中厄全面战略伙伴关系的联合声明》，一致同意启动中厄自由贸易协定谈判。习近平主席指出，双方发表深化中厄全面战略伙伴关系的联合声明，将推动中厄关系进入新的发展阶段。[1] 拉索表示，自由贸易协定签订后，将有更多厄瓜多尔大虾、香蕉等优质产品出口到中国，这将为厄瓜多尔带来大量就业岗位，进而提振经济。[2]

（杨建民　审读）

---

[1] 《习近平会见厄瓜多尔总统拉索》，中华人民共和国外交部网站，2022 年 2 月 5 日，https://www.mfa.gov.cn/web/gjhdq_676201/gj_676203/nmz_680924/1206_681096/xgxw_681102/202202/t20220205_10639269.shtml，最后访问日期：2022 年 3 月 1 日。

[2] 《中国与厄瓜多尔正式启动自由贸易协定谈判》，中国贸易新闻网，2022 年 2 月 7 日，https://www.chinatradenews.com.cn/content/202202/07/c143954.html，最后访问日期：2022 年 3 月 1 日。

Y.19

乌拉圭：积极抗击疫情，稳步推进改革，寻求外交突破

贺双荣[*]

摘　要： 乌拉圭拉卡列政府的主要政治议程是推动市场化改革，落实
2020 年 7 月通过的综合性改革法案。但改革进展缓慢，阻力不
仅来自广泛阵线和中央工会等左翼反对力量，而且来自执政联
盟内部。在出口、投资和消费拉动下，乌拉圭经济呈现复苏性
增长，宏观经济保持基本稳定。随着疫苗接种的快速推进，2021
年上半年的新冠肺炎疫情得到缓解，经济和社会活动逐步恢复。
为减轻疫情对社会经济的影响，政府实施了一系列扶持政策，帮
助企业脱困，提振经济。在外交上，拉卡列政府积极推动南方共
同市场灵活性改革，启动与中国等域外国家的双边自由贸易谈判。

关键词： 乌拉圭　紧急审议法　自由贸易协定　南方共同市场

一　政治形势

2021 年，拉卡列政府的主要政治议程是落实 2020 年 7 月通过的综合性
改革法案——《紧急审议法案》（Ley de Urgente Consideración，LUC），促进
市场化改革，加强治安，提高经济竞争力。因新冠肺炎疫情被拖延的综合性
改革在起草新社会保障法的工作上取得初步进展。2020 年 11 月根据《紧急

---

　* 贺双荣，中国社会科学院拉丁美洲研究所研究员，主要研究方向为拉美国际关系、巴西外交。

审议法案》成立的社会保障专家委员会（CESS）在 11 月末完成了《乌拉圭养老金制度改革建议》报告。此项改革将进入由行政部门起草法律草案以及随后的辩论和议会审批程序。

　　然而，拉卡列总统的改革议程受到左翼反对党广泛阵线（FA）以及中央工会（PIT-CNT）等社会组织的强烈反对。双方的矛盾主要围绕两个问题。一是推动就废除《紧急审议法案》共 476 项条款中的 135 项举行全民公投。他们认为市场化改革有可能造成更大的不平等、贫困、排斥、工人养老金收入下降以及权力和财富的日益集中，反对限制罢工权利、扩大警察权力，在经济上反对削弱公共部门。广泛阵线和中央工会等社会组织先后于 2021 年 6 月 17 日和 9 月 15 日举行全国大罢工，要求就修改《紧急审议法案》的 135 个条款举行全民公投。广泛阵线和中央工会获得了 25% 注册选民的签名，12 月 8 日选举法庭同意在 2022 年 3 月 27 日就修改《紧急审议法案》条款事宜举行全民公投。根据 Cifra 2021 年 9 月的民调数据，反对《紧急审议法案》的公投获得通过的可能性不大，44% 的受访者反对修改《紧急审议法案》条款，只有 34% 的受访者支持修改《紧急审议法案》的条款。[①] 二是修订 1987 年林业法。为保障农业发展，广泛阵线推动修订 1987 年林业法，以限制商业林用地，使之不超过农业用地的 10%（现为 7%）。2020 年 12 月获得众议院通过的林业法遭到拉卡列总统的反对，认为修改 1987 年林业法将阻碍林业部门及造纸行业的发展。该法案于 2021 年 12 月 15 日在参议院获得通过后，遭到拉卡列总统的否决。这是拉卡列总统上台后否决的第一个法案。

　　执政联盟内部的政策分歧扩大。由五党组成的执政联盟——"多色联盟"中的第三大党即右翼的公开市政党（CA）在修订 1987 年林业法和起草新社会保障法问题上与广泛阵线联手。针对拉卡列政府的财政政策，除了公开市政党，执政联盟内的另外两党即中右翼的红党（PC）和中左翼的独立党（PI），要求扩大财政支出以应对新冠肺炎疫情引发的经济和社会危机。

① "URUGUAY：PIT-CNT Holds Third General Strike Against Government"，*LatinNews Daily*，September 16，2021.

尽管市场化改革进展缓慢且政策分歧较大，但拉卡列总统的支持率一直保持在历史高位，是乌拉圭1990年民主化恢复直选以来历届政府支持率最高的。[①]

二 经济形势[②]

2021年，乌拉圭经济从新冠肺炎疫情引发的衰退中复苏，GDP增长率达3.9%，但低于拉美国家6.2%的增长率。乌拉圭的经济增长是恢复性的，根据英国经济学人智库的数据，乌拉圭2021年第三季度的GDP水平仍比2019年第三季度低1%。经济增长主要由消费、出口和投资共同拉动。英国经济学人智库预计2021年乌拉圭的私人消费支出增长2.4%、政府消费支出增长9%、固定资产投资增长8%、商品和服务出口支出增长11%；从增长的部门构成看，农业增长4.5%、工业增长7.7%、服务业增长2%。[③]

拉卡列政府实施财政巩固政策，通过控制财政赤字的增长，将乌拉圭的信贷评级维持在投资级，吸引外国投资，实现可持续的财政目标。拉卡列总统承诺不提高税收，实现财政目标的主要手段是控制支出增长和促进经济增长。虽然新冠肺炎疫情加大了政府财政支出的压力，但在经济增长的推动下，2021年中央政府财政赤字占GDP的比重从2020年的5.3%降至2021年的4.7%。[④]

乌拉圭石油获取完全依赖进口，国际油价自2020年12月的持续上涨加大了乌拉圭的通胀压力。2021年8月30日，乌拉圭政府调整了燃料进口比价公式（PPI），燃料油价格小幅下降。截至2021年9月，乌拉圭过去12个月的平均通胀率为7.4%，高于3%~7%的目标区间，且高于拉美地区6.9%

---

① EIU, Country Report：Uruguay, 4th Quarter, 2021, p. 23.

② 如无特别说明，"经济形势"部分数据均来自CEPAL, *Balance Preliminar de las Economías de América Latina y el Caribe 2021*, Naciones Unidas, 2022。

③ EIU, *Country Report*：Uruguay, 4th Quarter, 2021, p. 8.

④ EIU, *Country Report*：Uruguay, 4th Quarter, 2021, p. 11.

的平均水平。未来，乌拉圭政府希望推动燃料价格改革法，降低能源价格，控制通胀，降低企业的经营成本。

通胀压力和美国收紧货币政策的预期给乌拉圭本币比索带来贬值压力。为此，乌拉圭中央银行（BCU）自 2021 年 8 月收紧了政策利率，至 2022 年 1 月连续 4 次加息，政策利率的总升幅达到 200 个基点。这缓解了比索自 2021 年 9 月出现的贬值压力，保持了汇率的基本稳定，1 美元与乌拉圭比索的比价从 2020 年的 1∶42. 34 下降到 1∶44. 01。① 由于高通胀及比索贬值压力，乌拉圭美元化水平居拉美国家前列，截至 2021 年 9 月，银行存款中约 76%为美元。②

预计 2021 年，乌拉圭公共债务总额占 GDP 的比重略有下降，从 2020 年的 78.6%下降到 77.1%，还本付息额占 GDP 的比重从 3%下降到 2.9%。③ 截至 2021 年 9 月，在乌拉圭中央政府的公共债务中，本币债务占 52%，美元债务占 44%。2021 年 12 月 31 日，国际评级机构穆迪和标准普尔对乌拉圭的评级与上年相比没有变化，而惠誉国际将乌拉圭的评级从 BBB-提升至 BBB。

2021 年，在大宗农产品需求增长和价格上涨带动下，乌拉圭商品出口出现创纪录增长，包括自由贸易区在内的商品出口额达 115.49 亿美元，比上年增长 43%，创乌拉圭 21 世纪委员会（Uruguay XXI）有统计以来出口增长纪录。其中，牛肉、纤维素和大豆出口额分别增长 55%、43%和 17%。由于巴西和阿根廷受干旱影响对能源需求增加，乌拉圭电力能源出口增长 632%，达 5.94 亿美元。④ 与此同时，经济复苏也带动了乌拉圭进口的增长，货物进口总额为 896.4 万美元（不包括石油及石油产品），同比增长 32%。

---

① EIU, *Country Report*：*Uruguay*, 4th Quarter, 2021, p. 9.

② "No Harm in Uruguay's Banking System Dollarized, Moody's Report Says", MercoPress, February 9, 2022, https：//en. mercopress. com/2022/02/09/no-harm-in-uruguay-s-banking-system-dollarized-moody-s-report-says, accessed March 1, 2022.

③ EIU, *Country Report*：*Uruguay*, 4th Quarter, 2021, p. 11.

④ "Informe Anual de Comercio Exterior 2021", Uruguay XXI, 3 de enero de 2022, https：//www. uruguayxxi. gub. uy/uploads/informacion/b3d5451b3ea37c8fe71eae875ebc3d18d0f10f2b. pdf, accessed March 4, 2022.

三 社会形势

乌拉圭曾被视为应对疫情的全球楷模之一，但受巴西、阿根廷等周边国家疫情恶化影响，2021年3月乌拉圭的疫情恶化。2021年5月11日，拥有350万人口的乌拉圭报告了2981例新冠肺炎确诊病例、37例死亡病例，超过3/4的重症监护床位被占用，乌拉圭成为世界上人均新增病例最多的国家之一（仅次于一些岛屿国家）。[①] 2021年3月23日，政府宣布将学校、俱乐部、健身房和业余运动场所关闭时间延长至4月30日，酒吧和餐馆则被要求在午夜结束营业。尽管科学顾问提出警告，但拉卡列政府没有实施严格的封锁措施，而是呼吁个人遵守卫生规定，以阻止病毒的传播。

与此同时，政府加快新冠疫苗接种。2021年2月25日，首批19.2万剂中国科兴疫苗抵达乌拉圭。2021年9月，乌拉圭完成第二剂新冠疫苗接种的人达72.67%，超过智利成为拉美国家接种新冠疫苗比重最高的国家。[②]到10月，疫情与年初相比大幅缓解。11月1日，乌拉圭向完成疫苗接种的游客重新开放边境。

疫情对乌拉圭社会发展造成损害。2020年，乌拉圭人均收入下降7.1%，贫困率和极端贫困率分别上升0.2个百分点和2.0个百分点。[③] 为促进经济复苏，帮助受疫情影响的企业恢复生产，乌拉圭政府在4月21日公布了财政支持和税收减免等一系列扶持措施，涉及旅游、交通、教育、文化、体育等行业。为此，政府将"冠状病毒基金"（Fondo Coronavirus）在2021年财政预算中单独列支，金额增加至9亿美元。[④]

随着经济加快复苏，乌拉圭劳动力市场改善，贫困率下降。根据国家统

---

① "URUGUAY：Gov't Rejects Imposing New Covid Restrictions"，*LatinNews Daily*，May 12，2021，

② "Mapa de la Vacunación en el Continente"，infobae，https：//www.infobae.com/america/coronavirus/vacunacion，accessed September 9，2021．

③ ECLAC，*Social Panorama of Latin America 2021*，United Nations，2022，p. 79．

④ "Uruguay Announces New Pandemic Support Measures"，*LatinNews Daily*，April 21，2021．

计局的数据，2021 年 10 月的失业率从上年同期的 11.2%降至 8%，已低于疫情前 2019 年 10 月的水平（8.8%）①，贫困人口的比重从 2020 年末的11.6%下降到 2021 年 6 月末的 10.2%，降低了 1.4 个百分点。

四　外交形势

乌拉圭一直对南方共同市场一体化及对外自由贸易谈判进程不满，拉卡列政府希望突破南方共同市场的束缚，推动南方共同市场的灵活性改革，允许成员国与第三国单独谈判自由贸易协定，增强乌拉圭的国际融入，为本国经济发展注入新活力。2021 年 2 月和 6 月，拉卡列总统先后访问巴西和巴拉圭，并在南方共同市场灵活性改革问题上得到了两国总统的支持。但阿根廷对此反对，认为这将危及南方共同市场的存在。由于南方共同市场成员国在改革问题上难以达成共识，拉卡列总统拒绝签署南方共同市场第 59 届首脑峰会声明。与此同时，拉卡列政府在南方共同市场之外启动了双边自由贸易谈判。2021 年 12 月 23 日，拉卡列政府宣布将于 2022 年 3 月启动与土耳其的自由贸易协定谈判。

乌拉圭与中国的关系取得积极进展。中乌在抗击疫情特别是在新冠疫苗上的合作成为构建"人类卫生健康共同体"的典范。虽然乌拉圭新冠疫苗接种晚于很多拉美国家，但在中国疫苗的帮助下，乌拉圭的疫苗接种比其他拉美国家速度更快、范围更广。2021 年 5 月末乌拉圭获得的 525 万剂、可为 75%的人口完成全程接种的新冠疫苗中，中国疫苗占到 75%。② 拉卡列总统还亲自接种了中国科兴疫苗。中乌共建"一带一路"合作取得新进展。2021 年 9 月 2 日，乌拉圭加入金砖国家新开发银行。2021 年 9 月 7 日，拉卡列总统宣布启动中乌自由贸易协定可行性研究。中乌贸易在 2021 年取得大幅增长。根据中国海关统计数据，2021 年中乌贸易总额为 64.81 亿美元，

---

① EIU，*Country Report*：*Uruguay*，4th Quarter，2021，p. 24.
② EIU，*Country Report*：*Uruguay*，2nd Quarter，2021，p. 26.

比上年增长 59.2%。其中，中国对乌出口额为 28.58 亿美元，同比增长 67.8%；中国自乌进口额为 36.23 亿美元，比上年增长 53%。中国再次成为乌拉圭最大的贸易伙伴，其中中国占乌拉圭商品出口总额的 28%。①

乌拉圭与美国保持密切关系，在委内瑞拉、尼加拉瓜等问题上与美国持相近立场。2021 年 1 月，日本外相茂木敏充访问包括乌拉圭在内的多个拉美国家，这是日本外相 35 年来首次访问乌拉圭，目的是庆祝乌日建交 100 周年，加强双边合作，两国签署了海关互助协议。2021 年 12 月，乌拉圭政府在日本发行了相当于 4.42 亿美元的武士债券。

拉卡列政府致力于开拓中东和中亚市场。2021 年 8 月，乌拉圭外长弗朗西斯科·布斯蒂略（Francisco Bustillo）访问土耳其，这是乌拉圭外长首次访问该国，乌拉圭将在安卡拉设立大使馆。8 月 17 日，乌拉圭和亚美尼亚宣布两国将在对方首都互设大使馆。12 月，拉卡列总统对卡塔尔进行为期 5 天的访问。

（谌园庭　审读）

---

① "Informe Anual de Comercio Exterior 2021", Uruguay XXI, 3 de enero de 2022, https://www.uruguayxxi.gub.uy/uploads/informacion/b3d5451b3ea37c8fe71eae875ebc3d18d0f10f2b.pdf, accessed March 4, 2022.

Y.20
巴拉圭：经济实现复苏，执政党赢得地方选举

王 淞*

摘 要： 2021年，得益于选前数月良好的经济表现，巴拉圭执政党赢得地方选举。在全球市场需求复苏和大范围新冠疫苗接种的推动下，巴拉圭经济实现4.6%的增长，扭转了连续两年负增长的局面。投资和贸易增速喜人，但通胀压力上升。不平等、贫困和有组织犯罪等社会问题依然突出，社会抗议活动频发。巴拉圭与南方共同市场邻国关系良好，积极通过对话解决分歧，与美国保持密切合作关系。

关键词： 巴拉圭 经济复苏 地方选举 社会问题

一 政治形势

（一）执政党赢得地方选举

2021年10月，受新冠肺炎疫情影响，巴拉圭举行了已被推迟一年的地方选举，各党派角逐261个市长席位和2781个市议会议员席位。尽管选举前发生了严重的政治暴力活动和对疫情管理不善的抗议，总统马里奥·阿夫

---

* 王淞，中国社会科学院拉丁美洲研究所区域合作研究室助理研究员，主要研究方向为拉美区域合作、中拉经贸关系、环境与气候变化。

多·贝尼特斯（Mario Abdo Benítez）所属的执政党红党（Partido Colorado）依然在全国范围内赢得了选举。官方统计显示，红党成功赢得162个市长席位，占比为62.07%；主要反对党真正激进自由党赢得62个市长席位，占比为23.75%。[①] 在市议会议员选举中，红党赢得61.60%的席位，真正激进自由党赢得24.78%的席位。[②]

执政党地位的巩固主要得益于巴拉圭逐渐从新冠肺炎疫情的影响中恢复，选前数月经济表现良好。但是，红党的选举胜利也存在隐忧。在首都亚松森市市长选举中，红党候选人奥斯卡·罗德里格斯（Óscar Rodríguez）仅以5%的微弱优势战胜真正激进自由党候选人爱德华多·中山（Eduardo Nakayama）。此外，红党在重要商业城市东方市和重要旅游城市恩卡纳西翁市的选举中败北，显示出地方反对派联盟对红党的挑战。

2023年4月，巴拉圭将举行包括总统、国会和所有17个州州长和州立法机构的选举。前财政部长圣地亚哥·佩尼亚（Santiago Peña）获得红党奥诺·科罗拉多（Honor Colorado）派的支持，有望成为红党总统候选人。针对大选，红党的策略是强化同公共部门工人和社团组织等传统力量的联系。真正激进自由党处于埃弗拉因·阿莱格雷（Efraín Alegre）和布拉斯·亚诺（Blas Llano）两个阵营的冲突之中。对于2023年大选，真正激进自由党有可能延续2018年的大选策略，同左派的瓜苏阵线（Frente Guasú）结盟；考虑到亲爱祖国党（Patria Querida）在2021年地方选举中表现不俗，真正激进自由党也有可能与之建立更加偏向中右的联盟。

（二）社会抗议活动频发

2021年巴拉圭社会抗议活动频发，主要围绕新冠肺炎疫情管理不善、政府官员腐败和有罪不罚、民众失业和贫困、世居民族社区受到的不平

---

① "Elecciones Municipales 2021-Resultados", TSJE, https://tsje.gov.py/elecciones-municipales-2021---resultados.html, accessed May 25, 2022.

② Carlos Guadarrama, Ximena León, *Paraguay Elecciones Municipales 2021*: *Análisis de Elecciones*, México, 2022.

等待遇等社会问题。2021 年 3 月初，巴拉圭新冠肺炎病例激增，卫生系统不堪重负，首都亚松森市经历了为期两周的大规模公众抗议活动。抗议者指出，政府未妥善使用 16 亿美元的紧急资金，存在大量腐败丑闻，医院病床、医疗用品和疫苗供应严重短缺。为了安抚民众，阿夫多总统宣布重组内阁，卫生、教育、妇女事务和民政等部门的部长相继辞职。2021 年 9 月和 10 月，医护人员和教师群体相继罢工，前者要求同工同酬，增加医疗保健预算；后者要求政府按规定提高教育部门的工资水平。此外，2021 年 9 月，国会通过《扎瓦拉-里埃拉法》（第 6.830/21 号法律），针对土地侵占行为制定了更加严厉的处罚规定。社会组织对此表示谴责，认为该法律将助推对世居民族和农民社区的驱逐浪潮。数千名农民和世居民众在亚松森街头举行抗议活动。12 月，约上万名街头示威者呼吁政府尊重世居民族和农民的土地权，停止强行驱逐世居民族和农民社区，废除《扎瓦拉-里埃拉法》。

二　经济形势[①]

（一）经济实现复苏，通胀压力上升

据联合国拉美经济委员会的数据，2021 年巴拉圭经济增长 4.6%，扭转了连续两年的负增长。这一方面得益于全球市场需求复苏，黄豆、大豆油、牛肉等大宗商品价格上涨。另一方面，巴拉圭开展了大范围的新冠疫苗接种，有效推动了制造业、建筑业和服务业活动的复苏。至 2021 年第三季度末，巴拉圭建筑业同比增长 16.9%，制造业和服务业分别增长 8.6% 和 7.6%，农业则因为全国性干旱的影响下滑 8.8%。从季度经济走势来看，第三季度经济同比增长 4.4%，低于上季度 13% 的增速，这反映了干旱对水力

[①] 除特别说明，本部分数据来自 CEPAL, *Balance Preliminar de las Economías de América Latina y el Caribe 2021*, Naciones Unidas, 2022。

发电的严重影响以及较高的比较基数。前三季度支出主要由固定资本形成和家庭消费驱动，两者增速分别为22.2%和5.6%。

2021年底，中央政府财政赤字占国内生产总值（GDP）的2.5%。剔除价格影响，财政收入相比2020年实际增长8.7%，反映了经济复苏带来的税收收入增长（实际增长10.5%）；财政支出实际下降3.3%，原因在于社会应急支出减少。巴拉圭政府主要通过发行债务应对财政赤字。截至2021年年底，巴拉圭公共债务余额达到136.31亿美元，相当于GDP的33.8%，其中外债占87%。预计巴拉圭中央政府财政赤字在2024年以前将保持在《财政责任法》所规定的"占GDP的1.5%"的目标内。中长期内，巴拉圭需要通过削减公共开支、改善税收管理等方式减少财政赤字。

2021年，巴拉圭通货膨胀率达到6.8%，突破了政策目标区间的上限（6%），主要是受需求升温、食品和能源价格上涨的驱动。随着通胀上升，巴拉圭央行逐渐收紧了货币政策，2021年8~12月，参考利率提高了500个基点，增加到5.25%。但由于政策传导的滞后性，截至11月，平均贷款利率为12.2%，低于2020年同期的13.6%；平均名义存款利率为2.9%，低于2020年同期的3.8%。广义货币总量（M2）增长6.8%，远低于2020年19.6%的增长速度。同时，在政府经济刺激措施的推动下，私营部门贷款的名义增长率达到9.6%，高于2020年同期的8.0%。

2021年，巴拉圭货币瓜拉尼对阿根廷比索和巴西雷亚尔分别升值35.20%和5.13%，对美元和欧元分别贬值0.28%和3.48%。[①]瓜拉尼对主要贸易伙伴（阿根廷和巴西）货币的贸易加权名义汇率年均贬值1.1%，小于2020年同期的11.1%。

在就业方面，2021年前三季度巴拉圭的劳动力市场参与率逐渐下滑，由72.9%下降至71.4%，第四季度反弹至72.1%，但比2020年同期下降0.3个百分点。第四季度失业率为6.8%，较上年同期下降0.4个百分点，

---

① 数据来自 Exchange Rates UK，https：//www.exchangerates.org.uk。

主要得益于贸易、餐饮、酒店和制造业中大型企业就业人数的增长。截至2021年底，巴拉圭的劳动力市场指标仍未恢复到疫情前的水平，与2019年同期相比，劳动力市场参与率下降了0.8个百分点，就业率下降了1.6个百分点，失业率则上升了1.1个百分点。[1]

联合国拉美经济委员会预测，2022年巴拉圭经济增长率将下滑至0.7%。该机构对巴拉圭经济增长预期下调主要是考虑到乌克兰危机、国际能源和化肥价格上涨、疫情和持续性干旱等风险因素的影响。随着国内需求的减弱和货币政策的发力，巴拉圭的通胀率可能有所缓和，但预计仍将高于央行目标区间上限。

（二）投资和贸易增长势头良好

据美国传统基金会发布的"2022年经济自由度指数"，巴拉圭排名第73位，较上一年度排名上升11位，得分高于地区平均水平，属于"中等自由经济体"。[2] 巴拉圭税收负担很轻，营商环境较好，其优势主要体现在经济政策预期、外商投资环境、法律和行政激励措施、央行政策可信度和通胀预期等方面。

2021年，巴拉圭吸引了来自10个国家和地区的直接投资，总金额达到33.15亿美元，提供了4.20万个就业岗位，涉及19家外资企业。[3]

2021年，巴拉圭的商品和服务出口额为158.23亿美元，同比增长30.53%；进口额为150.84亿美元，同比增长38.97%。货物进口额和出口额分别为139.79亿美元和130.38亿美元，巴西、阿根廷、智利、俄罗斯和

① "Principales Indicadores del Mercado de Trabajo al 4to. Trimestre 2021", Ministerio de Trabajo, Empleo y Seguridad Social (Paraguay), https://www.mtess.gov.py/application/files/9116/4623/2119/Principales_indicadores_de_empleo_4to.Trimestre_2021_.pdf, accessed May 21, 2022.

② "2022 Index of Economic Freedom-Paraguay", The Heritage Foundation, https://www.heritage.org/index/country/paraguay, accessed June 17, 2022.

③ Informativo Semanal de la Red de Inversiones y Exportaciones del Paraguay (REDIEX), *Expectativas y Clima de Negocios Favorables*, https://drive.google.com/file/d/1t_BdMIECEaynFaagZ-dUn6P0V4cszU9/view, accessed June 17, 2022.

美国是主要出口对象国，中国、巴西、阿根廷、欧盟国家和印度则是主要进口来源地。巴拉圭进口以工业制成品为主。2021年，工业制成品进口额达98.6亿美元，同比增长31.7%，以电子、机械、化肥产品为主。大豆和牛肉及牛肉制品是巴拉圭的主要出口产品。根据美国农业部数据，在2020~2021年销售年度（2020年9月至2021年8月），巴拉圭是全球第六大大豆生产国和第三大大豆出口国。2021年巴拉圭出口大豆632.9万吨，同比下降4.4%；但是由于单位价格攀升，出口总额达29.75亿美元，同比增长38.6%。巴拉圭大豆的主要出口对象是阿根廷（占71.8%）和巴西（占11.9%）。受到持续干旱的影响，2021~2022销售年度巴拉圭大豆产量将下降57.6%。① 巴拉圭是全球十大肉类出口国之一，具有较强的肉类产品竞争力。2021年，巴拉圭出口牛肉32.67万吨，同比增长20.5%；出口总额达15.99亿美元，同比增长43.3%；主要出口对象是智利（占41.4%）、俄罗斯（占24.3%）、中国台湾地区（占9.3%）和巴西（占9.1%）。②

三 社会形势

巴拉圭的社会问题主要体现在不平等、贫困和犯罪等方面。2002年以来，巴拉圭的收入集中度持续下降，基尼系数从2002年的0.584下降至2019年的0.473，2020年基尼系数进一步下降至0.452，主要是因为疫情期间最贫穷人口的劳动收入损失比其他群体小。同时，政府的疫情紧急转移支付推动基尼系数下降1.3%，也减轻了收入不平等状况。③ 巴拉圭的土地所有权分布是世界上最不平等的。缺乏土地所有权的世居民族社区和农民社区面临被强制驱逐的风险，引发社会对立和冲突。据世界银行《2022年女性、

① "Oilseeds: World Markets and Trade", United States Department of Agriculture, https://www.fas.usda.gov/data/oilseeds-world-markets-and-trade, accessed June 18, 2022.

② "Estadísticas de Exportación", Servicio Nacional de Calidad y Salud Animal (Paraguay), https://www.senacsa.gov.py/index.php/Temas/estadisticas/estadisticas-por-tema/exportacion, accessed June 18, 2022.

③ ECLAC, *Social Panorama of Latin America 2021*, United Nations, 2022.

商业和法律》报告，在性别平等法律方面，巴拉圭得分为 94.4 分（满分 100 分），远超拉美地区的平均分 80.5 分，位列地区第二。[①] 但在就业方面，巴拉圭的性别不平等问题依然突出，2020 年的女性失业率（7.9%）高于男性（5.5%），女性就业率由 2010 年的 50% 上升至 2020 年的 54.4%，但仍然显著低于男性就业率（80.4%）。职业女性平均收入比男性少约 16%。与男性相比，女性在获得管理职位方面仍有很大差距。[②]

在减贫方面，巴拉圭的贫困率由 2002 年的 47.9% 持续降至 2019 年的 19.4%，极端贫困率由 17.6% 下降至 6.2%。2019～2020 年，受疫情影响，人均收入减少 12.1%，极端贫困率下降 0.2 个百分点，贫困率上升 2.9 个百分点。[③] 2020 年 10 月，巴拉圭出台了 2020～2030 年国家减贫计划，致力于改善处于贫困和脆弱境况的个人、家庭和社区的生活质量，减少各种形式的贫困现象。

巴拉圭整体社会治安不容乐观。该国是世界上最大的非法武器贸易国之一。大麻是巴拉圭最重要的犯罪经济，大麻非法流入巴西、阿根廷、玻利维亚、智利和乌拉圭等邻国。近年来，巴拉圭加强了对大麻作物的根除和缴获。巴拉圭的洗钱活动猖獗，犯罪分子往往以赌场、货币兑换所等合法业务为幌子进行洗钱和其他非法活动。2019 年，巴拉圭通过了一套针对洗钱的新法规，着重改善金融部门的风险管理系统。

疫情冲击下，巴拉圭医疗卫生系统的脆弱也暴露出来。截至 2021 年年底，巴拉圭累计新冠肺炎确诊病例达 466101 例，累计死亡病例为 16624 例，每千人死亡病例为 2.30 人，略低于拉美平均水平（2.37 人）；巴拉圭 40.8% 的人口完成了新冠疫苗的全程接种，低于拉美地区平均水平。[④] 巴拉圭是拉丁美洲人均卫生支出最低的国家之一。

[①] The World Bank, *Women, Business and the Law 2022*, Washington, D. C., 2022.

[②] "Emplea Igualdad", Ministerio de Trabajo, Empleo y Seguridad Social (Paraguay), https://mtess. gov. py/application/files/1516/4570/3129/REVISTA_ EMPLEA_ IGUALDAD_ MUJER_ TRABAJADORA_ 24_ FEB_ 2022. pdf, accessed June 5, 2022.

[③] ECLAC, *Social Panorama of Latin America 2021*, United Nations, 2022.

[④] "Paraguay: Coronavirus Pandemic Country Profile", Our World in Data, https://ourworldindata.org/coronavirus/country/paraguay, accessed May 24, 2022.

四 外交形势

2021 年 1 月 22 日，阿夫多总统任命内政部长欧克利德斯·阿塞韦多（Euclides Acevedo）转任外交部长。阿塞韦多曾担任参议员、驻外大使、工业和商业部长等职务。阿塞韦多面临的主要挑战是与巴西当局重新谈判《伊泰普条约》（Tratado de Itaipú）的附件 C 条款，其次是推动对外贸易和开拓新市场。

巴拉圭致力于同邻国保持良好的关系，积极倡导区域合作。作为南方共同市场成员国，巴拉圭一直积极争取南方共同市场的现代化，呼吁南方共同市场加快同其他经济体的商贸谈判，降低共同对外关税。

巴拉圭与巴西双边关系发展良好。就打击边境地区的有组织犯罪，两国开展了一系列合作。例如，2021 年 8~9 月，两国开展联合行动，在巴拉圭阿曼拜省清剿了 673 吨大麻。为了加强边境设施联通，两国正在推进两座跨国大桥的建设，其中连接巴拉圭弗朗哥总统城（Presidente Franco）和巴西伊瓜苏市（Foz do Iguaçu）的跨国大桥有望在 2022 年内建成。当前两国外交的症结是《伊泰普条约》的重新谈判。巴拉圭希望维持 22.60 美元/千瓦·月的电价，而巴西则援引条约的附件 C 条款，寻求将电价降低到 18 美元/千瓦·月。随着贷款结清，巴拉圭和巴西将就水电站后续收入的分配做进一步谈判。

2021 年，巴拉圭与阿根廷双边关系主要围绕重启两国边界谈判展开。2020 年 3 月以来，两国边境口岸因新冠肺炎疫情而被迫关闭，给巴拉圭边境居民的工作和生活造成了极大的不便。2021 年 10 月，经过协商，两国开放了部分边境口岸，重启边境陆路客运服务；到 12 月底，两国边境上仍有 10 多个口岸有待开放。

另外，巴拉圭同美国在政府、商业和个人层面保持广泛的联系。近年来，两国在打击有组织犯罪、反腐败、应对疫情、可持续发展等方面开展了深入合作。例如，2021 年 4 月，美国向巴拉圭提供全球旅行者检查系统

（ATS-G），以提高后者识别走私犯或外国恐怖分子等高风险旅客的能力；8月，美国财政部外国资产管制处（OFAC）基于《全球马格尼茨基人权问责法》对3名涉嫌腐败、洗钱、走私等非法活动的巴拉圭人及5家相关实体实施金融制裁。

（杨志敏　审读）

Y.21
哥斯达黎加：疫苗接种保障经济复苏

徐 睿*

摘 要： 2021 年，哥斯达黎加各党派备战次年大选，民族解放党候选人菲格雷斯暂时领先，反腐和争夺剩余选票是焦点议题。经济方面，经济增速强劲，金融和银行业稳定，核心产业复苏，但旅游业复苏充满变数；贸易赤字和财政赤字下降，但政府刚性公共支出增加不利于财政稳定。社会方面，贫困率和失业率下降，疫苗供应不足拖累接种率。对外关系上，哥斯达黎加正式成为经济合作与发展组织成员国，同时呼吁国际社会重视海地难民问题。

关键词： 哥斯达黎加 总统大选 经济复苏 疫苗接种

一 政治形势

（一）总统初选结果陆续公布

2021 年哥斯达黎加各政党相继提名总统候选人，为 2022 年总统和立法大会大选备战。来自执政党公民行动党（PAC）的韦尔莫·拉莫斯（Welmer Ramos）、中间派民族解放党（PLN）的何塞·玛丽亚·菲格雷斯（José María Figueres）、保守派基督教社会团结党（PUSC）的里内特·萨博里奥（Lineth Saborío）、保守派基督教新共和党（PNR）的法布里西欧·阿

---

* 徐睿，中国社会科学院拉丁美洲研究所助理研究员，主要研究方向为拉美国际关系。

尔瓦拉多（Fabricio Alvarado）在 27 位总统候选人中相对热门。菲格雷斯以 17% 的支持率领先其他三位。[①] 他在 2022 年 2 月 6 日首轮大选的前一周仍保持领先，但在 4 月 3 日举行的第二轮决选中意外败给了中间派民主社会进步党（PPSD）的候选人罗德里戈·查韦斯（Rodrigo Chaves）。

（二）反腐和大量剩余选票增加大选变数

大量剩余选票令大选存在变数。截至 2021 年 9 月 6 日，在大选民调中，53% 的选民尚未投票。[②] 随着尚未投票的占比缓慢下降，大选结果看似逐渐明朗。2022 年 1 月 21 日至 2 月 1 日，大选民调中未投票的选民占比从 41% 降至 32%。[③] 按先前估计，首轮选举如果获得 40% 以上选票，胜选概率很大。如果没有候选人获得超过 20% 以上选票，中间派菲格雷斯将对决萨博里奥或者阿尔瓦拉多。[④] 实际上，哥斯达黎加首轮选举后的变数不减反增，主要在中间党派内部。由于民众青睐中间党派，右翼政党内部存在分歧，为查韦斯的获胜埋下伏笔。

反腐成为大选前的重要议题。2021 年 11 月 15 日，哥斯达黎加总检察长办公室在一场名为"卡索·迪亚曼特"（Caso Diamante，又称"钻石行动"）的反腐案中逮捕数名地方要员。涉案官员被指控利用公共工程合同非法收受佣金。涉案官员多为地方市长，最有名的是圣何塞市市长和前总统候选人约翰尼·阿亚拉（Johnny Araya）。此案揭露了公共工程交通运输部和两家大型建筑公司间存在数十年之久的利益链。此次行动使反腐成为 2022 年 2 月大选前数月的热点议题。

尽管被捕官员来自不同政党，但间接影响不可避免，许多总统候选人转而支持反腐败讨论。近期抓捕行动未直接影响任何主要总统候选人，哥斯达

---

① EIU, *Country Report：Costa Rica*, September 6, 2021, p. 23.
② EIU, *Country Report：Costa Rica*, September 6, 2021, p. 24.
③ EIU, *Country Report：Costa Rica*, February 2, 2022.
④ 《哥斯达黎加总统选举无人胜出，将举行第二轮投票》，中华人民共和国驻哥斯达黎加共和国大使馆经济商务处网站，2022 年 2 月 6 日，http：// cr. mofcom. gov. cn/article/jmxw/202202/20220203281606. shtml。

黎加地方政治仍由传统政党中间派民族解放党和中右翼基督教社会团结党
把持。

二　经济形势

（一）金融和银行业稳定，私营部门信贷增长疲软

新冠肺炎疫情对哥斯达黎加金融和银行业影响有限。2021 年 9 月，哥
斯达黎加的不良贷款率为 2.61%，相比上年同期的 2.64% 略有改善，高于
2019 年 9 月的 2.47%。其中，不良贷款覆盖率为 165%，和疫情期间以及疫
情以前相比有所上升（2020 年 9 月为 149%，2019 年 9 月为 142%）。[①] 不良
贷款覆盖率提高表明银行贷款质量和疫情前相比有所恶化，银行需要增加风
险准备金以稳定局面。

哥斯达黎加通货膨胀水平低，信贷缓慢增长并非消极信号，在 2017 年
前这就是哥斯达黎加的常态。信贷增长疲软缘于信贷需求减少，而非供应减
少。根据哥斯达黎加央行（BCCR）的统计数据，私营部门信贷增长疲软，
2021 年 9 月仅增长 2.5%，尽管扭转了 2019 年 7 月至 2020 年 6 月信贷同比
下降的趋势，但仍低于 2019 年第一季度 5% 的平均增长率。[②]

（二）出入境人数小幅波动，旅游业复苏存变数

2021 年，哥斯达黎加核心产业增长前景乐观。和上年相比，政府解除封锁
或放松流动管制，推动疫苗接种。建筑业 GDP 季度环比增长 6.9%，科技服务业
季度环比增长 3.9%，运输业、批发和零售业和电力业季度环比增长显著。

哥斯达黎加出入境政策逐步宽松，2021 年旅游业总收入占其 GDP 总量
的 14%，美国是最大客源国。[③] 2020 年 8 月至 2021 年 3 月末，哥斯达黎加

---

① EIU, *Country Report：Costa Rica*, October 19, 2020, pp. 28-29.
② EIU, *Country Report：Costa Rica*, October 19, 2022.
③ Fitch Solutions, *Latin America Monitor：Central America*, March 2021, p. 3.

入境旅客人数下降 68%，仅为 100 万人；旅游业税收收入下降 66%，仅有 13.4 亿美元。① 随着美国—西班牙国际航线恢复，哥斯达黎加入境旅客数量自 2021 年 3 月缓慢恢复。

2021 年 1~8 月，入境总人数仅比 2020 年减少 10.4%，乘坐航班的旅客总数同比增长 13.3%，尽管旅游业增长水平低于疫情前，但 2019 年和 2021 年的差距逐步缩小。② 2021 年 7 月，疫情再度反弹使 8 月入境人数减少，9 月政府加强入境限制。至 2022 年初，政府的限制措施基本解除，规劝民众做好"生物防范措施"和避免聚集。③ 来自美国、加拿大以及欧洲的游客在刺激哥斯达黎加旅游业复苏的同时也加大了疫情传播风险。

（三）政府消费刺激内需，贸易赤字小幅缩小

国内消费低迷导致哥斯达黎加进口恢复较慢，亟须政府采取措施刺激消费。2021 年 1~6 月，哥斯达黎加出口额增长 26%、进口额增长 22%。④ 由于出口相对于进口的强劲增长，2021 年的贸易赤字占 GDP 的比重下降。受新冠病毒变异毒株扩散影响，加上政府实施紧缩的财政和货币政策，2022 年哥斯达黎加经济增速将趋缓。

2021 年哥斯达黎加出口增长有赖于其制造业和农业，制造业出口以医疗器材、药品和电子器件为主。农业出口增长主要是因为农业自身恢复力、出口商品价格涨幅明显。⑤

（四）降低财政赤字举措见效，但财政稳定性脆弱

哥斯达黎加政府采取多种措施降低财政赤字，取得初步效果。首先，

---

① EIU, *Country Report*: *Costa Rica*, October 19, 2020, p. 29.

② EIU, *Country Report*: *Costa Rica*, October 19, 2020, p. 29.

③ "Costa Rica: Central America Celebrates New Year's Eve with Few Restrictions", Telesur, December 31, 2021, https://www.telesurenglish.net/news/Central-America-Celebrates-New-Years-Eve-with-Few-Restrictions-20211231-0003.html.

④ EIU, *Country Report*: *Costa Rica*, August 13, 2021, p. 29.

⑤ Fitch Solutions, *Latin America Monitor*: *Central America*, June 2021, p. 3.

2021 年 1~6 月，哥斯达黎加税收同比增长 36.3%，高于 2019 年同期的 24.5%。税收增长得益于疫情缓和后经济的强劲增长。其次，2018 年末财政改革法案中的许多修正条款在 2019~2020 年生效。新法案效果在初期被疫情抵消，但最近数月效果渐趋明显。2021 年上半年哥斯达黎加财政赤字为 7450 亿科朗（约合 12 亿美元，是 2016 年以来最低水平），预计占 2021 年全年 GDP 的 1.9%，约为 2020 年同期（14000 亿科朗）的一半。[①] 再次，2021 年 7 月国际货币基金组织通过展期基金贷款能力协议（EFF）帮助哥斯达黎加降低公共部门财政成本。

受刚性的公共支出和不断上升的利息支付拖累，哥斯达黎加的财政稳定性趋弱。2021 年上半年政府支出增加 6.7%，高于 2019 年同期；公共部门人员报酬增长 8.1%，亦高于 2019 年同期，并且 2021 年利息款增加 29.6%。[②] 利息支付是支出增长的最大贡献者，占总支出的 23.5%。尽管公共支出实际增长落后于税收增长，但政府必须应对结构性挑战。

三　社会形势

（一）缴获毒品数量激增，跨国贩毒频繁

根据哥斯达黎加公共安全部长迈克尔·索托·罗哈斯（Michael Soto Rojas）的观察，该国缉毒数量自 2018 年后迅速增长，至 2021 年增长近两倍。警方在 2018 年共缴获 35.4 吨麻醉品，2020 年暴增至 71.2 吨。哥斯达黎加司法调查机构指出，2021 年 12 月中旬共缴获 70.6 吨可卡因和大麻，与 2020 年的数量大体持平。[③]

随着跨国贩毒日益隐蔽和高效，各国亟须联合打击毒品犯罪。哥斯达黎加 2021 年打击毒品犯罪卓有成效，除了安全机构执法效率提高外，还

---

① EIU, *Country Report：Costa Rica*, July 30, 2021, p.30.
② EIU, *Country Report：Costa Rica*, July 30, 2021, p.30.
③ EIU, *Country Report：Costa Rica*, January 19, 2022.

得益于哥伦比亚、巴拿马、美国的联合行动和情报分享。哥伦比亚可卡因产量激增推动毒品对外输出，而哥斯达黎加是这条运输链上重要的"集散地"。哥斯达黎加有效的缉毒行动使之逐步成为中美洲乃至北美禁毒的重要堡垒。

2021年哥斯达黎加持续跟踪并捣毁国际贩毒集团在其境内设置的多处秘密接应点。2021年7月，哥斯达黎加和西班牙有关部门联合在利蒙省查获一艘停泊在加勒比海莫因港的运毒船，船舱内有4吨可卡因即将运往欧洲和北美。另外，跨国贩毒的猖獗尚未影响哥斯达黎加国内的治安水平，2021年凶杀案等暴力犯罪案件数量为570起，和上年数据基本持平。可以预见的是，2022年哥斯达黎加国内安全机构的工作重心是提高和地区国家的合作水平，联合打击跨国贩毒。

（二）疫苗接种稳步推进，供应略显滞后

哥斯达黎加人口约510万人，该国全体免疫标准是全国总人口的70%完成全程疫苗接种，这至少需要780万支疫苗。2021年1～3月，哥斯达黎加新增确诊病例较少，当局在疫苗接种率上自我标榜为拉美第六。然而，2021年4月，哥斯达黎加境内相继发现新的新冠病毒变异毒株。哥斯达黎加大学警告："按目前感染率（R=1.22），5月底确诊病例总数将直逼3000人。"[1] 2021年8月25日，国家疫苗接种和流行病学委员会宣布将第一次和第二次接种时间从原来的12周缩短至8周。4月和9月两轮疫情高峰凸显哥斯达黎加疫苗接种和海运供应滞后的矛盾。10月，哥斯达黎加政府宣布增购350万支辉瑞疫苗。

截至2021年11月4日，哥斯达黎加全国有73%的人口至少接种一剂疫苗，超50%的人口完成全程接种。[2] 疫情管控工作也从"流行病应对"过渡至"流行病管理"。2021年10月，哥斯达黎加政府推出"疫苗护照计划"，

---

[1]　EIU, *Country Report：Costa Rica*, April 23, 2021, p. 27.

[2]　EIU, *Country Report：Costa Rica*, November 12, 2021, p. 26.

预计在 2022 年 1 月实行。"二维码疫苗系统"作为"疫苗护照计划"的核心将筛选出未接种疫苗的入境旅客。

（三）失业率缓慢下降，性别和社会不平等问题没有明显改善

疫情冲击哥斯达黎加就业情况，其中女性首当其冲。2020 年 12 月至 2021 年 2 月，女性失业率为 24%，男性失业率仅 14.1%，在其他大多数劳动力市场指标上女性与男性也存在巨大差距。[①] 尽管失业问题有所改善，但整体失业率依然高于疫情前水平。不过，随着经济缓慢恢复和财政整顿，哥斯达黎加的失业率很可能在 2021 年中期恢复至正常水平。受新冠疫苗的推出和消费市场复苏的影响，失业率从 2021 年第二季度的 18.1% 降至第三季度的 15.3%。[②] 但从长远来看，哥斯达黎加持续的高失业率背后的结构性因素将继续拖累经济增长，加剧性别和社会不平等。

四　外交形势

（一）加强地区合作应对难民危机

哥斯达黎加和巴拿马较早向邻国多米尼加伸出援手，共同应对海地难民危机。自 2020 年 8 月以来，海地非法移民迅速上升为国际问题。2021 年 10 月 20 日，哥斯达黎加时任总统卡洛斯·阿尔瓦拉多（Carlos Alvarado）与巴拿马总统劳伦蒂诺·科尔蒂索（Laurentino Cortizo）和多米尼加总统路易斯·阿比纳德尔（Luis Abinader）齐聚巴拿马城并签署一份联合声明，敦促美国及其盟友干预海地难民危机。由于来自南美的"移民大篷车"和人数激增的海地移民的最终目的地是北美，三国实际上成为抵御难民潮的最前线。

① EIU, *Country Report：Costa Rica*, April 16, 2021, p. 28.
② EIU, *Country Report：Costa Rica*, January 4, 2022.

难民问题的解决受美国对拉美政策的影响。哥斯达黎加希望美国将海地难民问题置于本国外交政策的优先项，但拜登政府不太可能做出改变，继续关注美墨边境移民问题。另外，哥斯达黎加新政府以边界冲突和尼加拉瓜政权日益转向威权主义为由，延续上届政府针对丹尼尔·奥尔特加总统（Daniel Ortega）的敌视政策。随着尼加拉瓜政治难民逃入哥斯达黎加的风险增加，哥尼关系在奥尔特加四年任期内（2022~2026年）将持续疏远。

（二）加入经济合作与发展组织，稳步推进贸易自由化

2021年5月25日，哥斯达黎加正式加入经济合作与发展组织（OECD），成为第四个加入该组织的拉美国家。哥斯达黎加自2015年以来便积极申请加入OECD，力求借此提升国家形象和投资吸引力。然而，该国短期财政困难依旧，吸引外资的好处有待观察。

哥斯达黎加稳步推进贸易自由化，以趋利避害。前总统阿尔瓦拉多反对加入由智利、哥伦比亚、墨西哥和秘鲁组成的地区性贸易集团太平洋联盟，以保护本国农业部门免受激烈竞争的影响。该国在部分农产品上持贸易保护主义立场，但在世界其他地区积极推进贸易自由化，推动同亚洲地区建立更紧密的贸易和投资关系，重点是同中国、新加坡、韩国签署双边自由贸易协定。

（郭存海　审读）

Y.22
尼加拉瓜：奥尔特加连续第四次当选总统

李 菡*

摘 要： 2021年尼加拉瓜举行大选，奥尔特加连续第四次当选总统。选举结果的合法性遭到质疑，奥尔特加政府承受国内外双重压力。由于国际需求恢复带来出口增加和国际市场价格回升，尼加拉瓜经济在2021年恢复性反弹。尼加拉瓜在教育、健康、基础设施、卫生等领域取得显著进步。尼加拉瓜与美洲玻利瓦尔联盟及中美洲一体化组织的关系继续深化，与美国的关系持续紧张。

关键词： 尼加拉瓜 总统大选 经济复苏

一 政治形势

自2018年爆发反政府抗议运动以来，尼加拉瓜面临较高的政治风险。持续至今的政治冲突仍未得到实质性解决。2019年3月，政府与抗议组织"公民联盟"和"全国蓝白联盟"达成政治协议，在2021年大选前进行整体改革。2020年10月，美洲国家组织大会提出一项决议，强调尼加拉瓜必须进行选举改革。为此，奥尔特加政府启动了一系列改革。2020年10月和12月，在政府的推动下，国会通过三项法律，即《外国代理者法》《网络犯罪法》和宪法修正案，禁止任何被政府视为不忠诚或对国家构成威胁的

---

* 李菡，中国社会科学院拉丁美洲研究所助理研究员，主要研究领域为拉美政治。

人竞选公职。2021 年 5 月，国会批准了《选举改革法》。《选举改革法》规定了对候选人的限制，取消选举观察并将选举控制权交给执政党。政府的选举改革引发反对派的争议。反对派认为，这些改革与美洲国家组织提出的要求背道而驰，选举修正案成为为奥尔特加连任提供支持的欺诈性工具。

2021 年 11 月 7 日，尼加拉瓜举行大选，选出总统、副总统、国会议员和中美洲议会议员。奥尔特加以 76% 的得票率再度赢得大选，这是自 2006 年以来奥尔特加连续第四次当选总统。第一夫人罗萨里奥·穆里略（Rosario Murillo）再度当选副总统。自 2007 年执政以来，奥尔特加不断加强行政权和对其他重要机构的控制，同时利用桑地诺民族解放阵线（以下简称"桑解阵"）占国会多数的优势取消对总统连选连任的限制，并在 2016 年实现夫妻共同执政。执政党桑解阵长期保持国会第一大党地位。在 2021 年大选中，桑解阵占国会的席位从 72 个增至 75 个（共 91 个），形成超过 2/3 多数席位的优势。此外，执政党桑解阵在多次市政选举中也占有绝对优势。

选举结果的合法性遭到质疑，奥尔特加政府承受国内外双重压力。美国、英国以及欧盟、美洲国家组织成员国等 40 多个国家拒绝承认选举结果。2021 年 1 月 16 日美国总统拜登发表声明，禁止尼加拉瓜总统奥尔特加、副总统穆里略以及数名部长和高级官员进入美国。英国和加拿大也宣布对尼加拉瓜多名政府官员采取新一轮制裁。

反对派力量薄弱和分散化，无力有效制衡桑解阵。自桑解阵再次成为执政党以来，尼加拉瓜的主要反对党制宪自由党（PLC）和独立自由党（PLI）影响力式微，在国会和地方政治中都未能对桑解阵形成挑战。2006~2021 年，制宪自由党获得的国会议席数从 25 个减少到 9 个，其中 2011 年仅获得 2 个议席；独立自由党获得的国会议席数从 26 个减至 1 个。反对党内部存在诸多分歧，党内领导人无法协调一致。同时，两大反对党之间的竞争多于合作，没有形成稳固联盟。2018 年抗议活动中产生的主要反对力量"公民联盟"与"全国蓝白联盟"的组织力量涣散、缺乏强有力的领导者，其政治影响力微乎其微，它们也未与传统反对党结成联盟。

尼加拉瓜将延续当前政治格局。总统目前完全控制警察并在军队享有较大影响力。如果政治、经济压力持续升级，奥尔特加能否继续执政将取决于国家安全力量的作用。

二　经济形势①

2018~2020 年，受到社会政治危机和新冠肺炎疫情的影响，尼加拉瓜经济连续三年持续萎缩。2021 年，国际需求恢复带来出口增加和国际市场价格回升，同时疫苗接种率上升改善了经济增长预期，消费和投资增加，尼加拉瓜的经济恢复性反弹，国内生产总值（GDP）增长率为 7.4%。②

2021 年，尼加拉瓜的公共财政表现为税收收入增加、支出谨慎，优先加大对健康领域的社会支出和对生产基础设施的投资。2021 年前 8 个月，公共债务余额占国内生产总值的比重为 67.5%，比 2020 年同期上升 2.7 个百分点。2018 年社会政治危机发生后，国际金融机构暂停对尼加拉瓜的贷款。然而，因疫情和飓风影响，2020 年尼加拉瓜获得的国外援助达到 12.35 亿美元，比 2019 年增加 25.9%。根据尼加拉瓜中央银行的数据，为尼加拉瓜提供援助的主要国际机构是中美洲经济一体化银行、国际货币基金组织、美洲开发银行、世界银行，援助资金主要投入建筑业，公共管理，教育，健康和社会服务，水、电、天然气，以及制造业。2021 年前 9 个月，尼加拉瓜获得的国外贷款达到 8.8 亿美元。

2021 年，尼加拉瓜各经济部门的表现呈现出分化态势。第一产业继续引领经济增长，呈现出较大韧性。服务业、制造业和建筑业恢复增长。第一产业中的矿业最具增长活力，2021 年前 9 个月，矿业和渔业分别增长 91.8% 和 27.7%。第二产业中较为突出的是制造业，增长率为 35.1%，尤其

---

① 除特别说明外，"经济形势"部分的数据均引自 Banco Central de Nicaragua, *Estado de la Economía y Perspectivas*, Octubre 2021。

② CEPAL, *Balance Preliminar de las Economías de América Latina y el Caribe 2021*, Naciones Unidas, febrero de 2021.

是食品加工业、石油衍生业等。由于公共基础设施项目和社会福利住房的建设，建筑业增长了28%。内需刺激和疫苗接种率上升带来的较好预期促使酒店和餐饮业增长52.1%。金融中介服务和其他服务业跌幅较大，分别增长-5%和-2%。在支出方面，基于良好预期带来的内需增长，2021年前9个月，总消费增加10.6%，其中个人消费和政府消费分别增长12.5%和2.7%。

在对外部门方面，尼加拉瓜贸易赤字持续增加。2021年前9个月，由于外部需求增加和出口产品价格上涨，出口增长17.9%，其中制成品和矿产品出口增长，农牧产品出口下降；进口增长了24.9%。2021年，尼加拉瓜侨汇收入为15.57亿美元，比2020年减少294亿美元。侨汇收入主要来源国是美国、西班牙、哥斯达黎加和巴拿马，占比分别为63.8%、14.1%、12.3%和3.2%。尼加拉瓜的侨汇收入位居中美洲第五。2021年，尼加拉瓜外国直接投资额在连续三年下降后恢复增长。2021年第一季度，外国直接投资额达到6.32亿美元，比2020年同期增长88.7%。外国直接投资主要流入能源矿业、电信业、制造业、金融业和商业。尼加拉瓜中央银行预测，2021年外国直接投资额将达到约12亿美元。此外，至2021年11月，尼加拉瓜的国际储备总额约为40亿美元，同比增加约27%。

2021年，尼加拉瓜的就业市场较为稳定，失业率微幅上升。2021年前9个月，就业率为64.1%，略低于2020年的65.1%，失业率为5.0%。在劳动力供给方面，居家办公成为优选，但远程办公对就业结构产生影响；在劳动力需求方面，企业提高效率，限制员工聘用人数。尼加拉瓜的正规就业恢复增长，至2021年9月，尼加拉瓜社会保障机构统计的参保人数约为75.6万人，与2020年同期相比增加了8.5%。2021年前11个月，尼加拉瓜的通胀率为5.72%，高于2020年同期的1.61%。全年通胀率将达到6%~7%。通胀上升的主要因素是国际燃油价格上涨、国际运输成本增加、供应链短缺和一系列财政刺激政策。

尼加拉瓜是一个小而开放的经济体，高度依赖农业和轻工制造业；营商环境不佳，持续的政治冲突和私人融资渠道受限都不利于其经济的

长期发展。尼加拉瓜中央银行预测 2022 年的经济增长率为 3.5% ~ 4.5%。

三 社会形势

根据尼加拉瓜《2021 年国家预算报告》，2021 年政府的社会支出占总支出的比重为 57.1%，削减了对教育、住房、社区服务和社会保障的预算支出。相较于 2020 年，政府在教育、住房和社会保障上的支出分别减少 9.87%、1.01% 和 0.65%。① 教育支出减少是因为受到社会政治危机的影响，还与投资公立学校计划实施进度拖延相关。2018~2021 年，政府在教育上的支出增加约 8.8%，中小学免费教育和学校基础设施建设是其教育计划的亮点。

相较于其他拉美国家，尼加拉瓜的疫情防控措施不太严格，主要措施包括入境核酸检测、对本国人和外国人士进行预防性隔离、公共机构和私人机构停课、设立临时紧急救护站、在社会上倡导远程办公。2021 年 1 月，政府发布"尼加拉瓜政府抗击疫情行动"计划，强调家庭和社区诊疗模式、与其他国家医疗卫生专家交流、编制预防和诊治指南、新冠疫苗接种。截至 2021 年 12 月 31 日，尼加拉瓜的疫苗全程接种率为 43.4%，低于拉美地区 59.4% 的接种率。此外，尼加拉瓜政府增加对医疗保障系统的支出。2020~ 2021 年，尼加拉瓜政府从国际货币基金组织、世界银行、中美洲经济一体化银行获得约 5 亿美元的援助以应对疫情。2021 年，尼加拉瓜政府在健康领域的支出约为 4.9 亿美元，占总支出的比重为 21.1%，比 2020 年增加 7.24%，其中 2 亿美元用于抗击疫情。②

① "Presentan ley del Proyecto del Presupuesto General de la República 2021 ante Asamblea Nacional", El 19, 22 de octubre de 2020, https：//www.el19digital.com/articulos/ver/titulo：108628-presentan-ley-del-proyecto-del-presupuesto-general-de-la-republica-2021-ante-asamblea-nacional, accessed February 5, 2022.

② "La Población más Vulnerable es la Gran Perdedora en el Presupuesto 2021", Expediente Público, 5 de enero de 2021, https：//www.expedientepublico.org/la-poblacion-mas-vulnerable-es-la-gran-perdedora-en-el-presupuesto-2021/, accessed February 5, 2022.

　　根据尼加拉瓜政府于 2021 年 7 月 27 日发布的《全国反贫和人类发展计划（2022~2026 年）》，自奥尔特加执政以来，尼加拉瓜在教育、健康、基础设施、卫生等领域取得显著发展。2006~2020 年，政府推动全国普及基础教育，财政部对教育的预算支出增加了 381%，对教育部的专项投入增加了 457%；尼加拉瓜入学率上升了 7.7 个百分点，小学和中学毕业人数增长率为 79.4%。2006~2020 年，政府在社会领域的支出增加了 476%，持续完善家庭健康与社区健康模式，构建健康体系。2007~2020 年，政府投入 7.34 亿美元用于提高可饮用水的覆盖率和改善卫生条件。尼加拉瓜政府还制定了 2022~2030 年投资与融资资源管理计划，其中有 692 个项目与饮用水和卫生设施投资相关。[①] 在性别平等方面，尼加拉瓜消除了 80.9% 的性别差距。尼加拉瓜女性部长职位的比重居全球第一，女性参政率居全球第三。

　　尼加拉瓜积极促进环境保护和可再生能源的发展。2021 年，尼加拉瓜与联合国绿色气候基金、世界银行、碳伙伴基金等机构合作，制定生物气候方案、印第安玉米生态保护区方案以及向社区提供的替代方案，实行按结果付费的激励措施，主要针对尼加拉瓜加勒比海岸的世居民族社区和非洲裔社区，通过建立农林业和林牧业系统减少森林砍伐。尼加拉瓜的能源转型取得显著进展。2007 年尼加拉瓜政府提出实现发电矩阵的转型和多样化，2007~2020 年尼加拉瓜政府共投资 15.22 亿美元用于发电设施建设，其中 11.26 亿投资于可再生能源设施建设，超过 3.95 亿投资于火力发电设施建设。2010~2020 年，尼加拉瓜发电矩阵中的非再生能源占比从 65.7% 降至 32.3%，可再生能源占比达到 65%。[②] 目前，由于能源矩阵多样化，尼加拉瓜全国电力覆盖率达 98%。

---

① "Plan Nacional de Lucha contra la Pobreza y para el Desarrollo Humano 2022 – 2026 de Nicaragua", https：//www.pndh.gob.ni/index.shtml, accessed February 8, 2022.

② FUNIDES, *Nicaragua*： *Informe de Coyuntura*, mayo de 2021, https：//funides.com/publicaciones/informe-de-coyuntura-mayo-2021/, accessed February 15, 2022.

四 对外关系

尼加拉瓜的地区外交政策是继续深化与美洲玻利瓦尔联盟（ALBA）及其成员国的关系。2021 年 12 月，奥尔特加总统参加美洲玻利瓦尔联盟-人民贸易协定第二十届峰会。奥尔特加在会上指责美国干涉主义，认为它将带来"野蛮资本主义的灾难"。因受到国际金融机构的孤立，中美洲经济一体化银行成为尼加拉瓜最主要的融资机构。2017 年 1 月至 2021 年 6 月，奥尔特加政府从中美洲经济一体化银行获得了超过 2.89 亿美元贷款，用于道路基础设施，水、卫生、能源和医疗基础设施等项目。2017 年 10 月至 2020 年 11 月，尼加拉瓜还从中美洲经济一体化银行获得 711 万美元无偿援助，用于飓风受灾的紧急援助、推行环境卫生计划和抗击新冠肺炎疫情。

尼加拉瓜与美国的关系紧张。2019~2020 年，特朗普政府先后对奥尔特加总统之子劳雷亚诺·奥尔特加（Laureano Ortega）、拉斐尔·奥尔特加（Rafael Ortega）、副总统、总统夫人罗萨里奥·穆里略等 24 名尼加拉瓜高级官员实施制裁。美国还利用其在多边组织中的影响力来限制尼加拉瓜的发展。2021 年 11 月 10 日，总统拜登签署《2021 年加强尼加拉瓜遵守选举改革条件法案》。这是一项延长对尼加拉瓜制裁的法案，授予总统采取多项措施的权力，包括有权将尼加拉瓜排除在多米尼加-中美洲自由贸易协定（CAFTA-DR）之外，并阻止向尼加拉瓜提供多边贷款。2021 年 11 月，奥尔特加再次当选总统，美国等西方国家拒绝承认选举的合法性。此外，美国还利用其在多边组织的影响力，对奥尔特加政府施压。2021 年 6 月中旬，美洲国家组织常设理事会投票通过一项决议，谴责尼加拉瓜政府对政治反对派的镇压。尼加拉瓜被驱逐出美洲国家组织的风险越来越大。为了回击美洲国家组织关于尼加拉瓜的选举"缺乏民主合法性"的声明，奥尔特加政府单方面启动了为期两年的退出该区域组织的进程。

尼加拉瓜与俄罗斯深化合作及交流。在高层交流方面，2022 年 1 月，俄罗斯总统普京与尼加拉瓜总统奥尔特加通话，普京祝贺奥尔特加再次当选总统，表示俄罗斯将一如既往地支持尼加拉瓜维护国家主权，继续支持其社会经济发展。两国首脑都强调了在国际上加强战略合作的重要性。在政府间交流方面，2021 年 12 月 7 日由奥尔特加的儿子劳雷亚诺和拉斐尔率领的代表团访问俄罗斯。访问期间，尼加拉瓜代表团与俄罗斯国家原子能机构签订了和平使用核能合作谅解备忘录，为尼加拉瓜核基础设施发展奠定基础。尼加拉瓜代表团还与统一俄罗斯党总委员会副书记安德烈·克里莫夫（Andrey Klimov）会面，双方签订合作协议以加强统一俄罗斯党与桑解阵的关系。在经贸领域，尼俄双方宣布成立贸易合作协会，推动双边和多边贸易的发展。在医疗卫生领域，尼加拉瓜与俄罗斯就生产新冠疫苗进行合作，两国于 2017 年设立的梅奇尼科夫拉丁美洲生物技术研究所自 2022 年 1 月开始生产俄罗斯新冠疫苗 CoviVac，供本国和其他拉美国家使用。在对外援助领域，2021 年 10 月和 12 月，俄罗斯先后向尼加拉瓜捐赠了两批共 600 辆巴士客运车，支持尼加拉瓜城市交通的发展。

尼加拉瓜与中国复交。2021 年 12 月 10 日，中尼双方在天津签署《中华人民共和国和尼加拉瓜共和国关于恢复外交关系的联合公报》，决定自公报签署之日起相互承认并恢复大使级外交关系。2021 年 12 月 12 日，中国向尼加拉瓜捐赠的 100 万剂中国国药集团新冠疫苗的第一批（共 20 万剂）运抵其首都马那瓜，第二批新冠疫苗于 12 月 24 日运抵马那瓜，帮助尼加拉瓜开展疫苗接种计划。

（杨建民　审读）

Y.23

洪都拉斯：选举平稳举行，经济复苏显著

韩 晗[*]

摘 要： 2021 年，洪都拉斯顺利完成总统大选，左翼政党自由与重建党 20 年来首次执政，但面临诸多挑战，执政党内部关系复杂、党派矛盾日趋尖锐。2021 年洪都拉斯经济强势复苏，但疫情和两场飓风的冲击加大了经济下行压力；侨汇收入波动和失业率不断上升加重了贫困、治安等社会问题。卡斯特罗总统将进一步加强与美国的双边关系，同时积极增进与区域内外国家的交往。

关键词： 洪都拉斯 总统大选 经济复苏 移民问题 洪美关系

一 政治形势

2021 年是洪都拉斯的大选年，国家政权实现和平过渡。胡安·奥兰多·埃尔南德斯（Juan Orlando Hernández）总统于 2022 年 1 月正式结束其第二个总统任期，连续 20 年的右翼执政周期也随之终结。新当选的左翼总统希奥玛拉·卡斯特罗（Xiomara Castro）获得了较高的民众支持率。同时，她将面临议会、司法、军队和警察、新冠肺炎疫情和自然灾害等多方面挑战，能否实现竞选允诺的国家结构性调整仍有待观察。

---

* 韩晗，中国社会科学院拉丁美洲研究所区域合作研究室助理研究员，古巴研究中心秘书长，主要研究领域为拉美区域合作、法律制度等。

（一）洪都拉斯平稳完成总统选举，迎来首位女总统

由于 2017 年总统大选引发政治及社会危机，洪都拉斯于 2018 年启动了选举制度改革，旨在避免重蹈覆辙。2019 年，洪都拉斯通过修宪法案，成立国家选举委员会和选举法院。2021 年 1 月 25 日至 3 月 8 日，参选政党借助广播电视和网络等形式为竞选宣传造势。3 月 14 日，洪都拉斯举行了总统选举初选，自由党（PL）大幅领先执政党国民党（PN）及自由与重建党（LIBRE）。2021 年 11 月，左翼自由与重建党候选人卡斯特罗在总统大选中战胜右翼执政党候选人纳斯里·阿斯弗拉（Nasry Asfura）赢得大选，两人支持率分别为 51.12% 和 36.93%。选民参与投票率较 2017 年上升 11.1%，达到 68.58%。[①] 卡斯特罗以更为符合选民诉求的竞选纲领赢得了选民的支持，例如，在社会政策方面，反对腐败、治理贫困，打击毒品走私；在经济发展方面，反对自由市场资本主义和新自由主义经济模式；在政治理念上，主张"21 世纪社会主义"。

2022 年 1 月 27 日，卡斯特罗顺利就职，成为洪都拉斯历史上的首位女总统。历经多年动荡，该国实现政权平稳过渡。卡斯特罗深受民众支持的部分原因来自其丈夫的身份——洪都拉斯前总统曼努埃尔·塞拉亚（Manuel Zelaya）。她的丈夫在任内遭军事政变，被迫下台并流亡海外。

（二）议长人选争议引发危机[②]

洪都拉斯为单一制议会国家，议会共有 128 个议席，议员由选举产生，主要政党包括执政党自由与重建党、国民党、拯救洪都拉斯党（PSH）、自由党。2021 年 11 月，执政党在议会选举中获得了 128 个议席中的 50 个席位，拯救洪都拉斯党拥有 10 个议席，前执政党右翼国民党拥有 44 个议席，

---

① Consejo Nacional Electoral de Honduras, https://www.eleccioneshonduras.hn/, accessed February 7, 2022.

② 本部分数据来自 EIU, *Country Report: Honduras*, 4th Quarter, 2021。

自由党拥有 22 个议席，其余为小党议席。其中，新晋中间派拯救洪都拉斯党与执政党组建政治联盟，两党共拥有 60 个议席，但因未达到议会议席的半数，不利于未来政府施政。

2022 年 1 月，卡斯特罗上任伊始就面临确定议会主席人选的难题，如果处理不当，执政党的议会席位恐将减少。问题的起因是部分执政党议员反对总统提名的拯救洪都拉斯党议员路易斯·雷东多（Luis Redondo）担任议会议长，转而支持反对派议员豪尔赫·卡利克斯（Jorge Cálix）。执政党最终宣布以开除 18 位持不同政见的本党议员为代价强行通过上述决定，任命路易斯·雷东多为议会议长。执政党必须另外寻找新的政治支持来弥补这 18 位议员今后可能加入反对派阵营造成的损失。卡斯特罗能否得到自由党支持（22 个席位）仍待观察。

（三）前总统埃尔南德斯遭美国起诉

美国法院要求洪都拉斯警方逮捕该国亲美的前总统埃尔南德斯，指控其参与了"一场暴力贩毒阴谋"并为毒枭提供庇护。2021 年 2 月 15 日，埃尔南德斯收到洪都拉斯最高法院的逮捕令，但他对各项指控予以否认，并认为这是贩毒集团的阴谋。早在 2020 年 3 月，其弟托尼·埃尔南德斯已在美国被判终身监禁，罪名为大规模贩毒、持有枪支以及虚假陈述。根据美国检方提供的证据，托尼多次协助并组织向美国运送毒品，其中仅可卡因就超过 185 吨。此外，美国认为其跨国贩毒是为了支持埃尔南德斯谋求连任的总统选举且获得了总统的纵容。

新任总统卡斯特罗面临三项政治挑战。一是在国民党执政的 12 年间形成的由大企业、政治领袖及安全部队等多方组成的利益集团均不支持新当选政党。二是总统丈夫、前总统所在政党自由与重建党的部分重要成员面临腐败指控。为避免起诉和判决，在部分利益集团的支持下，该党或谋求现任总统的庇护。三是执政党或将面临长期分裂的议会。为了维护社会稳定，协调各政党间的关系将是本届政府重要工作之一。

二　经济形势

2021 年，受国内经济活动趋于活跃以及投资和外部需求增长的影响，洪都拉斯经济恢复较快增长，但经济下行压力依然较大，主要原因包括疫情和两次自然灾害的延续性影响、新冠疫苗接种推广缓慢、预算执行水平低、政府机构效率低下、贫困程度高以及严重的犯罪（包括暴力和有组织的）和腐败问题。新政府如何保持经济的持续性复苏仍待观察。

（一）经济实现恢复性增长

2021 年，洪都拉斯国内生产总值（GDP）实际增长 9.6%。[①] 该国 GDP 创历史新高，已恢复至疫情前水平，成为全球排名第 107 位的经济体。2017~2019 年，洪都拉斯 GDP 增速分别为 4.8%、3.7% 和 2.7%，高于中美洲地区的平均水平，也远高于拉丁美洲和加勒比地区平均水平。[②] 然而，2020 年的新冠肺炎疫情和两次飓风袭击中断了该国连续 6 年的增长势头，经济损失分别为 5500 万伦皮拉和 4600 万伦皮拉。[③]

2021 年，洪都拉斯经济有三大利好因素，即疫情相对好转、灾后重建需求和美国经济的复苏。除了供给领域有新政府的政策性鼓励外，制造业、能源领域和建筑业在疫情缓和与自然灾害后都出现需求增长。公共设施管理领域率先复苏，带动了相关产业的恢复。与此同时，政府还为上述行业提供了政策性扶持，推出了一系列激励中小企业生产的政策。

2021 年，洪都拉斯通货膨胀率和利率水平较为稳定。2021 年 12 月，通胀率为 5.32%，比上年同期的 4.01% 略有上升；2022 年 2 月通胀率为 4.0%，比上年同期的 6.37% 下降了 2.37 个百分点。储蓄存款利率为 3.0%

---

① CEPAL, *Balance Preliminar de las Economías de América Latina y el Caribe 2021*, Naciones Unidas, 2021.

② EIU, *Country Report: Honduras*, 4th Quarter, 2021.

③ Banco Central de Honduras, https://www.bch.hn, accessed February 28, 2022.

（2020 年 11 月 27 日至今），银行间拆借利率为 1.1%。

在对外贸易领域，随着本地需求和全球需求的回升，洪都拉斯进出口均实现增长。2021 年，洪都拉斯货物贸易出口额为 50.39 亿美元，比 2020 年增长 21.6%；进口额为 132.22 亿美元，比 2020 年增长 64.1%。2021 年 8 月，受农产品价格上涨的影响，全球消费价格的攀升加剧了洪都拉斯粮食安全隐患。2022 年 3 月 11 日，洪都拉斯的外汇储备为 88.803 亿美元，相当于 7 个月的进口额。①

侨汇收入的恢复促进了私人消费增长。2021 年上半年，洪都拉斯的侨汇收入比 2020 年同期增长 41%。洪都拉斯是世界上侨汇收入占国内生产总值比重较高的国家之一，位居全球第八和中美洲第一。2022 年 2 月，洪都拉斯的侨汇收入约为 11.921 亿美元，比上年同期上涨 20.5%。从中长期来看，自 2004 年至今，洪都拉斯的侨汇收入年均增长幅度为 13.2%，远高于其他收入，是外国投资规模的 6 倍。汇率方面，洪都拉斯货币伦皮拉兑美元汇率为 24.3397∶1，维持了较为稳定的水平。2022 年 2 月洪都拉斯的消费者价格指数为 0.35%，较去年同期上涨 0.18%。②

洪都拉斯通过多边合作进一步扩大投融资规模。2021 年，国际货币基金组织与洪都拉斯签署了新的贷款协议，缓解了洪都拉斯外部融资紧张形势，2021 年获得的外国直接投资实现 24.4% 的增长。2021 年 7 月，国际评级机构穆迪对洪都拉斯的风险评级为 B1。③

外债方面，据洪都拉斯中央银行（BCH）公布的报告，2021 年 1~10 月公共部门和私营部门的外债为 111.157 亿美元，比 2020 年底增加了 1.349 亿美元，增长了 1.2%，原因在于外债净利用额增长了 1.744 亿美元。在债务总额中，91.924 亿美元（82.7%）属于公共部门，19.233 亿美元

① Sector Externo, Banco Central de Honduras, https：//www.bch.hn/estadisticas-y-publicaciones-economicas/sector-externo, accessed February 25, 2022.
② "Memoria 2021", Banco Central de Honduras, https：//www.bch.hn/estadisticos/GIE/LIBMemoria/Memoria%20Anual%202021.pdf, accessed February 7, 2022.
③ "Moody's Affirms Honduras' B1 Ratings", https：//www.moodys.com/research/Moodys-affirms-Honduras-B1-ratings-maintains-stable-outlook--PR_448289, accessed February 7, 2022.

（17.3%）属于私营部门；92.6%（102.936 亿美元）的债务是长期合同，7.4%（8.221 亿美元）的债务是短期债务。2021 年 1~10 月，洪都拉斯共收到 19.996 亿美元的贷款拨付，比 2020 年同期（28.142 亿美元）减少了 8.146 亿美元。①

（二）未来经济走势

洪都拉斯 2022 年的经济增长预计有赖于四个方面利好。第一，外部需求进一步扩大；第二，侨汇显著增加；第三，国内经济活动复苏以及国内市场需求增长；第四，私人投资持续性复苏。因此，洪都拉斯经济上行还有空间。联合国拉美经济委员会将 2022 年洪都拉斯经济增长预期由 3.6% 上调至 4.5%，高于拉美地区的平均增长率（2.1%）。②

三 社会形势

为减少疫情对经济活动和社会福利的负面影响，洪都拉斯政府加大了社会投资，批准将 25 亿美元（相当于 GDP 的 10%）的融资优先投入医疗和社会保障领域，重点向贫困家庭和企业的基本社会需求倾斜。

洪都拉斯新冠疫苗接种率远低于拉美地区平均水平。截至 2022 年 2 月 27 日，接种疫苗人数为 456 万人，共计投放 1156 万剂疫苗，接种率不及人口一半。洪都拉斯新冠肺炎确诊病例累计 41.1 万人，死亡病例约 1.07 万人，死亡率为 1‰ 左右。③

新冠肺炎疫情与飓风"埃塔"（Eta）和"伊塔"（Iota）加剧了洪都拉

---

① "Estadísticas Trimestrales de Deuda Externa para el Banco Mundial", Banco Central de Honduras, https：//www.bch.hn/estadisticas-y-publicaciones-economicas/sector-externo/deuda-externa/ estadisticas-trimestrales-de-deuda-externa-para-el-banco-mundial, accessed February 25, 2022.

② CEPAL, *Balance Preliminar de las Economías de América Latina y el Caribe 2021*, Naciones Unidas, 2022.

③ CEPAL, *Observatorio COVID-19 en América Latina y el Caribe*, *Impacto Económico y Social*, https：//www.cepal.org/es/temas/covid-19, accessed February 25, 2022.

斯贫困和不平等问题，其贫困率在拉美地区仅次于海地。截至2021年7月，洪都拉斯约73.6%的家庭处于贫困状态，收入低于一篮子家庭基础支出（包括基础食品及非食品类的生活用品）水平。

洪都拉斯收入差距进一步拉大，多年以来缩小贫富差距的政策成效被消磨，2021年的基尼系数为0.55，回落至2011年水平。2013年以来，洪都拉斯贫富差距逐年下降，基尼系数最好水平为2015年的0.51。前20%的家庭月平均收入为8077.5伦皮拉，而后20%家庭的月平均收入仅为237.9伦皮拉。地区差异也呈现扩大趋势，城市家庭月平均收入（3422.2伦皮拉）已达农村家庭月平均收入（1673.3伦皮拉）的两倍。家庭收入构成中，劳动收入占45.9%，个体经营收入占22.7%，侨汇为13.4%。除首都和圣佩德罗苏拉地区外，其他地区尤其是农村地区的家庭收入构成中，侨汇为重要来源。[1] 2021年，洪都拉斯新增贫困人口规模超过70万人，社会不平等程度也略有上升。洪都拉斯社会人口结构非常脆弱，有1/3人口接近贫困，属容易陷入贫困的人口，而中产阶级占比仅为18%。洪都拉斯是拉美地区中产阶级规模最小的国家。[2]

2021年，洪都拉斯的暴力犯罪状况虽有所好转，但因贩毒活动、腐败与社会治理效率低下，难以实现根本性转变。凶杀率从2012年的0.9‰下降到2019年年底的0.4‰。其他社会发展指数没有显著变化。截至2021年12月，消费者价格指数为5.3%。2021年的教育支出占GDP的24.6%。洪都拉斯的教育面临入学率高而学业完成率低的窘境。尽管洪都拉斯的入学率达到约95%，但学业完成率仅为入学率的一半。这与教师待遇相关，部分儿童还因家庭生活压力而中途辍学。

洪都拉斯政府在社会问题上面临较大的风险和挑战。本届政府将重

① "LXIII Encuesta Permanente de Hogares de Propósitos Multiples"，Instituto Nacional de Estadística Honduras，julio de 2021，http：//www.ine.gob.hn/V3/imag-doc/2021/11/INE-EPHPM-2021.pdf，accessed February 25，2022.

② "Honduras：Panorama General"，Grupo Banco Mundial，https：//www.bancomundial.org/es/country/honduras/overview#1，accessed March 2，2022.

点解决公共卫生建设资金匮乏、农村经济发展竞争力低下、人力资本建设投资和社会保障不足、治安环境不佳、行政腐败、出国移民潮等问题。

四　外交形势

在外交理念上，洪都拉斯坚持以多元外交为主，在维系与美国关系的同时寻求区域合作的突破。

作为洪都拉斯最大的贸易和投资伙伴国以及移民最主要目的地，美国历来是洪都拉斯对外关系的重点。相较特朗普时期，两国在贸易、安全及移民等领域的合作在拜登上台后有所改善，例如被特朗普政府废除的洪都拉斯移民"临时保护身份"政策逐步恢复。此外，拜登政府许诺实施移民改革，提高移民获得美国公民身份的可能性。但在中美洲赴美移民问题上，双方仍存在诸多分歧。2021 年 4 月，美国和洪都拉斯、危地马拉、墨西哥签署协议，要求中美洲国家在边境增加警力遏制跨境非法移民，并承诺向上述三国提供总计超过 40 亿美元的财政援助，通过改善受援国的社会经济状况来达到降低移民赴美意愿的目的。此外，双方还在法治领域进一步深化合作，帮助洪都拉斯提高政府透明度、改善法治等。

然而，随着左翼总统卡斯特罗上台执政，洪美关系出现不确定性。卡斯特罗希望在任期内推行并落实促进发展的政策，包括打击贩毒、减少犯罪和腐败、维护社会稳定。这些政策符合美国希望中美洲国家控制移民赴美的诉求，但由于卡斯特罗在议会未能获得多数支持，其政策究竟能否顺利实施尚不确定。此外，军队、警察与总统的关系也存在不确定性，不利于改善社会治安、控制赴美移民。同时，不排除洪都拉斯与美国关系出现较大摩擦的可能性。

洪都拉斯注重与国际和地区多边组织开展合作，以实现外交关系多元化，改善国内经济社会发展状况。世界银行、国际货币基金组织以及美洲开发银行等国际多边机构为洪都拉斯提供了重要的资金支持，是该国应对赤字

问题的重要资金来源。由于洪都拉斯属于长期依赖多边债务而不是债券发行的高风险国家，债券溢价较高使多边债务条款更优惠。在两次飓风过境后，国际货币基金组织于 2021 年 5 月对洪都拉斯增加了 1.5 亿美元备用安排贷款（SBA）和 5.37 亿美元供应链融资（SCF）的特别提款权。

（杨志敏　审读）

Y.24
萨尔瓦多：比特币合法化

刘凡平*

关键词： 萨尔瓦多　比特币合法化　经济复苏　外交关系

一 政治形势[①]

2021年，萨尔瓦多举行国会和市政选举。从选举结果可以看出，萨尔瓦多两大传统政党衰落已成定局。总统纳伊布·布克尔（Nayib Bukele）支持率上升，执政党新思想党（Nuevas Ideas）完全掌握政权，主导国家治理。布克尔总统通过比特币法案，比特币成为该国法定货币，由此导致萨尔瓦多政治不稳定性增强。

2021年2月28日，萨尔瓦多举行全国议会和市政选举，投票选举新一

＊ 刘凡平，中国社会科学院拉丁美洲研究所助理研究员，主要研究方向为拉美政治。
① 如无特别注明，本部分数据来自 EIU, *Country Report：El Salvador*, 1st, 2nd, 3rd, 4th Quarters, 2021。

293

届国会议员和 262 位市长。由总统纳伊布·布克尔领导的新思想党在国会全部 84 个席位中获得 56 个，占据 2/3 的绝对多数席位。同时，新思想党盟友民族团结大联盟党获得 5 个席位，其他临时支持政府的小党也赢得了 3 个席位。主导萨尔瓦多政坛 30 多年的两大传统政党被边缘化，这一结果彻底打破了笼罩萨尔瓦多多年的政治僵局，有利于国家治理、政策制定和实施的效率及效果。

随着执政党对国会掌控力不断提高，布克尔政府制定并迅速通过了一系列政治改革措施和金融政策。2021 年 5 月 1 日，国会投票罢免了最高法院宪法分院的所有成员，包括 5 名常任法官以及所有候补法官，并免去了总检察长的职务。其后，布克尔任命的新司法机构官员开始推动宪法改革，包括最高法院修宪，允许总统连任。英国经济学人智库（EIU）认为，布克尔会继续修宪，将总统任期从五年延长至六年。

萨尔瓦多是世界上第一个将比特币作为法定货币的国家。2021 年 6 月 9 日，比特币开始作为法定货币在该国试行。2021 年 9 月 7 日，萨尔瓦多通过比特币法案，批准比特币和美元一样成为该国法定货币，但引发社会不满。2021 年 9 月政府推出了针对比特币交易的应用程序"Chivo"。为鼓励民众使用比特币交易，政府给每一个 Chivo 账户提供相当于 30 美元的奖励金，但大部分注册用户只是为了从比特币自动取款机中提取奖励金。用户数量和海外交易不足严重削弱了民众对该系统可靠性的信任度。除此以外，该程序还存在转账记录延迟、个人账户资金记录丢失以及用户身份被盗取等缺陷。2021 年 10 月，萨尔瓦多爆发反对将比特币作为法定货币的抗议活动，但最终抗议民众被政府以扩大新冠病毒传播风险为由驱散。随后，政府规定 2021 年 12 月 8 日前禁止集会。弗朗西斯科·加维迪亚大学 2021 年 9 月开展的一项调查显示，77.5% 的受访者反对比特币合法化。尽管总统支持率仍然高达 87%，但比特币作为法定货币的采用会降低他的支持率。该国私有部门协会也对此持怀疑态度，企业的参与度将很低。布克尔总统坚持认为，来自美国的侨汇收入占国内生产总值的 20% 以上，Chivo 可以降低侨汇流回国内的交易成本。然而，降低的成本和极具变化的比特币价值相比相形见绌。

尽管如此，总统仍然坚持在比特币价格不断下跌的情况下出售美元储备大量增持比特币。截至 2022 年 10 月 27 日，萨尔瓦多的比特币持有量增至 1120 枚，约合 6600 万美元。

二　经济形势①

萨尔瓦多作为小型美元化经济体，深度依赖美国投资、贸易和侨汇，极易遭受外部市场的冲击。2021 年，随着萨尔瓦多政府放松新冠肺炎疫情管控措施，该国经济增长逐渐恢复到疫情前的水平，但预计 2022 年经济增长将放缓，从 2021 年的 9.3% 下降至 2022 年的 2.7%。

侨汇是萨尔瓦多经济增长的主要来源，其对国内生产总值的贡献在拉丁美洲和加勒比地区仅次于海地。同时，在美国劳动力市场需求持续扩大的情况下，萨尔瓦多侨汇收入在 2021 年下半年表现强劲。侨汇是萨尔瓦多普通家庭的主要紧急收入来源。2021 年，萨尔瓦多侨汇收入从过去十年约占国内生产总值的 18% 急剧增长至 26.6%。2022 年，萨尔瓦多的侨汇收入预计下降至 25%，但仍然是该国经济增长的主要来源。

2021 年，萨尔瓦多财政赤字有所下降。英国经济学人智库预计，2023 年，萨尔瓦多的财政赤字占国内生产总值比重将从 2021 年的 7% 下降到 5.5%。但是，2022~2023 年的财政和债务动态仍将疲软。鉴于公共财政状况不佳，萨尔瓦多政府自 2021 年 4 月开始与国际货币基金组织就一项 13 亿美元的扩展基金贷款进行谈判，2021 年 9 月布克尔宣布采用比特币作为国家法定货币后，谈判陷入停滞。2021 年 11 月 18 日，国际货币基金组织发表了关于萨尔瓦多经济现状的声明，指出该国不良贷款不断增加、财政赤字巨大、货币储备低和公共债务不可持续，这些问题对其经济稳定构成了巨大威胁。声明还对加密货币使用的相关监管和金融风险表示严重关切。国际货

① 如无特别注明，本部分数据来自 EIU, *Country Report：El Salvador*, 1st, 2nd, 3rd, 4th Quarters, 2021。

币基金组织认为，与萨尔瓦多政府开展双边谈判的基础是该国寻求资源援助，并且是在推行比特币相关债券计划之前。此外，政治环境也对协议的达成造成消极影响。2021年，萨尔瓦多与美国双边关系持续恶化，而美国控制着国际货币基金组织最大投票权。美国政府指责布克尔政府专制。2021年12月9日，美国国务院宣布对萨尔瓦多政府内阁部长卡罗琳娜·雷西诺斯实施制裁，理由是她在与疫情相关的医疗采购中涉嫌腐败，萨尔瓦多政府对此予以否认。国际货币基金组织向萨尔瓦多提供13亿美元财政援助计划持续被搁置。国际货币基金组织要求布克尔政府在未来3年整顿国家财政，将国内生产总值增长率维持在4%左右的建议也被拒绝。这将影响萨尔瓦多财政可持续性和经济复苏，并恶化本已紧张的政治环境。

截至2022年1月，萨尔瓦多政府尚未恢复财政责任法，该法因抗击新冠肺炎疫情紧急支出而被搁置。法案实施很可能被推迟到2023年，这将进一步削弱民众对国家财政框架的信心。未来两年政府可能会进行有限的税收改革和经济结构性改革以降低刚性公共支出，提高国家财政效率。

在货币方面，萨尔瓦多中央储备银行的监管系统对货币政策的影响有限，利率和货币供应量主要由市场决定。2021年，萨尔瓦多的利率与美国的利率保持一致。随着经济复苏，2022年萨尔瓦多的利率将缓慢提高。萨尔瓦多的信贷需求将得到来自美国的侨汇的支持。美元自2001年起成为萨尔瓦多的官方货币，比特币作为第二种法定货币的引入给金融部门带来了很大的不确定性，在一定程度上破坏了采用美元作为该国唯一法定货币以来所保持的稳定性，但美元的货币地位在2022~2026年不会受到威胁。由于美联储预计在2022年年中开始加息，美元在2021年就会升值。随着全球经济复苏，投资者对避险资产需求减少，美元将在2023~2026年小幅下跌，导致实际贸易加权汇率贬值，从而提高2022年萨尔瓦多在出口上的竞争力。此外，萨尔瓦多普通民众与众多投资者对萨尔瓦多货币的监管和流通以及洗钱等问题持续担忧。

在供应方面，萨尔瓦多国内再出口组装行业主导制造业复苏，但在2022年和2023年将面临投入成本上升的问题。由于生产力增长有限和易受恶劣天气条件的影响，萨尔瓦多农作物产量将保持低迷。萨尔瓦多的服装加工等产业与其他中美洲国家竞争非常激烈，主要原因是萨尔瓦多低廉的劳动力成本被其有限的生产能力所抵消。2022 年，随着商品价格上涨，国内需求受限，萨尔瓦多整体消费能力将降低。

2021 年，萨尔瓦多的通胀率保持可控范围内，通胀率平均为 1.1%。供给侧风险源于自然灾害，例如干旱和洪水，商品价格上涨幅度可能超过预期。

萨尔瓦多的宏观经济失衡主要体现在公共财政上。萨尔瓦多的经常账户赤字显著扩大，2021 年占国内生产总值的比重为 3.7%。2022～2026 年萨尔瓦多的经常账户赤字将逐渐扩大，因为商品和服务行业出口的复苏会被更高的进口成本所抵消。萨尔瓦多的外国直接投资流入在 2021 年开始温和回升，投资将缓慢复苏。

2021 年，萨尔瓦多继续实施正统宏观经济政策，短期内政策制定主要集中于扩大比特币在经济活动中的使用，在高额公共债务和难以获得外部融资的情况下，财政和金融稳定风险将持续增加。经济政策继续侧重于"后疫情"时代经济的重新开放。在新冠病毒变体快速传播的情况下，对新的冠状病毒变体引发的疫情相关经济限制风险仍然处于高位。

除此以外，布克尔政府将推动经济多元化，实行旨在提高生产力的经济改革，例如扩大数字化政府服务的范围。政府还在考虑实施价值 15 亿~25 亿美元的基础设施项目，包括将阿卡胡特拉港（Acajutla）的容量翻两番以及在首都圣萨尔瓦多建设地铁。鉴于该国的低流动性水平和高额公共债务，布克尔将严重依赖私营部门来完成他的经济发展计划，进展将是缓慢而零碎的。

三　社会形势①

2021 年，萨尔瓦多社会整体上稳定，局部爆发骚乱，凶杀率有所下降，

---

① 如无特别注明，本部分数据来自 EIU, *Country Report：El Salvador*, 1st, 2nd, 3rd, 4th Quarters, 2021。

政府仍将继续优先考虑安全和反腐败政策。

2021年，萨尔瓦多的凶杀率降至每10万人17起，凶杀案总数仅为1140起，是近30年来的最低点。布克尔总统认为萨尔瓦多国内安全环境的改善是国土安全政策有效实施的结果。但是，美国政府则指责萨尔瓦多高级官员与犯罪团伙通过一系列休战谈判来维国会选举期间的低犯罪率，因此黑帮暴力事件卷土重来的可能性较高，并会迅速降低民众对政府的支持度。英国经济学人智库预估，2022年萨尔瓦多治安状况将恶化、凶杀案数量反弹。自2022年3月25日，48小时内萨尔瓦多全境发生71起谋杀案。3月27日，萨尔瓦多宣布进入国家紧急状态，为期30天。①

2021年6月9日，萨尔瓦多宣布比特币即将正式合法化引发社会骚乱。当天，首都圣萨尔瓦多爆发数千人的游行抗议。根据中美洲大学的调查，约70%的萨尔瓦多人反对比特币作为法定货币。同一天，比特币暴跌7000美元。但布克尔并未动摇，他通过社交媒体向民众解释比特币合法化的必要性，包括可以节省高昂的汇款手续费、吸引比特币的外国投资和摆脱对美元的依赖。抗议活动得到了包括全国私营部门协会、法律研究基金会和社会团体的支持。他们对于萨尔瓦多法治秩序、公共信息的获取以及腐败问题的看法不断变差。

2021年，布克尔总统对公共部门的干预增强，他的多项政治政策遭到反对党和民权组织的谴责，国家民主评级标准有可能被下调。由于修宪，最高选举法院等机构的独立性也很可能被剥夺。美国和其他国家政府批评萨尔瓦多政府取消对行政权力的监察，这将动摇布克尔的国际地位，限制他获得解决萨尔瓦多重大安全问题和经济挑战的资金来源。

---

① 《中国驻萨尔瓦多使馆提醒在萨中国公民和机构加强社会安全风险防范》，中华人民共和国驻萨尔瓦多大使馆网站，2022年3月28日，http://sv.china-embassy.gov.cn/sgdt/202203/t20220328_10656434.htm，最后访问日期：2022年4月16日。

四 外交形势①

2021年，美国依然是萨尔瓦多的主要贸易和投资伙伴，约170万萨尔瓦多人定居美国。萨美两国继续在安全和移民问题上开展合作。约瑟夫·拜登执政后，对布克尔政府采取的各项措施持批评态度，萨尔瓦多与美国关系持续恶化，增加了萨尔瓦多未来资金流动的风险。与此同时，萨尔瓦多与中国的关系逐渐升温。

美国国务院曾表达与萨尔瓦多就维护国家民主评级标准和政府权力监管进行合作的意愿，但布克尔政府并未对此表态。2021年6月，美国将萨尔瓦多部分高级官员列入"恩格尔名单"（中美洲腐败和非民主人员名单）。12月，美国政府宣布制裁布克尔政府的高级官员，指控他们涉嫌腐败以及与黑帮犯罪团伙谈判，进一步加剧两国外交关系的紧张状态。此外，萨尔瓦多在美移民的"临时保护身份"计划（TPS）涉及自2001年以来一直居住在美国的近250000名萨尔瓦多人，他们的临时身份已被多次延长，今后是否延长取决于萨尔瓦多能否遵守2019年9月与美国达成的移民合作庇护协议。2022年，美国仍会在国家民主评级和移民政策两方面进一步向萨尔瓦多政府施压，但结果很可能适得其反，导致布克尔进一步集中政治权力，并与其他国家深化外交关系。

中国与萨尔瓦多自2018年建交以来，双边交往不断深化，政治互信不断增强，务实合作不断拓展。2019年，布克尔总统访华期间，中萨两国元首就国家图书馆、国家体育场、拉利伯塔德码头、伊洛潘戈湖净水厂等中方援萨项目达成重要共识。其中，萨尔瓦多国家图书馆项目将于2022年正式启动。该项目堪称萨尔瓦多百年以来最大的文化教育项目，建成后将成为拉丁美洲最具现代化的图书馆之一。

---

① 如无特别注明，本部分数据来自 EIU, *Country Report：El Salvador*, 1st, 2nd, 3rd, 4th Quarters, 2021。

中萨贸易继续增长。根据中国海关统计，2021年，中萨贸易额达17.3亿美元，同比增长55.9%，其中中国对萨出口额为15.1亿美元，同比增长61.1%，中国自萨进口额为2.2亿美元，同比增长27.4%。中国主要进口电气设备、食糖和服装等产品，主要出口电气设备、机械器具和塑料制品等产品。萨尔瓦多在华实际投资金额为141万美元。中国企业在萨累计签订承包工程合同额为9638万美元，完成营业额为2246万美元；中国企业在萨新签承包工程合同额为4276万美元，完成营业额为1750万美元。

（郭存海　审读）

Y.25
危地马拉：司法独立遭削弱，
反腐进程受阻

肖 宇*

摘 要： 2021 年，危地马拉司法系统独立性遭到严重侵蚀，短期内，危
地马拉社会不稳定和政党碎片化趋势都将持续。危地马拉经济实
现明显复苏，财政赤字缩小，对外贸易规模扩大。危地马拉政府
对疫情控制不力，疫苗接种情况落后于拉美多数国家。危美关系
总体向好，但反腐问题是两国关系新矛盾点。

关键词： 危地马拉 司法独立性 经济复苏 危美关系

一 政治形势

2022 年 1 月，贾马特总统的 4 年任期过半。在其执政期间，危地马拉
政坛碎片化严重，司法系统独立性被削弱，反腐进程遭受挑战。由于政府对
新冠肺炎疫情控制不力，贾马特总统支持率持续走低，民众不满情绪高涨，
社会抗议频发。短期内，危地马拉政治活动将围绕 2023 年 6 月的大选展开。

（一）司法独立性遭削弱

2021 年以来的多起事件都表明，危地马拉司法独立性被进一步削弱。
首先，新任宪法法院法官被指将损害该机构独立性。危地马拉宪法法院因高

---

* 肖宇，中国社会科学院拉丁美洲研究所助理研究员，主要研究领域为比较政治学与拉美政治。

度的自主性而在国内外享有很高声誉，曾反对危地马拉前总统莫拉莱斯单方面中止"消除危地马拉国内有罪不罚现象国际委员会"（CICIG）的决定，也反对过前总统莫拉莱斯和美国前总统特朗普签署的"安全第三国"协议。① 尽管美国和加拿大等危地马拉主要支援国与国际组织联合发表声明，要求危地马拉提高换届任命程序的透明度，但2021年4月新就职的宪法法院法官还是被指与政界人士过从甚密，将削弱危地马拉的司法独立性并妨碍反腐进程。② 2021年5月，新一届宪法法院做出一个有倾向性的裁定，判决一项关于非政府组织的法律继续生效。该法律规定，如果某个非政府组织"利用外国的捐助或资助破坏公共秩序"，将关停该组织并起诉其负责人。反对人士称，这项法律对"破坏公共秩序"的定义太过宽泛，可能包含很多和平示威游行，这实际上是在威胁一些批评政府的非政府组织。③

其次，危地马拉公诉部的人事变动也反映了司法部门独立性被削弱。2021年最引人关注的一次人事任免是总检察长玛丽亚·孔苏埃洛·波拉斯（María Consuelo Porras）宣布将"打击有罪不罚"特别检察官胡安·弗朗西斯科·桑多瓦尔（Juan Francisco Sandoval）免职。桑多瓦尔曾与"消除危地马拉国内有罪不罚现象国际委员会"合作进行反腐败调查，并参与了2015年对前总统奥托·佩雷斯·莫利纳（Otto Pérez Molina）的腐败案调查，最终导致莫利纳总统及多名内阁成员辞职。④ 然而，2021年7月23日，总检察长波拉斯称桑多瓦尔滥用职权、破坏了公诉部的工作制度，并据此罢免了桑多瓦尔。桑多瓦尔于次日逃到萨尔瓦多。据桑多瓦尔称，他之所以被

---

① "US-Central America Cooperation Faces Major Test", *Latin American Security & Strategic Review*, April 2021, pp. 18-19.

② EIU, "Constitutional Court Election Underscores Weak Institutions", *Country Report*: Guatemala, April 2021, pp. 19-20.

③ EIU, "Constitutional Court Upholds NGO Law", *Country Report*: Guatemala, June 2021, p. 19.

④ "Destitución en la Feci: Qué Pasa con los Casos y Cuáles Son los Escenarios para la Fiscalía tras la Salida de Sandoval", Prensa Libre, 24 de julio de 2021, https://www.prensalibre.com/guatemala/justicia/destitucion-en-la-feci-que-pasa-con-los-casos-y-cuales-son-los-escenarios-para-la-fiscalia-tras-la-salida-de-sandoval/, accessed February 28, 2022.

罢免是因为他在调查贾马特政府高级官员的涉腐案件。① 除了桑多瓦尔之外，总检察长波拉斯在 2022 年初还指控一名在国际上享有盛誉的法官埃里卡·艾凡（Erika Aifán）滥用职权、玩忽职守。埃里卡·艾凡法官曾在 2021 年 3 月因对危地马拉法治建设做出突出贡献而被美国国务院授予"2021 年国际勇敢女性"称号。② 总检察长波拉斯的这些动作引起了美国政府的注意。

（二）社会抗议频发

受疫情影响，贾马特总统的支持率持续走低。2021 年 7 月的一项民意调查显示，贾马特的支持率只有 21%，在拉美地区位列倒数第二，仅高于哥伦比亚总统杜克。民众对贾马特总统的不满主要来自政府抗疫不力。2021 年危地马拉新冠肺炎疫情比 2020 年严重，医疗系统压力剧增，公立医院人满为患。尽管危地马拉政府向俄罗斯订购了 1600 万支"卫星-V"疫苗，但截至 2021 年 7 月，危地马拉只收到了 15 万支疫苗。2021 年 7 月 3 日，民众走上街头要求贾马特总统辞职。此次抗议还促使政府反腐部门启动了对俄罗斯疫苗订购过程的调查。③

2021 年危地马拉还爆发了两次较大规模的社会抗议。一次发生于 2021 年 7 月 24 日，由民间反腐组织发起，要求贾马特总统和总检察长波拉斯辞职。抗议的导火索正是"打击有罪不罚"特别检察官桑多瓦尔被罢免。④ 另一次社会抗议发生于 2021 年 10 月 19 日。这次的抗议者由退伍老兵组成，其主要诉求是国会通过一项补偿老兵的法案。贾马特总统曾在竞选时许下承诺，对每个在 1960~1996 年参加了危地马拉内战的老兵都做出约 12 万格查尔（约

---

① "Anti-Corruption Prosecutor Praised by US Flees Guatemala", AP News, July 24, 2021, https：//apnews. com/article/guatemala-65df7392334755e69796386d26256295, accessed February 28, 2022.

② "Giammattei Marks Halfway Point", *Latin American Weekly Report*, January 27, 2022, pp. 14-15.

③ EIU, "Giammattei's Popularity Falls as Vaccine Frustration Mounts", *Country Report*：*Guatemala*, August 2021, p. 20.

④ EIU, "Protests in Guatemala as Anti-Corruption Prosecutor Sacked", *Country Report*：*Guatemala*, August 2021, p. 21.

合 1.55 万美元）的补偿。但有调查显示，内战期间，危地马拉军队涉嫌对平民滥用暴力，因此这项法案被国会搁置。几百名老兵在抗议无果后于 2021 年 10 月 19 日冲进国会纵火，防暴警察出动才得以控制局面。①

（三）政党碎片化将持续

危地马拉国会共有 160 名议员，除 2 名无党派人士之外，其余 158 名议员来自 19 个政党。执政党"为争取不同的危地马拉而前进"党（以下简称"前进党"）在国会中只有 17 个席位（占总数的 10.6%）。贾马特政府主要依靠与 10 余个政党组成的非正式联盟推动立法。贾马特总统的选举纲领因疫情一再被搁置，尤其是在反腐和安全领域。2020 年年初，贾马特总统曾向国会提交了一项安全法案草案，试图加大对黑帮犯罪的打击力度，将黑帮成员一律视作"恐怖分子"并加重刑罚。尽管这一草案得到不少议员的支持，但由于疫情影响，直到 2022 年 2 月仍未获通过。②

2022 年危地马拉的许多政治活动将为 2023 年 6 月的总统和国会选举做准备。受宪法限制，现任总统贾马特将不能参加竞选。目前危地马拉国内有 20 个注册政党，其中 19 个参加了 2019 年大选。国会中除了中左翼的全国希望联盟（52 席）和执政党前进党（17 席）之外，有 9 个政党拥有 6 个以上席位。2023 年的大选将延续这一碎片化趋势。由于民众对政治集团普遍不满，在大选中出现"局外人"的概率很大。③

二 经济形势④

经历了 2020 年的经济衰退之后，2021 年危地马拉的经济实现了明显复

---

① EIU，"Violent Protests Break Out in Guatemala"，*Country Report：Guatemala*，November 2021，p. 19.

② EIU，"Outlook for 2022-2026"，*Country Report：Guatemala*，February 2022，p. 4.

③ EIU，"Outlook for 2022-2026"，*Country Report：Guatemala*，February 2022，p. 5.

④ 如无特别标注，本节数据均来自 ECLAC，*Preliminary Overview of the Economies of Latin America and the Caribbean 2021*，United Nations，2022.

苏，国内生产总值同比增长 5.4%，人均国内生产总值同比增长 3.5%，通货膨胀有所缓解，失业率也下降至 4%。财政方面，随着经济逐渐恢复增长，政府减少了对经济刺激计划的支出，财政支出占国内生产总值的比重从 2020 年的 15.6% 下降至 2021 年的 13.6%，基本恢复到疫情前水平。由于美国经济复苏，危地马拉的侨汇收入显著增长，由此带来了关税收入和增值税收入的增加[1]，财政收入占国内生产总值的比重从 2020 年的 10.7% 上升至 2021 年的 12%，超过了 2019 年的占比。2021 年政府财政赤字占国内生产总值的比重从 2020 年的 4.9% 下降至 1.5%，公共债务占国内生产总值的比重由 2020 年的 40.4% 上升至 41.1%（见表 1）。

表 1　危地马拉主要经济指标（2019~2021 年）

年份	2019	2020	2021[a]
宏观经济			
GDP 增长率(%)	3.9	-1.5	5.4
人均 GDP 增长率(%)	1.9	-3.4	3.5
通胀率(%)	3.4	4.8	3.7
失业率(%)[b]	2.5	8.0	4.0
财政			
中央政府财政余额占 GDP 比重(%)[b]	-2.2	-4.9	-1.5
中央政府财政收入占 GDP 比重(%)[b]	11.2	10.7	12.0
中央政府税收收入占 GDP 比重(%)	11.0	10.5	—
中央政府财政支出占 GDP 比重(%)[b]	13.5	15.6	13.6
公共债务占 GDP 比重(%)[b]	34.5	40.4	41.1
对外部门			
货物出口额(百万美元)	9919	10136	12490
货物进口额(百万美元)	17885	16433	23007
服务出口额(百万美元)	3681	2602	3046
服务进口额(百万美元)	3632	2881	3440
货物和服务贸易余额(百万美元)	-7918	-6576	-10911
经常账户余额(百万美元)	1791	3938	3515

① EIU, "Revenue Picks Up Sharply in January-July", *Country Report*: *Guatemala*, September 2021, p. 19.

续表

年份	2019	2020	2021ᵃ
对外部门			
资本及金融账户余额(百万美元)	7	−749	—
国际收支余额(百万美元)	1798	3189	—
净外国直接投资(百万美元)	778	799	—
外债总额(百万美元)	24947	25364	—
国际储备(百万美元)	14789	18468	19827ᶜ
实际有效汇率指数(2005 年 = 100)	68. 2	66. 2	67ᶜ

注：a. 估计值；b. 数据来自 EIU；c. 截至 2021 年 9 月。

资料来源：ECLAC, *Preliminary Overview of the Economies of Latin America and the Caribbean 2021*, United Nations，2022；EIU, *Country Report：Guatemala*, September 2020, January 2021, January 2022。

对外部门方面，2021 年危地马拉的对外贸易相比于 2020 年显著增长，货物出口额较 2020 年增长了 23.2%，服务出口额增长了 17.1%，货物进口额增长了 40%，服务进口额增长了 19.4%，贸易逆差超过了 100 亿美元。2021 年 1~11 月，危地马拉的外国直接投资流入量为 34 亿美元，大大超过了政府设定的 12 亿美元目标，其中 22 亿美元归功于一家电信公司被收购。[1] 危地马拉 2021 年的侨汇收入比 2020 年上涨了 23.6%，比 2019 年上涨了 45.6%，侨汇收入在 2021 年 1~9 月达到了 110 亿美元。[2] 2021 年 5 月，危地马拉国会通过了一项法案，将扩大国内的自贸区规模。危地马拉自贸区近十年来因受政府管制的影响呈衰落趋势，自贸区数量从 2016 年的 17 个下降至 2020 年的 6 个，贾马特政府试图扭转这一局面。然而，受到政党碎片化的影响，贾马特政府无法推动深入的结构性改革，不能有效提高劳动力技术水平、改善投资的制度环境、兴建配套的能源基础设施，这些将限制自贸区对经济的拉动作用。[3]

---

[1] EIU, "One-Off Telcoms Deal Boosts Guatemala's FDI Inflows", *Country Report：Guatemala*, January 2022, pp. 20–21.

[2] EIU, "Solid Remittances Inflows Bolster Consumption in Guatemala", *Country Report：Guatemala*, November 2021, pp. 19–20.

[3] EIU, "Congress Passes Bill Expanding Free-Trade Zones", *Country Report：Guatemala*, June 2021, pp. 19–20.

2022 年危地马拉经济将继续复苏的趋势，财政赤字也将维持在较低水平。短期内，政府不会大幅调整经济政策。

三　社会形势

危地马拉政府对疫情控制不力，截至 2022 年 2 月 28 日该国累计确诊病例高达 77.6 万人，累计死亡病例达 16961 人。危地马拉的疫苗接种率落后于拉美多数国家，截至 2022 年 2 月 25 日，只有 31%的人口完成全程接种，8%的人口只接种了一剂疫苗。[①] 2021 年 1 月至 2022 年 2 月，危地马拉疫情有两次达到日增超过 3000 例的峰值，一次是 2021 年 8 月下旬，另一次是 2022 年 2 月中旬。由于多数人尚未接种疫苗，短期内危地马拉疫情得到控制的可能性较低。危地马拉贫困率从 2020 年的 47%下降到 2021 年的 45.9%。营养不良仍是危地马拉面临的主要难题，高达 47%的 5 岁以下儿童存在营养不良问题。[②]

近年来，危地马拉的谋杀率一直呈现下降趋势，从 2010 年每 10 万人 40.7 起谋杀案，下降到 2019 年的每 10 万人 22.3 起，2020 年这一数字是 15.3 起。2019~2020 年谋杀率骤降的主要原因是政府针对疫情防控采取的隔离措施。[③] 2021 年危地马拉的谋杀率有所上升，据官方统计，2021 年危地马拉共发生谋杀案件 2843 起，谋杀率上升至每 10 万人 16.6 起。危地马拉省的谋杀案件占全国总数的 1/3，危地马拉城常年受黑帮犯罪侵扰，敲诈勒索事件常见，小商贩是个高危职业，2021 年有超过 100 名小商贩被谋杀。与毒品相关的暴力犯罪主要集中在与墨西哥接壤的西北部边境，2021 年 7 月和 8 月边境高速公路曾发生多起枪战。[④] 贾马特总统在上任之初就承诺改

---

① "Coronavirus（COVID-19）Vaccinations", Our World in Data, https://ourworldindata.org/covid-vaccinations? country=OWID_WRL, accessed February 28, 2022.

② "Giammattei Marks Halfway Point", *Latin American Weekly Report*, January 27, 2022, pp. 14-15.

③ EIU, "Sharp Drop in Homicides Likely to Reverse in 2021", *Country Report*: *Guatemala*, February 2021, p. 21.

④ "InSight Crime's 2021 Homicide Round-Up", InSight Crime, February 1, 2022, https://insightcrime.org/news/insight-crimes-2021-homicide-round-up/, accessed February 28, 2022.

善治安，2020~2024年使犯罪率下降20%，相关举措主要包括利用信息情报部门抓捕黑帮犯罪团伙、打击跨境毒品运输、建立地区和市级委员会来评估本地犯罪趋势并参与社区项目等。此外，贾马特总统还计划每年增派6000名军人打击违法犯罪。然而，这些举措未能解决经济危机和高失业率导致的犯罪率上升。

四　外交形势

危美关系总体上较为友好，但两国在反腐问题上摩擦不断。美国拜登政府上台后采取了和特朗普政府不同的对危政策，在移民问题上更为温和，政策焦点也从移民本身扩大到推动地区经济发展和打击腐败等领域。2021年2月，拜登政府宣布中止"安全第三国"协议。[①] 2021年4月，美国同墨西哥、危地马拉和洪都拉斯签订了一项协议，墨西哥、危地马拉和洪都拉斯将增加军力和警力来阻断中美洲非法移民北上的通道。拜登政府也将履行其竞选承诺，增加对危地马拉等国的经济援助。[②] 2021年6月，美国副总统卡玛拉·哈里斯（Kamara Harris）访问危地马拉，与贾马特总统会面，两国签署了多项双边协定。美国司法部计划设立一个新的反腐特别工作组，与危地马拉的执法部门合作调查涉及危地马拉和美国的腐败案件，美国法律顾问也将更积极地培训危地马拉公诉部官员。美国还宣布设立一个反人口走私与人口贩卖的特别工作组，以阻止从危地马拉去往美国的非法移民。此外，美国计划投入资金帮助危地马拉改善社会经济状况，降低民众移民意愿。[③] 虽然危美两国试图减少危地马拉移民，但据美国官方统计，2020~2021财年美国来自危地马拉的非法移民占非法移民总数的16%，仅低于墨

---

① EIU, "Biden Suspends Northern Triangle Asylum Agreements", *Country Report*：*Guatemala*, March 2021, p. 19.

② EIU, "US Drives New Central America Migration Agreement", *Country Report*：*Guatemala*, May 2021, p. 19.

③ EIU, "US Vice-President's Trip Brings New Aid for Guatemala", *Country Report*：*Guatemala*, July 2021, p. 19.

西哥和洪都拉斯，排名第三。①

由于拜登政府重视推动危地马拉的反腐进程，贾马特政府多次破坏司法独立也招致美国政府不满，成为危美关系紧张的主要因素。在特别检察官桑多瓦尔被罢免后，美国政府立即宣布中止与危地马拉公诉部的合作项目，停止对后者的资金和技术援助。2021 年 9 月，美国政府将危地马拉总检察长、公诉部部长波拉斯和公诉部秘书长等中美洲官员列入了"腐败和非民主人员"名单，名单上的官员将被限制申请美国签证。②

对华关系方面，两国贸易额在 2021 年继续大幅增长。危地马拉对华进出口总额从 2020 年的 27.3 亿美元增长到 2021 年的 43.5 亿美元，增长了 59.3%，自华进口总额从 2020 年的 24.7 亿美元增长到 2021 年的 39 亿美元，增长了 57.9%，对华出口总额从 2020 年的 2.57 亿美元增长到 2021 年的 4.47 亿美元，增长了 74%。③

（杨建民　审读）

---

① EIU, "Migration from Guatemala to the US Breaks Records in 2021", *Country Report*：*Guatemala*, December 2021, p. 19.

② "Estados Unidos Incluye a la Fiscal General Consuelo Porras y al Secretario General del MP, Ángel Pineda, en Lista de Actores Corruptos", Prensa Libre, 20 de septiembre de 2021, https：// www. prensalibre. com/guatemala/justicia/estados-unidos-incluye-a-la-fiscal-general-consuelo-porras-y-al-secretario-general-del-mp-angel-pineda-entre-lista-de-actores-corruptos-breaking/, accessed February 28, 2022.

③ 《2020 年 12 月进出口商品国别（地区）总值表（美元值）》，中华人民共和国海关总署网站，2021 年 1 月 18 日，http：//www. customs. gov. cn//customs/302249/zfxxgk/2799825/302274/302277/302276/3515719/index. html；《2021 年 12 月进出口商品国别（地区）总值表（美元值）》，中华人民共和国海关总署网站，2022 年 1 月 18 日，http：//www. customs. gov. cn/customs/302249/zfxxgk/2799825/302274/302277/302276/4127455/ind ex. html，最后访问日期：2022 年 3 月 1 日。

Y. 26
巴拿马：经济复苏显著，社会形势引人担忧

王　帅[*]

摘　要： 2021 年，科尔蒂索政府政治作为有限，支持率下跌。民众对政府疫情处置、腐败治理、政策透明度及竞选履诺进展不满，削弱了政府治理能力。2021 年巴拿马经济实现强劲复苏。随着疫情形势好转，巴拿马政府逐步放开对经济活动的管控，并积极融资以刺激经济重启，财政状况得到改善。然而，社会安全形势令人担忧，谋杀、有组织犯罪、贩毒活动猖獗，民众生活水平下降、贫困率上升，导致社会抗议和罢工频发。巴拿马政府外交活动增多，注重同美国的关系，同时发展多元外交。

关键词： 巴拿马　经济复苏　公共安全　务实外交

一　政治形势

2021 年以来，劳伦蒂诺·科尔蒂索（Laurentino Cortizo）政府继续面临应对新冠肺炎流行、重振经济以及打击腐败等挑战。科尔蒂索总统竞选时承诺的宪法改革迟迟未有实际进展，导致政府治理能力备受质疑。在 2021 年 7 月 1 日总统执政两周年纪念活动上还发生了抗议示威活动，总统支持率跌至 27.7%。[①]

---

[*] 王帅，中国社会科学院拉丁美洲研究所助理研究员，主要研究方向为区域国别研究。

[①] EIU, *Country Report：Panama*, August 2021, p. 19.

（一）政府政治作为有限

在 2021 年 7 月 1 日执政中期演讲中，科尔蒂索总统重点强调了政府的防疫政策，特别是国家新冠疫苗接种计划。他表示已有 24% 的人口至少接种了一剂疫苗[①]，政府计划在 2022 年 3 月以前为所有 16 岁及以上人群接种疫苗。至 2021 年 8 月中旬，已有 62.4% 的人口接种了一剂疫苗，19.6% 的人口接种了两剂疫苗。[②] 巴拿马政府一直执行较为严格的疫情管制措施。随着新增病例出现下降趋势，巴拿马政府于 2021 年 2 月初宣布放松对新冠肺炎疫情的管制，重新开放该国陆地边境。此前，政府已重新开放了航空边境。

在政治改革方面，政府在反洗钱、提高财政透明度方面取得一定进展。自"巴拿马文件"丑闻暴露出离岸公司管理问题以来，巴拿马一直出现在经济合作与发展组织（OECD）、反洗钱金融行动特别工作组（FATF）的全球打击洗钱和恐怖主义"不合作国家"灰名单上，且被欧盟重新列入避税天堂黑名单。这不利于巴拿马政府实施反周期的财政刺激政策来促进经济复苏和进一步吸引外资以为财政赤字提供支持。2021 年 4 月，政府向国会提交了三项旨在打击洗钱和资助恐怖主义的法案，以采取必要的行动来安抚投资者。法案的许多内容均基于欧盟和反洗钱金融行动特别工作组的建议。2021 年 11 月，科尔蒂索总统签署了一项旨在提高财政透明度、防止洗钱行为的新法律（第 624 号）。该法完全参照经合组织、反洗钱金融行动特别工作组和欧盟关于国际税收的标准制定，引入了制裁手段以提高法律的有效性，确保巴拿马从"不完全符合反洗钱和打击资助恐怖主义（AML/CFT）建议措施"的司法管辖名单中移除。

（二）重要政治改革受阻

宪法和选举法等领域的改革进展缓慢拖累了巴拿马政府的执政业绩，总

[①] EIU, *Country Report*：*Panama*, August 2021, p. 19.

[②] EIU, *Country Report*：*Panama*, September 2021, p. 21.

统本人的支持率也越来越低。2021年8月的一份民调结果显示，61%的巴拿马人认为国家正在往错误的方向前进，对政府在选举、宪法和司法改革以及治理腐败方面缺乏进展表示不满，对疫情造成的就业紧张形势表示担忧。①

2019年7月科尔蒂索总统提出了一揽子宪法改革方案，但因内容受到广泛批评，宣布将完全推翻改革方案、经咨询后从头修改。2021年5月，反对党和社会团体试图通过成立平行制宪大会来起草新宪法，然后交由全民公投。这与总统提倡的改革路线——开展"全国对话"相违背。改革路线的分歧使宪法改革进展缓慢。

选举法的改革进程亦受阻。经过一年多的准备，选举改革委员会提出了一项包括323条条款的法案草案，以改进现行选举法。然而，在国会讨论阶段，该草案的大量条款遭到删除或修改，引发社会抗议，政府被迫暂停新选举法的立法程序。

政府廉政和国际税务透明度再遭质疑。2021年6月，政府于2020年推出的"巴拿马团结计划"曝出腐败丑闻，3名公职人员被捕。该计划旨在为受新冠肺炎疫情影响的非正规就业者与失业者提供食品和资金。10月，"潘多拉文件"泄露，国际调查记者同盟（ICIJ）指控巴拿马离岸公司税务不明，巴拿马的国际声誉再遭打击。科尔蒂索总统承诺要解决的一直饱受诟病的腐败和财政透明度问题也没有明显改善。

二　经济形势

经历了2020年大幅衰退后（巴拿马是中美洲经济收缩最严重的国家），2021年巴拿马实现了经济复苏，预计2021年国内生产总值增长率将从2020年的-17.9%上升为12.4%，② 但复苏程度不足以弥补新冠肺炎疫情带来的经济损失。

---

① EIU, *Country Report：Panama*, December 2021, p. 20.
② CEPAL, *Balance Preliminar de las Economías de América Latina y el Caribe 2021*, Naciones Unidas, 2022, p. 140.

（一）经济总体复苏强劲

巴拿马2021年第一季度经济萎缩，国内生产总值同比下降8.6%，反映了疫情对经济的持续影响。随着疫苗接种的推广和逐步放开对经济活动的管制，巴拿马经济自第二季度开始强劲复苏，前三季度国内生产总值同比增长14.9%。[①]

2021年3月，巴拿马财政收支严重恶化，国际信用评级机构穆迪将该国的长期发行人和高级无担保债务评级由Baa1下调为Baa2。此前，国际信用评级机构惠誉国际将该国的长期外币发行人违约评级从BBB下调至BBB-。2022年2月，惠誉国际将巴拿马的评级展望由"负面"调整为"稳定"，这主要是基于巴拿马政府财政状况的持续改善和好于预期的经济增长。该机构预计，至2021年年底巴拿马非金融公共部门（NFPS）赤字将达到国内生产总值的5.6%，低于2020年修改后的《财政责任法》对财政赤字规定的上限，公共债务占国内生产总值的比重也将下降至64.2%。[②]

至2021年第三季度，巴拿马经济部门得到广泛复苏，采矿业同比增长131.2%，建筑业同比增长101.5%，社会和个人服务业同比增长169.4%，酒店和餐饮业同比增长96.9%。2021年前10个月巴拿马经济活动同比增长15.2%。[③]

相较2020年，2021年巴拿马出口部门获得一定增长，其中商品出口额同比增长17%，服务出口额同比增长25%。这主要得益于铜产量的增加，铜出口对巴拿马出口产品多样化的重要性在未来十年将日益显著，有助于该国减少结构性贸易逆差。同时，2021年巴拿马的进口额也有所回升，主要进口中间产品和消费品，商品进口额和服务进口额分别同比上涨46%和10%。[④] 巴

---

① EIU, *Country Report*：*Panama*，February 2022，p. 21.

② *LatinNews Daily*，February 1, 2022.

③ Instituto Nacional de Estadística y Censo-Panamá，https：//www. inec. gob. pa/，accessed March 3，2022.

④ 笔者根据联合国拉美经济委员会数据计算，参见CEPAL，*Balance Preliminar de las Economías de América Latina y el Caribe 2021*，Naciones Unidas，2022，p. 141.

拿马运河货运量在 2021 财年实现了创纪录的 5.16 亿吨，相较 2020 财年增长 8.7%，相较 2019 财年增长 10%，这主要得益于新巴拿马型货轮过境次数的增加和液化天然气运输量的增长（31.4%）。① 科隆自贸区贸易复苏，2021 年 1~5 月自贸区进口额达到 24 亿美元，同比增长 19.7%；转口贸易额达到 29 亿美元，同比增长 22.8%。2021 年巴拿马银行信贷业恢复活力，截至 11 月，银行机构净利润增长 22.2%，达到 18.8 亿美元，11 月的银行股本回报率（ROE）为 8%，高于上年同期的 6.6%。②

（二）政府拉动经济增长的举措

2021 年 1 月，科尔蒂索总统签署了一项为中小微企业提供税收优惠的法律，以改善这些企业的财务状况、促进经济复苏。在巴拿马所有注册的公司中约 96% 是中小微企业，它们提供了大约一半的正规就业，在此次经济衰退中也是遭受打击最严重的部门之一。③ 2021 年 5 月，巴拿马获得了由美洲开发银行提供的 1.5 亿美元贷款，以帮助中小微企业进行中期融资。此外，科尔蒂索总统还于 2021 年 4 月批准了一项将一般税收特赦期延长至 2021 年 8 月 31 日的法律。截至 2021 年 12 月巴拿马税收总额为 43.4 亿美元，高于预算目标 6.72%，同比增长 4.5 亿美元，其中不包括因税收减免政策减少的 9340 万美元。④

2021 年 2 月，继 2020 年 6 月、9 月之后，政府第三次尝试"重启"经济政策，公布了逐步放开经济活动时间表。随着经济活动逐渐放开，私人部门于 2021 年 4 月向政府提交了一项 40 亿美元复苏计划，包括针对能源、金融、工业、旅游、建筑和农业等领域的刺激方案，获得了政府积极回应。科尔蒂索总统还于 2021 年 4 月决定设立一个致力于吸引投资和促进出口的政府机构。2021 年 8 月，政府放宽了对国际旅客入境和公共场所容量的限制，

① *LatinNews Daily*，October 29, 2021.
② EIU，*Country Report：Panama*，February 2022，p. 20.
③ EIU，*Country Report：Panama*，February 2021，p. 22.
④ *LatinNews Daily*，January 25, 2022.

旅游业也迎来重启。

巴拿马政府于 2021 年 6 月成功发行了 20 亿美元一揽子主权债券，可满足其当年 80% 的融资需要，包括用于 2021 年度预算支出及回购其他即将到期的债券。[1] 这说明巴拿马重新获得了国际金融市场的信任。此外，2021 年1月，巴拿马政府与国际货币基金组织签署了一项为期 2 年、价值 27 亿美元的预防性与流动性贷款额度（PLL）协议，以应对极端外部冲击。经济和财政部还通过发行主权债券筹集了 24.5 亿美元。[2] 这些举措有望提振市场信心、防范经济下行风险。

为应对新冠肺炎疫情，2020~2021 年巴拿马政府财政总共拨付 35.4 亿美元，其中 21 亿美元用于支持"巴拿马团结计划"的实施。[3] 疫情的持续缓解有利于进一步放松经济活动管制，并支持巴拿马经济复苏的积极前景。

三 社会形势

受新冠肺炎疫情的持续影响，2021 年巴拿马社会整体呈消极态势。

（一）社会经济水平下降，不安全因素增加

2021 年度巴拿马就业情况虽有所改善，但失业率仍处于高位，根据最新数据，10 月全国失业率为 11.3%。[4] 持续的非就业状态导致贫困率攀升。根据美洲开发银行（IDB）的报告，受疫情影响，巴拿马将有约 30 万新增贫困人口，贫困率也将从疫情前的 16.1% 上升到 23.2%。[5]

社会经济形势不稳导致社会不安全加剧。巴拿马凶杀案数量明显增多，

---

[1] EIU, *Country Report：Panama*, August 2021, p. 21.

[2] EIU, *Country Report：Panama*, February 2021, p. 23.

[3] *LatinNews Daily*, January 6, 2022.

[4] Instituto Nacional de Estadística y Censo-Panamá, https：//www. inec. gob. pa/, accessed March 3, 2022.

[5] *LatinNews Daily*, March 24, 2021.

截至2021年9月底，登记在案的凶杀案已有410起，同比增长6%。① 同时，巴拿马街头帮派冲突也有所增加。2021年4月，一个名为"巴格达"街头帮派的19名成员涉嫌有组织犯罪和洗钱等被批捕，其中涉及一名国民警卫队军官。巴拿马加勒比海沿岸的贩毒活动也越发猖獗，毒品缴获量大幅增加。2021年，巴拿马公共安全部宣布已查获119吨毒品，创下新的纪录。② 这表明巴拿马正加速变为毒品贩卖过境国。此外，巴拿马南部与哥伦比亚接壤的达里恩峡谷有越来越多的犯罪分子、人口贩卖团伙和哥伦比亚游击队活动。

（二）社会不稳定，对政府不满情绪增加

政府多项举措引发社会不满。2021年5月，科尔蒂索政府宣布将在美洲开发银行的支持下开启新的国家采矿政策"磋商期"，意在推动采矿业发展、重振国民经济。然而，新的矿业发展计划授予的金属采矿特许权地区（超过2.5万公顷）位于该国生物多样性保护区的科克莱省，引起当地非政府组织的担忧。出于对环境影响的担心，"环境影响中心"等环保组织要求巴拿马暂停金属开采，并对新的矿业发展计划的透明度提出质疑。

2021年8月，科尔蒂索总统公布了一项有关限制公共信息访问的行政令，遭到社会团体透明国际巴拿马分部公民自由发展基金会（FDLC）的批评。该行政令将限制公众访问10年内有关内阁、总统或副总统的会议记录、笔记、档案和其他讨论或活动记录的信息。非政府组织批评政府在透明度方面不进反退。在2021年6月由透明国际发布的公共行政部门透明度与诚实性评估报告中，巴拿马的得分较低，在0～1分的指标等级中仅获得0.3分。③

此外，尽管巴拿马是中美洲第二个实施国家新冠疫苗接种计划的国家，但第一阶段优先为一线医护人员接种的计划并未得到完全保证，巴拿马医学

---

① *Latin American Weekly Report*，November 4, 2021, p.15.
② *Latin American Security & Strategic Review*，January 2022, p.18.
③ *Latin American Weekly Report*，September 2, 2021, p.15.

协会对此表示不满。

各领域抗议活动和罢工频发加剧了社会不稳定性。2021 年 3 月，在总统倡议的"全国对话"期间，多个工会组织与防暴警察在首都发生冲突，他们批评该对话对政府和商业部门有利，并担心这会导致巴拿马社会保障基金私有化。2021 年 4 月，巴拿马全国护士协会宣布举行 24 小时罢工，要求政府兑现对其工作保障的承诺，支付拖欠的款项。6 月，数百名学生在巴拿马城举行抗议活动，反对总统修改"巴拿马团结计划"，批评政府腐败和应对疫情不力。9 月，工会、学生、教师协会和妇女权利组织等团体共同在巴拿马城举行抗议活动，表达对科尔蒂索政府的不满，要求提高最低工资，反对立法机关修改选举改革提案，以及表达对腐败问题的长期不满。

11 月，海关工人罢工，要求政府支付奖金和劳动奖励。运输工人原计划于同月举行罢工以抗议燃料价格上涨，因政府最终批准了临时性燃料补贴，巴拿马国家运输协会取消了罢工。

四　外交形势

巴拿马政府重视与美国的外交关系，同时推动对外关系多元化，但与周边国家的摩擦时有发生。

2021 年 6 月底，美国副国务卿纽兰率团访问巴拿马和萨尔瓦多。在与科尔蒂索总统的会晤中，纽兰强调美巴在应对非正常移民、被迫流离失所者和气候变化等方面加强合作的必要性，并表示美国支持巴拿马打击洗钱、腐败等非法金融行为的努力。2021 年 7 月，科尔蒂索总统出访美国，对美国得克萨斯州进行了为期 5 天的访问，旨在与该州建立更加密切的经济联系，并签订了新的私人部门投资协议以促进巴拿马经济复苏，涉及通信、能源运输、就业等领域。巴拿马政府与美国缉毒局及哥伦比亚警方合作打击毒品犯罪，在 2021 年 12 月的一次缉毒行动中共查获缉毒资金近 1000 万美元，这是近年来缴获现金数额最大的一次。这次突击行动针对哥伦比亚贩毒组织"海湾集团"在巴拿马的犯罪活动，逮捕了涉嫌犯罪的政府官员、警察、军

官共 57 人。①

哥伦比亚毒品走私集团通常经巴拿马将毒品销往美国和欧洲，贩毒组织的暴力犯罪和洗钱网络危害巴拿马社会安全与金融体系。2021 年 1 月底巴拿马重新开放陆地边境后，穿越与哥伦比亚接壤的达里恩峡谷进入巴拿马的非正常移民骤增。根据红十字国际委员会（ICRC）的报告，仅 2021 年 1~8 月就有 7 万余名非正常移民越过达里恩峡谷，人数相当于过去 5 年数量的总和。② 这些移民主要来自海地、古巴以及南美洲和中美洲国家，大部分人的目的地是北美。巴拿马与哥伦比亚已商议共同管理非正常移民的流动，分享过境移民名单和统计数据，并设立针对有组织犯罪和人口贩运的协调机制。巴拿马与另一邻国哥斯达黎加的摩擦时有发生。哥斯达黎加就巴拿马关于从本国进口草莓、乳制品、肉制品、菠萝和香蕉等产品的限制和禁令诉诸世界贸易组织（WTO），并要求世界贸易组织成立仲裁小组。

巴拿马政府开展务实的多元外交。2021 年 3 月 1 日，巴拿马与韩国的自贸协定正式生效，意味着双边商品贸易 95% 的关税将被取消。2021 年 7 月，日本外务大臣访问巴拿马，旨在加强两国贸易和投资关系。

（郭存海　审读）

---

① *Latin American Security & Strategic Review*，January 2022，p. 18.

② *Latin American Security & Strategic Review*，October 2021，p. 20.

Y.27

多米尼加：政府执政平稳，
经济复苏强劲

史沛然*

摘　要： 2021 年是现代革命党的阿比纳德尔执政的第二年，多米尼加迎
来强劲的经济复苏，成为拉美地区经济增长率较高的国家，但走
高的通胀率和趋紧的财政政策也给复苏的可持续性带来不确定
性。政治上，新政府将打击腐败作为执政重点，多名前任和现任
政府官员受到调查。在社会民生领域，新政府推出全新的社会保
障项目，给付金额大幅提高，但覆盖人群有所减少。美国和海地
依然是多米尼加外交领域的重点，多米尼加与海地关系的恶化有
可能加剧双边冲突。

关键词： 多米尼加共和国　反腐败　经济复苏　超越计划

长期以来，多米尼加是拉美地区经济表现最为优异的国家之一。在
2020 年新一次总统选举后，多米尼加不仅顺利完成了执政党轮换和政权交
接，而且较快地从新冠肺炎疫情对经济和社会的负面影响中恢复。在保持稳
定政治局势的同时，多米尼加经济增长率稳居拉美地区前列。

一　政治形势

2020 年 7 月当选总统的路易斯·阿比纳德尔（Luis Abinader）就任后，

---

* 史沛然，中国社会科学院拉丁美洲研究所助理研究员，主要研究方向为计量经济学。

其代表的现代革命党（Partido Revolucionario Moderno，以下简称"革命党"）成为执政党，并成功获得了参众两院的多数席位，巩固了执政优势。前执政党多米尼加解放党（Partido de la Liberación Dominicana，以下简称"解放党"）则退居为国内第二大党。

打击腐败是阿比纳德尔政府当下的工作重点。自 2020 年 11 月起，数名与前任总统达尼洛·梅迪纳（Danilo Medina）往来密切的政府官员和商界人士被陆续逮捕。2021 年，阿比纳德尔的反腐力度进一步加大。2021 年 4 月，总检察长办公室通过"珊瑚行动"（Operación Coral）逮捕了前总统安全主管亚当·卡塞雷斯（Adams Cáceres）少将、罗斯·古斯曼（Rossy Guzmán）牧师和其他三名前政府官员。① 7 月，在"美杜萨行动"（Operación Medusa）中，曾在梅迪纳政府任总检察长的让·阿兰·罗德里格斯（Jean Alain Rodriguez）等多名前政府官员被捕。罗德里格斯是加勒比地区首位因贪腐而受到调查的总检察长。② 2021 年 11 月，总检察长办公室再次发起"珊瑚 5G 行动"，三名将军和低级官员被捕。除了前任政府官员和军界高官，现任政府的官员也受到了调查。在"13 号行动"（Operación 13）中，国家彩票的执行董事路易斯·梅西切尔（Luis Maisichell Dicent）被指控进行欺诈活动，受到逮捕。其他尚未正式被起诉但已经受到相关调查的官员还包括前财政部长、前青年部长等多人。

通过贯穿 2021 年全年的一系列反腐败行动，阿比纳德尔政府兑现了强力打击腐败的竞选承诺，从目前已经被捕的人员构成和任职层级来看，力度可以说前所未有。但是，在打击腐败的过程中，阿比纳德尔政府受到了反对派的批评，后者指责相关活动是对前总统梅迪纳和解放党的报复。在现任政府官员也因相同罪名被捕后，一方面这无疑有损于革命党的声望，另一方面

① "Corruption Cases in the Hands of the Dominican Justice System during 2021", BH Compliance, January 5, 2022, https://bh–compliance.com/corruption–cases–in–the–hands–of–the–dominican-justice-system-during-2021/, accessed February 23, 2022.

② "Dominican Former Law Minister Arrested on Suspicion of Diverting Funds", Reuters, June 30, 2021, https://www.reuters.com/world/americas/dominican–former–law–minister–arrested–suspicion-diverting-funds-2021-06-30/, accessed February 23, 2022.

阿比纳德尔本人的声望则进一步提高。2022 年，本届政府将继续以打击腐败为执政重点，反腐的成效也将对下一次总统选举产生不容忽视的影响。

二 经济形势[①]

与世界其他国家一样，多米尼加 2021 年经济出现反弹且反弹趋势强劲，GDP 和人均 GDP 增长率分别达到 10.4% 和 9.3%，显著高于拉美地区经济增长率（6.2%）和人均 GDP 增长率（5.3%）的平均水平，经济增长水平位列拉美地区的前五名。2021 年，受全球范围内的量化宽松政策影响，多米尼加通胀率继续走高，由 2020 年的 5.6% 上升至 7.9%。

国际收支方面，经常账户赤字进一步扩大，由 2020 年的 15.41 亿美元增至 2021 年的 28.88 亿美元，增幅达到 87.41%。由于多米尼加长期处于贸易逆差地位，货物和服务贸易贡献的赤字也最大，在 2021 年达到 86.59 亿美元，同比增长 50.9%。货物贸易和服务贸易的进口金额分别同比增长 24.5% 和 24.5%，货物贸易和服务贸易的出口金额也均有所增长，增长率分别达到 18.2% 和 4.0%。多米尼加的侨汇增长趋于稳定，2021 年的侨汇总额为 104 亿美元，约占 GDP 的 12%，增长率为 7.9%。虽然 2021 年的侨汇增长率显著低于近四年的平均增长率 17.2%，但是在未来 3~5 年，侨汇依然会继续增长，而且继续起到促进私人消费、改善多米尼加国际收支平衡的作用。[②] 侨汇的持续流入也使多米尼加的国际储备连续三年实现增长。

财政方面，多米尼加 2021 年的政府开支逐步回归到疫情前的水平，一方面，政府努力减少不必要的财政开支；另一方面，经济复苏和采矿公司利润大幅提高共同推动了财政收入增长，也使 2021 年的中央政府财政赤字占 GDP 的比重由 2020 年的 7.9% 下降至 2.7%。2021 年，多米尼加公共债务占 GDP 的比重从 2020 年的 71.3% 下降至 66.2%，而初级财政余额占 GDP 的

---

① 若无特别说明，本部分数据来自 EIU，*Country Report：Dominican Republic*，2021，p.12.
② EIU，*Country Report：Dominican Republic*，January 2022.

比重也由 2020 年的赤字状态（-4.7%）转为小幅盈余（0.5%）。但是，多米尼加的外债总存量由 2020 年的 44.5 亿美元增长至 48.9 亿美元，增长率达到 9.7%，且外债存量预计将继续增长。

货币政策方面，2021 年，拉美各国央行普遍采取升息措施以应对通货膨胀，多米尼加央行于 2021 年 12 月将基准利率由 3.0% 提高至 3.5%，与 2020 年 8 月因应对疫情首次降息时的基准利率持平。[①] 在通胀压力下，2021 年多米尼加比索对美元和欧元均出现升值，年平均汇率分别为 56.57∶1 和 65.62∶1，升值幅度分别达到 3.6% 和 5.2%。[②] 相较于 7.9% 的年度通胀预期，比索的升值幅度依然温和，对多米尼加主要贸易伙伴（美国）出口的负面影响有限。表 1 为联合国拉美经济委员会对多米尼加的经济统计数据，2021 年的部分经济指标缺失。

表 1　多米尼加主要经济指标（2019~2021 年）

经济指标	2019 年	2020 年	2021 年估值
GDP 增长率(%)	5.1	-6.7	10.4
人均 GDP 增长率(%)	4.0	-7.7	9.3
固定资本形成总额占 GDP 比重(%)	26.7	25.2*	—
货物出口额(亿美元)	111.9	103.0	121.7
货物进口额(亿美元)	202.7	170.5	212.3
服务出口额(亿美元)	93.2	41.5	43.1
服务进口额(亿美元)	42.6	31.4	39.1
货物和服务贸易余额(亿美元)	-40.2	-57.4	-86.6
收入差额(亿美元)	-40.7	-38.6	-45.9
经常转移余额(亿美元)	69.0	80.6	103.6
经常账户余额(亿美元)	-11.9	-15.4	-28.9
资本和金融账户余额(亿美元)	23.4	28.4	—
国际收支余额(亿美元)	11.3	13.0	—
国际储备变化(亿美元)	-11.5	-19.6	—
净外国直接投资(亿美元)	25.4	30.2	—

---

① 数据来自 Banco Central de la República Dominicana, https∶//www.bancentral.gov.do/, accessed February 23, 2022。

② EIU, *Country Report∶ Dominican Republic*, 2021, p.12.

经济指标	2019 年	2020 年	2021 年估值
外债总额(亿美元)	233.8	307.0	—
国际债券发行总额(亿美元)	25.0	75.7	48.5
国际储备(亿美元)	87.8	107.5	129.3
实际有效汇率指数(2005=100)	117.2	125.7	125.8
价格指数(%)	3.7	5.6	7.9
财政余额占 GDP 比重(%)	−2.1	−8.3	—
财政收入占 GDP 比重(%)	14.7	14.2	—
税收收入占 GDP 比重(%)	13.6	12.4	—
财政支出占 GDP 比重(%)	16.8	22.5	—
公共债务占 GDP 比重(%)	39.6	55.9	—

注：＊表示估计值。

资料来源：ECLAC, *Preliminary Overview of the Economies of Latin America and the Caribbean 2021*, United Nations, 2022。

三 社会形势

为了更好地应对新冠肺炎疫情，2021 年 6 月，多米尼加政府启动了一项新社会保障计划"超越计划"（Supérate），全面取代自 2005 年起由解放党政府推行的"团结进步计划"（Progresando con Solidaridad）[①]。两项计划均为非缴费型社会保障计划，与"团结进步计划"相比，"超越计划"将为每个家庭每月发放 1650 比索的新冠肺炎疫情补贴，比"团结进步计划"的给付金额高出一倍。同时，"超越计划"预计覆盖的家庭数量为 130 万户，高于疫情前"团结进步计划"下的 80 万户家庭覆盖数，但低于梅迪纳政府在紧急状况期间的家庭覆盖数（在 2020 年 4 月针对疫情的临时财政计划撤销前，共有 150 万户家庭受益，月补贴金额一度达到 5000 比索）。根据多米尼加经济部的数据，在"团结进步计划"下，约有 244 万人（占多米尼加贫困人口的 61.5%）获得与疫情相关的社会福利。假设 2021 年多米尼加贫困率略有下降，"超越计划"下受

[①] EIU, *Country Report：Abinader Launches Social Programme to Replace COVID-19 Help*, June 2021.

财政支持的多米尼加贫困人口占该国总贫困人口的比重将下降到55%左右。

这项社会福利计划在短期内预计不会带来过高的财政压力，而且多米尼加的社会福利支出占GDP的比重显著低于拉美地区4%的平均水平。但是从中长期来看，阿比纳德尔政府计划于2022年实施财政改革，具体的措施包括扩大税基、减少非生产性支出对财政预算的拖累等。在疫情仍在持续的影响下，这一紧缩性的财政政策改革在多大程度上能够得到民众的支持还是未知数，即使有强劲的经济复苏作为支撑，任何减少福利、增加税收的行政尝试都会给2024年的总统选举带来负面影响。

此外，新冠肺炎疫情对就业率的影响仍在持续。根据联合国拉美经济委员会对多米尼加2021年前三个季度就业数据的统计，多米尼加劳动参与率和就业率分别为62.4%和57.6%，较2020年数据均有所上升，但仍然低于2019年的劳动参与率（65.1%）和就业率（61.0%）水平。同时，多米尼加的失业率继续走高，2021年前三个季度达到7.7%（见表2）。值得注意的是，多米尼加的男性劳动参与率和就业率均显著高于女性，女性失业率达到12.6%，约为男性的3倍，接近拉美地区12.3%的女性失业率均值。新冠肺炎疫情加剧了多米尼加的性别和收入不平等。

表2　多米尼加主要劳动市场指标

单位：%

指标	类别	2019年	2020年	2021年1~9月
劳动参与率	全国	65.1	60.2	62.4
	女性	52.6	47.6	50.5
	男性	78.4	74.0	75.3
失业率	全国	6.2	5.8	7.7
	女性	9.3	8.6	12.6
	男性	3.9	3.6	4.3
就业率	全国	61.0	56.7	57.6
	女性	47.8	43.5	44.2
	男性	71.1	71.1	72.1

资料来源：ECLAC, *Preliminary Overview of the Economies of Latin America and the Caribbean 2021*, United Nations, 2022。

四　外交形势

在美国-多米尼加-中美洲自由贸易协定（DR-CAFTA）的框架下，美国在多米尼加的对外关系上占据特殊地位。拜登就任美国总统后，美国与拉美国家的关系较特朗普政府任期内普遍转暖。疫情中美元的强势地位和大量来自美国的侨汇进一步强化了多米尼加和美国的经贸关系，2021年，美国仍是多米尼加第一大贸易伙伴。

另一个在多米尼加对外关系中至关重要的国家是邻国海地。2021年，两国曾尝试重启休眠已久的双边贸易和移民委员会，但是由于多米尼加民众强烈反对，这一尝试再次不了了之。民众对海地持续恶化的安全形势的关注促使多米尼加政府在国境线修建边境墙，与此同时，海地也在跨越两国边界的一条河流上建设运河。双方政府的上述行为导致两国关系日趋紧张。近年来，多米尼加国内仇视海地非法移民事件频发，2021年11月，多米尼加内政部宣布拟限制非法入境的海地公民的就医权。①

海地是拉美地区收入水平最低、社会局势最动荡的国家之一，而多米尼加是其唯一的陆上邻国，两国因移民、领土等问题多次发生过政治冲突。

展望2022年，多米尼加有望延续2021年经济反弹的强劲态势，经济增长率将继续保持拉美地区领先地位。受到疫情严重打击的旅游业（多米尼加的支柱产业）亦有望逐步恢复到疫情前的水平。但收紧的财政政策和以美联储缩表和加息为代表的外部风险均有可能给多米尼加的经济增长带来不确定因素。此外，多米尼加的运输、电力和居民消费严重依赖石油进口。在当前石油价格剧烈波动的形势下，2022年多米尼加的通货膨胀率将持续走高，并高于央行的预期。

政治方面，虽然距离2024年总统大选为时尚远，阿比纳德尔尚未就参

---

① "Dominican Republic to Limit Immigrants' Hospital Access Amid Tensions with Haiti", Reuters, December 4, 2021, https://www.reuters.com/world/americas/dominican-republic-limit-immigrants-hospital-access-amid-tensions-with-haiti-2021-11-04/, accessed March 2, 2022.

选事宜表态，但是革命党已经着手修改党章，以为阿比纳德尔再度竞选扫清障碍。由于应对疫情表现出色，阿比纳德尔2022年1月的支持率达到67%，2022年他将以打击腐败和恢复经济活力为重点，继续争取民众的支持。和海地的关系依然是多米尼加2022年外交局势中最大的不稳定因素，两国存在冲突升级的风险。

（张勇　审阅）

Y.28
海地：政治动荡加剧，经济复苏无期

刘天来*

摘　要： 2021 年，海地局势异常动荡。总统莫伊兹遇刺身亡，政治斗争
高度尖锐化，代理政府孱弱不稳、举步维艰。海地经济态势持续
疲软，复苏遥遥无期。社会安全面临前所未有的严峻形势，政府
无力应对新冠肺炎疫情。海地对美国的依赖加深，与多米尼加关
系依然紧张。

关键词： 海地　代理政府　经济疲软　社会形势

一　政治形势①

一改 2020 年相对平稳的局面，2021 年海地的政治形势极端恶化。2021
年上半年，若弗内尔·莫伊兹（Jovenel Moïse）总统本欲趁议会无法正常运
作之际，将旨在改变议会碎片化、加强政府权威的宪法草案绕过议会付诸全
民公投。但是，这次公投引起了反对派激烈的反对，比如海地参议院议长约
瑟夫·兰伯特（Joseph Lambert）明确呼吁民众"反抗并击败"宪法公投，
前参议员莫伊兹·琼·查尔斯（Moïse Jean Charles）发表暴力抵制公投言
论，等等。海地陷入混乱局面，各反对派或明或暗地接触、支持、鼓动乃至
组建和控制民间武装，武装团体之间爆发冲突，围攻太子港，控制通往北部

---

* 刘天来，中国社会科学院拉丁美洲研究所助理研究员，主要研究领域为拉美国家和金砖国
　家政治与法治。
① 除特别注明，本部分数据引自 EIU, *Country Report：Haiti*, 2021-2022。

和南部的道路，海地全国安全形势迅速恶化，莫伊兹被迫于 2021 年 5 月 24 日宣布紧急状态和宵禁。加之新冠肺炎疫情的影响，2021 年 6 月 7 日临时选举委员会宣布推迟拟于 6 月 27 日举行的宪法公投，6 月 28 日再次宣布于 9 月 26 日同时举行宪法公投及总统和议会选举。

2021 年 7 月 7 日，莫伊兹总统遇刺，加剧了海地本已非常严峻的政治形势，海地政局进入极端不稳定时期。为了缓和政治局势，莫伊兹做了让步，同意组建共识政府，任命反对派的阿里尔·亨利（Ariel Henry）为内阁总理。然而，莫伊兹在宣布任命决定的几天之后被刺杀。实际上，莫伊兹遇刺早在年初便露出端倪。2021 年 2 月 7 日，莫伊兹宣布逮捕 23 名高级官员，理由是涉嫌策划针对他的政变；2 月 8 日，莫伊兹签署法令罢免最高法院三位大法官职位，并表示签署上述法令是因为三人涉嫌发动政变。

总统遇刺后，时任总理克劳德·约瑟夫（Claude Joseph）宣布海地进入戒严状态。不过这一措施的作用非常有限，因为戒严状态是授权军队维持治安，但海地军队刚刚重建不久，人数少，力量还十分弱小。随后，联合国、美洲国家组织等国际组织以及美国、多米尼加等国家纷纷对总统遇刺予以谴责，但由于调查结果未出，国际社会比较谨慎，约瑟夫呼吁国际社会提供军事援助的请求被拒绝。总统被刺杀凸显了海地当前选举周期的政局危机程度和社会暴力程度，政治分歧难以弥合，政治斗争高度尖锐化。

根据海地宪法，总理应在总统任命后向总统宣誓就职才符合法定程序而正式就任。由于阿里尔·亨利只是被任命而未宣誓就职，法定程序尚未走完总统莫伊兹即遇刺身亡，故理论上应由时任总理约瑟夫担任代理国家元首和政府首脑直至选举出新的总统。但激烈的政治斗争使约瑟夫黯然下台，因为莫伊兹任命来自反对派的亨利代替约瑟夫就是为了缓和政治局势，约瑟夫并非双方所支持的人选，且美国等国表态支持亨利组建新政府。

据此，亨利迅速组建了新政府，但海地局势依然不稳定，政治斗争依然尖锐，亨利面临巨大的挑战。首先，亨利因未向总统宣誓就职而未走完法定程序，加之他不是民选官员，担任总理的合法性先天不足；其次，亨利缺乏政治支持，作为莫伊兹妥协下的人选，以前支持他的反对派已经与其保持距离，特别是在亨利表态与莫伊兹所在的光头党（Parti Haïtien Tèt Kale，PHTK）充分合作之后；最后，海地政治势力碎片化严重，光头党能给予亨利的支持极为有限。更严重的是，2021年8月多个反对党和民间社会组织签署了《蒙大拿协议》（Montana Accords），并成立国家过渡委员会（National Transition Council），意图成立平行政府，接管国家政权。因此，亨利从国内获得的支持十分少，而以美国为首的国际社会是其最大的后盾，依靠美国才能勉强继续执掌权柄。

鉴于政局的极端混乱和社会安全形势的过度恶化，2021年9月亨利解散了莫伊兹为举行总统和议会选举而成立的选举委员会，宣布无限期推迟总统和议会选举。但是，由于亨利的合法性不足及弱势地位，在没有国际或者地区维和部队等帮助海地控制安全局势的情况下，在可预见的时期内海地安全局势仍难以改善，亦不可能举行大选。若长期无法举行选举，亨利能在总理的位置上持续多久非常存疑。

为应对政局危机、延长自己的政治生命，2021年11月下旬亨利改组了内阁。亨利对由18名成员组成的内阁进行了8项变动，部分反映了9月与各政治派别达成的共同组建过渡政府的协议。例如，计划和对外合作部部长里卡德·皮埃尔（Ricard Pierre）和公共工程部部长罗斯蒙德·普拉德尔（Rosemond Pradel）均来自不同的反对党。但仍有10个部长职位保持不变，"9月协议"签署方对此强烈不满，明确表示在内阁中应有更多代表。在这种情况下，内阁部长很可能会迅速更换，因为如上文所述，若无多方势力的支持，亨利则无法巩固和维持总理职位。因此，"11月内阁"明显不稳。

新内阁最紧迫的事项依然是改善恶化的安全局势。强大的武装团伙继续封锁首都太子港周围的道路，物资供应特别是食品和燃料难以通过。尽管2021年11月在亨利与反对派协商改组内阁期间，武装团伙解除了对首都码头的封锁，但其负责人警告如果亨利不辞职，可能会重新实施封锁。到了2022年1月31日，海地政治局势更加严峻：国家过渡委员会选出任期两年的临时政府，其中选举前参议员史蒂文·伯努瓦（Steven Benoît）为临时总统和前央行行长弗里茨·琼（Fritz Jean）为临时总理，以领导海地摆脱愈

加严峻的政治危机。尽管在法律上国家过渡委员会及其选举结果缺乏合法性，但是一个比亨利政府更受欢迎的平行政府的建立无疑会极大地削弱亨利政府的权威，从而加剧海地的政治危机。

因此，截至目前，海地政治危机依然看不到解决的前景，亨利能在多长时间内继续担任总理依然存疑。即使有国际社会的介入，比如派遣维和部队控制社会安全形势，进而举行选举，但依照海地政坛一贯以来分崩离析的局面，加上一直以来的低投票率，总统依然会相对弱势且存有争议，议会也可能维持碎片化的局面，没有一方独大。

二 经济形势[①]

（一）财政政策

为解决税收收入有限和公共支出管理效率低下的问题，以及应对2019年以来连续多年经济衰退的影响，2020~2021财年海地政府持续实施扩张性财政政策，财政仍存在失衡问题。随着财政支出的飙升，2020~2021财年的财政赤字扩大，其中6~10月累计财政赤字同比增长49%。同时，由于经济恢复缓慢，财政收入增长前景有限，与新冠肺炎疫情之前相比，财政收入占国内生产总值（GDP）的比重还是很低，这也反映出海地商业环境和劳动力市场持续疲软。预计2020~2021财年海地的财政赤字将扩大至国内生产总值的9.5%。

在2020~2021财年，海地政府继续通过获取国际援助、发行国债、财政赤字货币化来弥补财政短缺。2020~2021财年，海地发行的国债约为3.9亿美元，与2019~2020财年相似。与此同时，在财政支出激增和资源短缺的情况下，海地财政赤字货币化已经超过了预算14.5%的传统限制。例如，

[①] 除特别说明，本部分数据引自 CEPAL, *Balance Preliminar de las Economías de América Latina y el Caribe 2021*, Naciones Unidas, diciembre de 2021; EIU, *Country Report: Haiti*, 2021 - 2022。

2021 年 6 月，财政赤字货币化达到了总支出的 16.8%，9 月也达到了总支出的 15%，这都在短期内对海地构成巨大的通胀压力。

（二）通货膨胀水平与货币政策

财政赤字的货币融资以及食品和燃料价格的上涨导致 2021 年海地的通货膨胀压力加大。根据海地央行的数据，仅 2021 年 2 月海地的通货膨胀率就达到 17%，9 月的通货膨胀率也达到 13%。随着货币融资的持续，预计海地的通货膨胀率仍将保持高位。然而，鉴于海地央行干预外汇市场以降低货币贬值压力并控制输入性通胀的短期飙升，预计 2021～2022 财年的通货膨胀率将低于 2019～2020 财年，通货膨胀率将从 2019～2020 财年的平均 22.8% 下降至 2020～2021 财年的 18.1%，然后进一步下降至 2021～2022 财年的 17.2%。

2021 年，为减轻政治危机和新冠肺炎疫情对经济的影响，海地维持宽松的货币政策，基准利率保持 10% 不变。海地央行保留了 2020 年用于支持金融体系的宽松流动性措施，降低了本币存款准备金率，放宽了 3 个月的贷款还款义务。然而，由于通胀压力持续存在，海地政府到 2022 年年初可能会收紧货币政策。

同时，由于进口费用上涨和出口收入疲软以及持续的政治不稳定，国内储户对美元的需求增加，2021 年海地法定货币古德不断波动，但总体上呈贬值趋势。此外，不断扩大的贸易逆差也给海地古德带来压力。据此，海地央行积极干预外汇市场以减轻货币下行压力，虽然美国经济复苏所带来的侨民汇款收入增加支持了海地央行的干预力度，但依然不及疫情之前。由于外汇流入相对疲软限制了海地央行的干预力度，持续的货币干预并不足以减轻外部压力，古德在 2021 年贬值 34%，2020 年年底古德对美元的汇率为 72.1∶1，到 2021 年年底已跌至 99.7∶1。

为稳定汇率，海地央行的干预导致外汇储备总额下降，预计将从 2020 年的 19 亿美元降至 2022 年的 16 亿美元，下降金额相当于 3.5 个月的进口支出，海地的国际收支风险增加。如果外汇储备下降的速度快于预期，预计海地央行将逐步停止对货币市场的干预，让汇率自由浮动。

（三）对外部门

海地外贸部门的脆弱性在2021年进口规模大幅下降的情况下有所缓解，且经常账户数十年来首次出现盈余。但由于大宗商品和进口食品价格上涨，进口费用在2021年有所回升，预计到2021年年底海地的经常账户余额将出现赤字并在2022年进一步扩大。由于进口增长快于出口，不断扩大的贸易逆差将导致经常账户逆差不断扩大，反映出该国经济对商品进口的持续依赖，但商品和服务贸易逆差将在很大程度上被二次收入盈余所抵消。在经常账户赤字扩大的情况下，海地2021~2022财年的国际收支融资需求将增加。

总体而言，2021年，海地经济难以从前两年持续的衰退中复苏。2020~2021财年的扩张性财政政策无疑支持了海地经济的复苏，但不足以扭转持续的政治不确定性与社会动荡对投资者和消费者信心的消极影响。不断恶化的政治危机和安全形势会抑制国内需求，导致进口低迷，对经济活动的影响可能比目前数据所显示的更为严重，海地经济前景面临下行风险。

三　社会形势①

治安是2021年海地政府面临的十分尖锐而亟须解决的社会问题。2021年海地社会安全形势一改2020年的相对平稳，治安问题变得前所未有地严峻。莫伊兹宣布举行宪法公投后，反对派反应激烈，或明或暗诉诸武力，武装团伙迅速涌现，特别是首都太子港及其周边地区的安全形势急速恶化，暴力犯罪和有组织的武装行动激增。比如，首都太子港南部两个社区的武装团伙联合对另一个社区进行持续数天的武装围攻，导致数百人流离失所，商业活动中断。海地政府宣布暴力肆虐的社区进入紧急状态并派出警察予以处理，但是应对措施并未起到应有的效果，特别是在暴力活动得到反对派政治力量支持的情况下，整治措施形同虚设。安全形势的恶化最终迫使临时选举

---

① 除特别注明，本部分数据引自EIU，*Country Report：Haiti*，2021~2022。

委员会宣布推迟原定于 6 月举行的宪法公投，9 月下旬亨利也被迫宣布无限期推迟总统和议会选举。

2021 年 7 月莫伊兹遇刺之后，海地的安全形势进一步恶化。对莫伊兹的暗杀造成海地出现权力真空，大量武装团伙借机加强自己的力量，设置路障、劫持石油供应车等犯罪事件频发，加剧了本已严峻的安全局势。2021 年下半年，尽管亨利政府加大力度治理安全问题，但由于其弱势地位，安全形势几乎没有改善的迹象。2022 年年初，太子港通往各市的许多道路仍被争夺控制权的武装团伙封锁，太子港大约一半的地区被武装团伙所控制，许多商业活动陷入瘫痪。太子港作为海地进出口的主要入境点，道路封锁加剧了石油、食品等生活必需品的短缺，导致抢劫加油站、超市等事件频发。一方面，代理政府合法性孱弱，无法成为强势政府，无力进行有效治理，留下权力真空；另一方面，海地政局分崩离析，各种政治派别、政治力量相互竞争。海地安全形势恶化的背后无疑是剧烈的政治斗争，暴力受到政治的驱使。

鉴于政局动荡和治安恶化，海地政府无力有效应对新冠肺炎疫情。作为加勒比地区的低收入国家之一，海地须通过世界卫生组织的新冠肺炎疫苗实施计划（COVAX）获取疫苗。海地本应在 2021 年 5 月前通过新冠肺炎疫苗实施计划免费接收 75 万剂疫苗，但海地政府出于对阿斯利康疫苗安全性的担忧，要求世界卫生组织推迟发货并提供其他疫苗，同时以无法储存为由拒绝了印度捐赠的印度制造的阿斯利康疫苗。海地官员称，审批程序缓慢和后勤问题导致了这一决定。

莫伊兹政府与此后的代理政府疲于应对政治斗争和治理社会治安问题，政府的大部分注意力集中于政治斗争和恶化的安全形势，无暇顾及并非政治优先选项的疫苗接种问题。同时，由于非法武装团体控制了人口稠密的社区，在社区推广疫苗接种工作异常困难。因此，海地成为拉丁美洲和加勒比地区接种疫苗最慢的国家之一，截至 2021 年 11 月 5 日，海地只有 0.3% 的人口接种了疫苗。

此外，海地的就业形势依然严峻。受安全形势恶化和新冠肺炎疫情冲击

相互叠加的影响，就业问题凸起。低下的疫苗接种率、各国政府特别是欧美国家于疫情期间采取的旅行限制，加上已然恶化的社会治安，已蛰伏多年的旅游业的复苏遥遥无期。

四　外交形势

2021 年，海地与美国的关系依然是其对外关系的核心。美国在海地具有重要的政治影响力，大多数海地侨民在美国生活，美国的支持是近两届海地政府得以持续执政的稳定因素。如前所述，莫伊兹的宪法公投合宪性存疑，因此莫伊兹将获取美国的支持作为推进公投的基本工作之一，极力争取美国的认可。

莫伊兹遇刺之后，海地更加依赖美国的支持。由于政局分崩离析，总理的合法性屡弱，海地国内政坛和民众对代理政府的支持不足，无论是约瑟夫还是亨利，都严重依赖美国的支持来维持权力。但是在海地国内安全局势不断恶化的情况下，这种支持可能会受到侵蚀。

海地与邻国多米尼加的关系依然紧张。2021 年上半年，海地与多米尼加就修建一条取水用的运河进行谈判，该运河的修建有利于海地农业的发展，但可能损害多米尼加一侧的农业项目。实际上，历史上两国曾签订协议约定两国可以共用河水但不能改变河道。运河谈判未能达成协议，但海地单方面着手修建运河，引发了多米尼加的强烈不满。移民问题同样深深困扰两国关系。由于两国经济存在差距等原因，海地人长期向多米尼加非法移民、走私等。2021 年 2 月，多米尼加加强了边境管制，总统路易斯·阿比纳德尔（Luis Abinader）单方面宣布将在 376 公里长的边境重点战略地区启动隔离墙的建设。2021 年 10 月阿比纳德尔宣布将进一步加强移民管控，包括对向海地人发放的签证进行审查、加强对边境地区的军事管理等。这些针对海地非法移民的措施受到了多米尼加民众的欢迎，但引发了海地民众的愤慨。实际上，多米尼加的政策是否有效还有待观察，并且多米尼加对廉价劳动力有较高需求，加上弱势的海地代理政府管控相关问题力有不逮，移民问题依然难以得到缓解，将继续给双边关系带来压力。此外，非法贸易、自然资源共享管理等问题持续引发两国外交紧张。两国政府也试图缓和双边关系，比如多米尼加表示将与海地探寻运河修建的解决方案。但是，在新老问题交织的影响下，可以预见海地与多米尼加的关系会持续紧张。

（杨建民　审读）

Y.29
加勒比地区*：经济多方面承压，
疫苗接种率堪忧

郭凌威**

摘　要： 2021年，加勒比地区国家政治环境稳定。圣卢西亚和巴哈马两国举行大选，反对党获胜并未造成政治动荡。此外，巴巴多斯成立共和国，进一步推高民众对本届政府的支持。但地区经济复苏乏力，成为拉美和加勒比地区增长最慢的区域，面临通胀和双账户赤字的多重压力，且多国贸易条件恶化。不利的经济形势助长了社会紧张局势，犯罪率高企，但政府短期内无法有效改善这一局面。新冠疫苗接种率严重不足进一步拖累经济发展和社会稳定。外交方面，地区国家强调区域一体化，优先开展双边合作，部分国家与邻国的领土争端仍未得到解决。

关键词： 加勒比地区　经济复苏　社会安全　区域合作

一　政治形势

2021年加勒比地区政治环境较为稳定。巴哈马和圣卢西亚举行大选，

---

* 本报告对加勒比地区的界定参照联合国拉美经济委员会总结的范围。根据联合国拉美经济委员会"拉丁美洲和加勒比经济初步总结"，加勒比地区包括十三个国家，分别是安提瓜和巴布达、巴哈马、巴巴多斯、伯利兹、多米尼克、格林纳达、圭亚那、牙买加、圣基茨和尼维斯、圣卢西亚、圣文森特和格林纳丁斯、苏里南及特立尼达和多巴哥。
** 郭凌威，经济学博士，中国社会科学院拉丁美洲研究所助理研究员，主要研究方向为拉美经济、国际直接投资。

均由反对党取得压倒性胜利，政权过渡平稳，而其余加勒比国家在本届政府任期内基本都能够维持政治稳定。

（一）圣卢西亚和巴哈马举行大选，反对党取得压倒性胜利

2021 年 7 月，圣卢西亚举行大选，统一工人党（UWP）竞选失利，被菲利普·皮埃尔（Philip Pierre）领导的圣卢西亚工党取而代之。皮埃尔将出任总理，而圣卢西亚工党也在众议院 17 个席位中赢得了 13 个席位，其余 4 席中，独立候选人获得 2 席，统一工人党保住 2 席。在此次竞选中取得的席位优势有利于新政府建立相对稳定的政治和政策环境，但新政府也不得不面对预算困境带来的一系列挑战。财政赤字令皮埃尔政府很难履行其竞选时的承诺，包括对失业民众的收入支持和税收补贴等，甚至中止了一批基础设施建设项目，进而导致了就业岗位的流失。[①]

在 2021 年 9 月举行的巴哈马大选中，中左翼的进步自由党（PLP）击败了保守的自由民族运动党（FNM），反对党赢得胜利。在 2017 年至 2021 年的任期内，自由民族运动党在众议院 39 个席位中占据 35 个席位，而在此次大选中，进步自由党在众议院赢得 32 个席位，取得压倒性胜利，这也反映出选民对原政府应对经济疲软能力的失望。菲利普·戴维斯（Philip Davis）出任总理，其组建的内阁基本不存在争议，进步自由党在众议院的强势地位将有利于新政府推行改善经济和治理的法案，但财政空间将限制新政府提振经济的举措。[②]

（二）巴巴多斯成立共和国，其他国家政治环境基本维持稳定

2021 年 11 月 30 日，巴巴多斯成立全新的共和国，不再以英国女王为国家元首。1966 年 11 月 30 日，巴巴多斯宣布独立，但继续作为英联邦成员。在巴巴多斯独立 55 周年之际，巴巴多斯总理米娅·莫特利（Mia

---

① EIU, *Country Report*：*OECS*, 4th Quarter, December 2021.
② EIU, *Country Report*：*Bahamas*, 4th Quarter, December 2021.

Mottley）履行其在 2018 年大选时的承诺，打破了巴巴多斯与英国君主制 396 年的联系，正式成立巴巴多斯共和国。在莫特利总理执政任期内，巴巴多斯将能够维持政治稳定，一方面，巴巴多斯共和国的成立进一步提高了民众对这位工党总理的支持率①，另一方面，2018 年大选期间巴巴多斯工党在众议院 30 个席位中取得 29 个席位的绝对优势。因此，坚实的民众支持和多数席位能够确保政治稳定以及决策的顺利推行。

其他加勒比国家在 2021 年均保持了政治的稳定。2020 年是加勒比地区的大选年，圭亚那、苏里南和伯利兹均由反对党取得大选胜利，其中圭亚那是唯一因此出现短暂政治动荡的国家。目前来看，尽管圭亚那的人民进步党（PPP/C）在议会中仅以一席多数占优，面对与反对党在席位及立场上胶着和对立的局面，某些改革措施的推进可能被延迟，但经济快速增长和就业恢复有利于圭亚那政府维护政治稳定，尤其是石油收入将利好财政收支。苏里南由四党组成的执政联盟内部十分团结，国家政治基本维持稳定。② 伯利兹中左翼的人民统一党（PUP）在议会中所占席位的绝对优势保证了政治稳定，至 2025 年下一届大选前应该不会出现波动。其余加勒比国家均未表现出明显的政治风险。

二　经济形势③

2021 年，拉美和加勒比地区（以下简称"拉美地区"）经济平均增长 6.2%，但加勒比地区仅实现平均 1.2% 的增长（圭亚那除外），是拉美次区域范围内复苏最为缓慢的地区。加勒比国家的经济面临多重压力。一方面，因需求和经济活动恢复，该地区国家普遍面临严峻的通胀压力；另一方面，尽管该地区国家财政和贸易状况有所改善，但大多数国家的双账户收支仍承受较大的压力。

---

① EIU, *Country Report*：*Barbados*, 4th Quarter, September 2021.

② EIU, *Country Report*：*Suriname*, 1st Quarter, December 2021.

③ 本部分数据除特别说明外，均引自 ECLAC, *Preliminary Overview of the Economics of Latin America and the Caribbean 2021*, United Nations, 2022。

（一）经济复苏艰难，通胀压力显著加大

2021年，在疫情和自然灾害的双重打击之下，加勒比国家经济复苏的速度显著低于拉美地区的平均水平，仅为3%（见表1），若将圭亚那排除在外（增长18.5%），该地区仅实现1.2%的经济增长。超过拉美地区经济增长平均水平的国家仅有圭亚那和圣卢西亚（6.3%），增速在3%以上的国家除以上两国外，仅有牙买加（4.0%）和多米尼克（3.2%）。由于地质灾害严重，圣文森特和格林纳丁斯的经济甚至进一步收缩6.1%。

表1　加勒比地区国家主要经济指标（2019~2021年）

单位：%，亿美元

项目	2019年	2020年	2021年[a]
年均变化率			
GDP	0.9	-7.6	3.0
人均GDP	0.3	-8.2	2.5
消费者价格指数[b]	3.4	1.8	4.2
占GDP的比重			
财政收入	26.3	24.7	26.3
财政支出	28.7	31.8	32.1
财政余额	-2.4	-7.0	-5.8
公共债务[c]	69.7	89.0	90.3
期末存量			
外债总额	254.76	281.50	—
国际储备[d]	160.21	178.20	196.77

注：a. 2021年为初步数据，外债总额数据暂时没有公布；b. 为便于比较，2020年和2021年均为9月数据，且不包含苏里南；c. 2021年为截至9月的数据；d. 2021年数据截至10月。

资料来源：ECLAC, *Preliminary Overview of the Economics of Latin America and the Caribbean 2021*, United Nations, 2022。

受需求和商品价格上涨的影响，加勒比地区的通胀率显著提高。截至2021年9月，该地区英语国家的通胀率为4.2%，较2020年同期上升了2.4个百分点。其中圭亚那和牙买加是该地区通胀率最高的国家，分别为7.2%和6.0%；而圭亚那、伯利兹和巴哈马是通胀率上升最快的3个国家，圭亚

那通胀率较 2020 年同期提高 6.4 个百分点，伯利兹和巴哈马的通胀率则分别上涨 3.6 个百分点和 3.4 个百分点，分别达到 3.9% 和 2.7%。汇率多方面承压，加勒比地区 13 个国家中有 9 个国家实行固定汇率制，而实行中间汇率的牙买加以及特立尼达和多巴哥的货币均出现不同程度的贬值，前者兑美元的名义汇率贬值 8.5%，贬值幅度在拉美地区位列第七。在长期通胀的苏里南，情况进一步恶化，2021 年 9 月，通胀率由 2020 年同期的 45.1% 再度上升至 59.8%，而 2021 年 6 月，苏里南央行宣布实行浮动汇率制。在双重因素推动下，苏里南元兑美元的名义汇率贬值 52%。

（二）财政状况有所改善但仍不乐观

2021 年，加勒比地区财政收入和支出均出现上涨，但前者的增幅高于后者，因而地区的财政状况有所改善。初步数据显示，2021 年加勒比地区的财政赤字占 GDP 的比重平均为 5.8%，较 2020 年下降 1.2 个百分点（见表 1），初级财政赤字占 GDP 的比重也从 2020 年的 4.3% 降至 2021 年的 2.8%。

2021 年加勒比地区的财政总收入占 GDP 的比重恢复至 26.3%，主要受到税收收入增长的推动。2021 年第二季度，该地区大部分国家的税收收入增幅超过 10%，个别国家甚至超过 20%。不过，地区内不同国家的税收增长受到不同因素的驱动，巴哈马、巴巴多斯以及特立尼达和多巴哥主要依赖间接税收入（特别是增值税）的恢复，而圣文森特和格林纳丁斯则受到土地销售增加、财产税收入增长的推动。

尽管 2021 年加勒比地区的财政刺激政策有所回撤，但总支出仍保持增长，这也导致该地区财政赤字的收窄幅度小于拉丁美洲。支出的增长主要源于三方面因素，一是抗击疫情的有关财政支出，二是自然灾害造成大量额外的支出，三是公共债务的扩张提高了利息支付。自然灾害和恶劣天气后的重建项目造成地区资本支出占 GDP 的比重上升 0.1 个百分点。例如，受飓风"艾尔莎"（Elsa）影响，巴巴多斯应对极端天气的支出占 GDP 的比重达到 0.8%；而苏弗雷火山（La Soufrière）的再度爆发也令圣文森特和格林纳丁斯的财政进一步承压，2021 年前 8 个月，其资本支出同比增长 68%。由于公共债务普遍增加，加勒比地区债务利息支出占 GDP 的比重也提高了 0.2 个百分点。

2021 年，加勒比地区的公共债务升至新的高位，截至 9 月，该地区公共债务占 GDP 的比重为 90.3%，略高于 2020 年年底的 89%，其中 8 个国家的公共债务增加。公共债务负担最重的国家为巴巴多斯、苏里南和伯利兹，公共债务占 GDP 的比重分别为 145.6%、121.8% 和 120.3%，其中，伯利兹因财政困境被迫进行债务重组。圣文森特和格林纳丁斯的公共债务增长最快，占 GDP 的比重较 2020 年年底提高了 12.3 个百分点，达到 95.1%；苏里南公共债务增速位列其后，占 GDP 的比重提高了 10.4 个百分点。圭亚那较为特殊，石油繁荣使其公共债务占 GDP 的比重显著下降，从 2020 年年底的 47.3% 降至 2021 年 9 月的 36.6%。

因此，尽管 2021 年财政赤字有所缓解，但加勒比地区国家的财政状况仍十分严峻。不仅如此，多个国家的信用评级被下调。2021 年 12 月 31 日，穆迪将巴哈马的评级从 2020 年同期的 Ba2 下调至 Ba3，将特立尼达和多巴哥的评级从 Ba1 降至 Ba2，而惠誉则将苏里南的评级从 C 降至 RD，并做出进一步下调的预期。加勒比地区融资环境不容乐观，为应对一系列危机所产生的支出，地区国家主要依靠向多边组织借款以及"暂停偿债倡议"（DSSI）提供的减免。

（三）总体贸易赤字收窄，但多数国家贸易条件恶化[①]

与拉美地区相反，2021 年加勒比地区整体货物贸易收支显著改善，而多国贸易条件恶化。2021 年拉美和加勒比地区货物出口额增长 25%，其中价格增长和数量增长的贡献分别是 17% 和 8%；货物进口额增加 32%，价格和数量分别增长 12% 和 20%，因进口额的增长高于出口额，地区整体贸易盈余大幅收窄。反观加勒比地区，受出口价格增长的大力推动[②]，出口额预计增长 46.3%，进口额预计增长 17.5%，因而货物贸易逆差缩小 53.9%（见表 2）。

[①] 本部分数据除特别说明外均引自 ECLAC, *International Trade Outlook for Latin America and the Caribbean*, United Nations, 2021.

[②] 包括古巴、多米尼加和海地的加勒比地区贸易数据显示，2021 年货物出口额增长 31%，其中价格增长 20%，贸易量增长 12%；进口额增长 26%，价格和贸易量分别增长 14% 和 12%。

表 2 2021 年加勒比地区货物贸易变化

单位：百万美元，%

国家和地区	出口额			进口额			货物贸易额			货物贸易平衡		
	2020 年	2021 年	变化率	2020 年	2021 年	变化率	2020 年	2021 年	变化率	2020 年	2021 年	变化率
加勒比地区	13370	19562	46.3	18764	22049	17.5	32134	41611	29.5	-5394	-2487	53.9
加勒比地区（除圭亚那、牙买加以及特立尼达和多巴哥）	3599	3801	5.6	7576	8295	9.5	11175	12096	8.2	-3977	-4494	-13.0
加勒比共同体	13147	19339	47.1	16848	19894	18.1	29995	39233	30.8	-3701	-555	85.0
巴哈马	400	430	7.5	2224	2600	16.9	2624	3030	15.5	-1824	-2170	-19.0
巴巴多斯	345	307	-11.0	1422	1305	-8.2	1767	1612	-8.8	-1077	-998	7.3
伯利兹	287	352	22.6	731	888	21.5	1018	1240	21.8	-444	-536	-20.7
圭亚那	2587	5087	96.6	2073	2775	33.9	4660	7862	68.7	514	2312	349.8
牙买加	1219	1816	49.0	4149	4804	15.8	5368	6620	23.3	-2930	-2988	-2.0
苏里南	2344	2489	6.2	1283	1347	5.0	3627	3836	5.8	1061	1142	7.6
特立尼达和多巴哥	5965	8858	48.5	4966	6175	24.3	10931	15033	37.5	999	2683	168.6
东加勒比国家组织	224	222	-0.9	1915	2154	12.5	2139	2376	11.1	-1691	-1932	-14.3
安提瓜和巴布达	36	32	-11.1	385	466	21.0	421	498	18.3	-349	-434	-24.4
多米尼克	15	21	40.0	188	228	21.3	203	249	22.7	-173	-207	-19.7
格林纳达	28	33	17.9	348	376	8.0	376	409	8.8	-320	-343	-7.2
圣基茨和尼维斯	26	29	11.5	269	241	-10.4	295	270	-8.5	-243	-212	12.8
圣卢西亚	64	72	12.5	459	525	14.4	523	597	14.1	-395	-453	-14.7
圣文森特和格林纳丁斯	54	36	-33.3	267	319	19.5	321	355	10.6	-213	-283	-32.9

注：货物贸易平衡的值为负数代表贸易赤字，反之则贸易盈余；贸易平衡变化率为负数代表贸易收支恶化，变化率为正数则意味着贸易收支的改善。

资料来源：笔者整理制作，参见 ECLAC, International Trade Outlook for Latin America and the Caribbean, United Nations, 2021。

但必须指出的是，加勒比地区贸易收支的改善主要源自大宗商品出口国贸易的恢复，若将圭亚那、牙买加以及特立尼达和多巴哥排除在外，加勒比地区的贸易虽然开始复苏，但增长明显低于拉美平均水平，并且随着这些国家国内消费和投资活动的扩大，进口增速相对更高，贸易逆差将进一步扩大。此外，自然灾害对巴巴多斯以及圣文森特和格林纳丁斯的冲击也显著体现在贸易领域，两国的贸易均出现不同幅度的负增长。就贸易条件而言，2021 年，在初级产品价格上涨的影响下，拉美地区贸易条件整体改善 5%，但其对加勒比地区的影响呈现出两极分化。圭亚那、牙买加以及特立尼达和多巴哥受益于石油、天然气和铝土矿出口的高价格，贸易条件大幅改善，但其余加勒比国家因进口篮子中的能源比重较高，贸易条件恶化 5%。

加勒比地区的服务贸易与货物贸易形成鲜明对比，仍处于全面萎缩的态势。该地区对旅游业的依赖程度远远超过世界平均水平，因此，旅游业重新开放时间的不确定性严重拖累地区经济，直接反映就是服务业出口的下滑。2021 年 1~7 月，加勒比地区服务业出口较 2020 年同期下降 37%，远高于拉美和加勒比地区 9.9% 的下降幅度；服务业进口也仍不景气，2021 年前 7 个月同比下降 15%①，而拉美地区平均增长 3%。

三　社会形势

社会安全问题仍严重威胁加勒比地区的稳定，但中短期内难以有效解决，这一方面是受到经济疲软的影响，另一方面则是政府提高社会安全治理能力受限所致。新冠疫苗的接种率严重不足，不仅拖累地区经济复苏，而且成为诱发一系列社会问题的导火索。

（一）经济复苏乏力加剧社会紧张形势

高犯罪率始终是困扰加勒比地区的主要社会问题，而经济复苏乏力导致

---

①　包括古巴、多米尼加和海地的数据。

就业难以恢复，甚至导致部分国家就业状况恶化，这进一步推高了社会风险。例如，在疫情叠加自然灾害的冲击下，2021年第二季度巴巴多斯失业率达到15.9%，较2020年第一季度的8.9%大幅上升，与此同时，政府因财政上的限制实行紧缩政策，不利于稳定民众情绪。① 在牙买加，疫情对劳动力市场造成难以恢复的伤害，加剧了社会贫困，在一定程度上加速了犯罪率的上升，2021年牙买加谋杀率提高了10%，这意味着每10万人约54起暴力犯罪案件。② 2021年，特立尼达和多巴哥的谋杀率也从2020年的每10万人28.2起上升至32起③。东加勒比联盟国家的毒品问题将继续助长暴力犯罪，与全球其他地区相比，该地区谋杀案件的绝对数量虽然较低，但人均谋杀率非常高。④

面对犯罪高发的严峻形势，政府在解决社会安全问题方面却难以取得重大进展，这主要是受到财力、资源和腐败等的限制。首先，因加勒比地区国家普遍面临预算困境，多国政府难以提供足够的财力来支持打击毒品交易、人口贩卖等有组织团伙的活动。其次，受社会、基础设施和人力等方面资源的限制，政府难以及时有效地提高治安能力、为弱势人群提供社会援助（如牙买加），而且在地广人稀的区域或边境区域政府也往往出现执法不力的现象（如苏里南⑤）。最后，该地区毒品交易引起的广泛腐败侵蚀治理机构，司法和安全服务的可靠性受到质疑，再加上该地区政府疲于应对疫情的持续影响，加强机构治理和打击腐败的行动有所减弱。

（二）新冠疫苗接种进度严重落后

加勒比地区新冠疫苗接种情况十分不乐观。按每100人接种剂量的数据来比较，全球平均接种剂量为146剂⑥，而该地区平均仅为94.8剂，即使是

① EIU, *Country Report：Barbados*, 4th Quarter, December 2021.
② EIU, *Country Report：Jamaica*, 1st Quarter, January 2022.
③ EIU, *Country Report：Trinidad and Tobago*, 1st Quarter, February 2022.
④ EIU, *Country Report：OECS*, 4th Quarter, December 2021.
⑤ EIU, *Country Report：Suriname*, 1st Quarter, December 2021.
⑥ Bloomberg, Vaccine Tracker, 数据更新至2022年4月15日。

该地区接种情况最好的安提瓜和巴布达，每百人的接种剂量也未超过全球平均水平（见表3）。若按照至少接种一针疫苗的人口比例排名，该地区排名最靠前的安提瓜和巴布达在全球200多个国家和地区中仅排在第99位。该地区完成全程接种的平均比重仅为42.7%，牙买加和圣卢西亚的这一比重甚至未超过30%。不仅如此，进入2022年以来，该地区的疫苗接种速度仍然堪忧，最新数据显示，有8个国家每日接种剂量在50剂及以下，有5个国家在20剂及以下。若无法取得新的进展，按照这种接种速度粗略计算，预计该地区国家至少需要4年才能令75%的人口接种至少一剂疫苗，有8个国家甚至需要更久的时间。

表3 加勒比地区新冠疫苗接种情况

国家	接种剂量（剂）	每100人接种剂量（剂）	至少接种一针比例（%）	全程接种的比例（%）	加强针接种的比例（%）	日接种剂量（剂）	达到75%覆盖率的时间	按至少接种一针的全球排名
安提瓜和巴布达	135516	138.3	65.2	62.9	—	8	>10年	99
圭亚那	894938	113.7	60.1	53.6	7.5	386	4年	109
伯利兹	468692	111.9	56.4	50	10.4	160	6年	114
巴巴多斯	360705	125.2	56.1	52.6	—	43	5年	115
圣基茨和尼维斯	60467	106.1	54.7	46.1	5.3	18	4年	119
特立尼达和多巴哥	1549291	110.7	53.4	50.8	10.6	348	>10年	123
多米尼克	66166	90.6	44.5	41.1	5	4	>10年	135
苏里南	553031	91.7	44.4	39.4	8	79	>10年	137
巴哈马	335729	87.2	43	40.7	6.5	315	4年	139
格林纳达	87353	77.3	38.3	33.6	5.3	10	>10年	144
圣文森特和格林纳丁斯	69895	63	32.6	30.4	3.2	12	>10年	158
圣卢西亚	118231	65.3	32.2	29.2	3.9	50	>10年	159
牙买加	1406771	51.4	28.7	24.9	1.3	763	>10年	164

资料来源：Bloomberg，Vaccine Tracker，数据更新至2022年4月15日。

　　加勒比地区疫苗接种率严重不足的最主要原因是各国民众普遍对疫苗接种抱怀疑态度。而部分国家则因医疗系统薄弱和交通基础设施有限，在一定程度上影响了疫苗的推广，如苏里南和牙买加。疫苗供应并不是影响疫苗接种进度的主要因素，该地区国家在世界卫生组织牵头的新冠肺炎疫苗实施计划（COVAX）机制和双边捐助者的帮助下，得到了大量的疫苗捐助。

　　疫苗接种的滞后拖累经济复苏，进而引发一系列社会问题，使得政府面临巨大考验，个别国家试图摆脱这一困境。安提瓜和巴布达政府在公众的反对声中仍然坚持出台了强制接种政策，并于 2021 年 10 月 1 日生效，该政策覆盖公共和私营部门的工作人员。政府的强硬立场取得了一定的积极成效，使该国成为加勒比地区疫苗接种情况最好的国家，酒店业取得的成效尤为突出，其旅游和酒店协会报告显示，大约 90% 的员工已经接种了疫苗。① 尽管如此，安提瓜和巴布达政府仍面临来自工会的持续压力，这种强制接种政策在该地区广泛推行的可操作性有待观望。

四　外交形势

　　2021 年加勒比地区国家的外交保持强调区域合作、优先双边合作的态势。该地区国家继续强调区域一体化合作的重要性，但无论是加勒比共同体还是东加勒比国家组织近几年的一体化进展均十分缓慢。因此，双边合作成为该地区的优先选项。因地理位置和经济联系，加强与美国的关系是多个国家的外交侧重，如巴巴多斯、牙买加等。部分国家也在拉美地区内寻求建立更紧密的合作，如伯利兹政府积极推进与墨西哥的双边贸易协议谈判，特立尼达和多巴哥与委内瑞拉因商业联系密切而保持友好关系。② 多个国家也积极寻求与中国加强合作，尤其是在"一带一路"建设框架之下，如圭亚那、

---

① EIU, *Country Report：OECS*, 4th Quarter, December 2021.
② EIU, *Country Report：Trinidad and Tobago*, 1st Quarter, February 2022.

特立尼达和多巴哥、苏里南及巴巴多斯。

然而，该地区与邻国仍存在局部冲突。伯利兹与危地马拉的长期领土争端虽提交给海牙国际法院仲裁，但一直悬而未决[1]，双方的紧张关系将继续主导伯利兹的外交事务。圭亚那与委内瑞拉的冲突也变得更为尖锐，双方的矛盾源自委内瑞拉对埃塞奎博地区（Essequibo，自 1899 年以来是圭亚那的一部分）和富含石油的大西洋邻近水域的主张，圭亚那已将领土争端提交给海牙国际法院。海牙国际法院于 2020 年 12 月 18 日宣布受理，但委内瑞拉拒绝接受国际法院的管辖权。[2] 不仅如此，圭亚那在有争议的水域进行海上石油生产，加剧了紧张局势。

展望 2022 年，加勒比地区无计划举行大选的国家，各国在本届政府任期内基本都可以维持政治稳定。经济方面，拉美经济委员会预计 2022 年加勒比地区经济将加速复苏，实现 11% 的增长，远高于拉美地区整体水平（2%）。在拉美地区预期增长率排名前 10 位的国家中，8 个均来自加勒比地区。其中，预计增长最快的两个国家是圭亚那和圣卢西亚，经济增长率将分别达到 46% 和 15.8%。但若将圭亚那排除在外，加勒比地区的增长率预计为 6.1% 左右。尽管如此，除圭亚那外，加勒比地区其他国家的经济水平在 2022 年年底仍无法恢复至疫情前。社会形势方面，高犯罪率将继续威胁该地区社会安全，而疫苗接种的推广将成为大多数国家的政策重点。

（张勇　审读）

---

[1]　EIU, *Country Report：Belize*, 1st Quarter, January 2022.

[2]　EIU, *Country Report：Guyana*, 1st Quarter, January 2022.

Y.30

附表1~12

郑 猛*

附录 统计资料

Appendix Economic Statistics

附表 1 GDP 及人均 GDP 年均增长率（2012~2021 年）

单位：%

国家和地区	GDP 年均增长率										人均 GDP 年均增长率									
	2012	2013	2014	2015	2016	2017	2018	2019	2020	2021[a]	2012	2013	2014	2015	2016	2017	2018	2019	2020	2021[a]
拉美和加勒比地区[b]	2.8	2.9	1.1	-0.2	-1.2	1.1	1.1	0.0	-6.8	6.2	1.6	1.8	0.1	-1.3	-2.2	0.1	0.1	-0.9	-7.6	5.3
安提瓜和巴布达	3.4	-0.6	3.8	3.8	5.5	3.1	6.9	4.9	-20.2	1.8	2.1	-1.8	2.6	2.7	4.4	2.2	5.9	4.0	-20.9	1.0

---

* 郑猛，中国社会科学院拉丁美洲研究所助理研究员，主要研究方向为世界经济、发展经济学。

续表

国家和地区	GDP 年均增长率										人均 GDP 年均增长率									
	2012	2013	2014	2015	2016	2017	2018	2019	2020	2021ª	2012	2013	2014	2015	2016	2017	2018	2019	2020	2021ª
阿根廷	-1.0	2.4	-2.5	2.7	-2.1	2.8	-2.6	-2.0	-9.9	9.8	-2.1	1.3	-3.5	1.7	-3.1	1.8	-3.5	-2.9	-10.7	8.8
巴哈马	3.1	-3.6	2.3	1.6	0.1	1.6	2.8	0.7	-14.5	2.3	2.0	-4.5	1.3	0.6	-0.9	0.6	1.7	-0.3	-15.3	1.4
巴巴多斯	-0.4	-1.4	-0.1	2.5	2.5	0.4	-0.6	-1.3	-17.6	1.5	-0.7	-1.7	-0.3	2.3	2.4	0.3	-1.2	-0.7	-14.1	1.4
伯利兹	2.4	0.8	4.5	2.9	-0.2	2.1	2.0	2.0	-16.7	2.7	0.1	-1.4	2.2	0.7	-2.2	0.1	0.1	0.1	-18.3	0.9
玻利维亚	5.1	6.8	5.5	4.9	4.3	4.2	4.2	2.2	-8.0	5.2	3.5	5.1	3.8	3.3	2.7	2.7	2.8	0.8	-10.1	3.8
巴西	1.9	3.0	0.5	-3.5	-3.3	1.3	1.8	1.2	-3.9	4.7	1.0	2.1	-0.4	-4.4	-4.1	0.5	1.0	0.5	-4.6	4.0
智利	5.3	4.0	1.8	2.3	1.7	1.2	3.7	0.9	-5.8	11.8	4.3	3.0	0.7	1.1	0.4	-0.2	2.3	-0.2	-6.6	11.2
哥伦比亚	3.9	5.1	4.5	3.0	2.1	1.4	2.6	3.3	-6.8	9.5	3.0	4.2	3.4	1.8	0.7	-0.2	1.0	1.9	-7.8	8.7
哥斯达黎加	4.9	2.5	3.5	37	4.2	4.2	2.6	2.3	-4.1	5.5	3.7	1.3	2.4	2.5	3.1	3.1	1.6	1.3	-4.9	4.6
古巴	3.0	2.8	1.0	4.4	0.5	1.8	2.2	-0.2	-10.9	0.5	2.8	2.5	0.8	4.3	0.4	1.8	2.3	-0.1	-10.9	0.6
多米尼克	-1.1	-1.0	4.4	-2.7	2.6	-6.8	2.3	3.6	-15.4	-15.4	-1.1	-1.1	4.7	-2.9	2.6	-6.8	3.3	5.2	-16.8	2.9
多米尼加	2.7	4.9	7.1	6.9	6.7	4.7	7.0	5.1	-6.7	10.4	1.5	3.7	5.8	5.7	5.5	3.5	5.8	4.0	-7.7	9.3
厄瓜多尔	5.6	4.9	3.8	0.1	-1.2	2.4	1.3	0.0	-7.8	3.1	4.1	3.1	2.2	-1.5	-2.9	0.6	-0.5	-1.7	-9.2	1.7
萨尔瓦多	2.8	2.2	1.7	2.4	2.5	2.2	2.4	2.6	-7.9	10	2.4	1.8	1.2	1.9	2.0	1.7	1.9	2.1	-8.4	9.5
格林纳达	-1.2	2.4	7.3	6.4	3.7	4.4	4.4	0.7	-13.8	0.7	-1.8	1.7	6.6	5.8	3.1	3.9	3.8	0.2	-14.2	0.3
危地马拉	3.0	3.7	4.4	4.1	2.7	3.1	3.3	3.9	-1.5	5.4	0.8	1.5	2.3	2.0	0.6	1.1	1.3	1.9	-3.4	3.5
圭亚那	5.3	3.7	1.7	0.7	3.8	3.7	4.4	5.4	43.5	18.5	4.8	3.1	1.1	0.2	3.3	3.2	3.9	4.8	42.8	17.9
海地	0.5	4.3	2.8	2.6	1.8	2.5	1.7	-1.7	-3.3	-1.3	-1.0	2.8	0.3	1.2	0.5	1.2	0.4	-2.9	-4.5	-2.5
洪都拉斯	4.1	2.8	3.1	3.8	3.9	4.8	3.8	2.7	-9.0	9.0	2.2	0.9	1.3	2.0	2.1	3.1	2.1	1.0	-10.4	7.3
牙买加	-0.6	0.5	0.7	0.9	1.4	1.0	1.9	0.9	-9.9	4.0	-1.2	-0.1	0.1	0.4	0.8	0.5	1.4	0.4	-10.3	3.6
墨西哥	3.6	1.4	2.8	3.3	2.6	2.1	2.2	-0.2	-8.2	5.8	2.2	0.0	1.5	2.0	1.4	0.9	1.1	-1.3	-9.1	4.7

续表

国家和地区	GDP 年均增长率										人均 GDP 年均增长率									
	2012	2013	2014	2015	2016	2017	2018	2019	2020	2021[a]	2012	2013	2014	2015	2016	2017	2018	2019	2020	2021[a]
尼加拉瓜	6.5	4.9	4.8	4.8	4.6	4.6	-3.4	-3.7	-2.0	7.4	5.1	3.5	3.4	3.4	3.2	3.3	-4.6	-4.9	-3.1	6.2
巴拿马	9.8	6.9	5.1	5.7	5.0	5.6	3.6	3.0	-17.9	12.4	7.9	5.1	3.3	3.9	3.2	3.8	1.9	1.4	-19.2	10.7
巴拉圭	-0.7	8.3	5.3	3.0	4.3	4.8	3.2	-0.4	-0.6	4.6	-2.1	6.8	3.9	1.6	2.9	3.4	1.9	-1.7	-1.9	3.3
秘鲁	6.1	5.9	2.4	3.3	4.0	2.5	4.0	2.2	-11	13.5	5.3	4.9	1.3	2.0	2.4	0.8	2.2	0.5	-12.2	12.2
圣基茨和尼维斯	-0.5	5.7	7.6	0.7	3.9	0.9	2.7	4.2	-14.4	-1.8	-1.4	4.8	6.6	-0.1	3.1	0.1	1.9	3.4	-15.0	-2.4
圣卢西亚	-0.1	-2.0	1.3	0.1	3.4	3.5	2.9	-0.1	-20.4	6.3	-0.7	-2.5	0.9	-0.4	2.9	3.0	2.4	-0.6	-20.7	5.9
圣文森特和格林纳丁斯	1.4	1.8	1.2	1.3	1.9	1.0	2.2	0.5	-3.3	-6.1	1.3	1.7	1.0	1.1	1.6	0.7	1.8	0.2	-3.6	-6.4
苏里南	2.7	2.9	0.3	-3.4	-4.9	1.6	4.9	1.1	-14.5	—	1.5	1.8	-0.8	-4.4	-5.9	0.6	3.9	0.2	-16.7	-1.9
特立尼达和多巴哥	1.3	2.3	-0.9	1.8	-6.3	-2.7	-0.7	-0.2	-6.8	-1.0	0.6	1.6	-1.5	0.9	-6.8	-3.1	-1.1	-0.5	-7.7	-1.3
乌拉圭	3.5	4.6	3.2	0.4	1.7	1.6	0.5	0.4	-5.9	3.9	3.2	4.3	2.9	0.0	1.3	1.3	01	-0.0	-6.2	3.6
委内瑞拉	5.6	1.3	-3.9	-6.2	-17.0	-15.7	-19.6	—	—	—	3.9	-0.1	-4.7	-6.3	-16.4	-14.4	-18.2	—	—	—

注：a. 初步数据；b. 以 2010 年美元不变价格为基础核算。

资料来源：ECLAC, Preliminary Overview of the Economies of Latin America and the Caribbean 2021, United Nations, 2022。

拉美黄皮书

附表 2　拉美国家 GDP 与人均 GDP（2020～2021 年）

国家和地区	2020 年						2021 年					
	GDP（10亿美元）	全球排名	拉美排名	人均 GDP（美元）	全球排名	拉美排名	GDP（10亿美元）	全球排名	拉美排名	人均 GDP（美元）	全球排名	拉美排名
阿根廷	389.06	32	3	8571.94	77	12	455.17	33	3	9929.15	74	11
安提瓜和巴布达	1.37	181	28	13967.33	58	6	1.41	179	28	14117.84	60	7
巴巴多斯	4.42	159	24	15346.28	55	5	4.65	155	24	16105.13	56	5
巴哈马	9.91	148	22	25734.16	37	1	10.68	145	22	27437.20	39	1
巴拉圭	35.67	96	15	4918.23	103	23	36.97	98	15	5028.22	103	23
巴拿马	52.94	86	12	12373.05	62	8	60.12	85	11	13861.06	61	8
巴西	1444.72	13	1	6822.56	89	18	1645.84	14	1	7741.15	88	17
玻利维亚	36.84	95	14	3167.61	132	28	38.55	96	14	3266.69	135	28
伯利兹	1.71	176	26	4076.77	116	26	1.91	172	26	4457.89	113	26
多米尼加	78.92	69	8	7553.51	82	14	89.50	67	8	8491.62	85	15
多米尼克	0.54	189	32	7416.24	83	15	0.57	187	32	7777.02	87	16
厄瓜多尔	98.81	65	7	5642.74	95	20	104.48	64	7	5884.15	98	21
哥伦比亚	271.55	44	4	5390.92	97	21	300.79	45	5	5892.14	97	20
哥斯达黎加	61.83	76	10	12056.96	63	9	61.46	82	10	11860.22	66	9
格林纳达	1.03	184	29	9130.37	71	10	1.08	182	29	9575.34	75	12
圭亚那	5.47	154	23	6952.70	88	17	7.40	152	23	9369.01	78	14
海地	14.51	130	19	1235.48	167	32	20.14	116	19	1691.83	156	31
洪都拉斯	23.83	107	17	2396.69	141	29	26.33	109	17	2602.17	141	29

国家和地区	2020 年						2021 年					
	GDP（10亿美元）	全球排名	拉美排名	人均GDP（美元）	全球排名	拉美排名	GDP（10亿美元）	全球排名	拉美排名	人均GDP（美元）	全球排名	拉美排名
秘鲁	205.46	52	6	6134.22	92	19	225.86	51	6	6676.52	94	19
墨西哥	1073.92	16	2	8403.60	78	13	1285.52	17	2	9967.39	73	10
尼加拉瓜	12.62	137	21	1942.64	151	30	13.40	137	21	2047.10	152	30
萨尔瓦多	24.64	105	16	3798.83	120	27	27.67	104	16	4244.30	117	27
圣基茨和尼维斯	0.98	185	30	17173.24	50	2	0.98	184	30	16917.16	54	3
圣卢西亚	1.62	177	27	8934.70	73	11	1.72	175	27	9419.27	76	13
圣文森特和格林纳丁斯	0.81	188	31	7304.34	84	16	0.77	186	31	6952.24	91	18
苏里南	2.88	166	25	4786.83	104	24	2.82	166	25	4620.40	110	24
特立尼达和多巴哥	21.59	112	18	15424.82	54	4	21.60	115	18	15352.72	58	6
危地马拉	77.60	70	9	4317.45	108	25	83.31	69	9	4542.25	112	25
委内瑞拉	47.26	88	13	1690.66	155	31	44.89	91	13	1627.35	160	32
乌拉圭	56.58	81	11	16023.35	51	3	60.11	86	12	16965.08	53	2
牙买加	13.97	132	20	5102.76	100	22	14.86	132	20	5421.64	100	22
智利	252.82	47	5	12992.98	60	7	331.25	44	4	16799.37	55	4

注：排名来源于 IMF 数据库截至 2022 年 4 月 10 日的数据。

资料来源：IMF 数据库，其中古巴未统计。

附表 3 拉美国家固定资本形成总额占 GDP 比重（2011~2020 年）ᵃ

单位：%

国家和地区	2011 年	2012 年	2013 年	2014 年	2015 年	2016 年	2017 年	2018 年	2019 年	2020 年ᵇ
拉美和加勒比地区	21	21.2	21.2	20.6	19.5	18.4	18.1	18.2	18	17.2
阿根廷	18.4	17.3	17.3	16.5	16.7	16	17.7	17.1	14.7	14.2
巴哈马	27.6	30.1	27.9	30.7	24.5	25.8	27.7	26.1	26.4	19.7
伯利兹	15	14.6	18	18	22	23.6	19.9	19.8	21.5	22.7
玻利维亚	19.5	19	19.9	20.7	20.7	20.6	22.1	21.9	20.7	16.8
巴西	21.1	20.9	21.4	20.4	18.2	16.6	15.9	16.5	16.9	17.5
智利	23.6	24.9	24.8	23.1	22.6	21.9	21	21.2	22	20.6
哥伦比亚	23.1	23	23.7	24.8	24.8	23.6	23.7	23.3	23.3	19.8
哥斯达黎加	19.2	19.9	20.4	20.4	20.4	20.8	20	19.8	18.1	19
多米尼加	23.9	23.1	21.5	22	24.4	25.7	24.5	26	26.7	25.2
厄瓜多尔	26.1	27.3	28.7	28.3	26.5	24.5	25.2	25.3	24.5	23.4
萨尔瓦多	15.7	15.7	16.3	14.5	15.4	15.6	15.8	16.5	17.2	17.2
危地马拉	16.1	16.2	15.9	15.9	15	14.4	14.5	14.7	15.3	14.7
洪都拉斯	24.3	24.2	23.1	22.5	24.4	21.7	23	23.8	22	18.4
墨西哥	22.5	22.7	21.7	21.7	22	21.6	20.9	20.6	19.7	17.5
尼加拉瓜	24.3	27.5	27.6	27.3	30.4	29.5	28.8	23.2	18.1	20.3
巴拉圭	21	19.3	19.3	19.6	18.6	18.2	18.4	19.1	18	19.3
秘鲁	24.3	26.3	26.2	25.1	22.5	20.7	20.5	20.6	20.7	19.5
乌拉圭	17.4	19.8	19.7	19.5	17.6	17.1	16.9	15.3	15.3	16.2
委内瑞拉	18.7	21.9	19.6	17	14.4	9.5	6.2	4.8	…	…

注：a. 基于 2010 年不变价格；b. 初步数据。
资料来源：ECLAC, *Preliminary Overview of the Economies of Latin America and the Caribbean 2021*, United Nations, 2022。

附表4 拉美国家国际储备总额 (2012~2021年)

单位：百万美元

国家和地区	2012年	2013年	2014年	2015年	2016年	2017年	2018年	2019年	2020年	2021年[a]
拉美和加勒比地区	834208	830209	857638	811962	831571	859610	868029	852243	891560	943466
阿根廷	43290	30599	31443	25563	38772	55055	65806	44781	39387	43004
玻利维亚	13927	14430	15123	13056	10081	10261	8946	6468	5276	4955
巴西	373147	358808	363551	356464	365016	373972	374715	356884	355620	369382[b]
智利	39954	41094	40447	38643	40494	38983	39861	40657	39200	53309[b]
哥伦比亚	37474	43639	47328	46740	46683	47637	48402	53174	59039	58730[b]
哥斯达黎加	6857	7331	7211	7834	7574	7150	7501	8937	7232	7141[c]
多米尼加	3559	4701	4862	5266	6047	6781	7628	8782	10752	12932[b]
厄瓜多尔	2483	4361	3949	2496	4259	2451	2677	3397	7196	5217[e]
萨尔瓦多	3175	2745	2693	2787	3238	3567	3569	4446	3083	3450[b]
危地马拉[d]	6694	7273	7333	7751	9160	11770	12756	14789	18468	19827[b]
海地	1337	1690	1163	977	1105	1258	1309	1352	1386	—
洪都拉斯	2629	3113	3570	3874	4100	5012	5073	6029	8381	8824[e]
墨西哥	167050	180200	195682	177597	178025	175450	176384	183028	199056	211590
尼加拉瓜	1778	1874	2147	2353	2296	2593	2081	2174	3003	3837[e]
巴拿马	2441	2775	3994	3911	4511	3531	2932	4146	9682	7919[e]
巴拉圭	4994	5871	6891	6200	7144	8146	7970	7675	9490	9687
秘鲁	64049	65710	62353	61537	61746	63731	60288	68370	74909	75846

附表1~12

续表

国家和地区	2012 年	2013 年	2014 年	2015 年	2016 年	2017 年	2018 年	2019 年	2020 年	2021 年ᵃ
乌拉圭	13605	16290	17555	15634	13436	15959	15557	14505	16217	16949
委内瑞拉	29887	21478	22077	16367	10992	9662	8830	6630	6364	11188
安提瓜和巴布达ᵈ	161	202	297	356	330	314	328	279	222	237ᶠ
巴哈马	812	740	787	808	902	1408	1197	1758	2381	2753ᵉ
巴巴多斯	631	521	471	484	320	206	500	739	1325	1424ᵇ
伯利兹	289	402	483	432	371	306	287	271	340	402ᵇ
多米尼克ᵈ	92	85	100	125	221	211	189	166	176	176ᶠ
格林纳达ᵈ	104	135	158	189	201	195	231	234	291	322ᶠ
圭亚那	862	777	666	599	616	584	528	576	681	820ᵉ
牙买加	1981	1818	2473	2914	3291	3781	3532	3631	4081	4835ᵇ
圣基茨和尼维斯ᵈ	252	291	318	280	313	357	355	346	356	354ᶠ
圣卢西亚ᵈ	208	168	235	298	289	307	275	253	224	197ᶠ
圣文森特和格林纳丁斯ᵈ	109	133	156	165	191	180	168	192	204	200ᶠ
苏里南	1008	779	625	330	381	424	581	648	585	885ᵇ
特立尼达和多巴哥	9371	10176	11497	9933	9466	8370	7575	6929	6954	7073ᵇ

注：a. 截至 10 月数据；b. 截至 9 月数据；c. 截至 6 月数据；d. 国际储备净额；e. 截至 8 月数据；f. 截至 1 月数据。
资料来源：ECLAC, *Preliminary Overview of the Economies of Latin America and the Caribbean 2021*, United Nations, 2022。

355

附表 5　国际收支（2019~2021 年）

分表 1

单位：百万美元

国家和地区	货物出口额（FOB）			服务出口额			货物进口额（FOB）			服务进口额		
	2019 年	2020 年	2021 年ª	2019 年	2020 年	2021 年ª	2019 年	2020 年	2021 年ª	2019 年	2020 年	2021 年ª
拉美和加勒比地区	1069018	958733	—	179712	112408	—	1056540	885313	—	224140	155161	—
阿根廷	65156	54945	70541	14765	9400	8690	46928	40315	57423	19629	11640	13386
玻利维亚	8819	6953	10320	1443	605	528	9055	6517	8398	2893	1842	2210
巴西	225800	210707	285806	34275	28576	29433	199253	178337	222571	69765	49517	55954
智利	68763	73485	98814	9259	6318	6143	65810	55116	80249	14362	11316	13748
哥伦比亚	40656	32309	40586	10668	5747	6754	50708	41290	52245	14952	10137	11658
哥斯达黎加	11885	12028	14930	10360	7752	8140	15838	14181	16914	4547	4017	4517
多米尼加	11193	10297	12166	9317	4147	4313	20268	17047	21229	4258	3142	3909
厄瓜多尔	22774	20461	25866	3346	1800	1737	21749	17079	22544	4143	2786	3204
萨尔瓦多	4748	4158	5257	3234	2132	3262	10458	9363	13262	1995	1453	1859
危地马拉	9919	10136	12490	3681	2602	3046	17885	16433	23007	3632	2881	3440
海地	1201	886	1043	385	251	119	4198	3473	4164	1003	621	606
洪都拉斯	8788	7683	9338	1177	690	610	12149	10241	12275	2406	1825	2243
墨西哥	460939	417151	504808	31695	17028	20434	455772	383172	503724	39976	28082	33699
尼加拉瓜	4341	4396	5102	1373	943	953	5397	5324	6651	855	615	655
巴拿马	13214	10240	11974	14663	9377	11721	22261	14347	20878	5113	2980	3278

续表

国家和地区	货物出口额（FOB）			服务出口额			货物进口额（FOB）			服务进口额		
	2019年	2020年	2021年[a]	2019年	2020年	2021年[a]	2019年	2020年	2021年[a]	2019年	2020年	2021年[a]
巴拉圭	12702	11494	15161	923	628	662	12251	10035	14049	1248	819	1035
秘鲁	48224	42941	60629	7523	3268	3308	41106	34713	49028	10675	7438	9723
乌拉圭	11743	9885	12662	5343	3697	4067	8663	7837	9441	4665	3371	3930
安提瓜和巴布达	55	36	—	1141	563	—	622	385	—	534	270	—
巴哈马	654	400	—	3923	1288	—	2966	2224	—	1825	1414	—
巴巴多斯	444	345	—	1471	773	—	1502	1422	—	523	70	—
伯利兹	462	287	—	668	427	—	969	731	—	264	170	—
多米尼克	18	15	—	182	85	—	281	188	—	150	86	—
格林纳达	46	28	—	580	401	—	413	348	—	303	195	—
圭亚那	1567	2587	—	225	201	—	4040	2073	—	1111	1994	—
牙买加	1640	1219	—	4338	2146	—	5685	4149	—	2632	1741	—
圣基茨和尼维斯	29	26	—	612	314	—	358	269	—	260	176	—
圣卢西亚	82	64	—	1143	397	—	526	459	—	440	207	—
圣文森特和格林纳丁斯	38	54	—	286	114	—	295	267	—	144	87	—
苏里南	2129	2344	—	157	103	—	1598	1283	—	815	563	—
特立尼达和多巴哥	8764	—	—	808	—	—	6034	—	—	1896	—	—

分表 2

单位：百万美元

国家和地区	贸易余额			收益余额			经常转移余额			经常项目余额		
	2019年	2020年	2021年ᵃ	2019年	2020年	2021年ᵃ	2019年	2020年	2021年ᵃ	2019年	2020年	2021年ᵃ
拉美和加勒比地区	-31951	30667	—	-177007	-133841	—	99140	106701	—	-109818	3527	—
阿根廷	13363	12391	8422	-17892	-10197	-12000	819	1119	1533	-3710	3313	-2045
玻利维亚	-1685	-801	240	-847	-413	-1069	1134	1025	1255	-1398	-189	426
巴西	-8942	11428	36714	-57272	-39696	-44537	1184	2344	2873	-65030	-25923	-4950
智利	-2150	13371	10960	-10144	-10964	-18426	1840	963	-222	-10454	3370	-7688
哥伦比亚	-14336	-13371	-16563	-9710	-5343	-7365	9055	8788	10636	-14991	-9927	-13292
哥斯达黎加	1860	1582	1639	-3833	-3499	-4119	596	568	653	-1376	-1349	-1828
多米尼加	-4017	-5744	-8659	-4069	-3857	-4593	6898	8060	10364	-1188	-1541	-2888
厄瓜多尔	228	2396	1855	-3028	-2824	-3000	2739	2993	3714	-61	2565	2570
萨尔瓦多	-4472	-4525	-6602	-1337	-1314	-1822	5644	5960	7502	-165	121	-921
危地马拉	-7918	-6576	-10911	-1412	-1379	-1286	11120	11893	15711	1791	3938	3515
海地	-3615	-2956	-3608	50	28	24	3442	3847	4337	-123	918	753
洪都拉斯	-4589	-3693	-4570	-1901	-1616	-2169	5894	5983	7805	-596	674	1065
墨西哥	-3114	22924	-12181	-37038	-36876	-38000	36207	40074	48644	-3945	26122	-1536
尼加拉瓜	-537	-599	-1251	-466	-582	-406	1758	1920	2063	754	739	406
巴拿马	503	2289	-461	-3804	-1187	-3046	-31	131	222	-3333	1233	-3285
巴拉圭	126	1268	739	-1133	-1075	-1259	795	694	730	-212	887	209

续表

国家和地区	贸易余额			收益余额			经常转移余额			经常项目余额		
	2019年	2020年	2021年[a]	2019年	2020年	2021年[a]	2019年	2020年	2021年[a]	2019年	2020年	2021年[a]
秘鲁	3966	4058	5186	-9838	-6546	-12000	3718	4071	4885	-2154	1583	-1928
乌拉圭	3758	2373	3358	-2961	-2877	-4438	189	187	240	986	-316	-839
安提瓜和巴布达	40	-56	—	-106	-25	—	-46	-28	—	-112	-109	—
巴哈马	-215	-1950	—	-547	-489	—	846	373	—	84	-2065	—
巴巴多斯	-110	-374	—	—	—	—	-46	93	—	-156	-281	—
伯利兹	-103	-187	—	-158	-59	—	84	118	—	-177	-128	—
多米尼克	-231	-174	—	-10	14	—	18	21	—	-223	-139	—
格林纳达	-91	-114	—	-120	-81	—	8	20	—	-202	-175	—
圭亚那	-3359	-1278	—	-47	-32	—	581	658	—	-2824	-652	—
牙买加	-2339	-2525	—	-441	-455	—	2416	2961	—	-364	-18	—
圣基茨和尼维斯	22	-105	—	-48	-13	—	-30	-24	—	-56	-142	—
圣卢西亚	258	-204	—	-134	-37	—	5	22	—	129	-219	—
圣文森特和格林纳丁斯	-115	-185	—	-7	2	—	42	41	—	-80	-142	—
苏里南	-126	601	—	-413	-450	—	90	124	—	-449	275	—
特立尼达和多巴哥	1642	—	—	-608	—	—	22	—	—	1056	—	—

分表 3

单位：百万美元

国家和地区	资本和金融项目余额[b]			国际收支余额			储备资产变化[c]			其他融资项目		
	2019年	2020年	2021年[a]	2019年	2020年	2021年[a]	2019年	2020年	2021年[a]	2019年	2020年	2021年[a]
拉美和加勒比地区	61277	-8354	—	-48542	13822	—	30517	-14939	—	15788	1117	—
阿根廷	-33872	-11040	—	-37582	-7727	—	21375	7727	—	16208	—	—
玻利维亚	-1441	-1563	—	-2839	-1752	—	2839	1752	—	—	—	—
巴西	38974	-6958	—	-26055	-14232	—	26055	14232	—	—	—	—
智利	10301	-6265	—	-152	-2895	—	152	2895	—	—	—	—
哥伦比亚	18324	14255	—	3333	4328	—	-3333	-4328	—	—	—	—
哥斯达黎加	2768	-405	—	1393	-1754	—	-1393	1754	—	—	—	—
多米尼加	2313	2836	—	1125	1295	—	-1150	-1963	—	—	—	—
厄瓜多尔	777	1582	—	715	4146	—	-715	-4146	—	24	668	—
萨尔瓦多	1041	-1508	—	876	-1387	—	-876	1387	—	—	—	—
危地马拉	7	-749	—	1798	3189	—	-1798	-3189	—	—	—	—
海地	-67	-918	—	-190	—	—	109	—	—	81	—	—
洪都拉斯	1585	1239	—	988	1913	—	-993	-2381	—	5	468	—
墨西哥	6583	-14133	—	2638	11990	—	-2638	-11990	—	—	—	—
尼加拉瓜	-635	168	—	119	907	—	-119	-907	—	—	—	—
巴拿马	5291	4410	—	1958	5643	—	-1227	-5550	—	—	—	—
巴拉圭	157	918	—	-55	1805	—	55	-1805	—	-731	-93	—
秘鲁	9062	3718	—	6909	5301	—	-6909	-5301	—	—	—	—

续表

国家和地区	资本和金融项目余额[b]			国际收支余额			储备资产变化[c]			其他融资项目		
	2019 年	2020 年	2021 年[a]	2019 年	2020 年	2021 年[a]	2019 年	2020 年	2021 年[a]	2019 年	2020 年	2021 年[a]
乌拉圭	-2097	1946	—	-1111	1630	—	1111	-1630	—	—	—	—
安提瓜和巴布达	62	52	—	-50	-57	—	50	57	—	0	0	—
巴哈马	478	2429	—	562	364	—	-562	-364	—	—	—	—
巴巴多斯	396	871	—	241	590	—	-241	-590	—	—	—	—
伯利兹	160	197	—		69	—	18	-69	—	—	—	—
多米尼克	198	149	—	-25	10	—	25	-10	—	0	0	—
格林纳达	204	232	—	2	57	—	-2	-57	—	—	—	—
圭亚那	2775	712	—	-49	61	—	-47	-105	—	96	44	—
牙买加	463	467	—	99	449	—	-99	-449	—	—	—	—
圣基茨和尼维斯	47	151	—	-9	9	—	-21	-9	—	0	0	—
圣卢西亚	-154	189	—	-25	-30	—	25	30	—	0	0	—
圣文森特和格林纳丁斯	104	156	—	24	13	—	-24	-13	—	—	—	—
苏里南	136	-388	—	-313	-113	—	208	83	—	105	30	—
特立尼达和多巴哥	-1699	—	—	-644	—	—	644	—	—	—	—	—

注：a. 估计值；b. 包含错误和遗漏；截至 2020 年第二季度累计数据；c. 负号表示储备资产增加。

资料来源：ECLAC, *Preliminary Overview of the Economies of Latin America and the Caribbean 2021*, United Nations, 2022。

附表 6　外国直接投资净额（2012～2020 年）ᵃ

单位：百万美元

国家和地区	2012 年	2013 年	2014 年	2015 年	2016 年	2017 年	2018 年	2019 年	2020 年
拉美和加勒比地区	150240	160873	151785	135806	135808	126358	119394	148947	113187
阿根廷	9352	14269	8932	3145	10884	1474	10361	9991	5124
玻利维亚	859	1060	1750	690	556	246	633	387	-265
巴西	86360	90485	59568	67107	61604	59601	47545	76138	46355
智利	5313	10812	12322	10758	4948	5334	993	6450	3247
哥伦比亚	6227	15646	8558	12270	7403	9341	10011	6172	10836
哥斯达黎加	2328	1803	2401	2818	2541	2127	2652	2434	2695
多米尼加	2277	3142	1991	2209	2205	2407	3571	2535	33021
厄瓜多尔	646	567	727	777	1331	756	625	1388	974
萨尔瓦多	218	466	179	306	396	348	889	826	636
危地马拉	1140	1226	1449	1388	1048	965	934	778	799
海地	119	156	162	99	106	105	375	105	75
洪都拉斯	1012	851	992	1315	952	900	1035	895	500
墨西哥	12267	-565	32761	22975	24821	31012	30291	25565	23568
尼加拉瓜	929	712	815	983	922	924	971	763	444
巴拿马	2956	3254	3612	4130	3966	4652	4314	4917	3686
巴拉圭	581	697	245	412	308	425	576	458	522
秘鲁	7340	11867	9334	2823	8125	5583	6360	6831	6791
乌拉圭	2511	2240	3045	2247	775	-1823	-2037	-443	1363
委内瑞拉	6110	1679	1928	-3401	370	27	-2302	225	—

续表

国家和地区	2012年	2013年	2014年	2015年	2016年	2017年	2018年	2019年	2020年
安提瓜和巴布达	65	133	95	40	100	59	144	193	84
巴哈马	669	530	688	475	526	390	305	491	265
巴巴多斯	83	565	-62	—	—	—	—	—	—
伯利兹	94	193	92	138	59	42	24	121	101
多米尼克	35	59	23	14	19	41	23	77	59
格林纳达	43	31	113	100	137	93	152	164	196
圭亚那	247	294	214	255	122	6	212	1232	1695
牙买加	144	323	470	523	891	658	855	762	219
圣基茨和尼维斯	110	108	136	151	133	124	42	36	66
圣卢西亚	81	74	92	98	129	149	59	67	4
圣文森特和格林纳丁斯	86	115	160	119	116	89	143	34	75
苏里南	67	173	188	164	267	300	98	119	-20
特立尼达和多巴哥	-26	-2094	-1192	679	48	2	-459	-765	70

注：a. 经济中扣除该国居民对外直接投资后的直接投资，包括利润的再投资。

资料来源：ECLAC，*Preliminary Overview of the Economies of Latin America and the Caribbean 2021*，United Nations，2022。

附表7　外债总额（2011~2020年）[a]

单位：百万美元

国家和地区		2011年	2012年	2013年	2014年	2015年	2016年	2017年	2018年	2019年	2020年[b]
拉美和加勒比地区[c]		1243746	1381093	1513896	1689666	1696952	1768386	1872334	1950190	2017860	2058185
阿根廷	总额	156300	156478	155489	158742	167412	181432	234549	277932	278489	271443
玻利维亚	总额	6298	6625	7756	8543	9445	10703	11702	12491	13473	14205
巴西	总额	516030	570831	621439	712655	665101	675841	667103	665777	675789	639308
智利	总额	100973	122668	136351	152135	160904	164815	180449	183344	197234	208981
哥伦比亚	总额	75622	78784	92073	101404	110502	120153	124636	132016	138683	154509
哥斯达黎加	总额	11161	15256	19504	21628	23576	25565	26920	28968	30938	31882
多米尼加	公共	11625	12872	14919	16074	16029	17567	18821	21565	23383	30703
厄瓜多尔	总额	15210	15913	18788	24112	27933	34181	40323	44239	52668	56893
萨尔瓦多	总额	11858	13353	14035	14800	15217	16376	16474	16603	17390	18349
危地马拉	总额	15533	17452	19825	21577	22235	23333	24982	24462	24947	25364
海地	总额	860	1070	1478	1833	1985	2013	2133	2125	2104	—
洪都拉斯	总额	4208	4861	6709	7184	7456	7499	8572	9112	9604	10981
墨西哥	总额	210713	226492	259977	286624	296399	314202	333398	342711	355795	373077
尼加拉瓜	总额	8126	9117	10158	10925	11461	12120	12646	12881	13077	13538
巴拿马	公共	10858	10782	12231	14352	15648	16902	18390	20575	24223	29817
巴拉圭	总额	3970	4563	4780	5839	6197	6677	7738	8591	9802	13675
秘鲁	总额	47630	59131	60559	69271	73129	74571	76499	78170	80200	88768

续表

国家和地区		2011 年	2012 年	2013 年	2014 年	2015 年	2016 年	2017 年	2018 年	2019 年	2020 年ᵇ
乌拉圭	总额	18345	36403	38092	41194	43752	40002	41274	42611	44584	46439
委内瑞拉	总额	118285	130785	132362	135767	149755	149859	148328	148432	147899	—
安提瓜和巴布达	公共	467	445	577	560	573	562	584	614	650	662
巴哈马	公共	1045	1465	1616	2095	2176	2373	3234	3172	3121	4478
巴巴多斯	公共	1385	1322	1434	1521	1460	1442	1413	1599	1545	1987
伯利兹	公共	1032	1029	1083	1126	1179	1204	1257	1285	1272	1454
多米尼克	公共	238	263	275	287	285	270	267	253	244	287
格林纳达	公共	537	537	618	634	613	602	533	562	523	569
圭亚那	公共	1206	1359	1246	1216	1143	1162	1248	1322	1305	1321
牙买加	公共	8626	8256	8310	8659	10314	10244	10103	9937	9253	9123
圣基茨和尼维斯	公共	320	317	320	284	214	199	156	149	142	135
圣卢西亚	公共	416	435	488	526	509	529	598	599	628	718
圣文森特和格林纳丁斯	公共	328	329	354	387	399	455	387	391	421	463
苏里南	公共	601	707	878	942	1156	1872	2046	2040	2150	2151
特立尼达和多巴哥	公共	2227	1981	2534	2537	2553	3519	3896	4096	4222	4803

注：a. 各部门外债官方数据；b. 包括大国际货币基金组织的债务；c. 不包括委内瑞拉，包括海地最新数据。

资料来源：ECLAC, *Preliminary Overview of the Economies of Latin America and the Caribbean 2021*, United Nations, 2022。

附表 8　消费者价格指数年度变化率（2012～2021 年）

单位：%

国家和地区	2012 年	2013 年	2014 年	2015 年	2016 年	2017 年	2018 年	2019 年	2020 年	2021 年[a]
拉美和加勒比地区[b]	4.0	4.1	4.4	5.6	4.1	3.6	3.2	3.1	3.0	6.4
阿根廷[c]	10.8	10.9	23.9	27.5	38.5	25.0	47.1	52.9	34.1	51.7
玻利维亚	4.5	6.5	5.2	3.0	4.0	2.7	1.5	1.5	0.7	1.0
巴西	5.8	5.9	6.4	10.7	6.3	2.9	3.7	4.3	4.5	10.2
智利	1.5	2.8	4.8	4.4	2.7	2.3	2.6	3.0	3.0	5.3
哥伦比亚	2.4	1.9	3.7	6.8	5.7	4.1	3.1	3.8	1.6	4.5
哥斯达黎加	4.5	3.7	5.1	-0.8	0.8	2.6	2.0	1.5	0.9	2.1
古巴[d]	2.0	0.0	2.1	2.4	-3.0	0.6	2.4	-1.3	18.5	72.1
多米尼加	3.9	3.9	1.6	2.3	1.7	4.2	1.2	3.7	5.6	7.9[e]
厄瓜多尔	4.2	2.7	3.7	3.4	1.1	-0.2	0.3	-0.1	-0.9	1.1
萨尔瓦多	0.8	0.8	0.5	1.0	-0.9	2.0	0.4	-0.0	-0.1	4.3[e]
危地马拉	3.4	4.4	2.9	3.1	4.2	5.7	2.3	3.4	4.8	3.7
海地	7.6	3.4	6.4	12.5	14.3	13.3	16.5	20.8	19.2	12.1[f]
洪都拉斯	5.4	4.9	5.8	2.4	3.3	4.7	4.2	4.1	4.0	4.6
墨西哥	3.6	4.0	4.1	2.1	3.4	6.8	4.8	2.8	3.2	6.0
尼加拉瓜	7.1	5.4	6.4	2.9	3.1	5.8	3.4	6.5	2.6	5.0[e]
巴拿马	4.6	3.7	1.0	0.3	1.5	0.5	0.2	-0.1	-1.6	2.4[e]
巴拉圭	4.0	3.7	4.2	3.1	3.9	4.5	3.2	2.8	2.2	6.4

续表

国家和地区	2012年	2013年	2014年	2015年	2016年	2017年	2018年	2019年	2020年	2021年[a]
秘鲁	2.6	2.9	3.2	4.4	3.2	1.4	2.2	1.9	2.0	5.2
乌拉圭	7.5	8.5	8.3	9.4	8.1	6.6	8.0	8.8	9.4	7.4
委内瑞拉	20.1	56.2	68.5	180.9	274.4	862.6	130060.2	9585.5	2959.8	1946.0
安提瓜和巴布达	1.8	1.1	1.3	0.9	-1.1	2.4	1.7	0.7	2.8	1.1[e]
巴哈马	0.7	0.8	0.2	2.0	0.8	1.8	2.0	1.4	1.2	2.7[g]
巴巴多斯	2.4	1.1	2.3	-2.3	3.8	6.6	0.6	7.2	1.3	2.9[h]
伯利兹	0.8	1.6	-0.2	-0.6	1.1	1.0	-0.1	0.2	0.4	3.9[e]
多米尼克	1.3	-0.4	0.5	-0.7	0.7	-1.5	4.0	0.1	-0.7	0.6[h]
格林纳达	1.8	-1.2	-0.6	1.1	0.9	0.5	1.4	0.1	-0.8	1.5[h]
圭亚那	3.4	0.9	1.2	-1.8	1.4	1.5	1.6	2.1	1.3	7.2[f]
牙买加	8.0	9.7	6.2	3.7	1.7	5.2	2.4	6.2	4.5	6.0[e]
圣基茨和尼维斯	0.5	0.6	-0.5	-2.4	0.0	0.8	-0.8	-0.8	-1.2	1.9[h]
圣卢西亚	5.0	-0.7	3.7	-2.6	-2.8	2.0	1.6	-0.7	-0.4	2.5[h]
圣文森特和格林纳丁斯	1.0	0.0	0.1	-2.1	1.0	3.0	1.4	0.5	-1.0	1.9[h]
苏里南	4.4	0.6	3.9	25.2	49.2	9.3	5.4	4.2	60.7	59.8[e]
特立尼达和多巴哥	7.2	5.6	8.5	1.5	3.1	1.3	1.0	0.4	0.8	2.2[f]

注：a. 截至2021年9月的12个月变化率；b. 加权平均，不包括阿根廷、委内瑞拉、海地和苏里南；c. 从2017年开始与大布宜诺斯艾利斯的数据进行合并，以使进行年度比较；d. 本国货币市场；e. 截至2021年8月的12个月变化率；f. 截至2021年7月的12个月变化率；g. 截至2021年4月的12个月变化率；h. 截至2020年6月的12个月变化率。

资料来源：ECLAC, *Preliminary Overview of the Economies of Latin America and the Caribbean 2021*, United Nations, 2022。

附表9　公开失业率（年度平均失业率）（2013~2021年）[a]

单位：%

国家和地区		2013年	2014年	2015年	2016年	2017年	2018年	2019年	2020年	2020年[b] 1~9月	2021年[b] 1~9月
拉美和加勒比地区[c]	31个城市汇总	6.3	6.1	6.6	7.8	8.1	7.9	7.9	10.3	10.6	10.0
阿根廷[d]	全国	7.1	7.3	6.5	8.5	8.4	9.2	9.8	11.5	11.7	9.8
玻利维亚[e]	全国	2.9	2.3	3.51	3.5	3.6	3.5	3.7	8.3	7.8	5.5
巴西	全国	7.2	6.9	8.6	11.6	12.8	12.4	12.0	13.8	13.6	13.9
智利[f]	全国	6.1	6.5	6.3	6.7	7.0	7.4	7.2	10.8	10.9	9.4
哥伦比亚[g]	全国	9.0	8.5	8.3	8.6	8.8	9.1	9.9	15.1	15.8	14.0
哥斯达黎加	全国	9.4	9.6	9.6	9.5	9.1	10.3	11.8	19.6	19.5	17.4
古巴	全国	3.3	2.7	2.5	2.0	1.7	1.7	1.3	1.4	—	—
多米尼加[m]	全国	7.4	6.7	7.3	7.1	5.5	5.7	6.2	5.8	5.3	7.7
厄瓜多尔[g,h]	全国	3.0	3.4	3.6	4.5	3.8	3.5	3.8	6.2	6.9	4.7
萨尔瓦多	全国	5.9	7.0	7.0	7.1	7.0	6.3	6.3	6.9	—	—
危地马拉	全国	3.1	2.9	2.6	2.7	2.5	2.4	2.2	—	—	—
洪都拉斯[i]	全国	3.9	5.3	7.3	7.4	6.7	5.7	5.7	10.9	—	—
墨西哥[j]	全国	4.9	4.8	4.3	3.9	3.4	3.3	3.5	4.4	4.5	4.3
尼加拉瓜	全国	5.8	6.6	5.9	4.5	3.7	5.5	5.4	5.0	5.0	5.0
巴拿马[g,k]	全国	3.2	3.5	3.9	4.4	4.9	4.9	5.8	18.6	—	—
巴拉圭[l]	全国	5.0	6.0	5.4	6.01	6.1	6.2	6.6	7.7	7.9	7.7
秘鲁	城市	4.0	3.7	3.5	4.2	4.1	3.9	3.9	7.7	7.8	6.1
乌拉圭[n]	全国	6.5	6.6	7.5	7.8	7.9	8.3	8.9	10.1	10.2	10.0

续表

国家和地区		2013年	2014年	2015年	2016年	2017年	2018年	2019年	2020年	2020年[b] 1~9月	2021年[b] 1~9月
委内瑞拉	全国	7.8	7.2	7.1	7.3	7.3	7.3	6.8	—	—	—
巴哈马[o]	全国	15.8	14.6	13.4	12.2	10.0	10.3	9.5	—	—	—
巴巴多斯[p]	全国	11.6	12.3	11.3	9.7	10.0	10.1	9.6	15.6	—	—
伯利兹[q]	全国	14.3	11.6	10.1	9.5	9.3	9.4	9.1	13.7	—	—
格林纳达	全国	32.2	29.3	29.0	28.2	23.6	19.2	—	—	—	—
牙买加[g,r]	全国	10.3	9.5	9.8	9.0	7.7	5.6	5.0	6.6	6.6	5.6
圣卢西亚	全国	23.3	24.5	24.1	21.3	20.2	20.2	16.8	21.7	—	—
特立尼达和多巴哥[s]		3.7	3.3	3.4	4.0	4.8	3.9	4.3	4.7	—	—

注: a. 失业人口占经济活动人口的比重,受新冠肺炎疫情影响,统计和普查机构对统计过程进行了调整,2020年和2021年的数字可能与2019年的数据存在可比性问题; b. 初步数字; c. 加权平均数,不包括哥伦比亚、厄瓜多尔、巴拿马的隐性失业; d. 数据对应31个城市群,由于2016年宣布进入统计紧急状态,阿根廷国家统计和人口普查研究所(INDEC)不承认2007~2015年用于劳动力市场比较和分析的数据,2016年数据为城市地区; e. 2016年基于持续就业调查(ECE)计算,第四季度的平均值,第四季度,第三季度; f. 基于2017年人口普查的预测; g. 不包括隐性失业; h. 2020年第二季度数据对应5月和6月,2020年第三季度平均值为9月水平; i. 2020年为初步数据,来源于11月和12月进行的电话调查; j. 2019年第二季度和第四季度数据来自新的全国职业和就业调查(ENOE),2020年第二季度数据来自新的全国职业和就业电话调查(ETOE),2020年第四季度数据来自9月至10月进行的一次电话调查; l. 自2017年起采用新的测算方法,与以前的数据不具可比性; m. 自2015年起采用新的测算方法,与以前的数据对应9月和6月(电话咨询),3月数据来自电话持续就业调查(ECH),2020年第二季度的平均数据对应于4月、5月和6月(电话咨询),第四季度数据为10月、11月和12月(电话咨询); o. 2019年为初步数据,与5月相对应; p. 2020年数据与第三季度和第四季度数据相对应; q. 2018年数据为4月的数据,2019年数据为9月水平,2020年数据为9月水平; r. 调查截至2020年第三季度(4月)进行,2020年数据为第一季度、第二季度和第四季度的平均水平; s. 2019年数据的平均值,第三季度和第四季度的平均水平; t. 2020年数据为3月、6月和12月的平均水平。

资料来源: ECLAC, *Preliminary Overview of the Economies of Latin America and the Caribbean 2021*, United Nations, 2022。

附表 10　拉美 18 个国家的收入集中度指数（2001~2020 年）[a]

国家	年份	基尼系数[b]	泰尔指数[c]	阿特金森指数[c]			50%中位数以下收入比例
				(= 0.5)	(= 1.0)	(= 1.5)	
阿根廷[d]	2002	0.498	0.405	0.178	0.321	0.444	25.8
	2008	0.413	0.292	0.134	0.250	0.357	13.8
	2014	0.391	0.264	0.121	0.224	0.317	12.8
	2018	0.396	0.286	0.127	0.233	0.329	13.3
	2019	0.400	0.284	0.128	0.236	0.333	13.2
	2020	0.400	0.282	0.129	0.239	0.343	12.1
玻利维亚	2002	0.612	0.734	0.314	0.552	0.740	29.2
	2008	0.513	0.492	0.219	0.402	0.567	24.2
	2014	0.471	0.403	0.185	0.350	0.507	22.7
	2018	0.438	0.334	0.159	0.309	0.458	21.5
	2019	0.430	0.326	0.152	0.288	0.421	18.3
	2020	0.449	0.358	0.167	0.318	0.460	20.5
巴西	2002	0.570	0.650	0.262	0.432	0.548	21.7
	2008	0.536	0.574	0.234	0.394	0.510	21.1
	2014	0.514	0.526	0.217	0.370	0.486	21.6
	2018[e]	0.540	0.575	0.237	0.404	0.530	22.8
	2019[e]	0.538	0.574	0.236	0.403	0.529	23.4
	2020[e]	0.519	0.535	0.219	0.371	0.489	20.8
智利	2003	0.507	0.514	0.211	0.359	0.478	18.7
	2009	0.478	0.453	0.188	0.323	0.434	15.8
	2013	0.466	0.424	0.178	0.306	0.408	14.2
	2015	0.453	0.408	0.170	0.293	0.392	14.1
	2017	0.454	0.417	0.172	0.295	0.394	14.1
	2020	0.475	0.427	0.182	0.324	0.461	16.5
哥伦比亚	2002	0.567	0.663	0.266	0.447	0.586	23.5
	2008	0.572	0.652	0.268	0.456	0.600	25.1
	2014	0.540	0.577	0.240	0.412	0.547	23
	2018	0.520	0.537	0.224	0.386	0.516	21.8
	2019	0.529	0.549	0.230	0.398	0.530	22.6
	2020	0.552	0.588	0.245	0.424	0.569	23.9

国家	年份	基尼系数[b]	泰尔指数[c]	阿特金森指数[c]			50%中位数以下收入比例
				(=0.5)	(=1.0)	(=1.5)	
哥斯达黎加	2002[f]	0.497	0.462	0.198	0.349	0.475	20
	2008[f]	0.491	0.461	0.195	0.339	0.451	18.7
	2014	0.498	0.440	0.197	0.356	0.488	21.1
	2018	0.493	0.430	0.193	0.348	0.478	20.5
	2019	0.495	0.443	0.196	0.350	0.475	20.4
	2020	0.490	0.424	0.190	0.342	0.468	20
厄瓜多尔	2001	0.538	0.643	0.244	0.395	0.502	18.1
	2008	0.496	0.461	0.196	0.340	0.452	18.9
	2014	0.449	0.391	0.165	0.288	0.387	16.5
	2018	0.454	0.386	0.167	0.296	0.401	17.8
	2019	0.456	0.382	0.167	0.297	0.404	18.1
	2020	0.466	0.434	0.181	0.313	0.418	16.8
萨尔瓦多	2001	0.514	0.481	0.209	0.371	0.503	23.3
	2009	0.478	0.428	0.186	0.327	0.440	19.9
	2014	0.434	0.340	0.151	0.273	0.373	17.6
	2018	0.405	0.289	0.132	0.244	0.340	16.9
	2019	0.406	0.298	0.134	0.245	0.338	16.1
	2020	0.421	0.305	0.141	0.267	0.391	17.5
危地马拉	2000	0.636	0.883	0.341	0.558	0.714	27
	2006	0.558	0.608	0.253	0.432	0.567	25.5
	2014	0.535	0.664	0.248	0.407	0.533	22.2
洪都拉斯	2001	0.532	0.526	0.226	0.392	0.519	23.2
	2009	0.502	0.480	0.204	0.353	0.467	21.3
	2014	0.481	0.428	0.185	0.325	0.435	19
	2016	0.480	0.424	0.187	0.336	0.462	20.9
	2018	0.481	0.427	0.187	0.334	0.457	21
	2019	0.494	0.406	0.185	0.339	0.471	23.2

续表

国家	年份	基尼系数[b]	泰尔指数[c]	阿特金森指数[c]			50%中位数以下收入比例
				(= 0.5)	(= 1.0)	(= 1.5)	
墨西哥	2002	0.506	0.489	0.209	0.362	0.476	20.7
	2008	0.513	0.535	0.219	0.376	0.498	20.8
	2014	0.502	0.511	0.209	0.357	0.475	19.1
	2016[g]	0.491	0.448	0.186	0.320	0.425	16.8
	2018[g]	0.464	0.444	0.182	0.312	0.415	16.5
	2020[g]	0.452	0.401	0.169	0.297	0.401	16.6
尼加拉瓜	2001	0.568	0.536	0.231	0.408	0.561	22.5
	2009	0.463	0.400	0.175	0.314	0.440	19.9
	2014	0.495	0.511	0.207	0.355	0.476	19.9
巴拿马	2002	0.572	0.622	0.270	0.472	0.623	27.3
	2008	0.528	0.518	0.229	0.410	0.553	24.9
	2014	0.502	0.465	0.206	0.372	0.511	24.2
	2018	0.501	0.457	0.206	0.377	0.522	23.7
	2019	0.506	0.459	0.206	0.374	0.516	23.8
巴拉圭	2002	0.584	0.648	0.259	0.439	0.584	24.7
	2008	0.516	0.564	0.224	0.377	0.494	21.1
	2014	0.522	0.542	0.219	0.372	0.493	21.5
	2018	0.474	0.421	0.183	0.324	0.437	20.1
	2019	0.473	0.412	0.180	0.320	0.432	20.3
	2020	0.452	0.371	0.165	0.298	0.411	19.6
秘鲁	2002	0.544	0.610	0.248	0.422	0.560	24.4
	2008	0.495	0.450	0.201	0.364	0.500	24.7
	2014	0.446	0.369	0.165	0.303	0.424	21.5
	2018	0.439	0.345	0.157	0.290	0.406	20
	2019	0.429	0.332	0.151	0.278	0.390	19.6
	2020	0.464	0.396	0.178	0.329	0.469	21.2
多米尼加	2002	0.498	0.461	0.197	0.342	0.453	20.5
	2008	0.489	0.452	0.193	0.335	0.445	20
	2014	0.449	0.351	0.160	0.293	0.404	18.3
	2018[h]	0.442	0.351	0.150	0.262	0.353	15.1
	2019[h]	0.432	0.346	0.149	0.263	0.355	15.4
	2020[h]	0.405	0.297	0.133	0.240	0.331	14.4

续表

国家	年份	基尼系数[b]	泰尔指数[c]	阿特金森指数[c]			50%中位数以下收入比例
				(=0.5)	(=1.0)	(=1.5)	
乌拉圭	2002	0.474	0.393	0.177	0.322	0.448	21.1
	2008	0.453	0.382	0.166	0.295	0.397	18.7
	2014	0.392	0.271	0.124	0.229	0.319	16.3
	2018	0.391	0.269	0.123	0.225	0.311	15.6
	2019	0.392	0.270	0.123	0.226	0.314	16.2
	2020	0.397	0.277	0.127	0.233	0.323	16.9
委内瑞拉	2002	0.418	0.317	0.140	0.253	0.355	13.7
	2008	0.379	0.248	0.114	0.212	0.298	13.9
	2014	0.378	0.242	0.112	0.210	0.300	14.8

注：a. 根据全国人口的人均收入分配计算得出；b. 包括没有收入的人口；c. 为了降低最高及最低数值的影响，泰尔指数和阿特金森指数不包括人均收入为接近0值和排名前三位数据；d. 城市汇总；e. 从2016年开始，全国家庭调查（pnadd-continua）的数据与前几年的数据不具有可比性；f. 2002年和2008年的数据与以后年份的数据不具有可比性；g. 数据与前几年的数据不可比，与国家家庭收入和支出调查（ENIGH）的新系列相对应；h. 根据全国劳动力调查（ENCFT）提供的年度数据，与前几年的数据不可比较。

资料来源：ECLAC, *Social Panorama of Latin America 2021*, United Nations, 2022。

附表11　拉美15个国家的贫困和赤贫率（2017~2020年）ª

拉美经济委员会估计

国家	贫困					赤贫				
	2017年	2018年	2019年	2020年	2020年较2019年变化	2017年	2018年	2019年	2020年	2020年较2019年变化
阿根廷ᵇ	18.7	24.4	27.2	34.3	7.1	2.8	3.6	4.2	6.3	2.1
玻利维亚	34.9	33.1	31.0	32.3	1.3	16.4	14.8	12.1	13.5	1.4
巴西	21.2	20.4	20.2	18.4	-1.8	5.7	5.6	5.8	5.1	-0.7
智利	10.7	—	—	14.2	—	1.4	—	—	4.5	—
哥伦比亚	29.8	29.9	31.7	39.8	8.1	10.9	10.8	12.8	19.2	6.4
哥斯达黎加	15.4	16.1	16.5	19.4	2.9	3.3	4.0	3.4	4.0	0.6
厄瓜多尔	23.6	24.2	25.7	30.6	4.9	7.0	6.5	7.6	10.8	3.2
萨尔瓦多	37.8	34.5	30.4	30.7	0.3	8.3	7.6	5.6	8.3	2.7
洪都拉斯	—	55.7	52.3	—	—	—	19.4	20.0	—	—
墨西哥	—	35.5	—	37.4	—	—	7.7	—	9.2	—
巴拿马	15.6	14.6	14.6	—	—	6.9	6.8	6.6	—	—
巴拉圭	21.6	19.5	19.4	22.3	2.9	6.0	6.5	6.2	6.0	-0.2
秘鲁	18.9	16.8	15.4	28.4	13	5.0	3.7	3.0	8.6	5.6
多米尼加	23.5	20.9	19.0	21.8	2.8	5.7	4.6	3.9	5.6	1.7
乌拉圭	2.6	2.9	3.0	5.0	2	0.1	0.1	0.1	0.3	0.2

续表

国家	各国的官方估计									
	贫困					赤贫				
	2017 年	2018 年	2019 年	2020 年	2020 年较2019 年变化	2017 年	2018 年	2019 年	2020 年	2020 年较2019 年变化
阿根廷[b]	4.8	6.7	8.0	10.5	2.5	25.7	32.0	35.5	42.0	6.5
玻利维亚	18.4	15.3	12.9	13.7	0.8	42.2	39.9	37.2	39.0	1.8
巴西[c]	6.4	6.5	6.5	—	—	26.0	25.3	24.7	—	—
智利	2.3	—	—	4.3	—	8.6	—	—	10.8	—
哥伦比亚	8.4	8.2	9.6	15.1	5.5	35.2	34.7	35.7	42.5	6.8
哥斯达黎加[d]	5.7	6.3	5.8	7.0	1.2	20.0	21.1	21.0	26.2	5.2
厄瓜多尔	7.9	8.4	8.9	15.4	6.5	21.5	23.2	25.0	33.0	8
萨尔瓦多[d]	6.2	5.7	4.5	8.6	4.1	29.2	26.3	22.8	26.2	3.4
洪都拉斯[d]	40.7	38.7	36.7	—	—	64.3	61.9	59.3	—	—
墨西哥[e]	—	14.0	—	17.2	—	—	49.9	—	52.8	—
巴拿马	9.8	9.9	·10.0	—	—	20.7	21.4	21.5	—	—
巴拉圭	4.4	4.8	4.0	3.9	-0.1	26.4	24.2	23.5	26.9	3.4
秘鲁	3.8	2.8	2.9	5.1	2.2	21.7	20.5	20.2	30.1	9.9
多米尼加	3.8	2.9	2.7	3.5	0.8	25.6	22.8	21.0	23.4	2.4
乌拉圭	0.1	0.1	0.1	0.4	0.3	7.9	8.1	8.8	11.6	2.8

注：a. 拉美经济委员会从 2017 年起提供贫困估计数的国家；b. 拉美经济委员会的估计是每年下半年城市地区的数据；c. 巴西没有官方贫困估计数，数据来源于巴西地理和统计局的估计数；d. 国家以家庭百分比报告数据；e. 墨西哥的官方数据为对贫困的多维衡量。

资料来源：ECLAC, *Social Panorama of Latin America 2021*, United Nations, 2022。

附表 12　中拉贸易统计（2017～2021 年）

单位：万美元

国家和地区	2017 年			2018 年			2019 年			2020 年			2021 年		
	进出口额	出口额	进口额	进出口额	出口额	进口额	进出口额	出口额	进口额	进出口额	出口额	进口额	进出口额	出口额	进口额
全球	4107138	2263345	1843793	4622415	2486682	2135734	4577891	2499482	2078409	4655913	258995	2065962	605022000	336306900	268715100
拉丁美洲	25859012	13081617	12777394	30717170	14877758	15839412	31762306	15198283	16564023	32012042	15070870	16941172	45159062	22900893	22258169
安提瓜和巴布达	4488	4487	1	5541	5536	5	7201	7194	7	9135	9132	3	11293	11026	267
阿根廷	1382144	906721	475423	1193523	841807	351715	1427513	688415	739098	1389827	708381	681446	1782974	1068981	713992
巴哈马	29950	27849	2101	49291	48003	1288	43406	35547	7859	35076	27783	7293	49218	47492	1726
巴巴多斯	13257	10780	2477	15801	13673	2128	17640	15614	2026	9426	7910	1516	25402	23878	1525
伯利兹	8766	8725	41	9292	9267	26	11698	11683	15	10430	10386	44	17593	17588	5
玻利维亚	108375	72917	35458	116587	83617	32970	117630	85415	32215	97899	68778	29121	164030	99252	64778
巴西	8780769	2895054	5885716	11123439	3366487	7756952	11550161	3553906	7996255	12047100	3495378	8551722	16406319	5361409	11044910
智利	3558538	1440985	2117553	4260434	1587363	2673071	4094104	1471184	2622920	4526854	1533653	2993201	6580804	2629800	3951004
哥伦比亚	1132519	743975	388544	1460560	871765	588795	1564243	923415	640828	1365654	932052	433602	1995801	1435547	560254
多米尼克	4984	4913	71	3462	3450	12	3423	3375	48	2166	2106	60	3610	3466	143
哥斯达黎加	228670	149508	79162	243995	166273	77722	224389	152133	72256	220429	153568	66861	307090	225541	81549
古巴	175503	135704	39799	155592	107554	48038	128364	79093	49271	95330	48329	47001	102178	57590	44588
多米尼加	187054	170295	16759	228851	210838	18013	284476	239043	45433	279326	249396	29930	434932	400245	34687
厄瓜多尔	409095	296321	112774	570653	371783	198870	727080	362857	364223	757308	325233	432076	1094586	548358	546228
格林纳达	1071	1070	1.2	1315	1315	0.3	1459	1459	0.2	1545	1541	4.4	2047	2045	2

续表

国家和地区	2017 年			2018 年			2019 年			2020 年			2021 年		
	进出口额	出口额	进口额	进出口额	出口额	进口额	进出口额	出口额	进口额	进出口额	出口额	进口额	进出口额	出口额	进口额
危地马拉	206624	195940	10684	241946	233289	8657	259773	239967	19806	273961	247251	26710	435177	390430	44747
圭亚那	22703	18864	3839	26512	22203	4308	31890	27291	4599	57433	26547	30886	71024	39033	31991
海地	54018	53257	761	62340	61590	750	56533	56083	449	71230	70927	303	80005	79572	433
洪都拉斯	86876	84482	2394	103600	98773	4827	97225	94046	3179	96883	92287	4595	161920	158508	3413
牙买加	56466	51657	4809	65964	58332	7632	70029	67070	2958	66239	63046	3193	81607	80994	613
墨西哥	4770863	3590539	1180324	5801883	4400992	1400891	6071670	4638216	1433454	6104548	4482790	1621758	8659822	6744236	1915586
尼加拉瓜	65254	62414	2840	57971	47400	10572	54763	50207	4555	50540	48644	1896	81954	79431	2523
巴拿马	668900	662697	6203	702190	694013	8176	839653	794450	45203	926307	879365	46942	1134365	1018009	116356
巴拉圭	159359	156056	3302	171121	167105	4017	144846	143212	1635	123084	121693	1391	183511	178073	5439
秘鲁	2032624	695887	1336737	2297899	806469	1491430	2370868	851308	1519560	2360122	886574	1473547	3731316	1330267	2401049
圣卢西亚	1597	1592	6	1892	1886	6	2175	2156	19	2341	2335	6	2555	2542	13
圣文森特和格林纳丁斯	4253	4209	44	3720	3696	23	2129	2129	0	1020	1019	1	3289	3289	0
萨尔瓦多	88892	77255	11637	109161	92722	16439	111456	100125	11331	111003	93825	17178	173007	151121	21885
苏里南	20379	17755	2624	26789	21486	5303	28804	23453	5351	28243	22133	6110	31860	27674	4186
特立尼达和多巴哥	61222	42989	18233	73256	34713	38543	103267	36350	66917	67603	34120	33483	107194	42465	64729
乌拉圭	480174	215152	265022	462065	206443	255623	491670	194899	296771	407037	170305	236732	648058	285806	362252
委内瑞拉	896633	174641	721992	857719	114579	743140	640041	154008	486033	205308	151884	53424	318459	218626	99833
圣其茨和尼维斯	939	869	70	1256	1154	102	1008	971	36	1391	1348	42	1391	1324	67

资料来源：2017~2020 年数据来自中国统计出版社出版的《中国统计年鉴》（2018~2021 年）；2021 年数据来自中国海关总署。

Abstract

The *Annual Report of Latin America and the Caribbean* (2021 - 2022) systematically examines the changing dynamics in the politics, economy, society, and international relations in Latin America and the Caribbean (LAC) . It summarizes the new phenomena and new characteristics of the development of LAC countries, analyzes their causes, and evaluates their trends. The changes in the region can be characterized by four prominent features: the aggravation of ideological polarization and political fragmentation, the fragility and uncertainty of economic recovery, the challenges of people falling back to poverty, and LAC countries'growing sense of strategic autonomy accompanied with the slow progress in regional cooperation. The COVID-19 pandemic was still an important factor affecting the politics, economy, society, and international relations of the LAC region.

Most LAC countries faced political challenges including growing difficulties in governing and increasing political volatility. The region entered a "left turn" political cycle. In 2021, during the elections in Ecuador, Peru, Nicaragua, Chile, and Honduras, different political forces further split and regrouped, and ideological polarization as well as political fragmentation worsened. In 2022, the Latin America's left continued to expand its influence. Colombia had its first left-wing president. The left-wing candidate in Brazil also won the general elections. A new wave of left-wing governments began to sweep Latin America. The rise of the far left, which advocates imposing restrictions on mining and developing the green economy, and the far right, which advocates building neoliberal economic institutions, imply a change in the development models in some countries.

In 2021, the region's economy achieved a so-called compensatory growth.

Nevertheless, due to high inflation, deficits in the current and capital accounts, and excessive debt, the macroeconomic policy space further shrank and governments faced increasingly complex and hard policy tradeoffs. These challenges reflect the fragility and uncertainty of the current economic recovery. Looking ahead to 2022, LAC economies still face serious challenges and high uncertainty. The pandemic, the crisis in Ukraine, the liquidity of international financial markets, and the fluctuation of commodity prices constitute the external factors affecting the region's economic development. Meanwhile, the changing political dynamics in some Latin American countries and the structural reforms aimed at improving productivity will determine their medium and long-term growth prospects.

In terms of the social issues, it is difficult to recover the development accomplishments lost during the pandemic in the short term. In 2021, vaccines became an important tool for countries to fight the pandemic. Although economic inequality was not significantly reduced in 2021, the recovery of the economy and labor markets halted its worsening trend. The downward social mobility also slowed down. The increase in the extreme poverty rate and the hunger problem it caused reflect a reversal trend in poverty reduction. The disruption and delay of education due to the pandemic was likely to harm human capital in the medium and long term. The migrant crisis at the Mexico–U. S. border occurred again, but the immigration policy adjustments made by the U. S. government did not help resolve the crisis.

Regional diplomacy experienced a profound change. A sense of strategic autonomy grew among Latin American countries. Vaccine diplomacy, mainly in the form of cooperation and assistance, has become LAC countries' foreign policy priorities. Regional cooperation struggled to move forward. Though the regional integration process has picked up some momentum, there was still a lack of cohesion.

China–Latin America cooperation continued to progress efficiently. Economic and trade cooperation remained the ballast of bilateral relations. Both sides made new breakthroughs in the "Belt and Road" cooperation. The Global Development Initiative has become the core idea behind China's planning for the

next phase of China-Latin America relations.

The main theme of this year's special reports is national security, including three reports on energy security, financial security, and cyber security. The pace of LAC countries' energy transition has accelerated. Latin America's international energy partners have become increasingly diversified. The region's energy cooperation with the U. S. , Europe, and Asian countries have consolidated. As the global inflationary pressure accumulates, the Federal Reserve tightens up its monetary policy, the global supply chains become more unstable, and the new technological revolution creates a huge "digital divide", LAC countries are facing greater risks in the areas of sovereign debt, capital flows, and equity markets. Countries in the region have achieved great success in improving their cybersecurity, by conducting strategic planning, boosting response capabilities, and strengthening cooperation. Nevertheless, the region as a whole still faces many challenges, such as lacking regional cybersecurity strategies, big differences in the strategies and regulations of different countries, and insufficient response capabilities.

Keywords: Latin America and the Caribbean; Political Cycle; Economic Recovery; Social Situation; Sense of Strategic Autonomy

Contents

I General Report

Y . 1   Latin America and the Caribbean in 2021 – 2022：

Difficulties and Changes Overlapped, Different Priorities of

Major Powers to the Region   *Zhou Zhiwei* / 001

Abstract： The COVID − 19 epidemic is still the core factor affecting the
political, economic, social and diplomatic situation of Latin America. Owing to
this reason, Latin America countries are generally encountering with challenges,
such as the rising difficulties of governance, the intensification of political fluctuations.
The political cycle is shown as "returning to the left", due to the interference of
the epidemic. At the same time, the game between left and right political forces,
and the rise of emerging political forces, may also breed a new round of political
changes. Although the economy has shown a compensatory rebound, problems
such as high inflation, double deficits, high indebtedness, and the dilemma of
fiscal and monetary policies, reflect definitely the vulnerability and uncertainty of
the current economic recovery in Latin America. The continuous downturn of the
labor market, makes the poverty-returning phenomenon been a realistic challenge
for Latin American region. Due to the weakening of the Relief Policies, the social
structure shows a more obvious downward mobility trend, and the polarization
between the rich and the poor may worsen in the medium and short term. The
complexity of Latin American diplomacy has also increased. Although the vitality of

regional integration has warmed up, the regional cohesion has not been fundamentally improved. The rhythm of U. S. -Latin America relations has accelerated, but the U. S. 's exclusive policy orientation has not received the expected response in Latin America. The European Union, Russia and Japan have great differences in their policy priorities in Latin America, especially Japan, whose polices to Latin America, has more exclusive contents than before. However, China-Latin America cooperation continues to follow an efficient rhythm. While achieving a series of breakthroughs, the "Global Development Initiative" has also become the core idea for China to plan China-Latin America relations, in the next stage.

Keywords: Latin America and the Caribbean; Vulnerable Recovery; Social Inequality; Regional Cohesion; Global Development Initiative

II　Sub-Report

Y. 2　Political Situation of Lain America in 2021−2022:

The Left Wing Tide Is Rising Again　　*Yang Jianmin* / 026

Abstract: In 2021, a number of Latin American countries held elections. The elections in some countries only have the nature of ruling in turn. However, the elections in some countries are brewing a change in their own development model. They advocate the emergence of the extreme left wing that restricts mining industry and green economy and the extreme right wing that advocates liberal economy. The left wing in Latin America is divided domestically and United internationally to continue to expand development space, However, the phenomenon of ideological polarization and political fragmentation in Latin American countries has intensified. It is worth noting that the "Left" and "Right" in Latin American countries' politics pursue different development models to a certain extent. In 2022, the left wing has made history in Colombia's general election, breaking the situation that the right wing has been in power for a long time. In Brazil, the largest country in Latin America, the left wing returned and Lula was elected president, which may have a far-reaching impact on the U. S-Latin American relations and Sino-Latin American relations.

Keywords: Latin America and the Caribbean; Political Situation; Development Model; General Election; Left Wing

Y. 3　Latin America and the Caribbean Economy in 2021−2022:
　　 Rebound from Bottom in Short-term, Weak Growth
　　 in Medium-term　　　　　　　　　　*Zhang Yong* / 040

Abstract: Based on the base effect and policy support, the economy of Latin America and the Caribbean achieved " compensatory " growth in 2021. However, this economic growth is a fragile recovery. Because inflation continues to rise and unemployment remains serious. The fiscal deficit has eased, but the current account is back in deficit. The levels of public debt and external debt have remained high. Macroeconomic policy space is shrinking, and the complexity and difficulty of policy trade-offs are increasing. Looking forward to 2022, the uncertainty is high. The epidemic, the Ukraine Crisis, the liquidity of international financial markets and the trend of commodity prices constitute external factors affecting the economy of the region, while the general elections in Brazil, Colombia and other countries and the progress of structural reforms aimed at improving productivity will affect the medium and long-term growth prospects. Based on this, the economy of region is facing a severe test.

Keywords: Latin America and the Caribbean; Economic Growth; Fragile Recovery

拉美黄皮书

Y.4 Social Situation in Latin America in 2021−2022: Unequal Vaccine Distribution, Resurgent Migration Crisis

Lin Hua / 056

Abstract: In 2021, Latin America and the Caribbean were still unable to get rid of the pandemic COVID−19. Although the regional economy recovered, the development gains lost in the social field due to the pandemic were difficult to recover in the short term. Vaccines have become an important reliance for countries to fight against pandemic. The vaccination process in Latin American countries has been affected by their own low R&D capacity, high dependence on extraterritorial vaccines, uneven global distribution of vaccines, low attention to vulnerable groups, insufficient government disposable resources and other factors. Vaccination rates were low in some countries. The shrinking of government social subsidies and rising inflation weakened real purchasing power and offset the positive impact of the slow recovery of labor markets on income and employment, resulting in continued difficulties in the combating poverty and promoting equal income distribution in Latin America. The increase in the number of people living in extreme poverty and the resulting hunger problem were important manifestations of the retrogression in the poverty reduction. The interruption or delay of education caused by the pandemic may have a medium and long-term and irreversible impact on human capital and damage the income capacity and development opportunities of the future generation of labor force. The resurgence of the migration crisis at the Mexican-American border has not been unrelated to the negative impact of the pandemic on the economic and social development of Latin American countries. Adjustments in U.S. immigration policies have not been helpful to resolve the crisis.

Keywords: Latin America and the Caribbean; Vulnerable Group; Anti-poverty; Human Capital; Migration

Contents ↖↘

Y. 5   International Relations in Latin America, 2021−2022:

The Adjustment of Regional Diplomacy   *Chen Yuanting* / 075

Abstract: In 2021, Major changes have taken place in the regional diplomatic agenda, Vaccine diplomacy in the form of cooperation and assistance has become the focus of Latin American countries' foreign exchanges. The major changes in the diplomatic agenda of the U. S. government have a direct impact on the turning of the diplomatic agenda of Latin American countries. Regional cooperation is moving forward with difficulty. The CELAC plays a leading role in the regional integration, the problems of the Mercosur continue to grow because of disputes between its various member-states, and the Pacific Alliance is looking for friends in the Asia Pacific region. In 2022, we need to pay attention to the development of U. S. − Latin America relations, and the tendency of Latin America's Strategic Autonomy.

Keywords: Latin America and the Caribbean; U. S. -Latin America Relations; Regional Cooperation; Strategic Autonomy

Ⅲ   Special Report

Y. 6   The Energy Security in Latin America: Energy Transition

Trend and Challenges   *Sun Hongbo* / 084

Abstract: Latin America has abundant energy resource that can be fully explored to guarantee the energy security in this region. There is no absolute energy security problems in the whole region, but some individual countries and such as the Caribbean and Central American sub-regions have relative energy security risks for season reasons, among which electricity supply security has been a long-time problem. In recent years, the energy transition in Latin America has been accelerated by the solar and wind electricity generation, whose occupation has increased in the percentage of the primary energy consumption in the whole region. The

international energy cooperation of Latin American countries has been diversified and strengthened with the United States, European countries and some emerging economies from Asia like China and India, which have play an important role in improving the energy security in Latin America. It is important to stress that the deep regional energy integration can also improve the energy security in Latin America. China—Latin American energy cooperation has made great leap-forward development in the past two decades, which has made great contribution to the energy security in this region and promoted the energy transition and green development.

Keywords: Energy Security; Energy Transition; Renewable Energy Resource; Climate Change; Energy Cooperation

Y.7 International Financial Security of Latin American and the Caribbean Countries Facing Multiple Shocks *Wang Fei* / 101

Abstract: The adverse impact of the COVID-19 and the Ukraine Crisis conflict is shaping the new pattern of the world economy, which has a big impact on international financial security. Global changes are likely to trigger a new round of global financial crisis and large-scale economic recession. For Latin American and Caribbean countries that are vulnerable to external factors, they have long been constrained by factors that threaten international financial security, such as debt, exchange rate, capital flow, and financial sanctions. After the outbreak of the COVID-19, Latin American and the Caribbean countries are facing greater risks in debt, capital flow, and the stock market, and these countries have also taken certain measures. With the intensification of global inflationary pressures, the further tightening of the Federal Reserve's monetary policy, the breakdown of the global supply chain, and the intensification of the "digital gap" brought about by the new technological revolution, the international financial risks faced by Latin American and the Caribbean countries may further increase.

Keywords: International Financial Security; Capital Flow; Interest Rates Increase of FED; Monetary Policy

Ɣ.8   Cybersecurity in Latin America   *Zhao Zhongyang* / 116

Abstract: Latin America is one of the region with the fastest growing Internet in the world, and therefore faces serious cyberthreats. In recent years, Latin American countries have been committed to improving their cybersecurity by developing cybersecurity strategies and laws and regulations, improving the ability to respond and cope with cyberthreats, and strengthening cooperation capacities. Although they have achieved great results, they still face problems such as the lack of regional cybersecurity strategy, great differences in cybersecurity laws and regulations, and insufficient response and cooperation ability. Both China and Latin American countries face severe challenges in cybersecurity issues, have similar demands on global cybersecurity governance, and already have some basis for cybersecurity cooperation. The two sides can promote multi-level and multi-field pragmatic cooperation on cybersecurity within the frameworks of the China-CELAC Forum and the Belt and Road Initiative.

Keywords: Latin America and the Caribbean; Cybersecurity; Cybersecurity Governance

Ⅳ   National and Regional Report

Ɣ.9   Brazil: Intensified Political Confrontation and Restorative

Economic Growth   *He Luyang* / 131

Abstract: In 2021, the Bolsonaro government increased its reliance on the political forces of the Centrão through cabinet adjustment, stabilized the relationship between the government and the court, fought with the judiciary around the electoral system, and consolidated support through social mobilization. Driven by the rising prices in the international market and the promotion of vaccination, Brazil's economy has achieved a restorative growth, but inflation has increased and

the gap between the rich and the poor has further widened. China-Brazil Relations have developed steadily, while Brazil has strengthened cooperation with the U. S. on environmental and security issues.

Keywords: Brazil; Political Dispute; General Election

Y. 10   Mexico: President Kicked off Second Half of His Term

Amid Challenge   *Yang Zhimin* / 145

Abstract: In 2021, Mexico held the midterm election and a referendum of confidence in the presidential term, and president López Obrador opened the second half of his term. Mexico's GDP in 2021 increased by 5. 8%. The data of the first two quarters of 2022 showed that the economy showed a rapid recovery. It will be an important agenda of Mexican government to continue to deal with the epidemic and combat corruption, crime and poverty. Since 2021, Mexico-U. S. relations have been restored in an orderly manner, Sino-Mexico relations have entered a new stage of development.

Keywords: Mexico; Midterm Election; Referendum; The United States of America

Y. 11   Argentina: Higher Economic Growth and Bigger

Governing Challenges   *Guo Cunhai* / 157

Abstract: In 2021, Argentina significantly improved its economic and social situations, but was facing greater governing challenges. Politically, the ruling coalition lost the midterm elections, losing control of the Senate, which will undoubtedly create obstacles for the federal government to implement necessary reforms. President Fernández also has to face two major political challenges: the risks of split of Frente de Todos and the rise of far-right conservatives. In fact, after consecutive three-year recessions, Argentina witnessed its first economic growth, reaching the highest record since 2014. The growth is mainly driven by the increasing consumption and expanding export. However, high fiscal deficit, fluctuated exchange rate, overburdened foreign debt and soaring inflation are still challenging the prospect of economic recovery in 2022. Thanks to the rapid economic recovery, both poverty and extreme poverty decreased greatly. Meanwhile, the rapid growth also stimulated the dynamics of labor market, reducing the unemployment while promoting the employment significantly. However, the recurrence of COVID−19 pandemic has seriously affected Argentine society, and the inefficiency of epidemic control ignited social discontent. In terms of foreign relations, Argentina sustained its well-balanced, diversified and pragmatic policy. While maintaining its traditional friendship with the West, Argentina strengthened its cooperation with moderate-left Mexico in order to promote and support the return of Latin American left and the unity of the whole continent.

Keywords: Argentina; Economic Recovery; Midterm Elections; Diplomatic Diversity

Y.12 Cuba: New Generation of Leadership in Power, Economy Struggling to Recover *Fan Lei* / 170

Abstract: In 2021, the 8th National Congress of the Communist Party of Cuba was held, and new generation of leadership successfully took over the leadership of the country. The corona virus pandemic, economic hardship and materials shortage under the U. S. embargo policy, and the economic chaos suffered in the early days of currency and exchange rate unification pose serious challenges to political stability. Due to the U. S. embargo policy and the rebound of the epidemic, the tourism, the pillar of Cuban economy, is difficult to recover, the economic growth is slow, and the government accelerates the "update" process. The materials shortage has become prominent under the epidemic, and the currency and exchange rate unification has brought high inflation and social

instability, which make the government under more pressure. Cuba has continued its diplomatic diversification. The relationship with U. S. remains tense, but Cuba maintains traditional friendship with China, gets closer with Russia, and develops steadily the relationship with other Western countries.

Keywords: Cuba; Economic Recovery; Social Situation

Y . 13 Venezuela: Difficult Recovery in the Post-pandemic Era

Li Haomin / 186

Abstract: In 2021, Important progress has been made in the peace talks between the government and the opposition, and the political crisis is expected to be resolved. Maduro's ruling party won local elections by a large margin. Meanwhile, the opposition coalition led by Juan Guaidó is in tatters. Under the impact of the epidemic, the Venezuelan economy experiences negative growth for the eighth consecutive year in 2021. Although inflation has eased, structural reforms have not yet occurred. U. S. economic sanctions have made the country's crude oil produc tion and sales face enormous challenges. The economic recession has worsened the social situation, and the problems of poverty and violence have become more acute. In the field of foreign relations, with the recovery of the Latin American left, the diplomatic pressure faced by the country has gradually eased, and the U. S. policy of isolation and sanctions has reached a deadlock.

Keywords: Venezuela; Maduro; Economic Recession; Social Situation

Y . 14 Chile: Emerging Political Forces Break the Traditional Bipartisan Pattern

Lu Siheng / 194

Abstract: In 2021, the political division in Chile's presidential election was serious, and Boric, a left-wing candidate as an emerging political force, was finally elected, breaking the traditional bipartisan pattern of three decades. Benefiting from the package of economic incentives and social plans implemented by the government, Chile's macro-economy has shown strong growth and the employment situation has improved significantly after experiencing a severe recession, but the inflationary pressure has intensified and the economy is facing the risk of overheating. Pension reform continued to advance, and the third withdrawal bill was passed. Vaccination rates are leading in Latin America. The cooperation between China and Chile has been continuously deepened, and after the election of the new left-wing president of Chile, bilateral relations have attracted attention.

Keywords: Chile; Presidential Election; Economic Recovery; Pension Reform

Y. 15 Colombia: Gradually Recovering Economy

Zhao Zhongyang / 207

Abstract: In 2021, Colombia began the campaign process of 2022 presidential and parliamentary elections. Left-wing candidate Gustavo Petro led the public opinion support significantly and won the election in 2022. The GDP surpassed its pre-pandemic level in the second half of 2021 after experiencing a great recession in 2020. The government continued to take measures to combat the epidemic, and the domestic peace process had been slow to advance. Its relations with China had developed steadily, and it continued to maintain close ties with the United States. Its relations with Haiti had experienced frictions. Climate diplomacy had become a highlight of Colombia's foreign relations in 2021.

Keywords: Colombia; Economic Recovery; Peace Process; Climate Diplomacy

拉美黄皮书

Y. 16　Peru: New President Coexists with Old Problems

Zheng Meng / 218

Abstract: In 2021, Peru's political turmoil continued. The new president, being intent on reform, is hobbled by a lack of political experience and govern ance. He faces a significant risk of falling popularity and being impeached by opposition parties in parliament. In the context of multiple rounds of global COVID - 19 outbreak and uneven recovery of the world economy, Peru's macroeconomic fundamentals remain good and recovery growth has been achieved. However, due to the sharp fluctuations in international commodity prices, the central bank has to tighten monetary policy to alleviate the large imported inflation pressure. Peru's labor market, while improving from 2020, is still not at pre-pandemic levels. At the same time, the contradiction between the government and the mining area intensified. It seriously damaged the domestic mining investment environment and hit the confidence of international capital investment. As China and Peru marked the 50th anniversary of the establishment of diplomatic ties, positive results have been achieved in political mutual trust, economic and trade mutual benefit and joint fight against the epidemic. Further breakthroughs have been made in Peru's regional cooperation.

Keywords: Peru; Cabinet Reshuffle; Inflation; Social Unrest

Y. 17　Bolivia: Increasing Political Polarization and Slow

Economic Recovery　　　　　　　　　　*Song Xia / 230*

Abstract: During 2021, the first year of Luis Arce of the left-wing Movimiento al Socialismo (MAS) party took office as President, conflicts within the ruling party and between the ruling party and the opposition parties intensified and the political polarization increased, although MAS still held a majority in the legislature. The policy reform launched by Arce early in his presidency was met with difficulties and there seemed little policy room for him to do so. Bolivia's economic situation in 2021 was better than that in 2020, with a slow recovery and positive growth in both GDP and GDP per capita, but with insufficient capacity and low quality of growth in major sectors of the economy. Bolivia's social policy in 2021 was dominated by vaccination programme and bail-out measures. The Arce administration pursued a moderate and pragmatic strategy in the diplomatic field, restoring and maintaining friendly relations with traditional allies, advocating in the international arena a new model of green development and eco-integration cooperation with great respects to "Pachamama".

Keywords: Bolivia; Political Polarization; Economic Recovery

Y.18 Ecuador: The Right-wing Government Accelerated Trade Liberalization *Fang Xufei* / 242

Abstract: In 2021, Guillermo Lasso was elected president, and took office on May 25. The severe fragmentation of political parties hinders the progress of the government's policy agenda. The economy recovered slowly this year, oil revenues grew substantially, and fiscal deficits were significantly reduced. Rampant drug trafficking has led to a deterioration in domestic security situation. In the field of external relations, Lasso government emphasizes globalization, free trade and multilateralism, accelerates the process of joining the Pacific Alliance, and actively seeks to join the Comprehensive and Progressive Agreement for Trans – Pacific Partnership.

Keywords: Ecuador; General Election; Social Situation; Trade Liberalization

Y.19 Uruguay: Actively Fight the Covid-19 Epidemic, Advance

Reform and Make Efforts in Diplomatic Breakthroughs

He Shuangrong / 252

Abstract: The main political agenda of the Lacalle government is to implement the comprehensive reform bill passed in July 2020. But resistance to reform comes not only from left-wing opposition, but also from within the ruling coalition. Driven by exports, investment and consumption, the economy recovered from the great recession of last year, while maintaining macroeconomic basic stability. In order to deal with the impact of the COVID-19 epidemic, the government has implemented a series of supportive policies to boost the economy and maintain the social stability. With rapid vaccination, the Lacalle government contained the COVID-19 situation worsened in the first half of the year. In field of foreign policy, the Lacalle government has actively promoted Mercosur reform to make its members separately negotiate FTA more flexible, and start negotiations FTA with China and other countries outside of Mercosur.

Keywords: Uruguay; Ley de Urgente Consideración; Free Trade Agreement; Mercosur

Y.20 Paraguay: The Economy Has Recovered, and the

Ruling Party Still Won the Local Elections   *Wang Song / 259*

Abstract: In 2021, Paraguay's ruling party won the local elections thanks to good economic performance in the pre-election months. Driven by a recovery in global market demand and widespread COVID-19 vaccination, the economy achieved a yearly growth rate of 4.6%, reversing the negative growth of the past two years. The investment and trade growth rates were gratifying, but inflationary pressures rose. Social problems, such as inequality, poverty, and organized crime, remained prominent, and social protests occurred frequently. Paraguay has good relations with Mercosur members and actively resolves differences through dialogue. It has maintained close cooperative relations with the United States.

Keywords: Paraguay; Economic Recovery; Local Elections; Social Problems

Y . 21　Costa Rica: Vaccinations Guarantee Economic Recovery

Xu Rui / 268

Abstract: In 2021, all parties in Costa Rica are preparing for the next year's general election. The National Liberation Party candidate Figueres is temporarily leading. Anti-corruption and competition for the remaining votes are the focus of attention. In terms of economy, economic growth is strong, the financial and banking industries are stable, and core industries are recovering, but the recovery of the tourism industry is full of variables; the trade deficit and fiscal deficit are declining, but the increase in government rigid public expenditure threatens fiscal stability. In terms of society, poverty and unemployment rates have fallen, and insufficient vaccine supply has dragged down vaccination rates. In terms of external relations, Costa Rica officially became a member of the Organization for Economic Cooperation and Development, and at the same time called on the international community to pay attention to the Haitian refugee issue.

Keywords: Costa Rica; Presidential Election; Economic Recovery; Vaccination

Y . 22　Nicaragua: Ortega Wins Fourth Term in Election

Li Han / 276

Abstract: In 2021, Nicaragua held national elections and Daniel Ortega was elected president for a fourth consecutive term. The legitimacy of the election results was questioned and the Ortega government has faced domestic and

international pressure. Nicaragua's economy rebounded in 2021 due to increased exports from recovering international demand and a rebound in international market prices. Nicaragua has made remarkable achievements in the area of education, health, infrastructure, and sanitation. Nicaragua's foreign policy focused on deepening diplomatic ties with the Bolivarian Alliance, Central American Integration System. Its relationship with the U. S. remains tense.

Keywords: Nicaragua; General Election; Econmic Recovery

Y . 23 Honduras: Elections Was Held Smoothly, Economy

Has Recovered and Growed *Han Han* / 284

Abstract: In 2021, Honduras has a smooth president eclection. The left-wing party Freedom and Reconstruction Party came to power for the first time in 20 years, but it faced many challenges: the complex relationship within the ruling party and the increasingly obvious contradictions between parties. Honduras economy in 2021 had a strong recovery with a fast growth. Affected by the double blow of the COVID−19 epidemic and natural disasters, the national economy is under great upward pressure. Fluctuations in remittance income and rising unemployment have exacerbated social problems such as poverty and public security. Honduras-U. S. relations will be strengthened with a new Honduras government. In the multiple relations, Honduras is making use of the cooperation with the international and regional institutions to improve the relations both with the countries in and outside the region.

Keywords: Honduras; President Election; Economic Recovery; Immigrant Problem; Honduras-U. S. Relations

Contents ↖

Y.24 El Salvador: Bitcoin Was Adopted as the Legal Currency

Liu Fanping / 293

Abstract: In 2021, El Salvador's traditional political parties were marginalized. The ruling party, led by President Nayib Bukele, gained an absolute majority of 56 seats in the legislative election. El Salvador passed the Bitcoin Act, which is the first in the world to adopt Bitcoin as the legal currency. As El Salvador eased measures to control the COVID−19 epidemic, economic growth recovered, and consequentially the huge fiscal deficit decreased. However, public finances remain poor. In terms of the social situation, El Salador is stable on the whole despite the outbreak of local riots. In terms of diplomacy, in 2021, El Salvador's relationship with China gradually warmed up while the contradiction between El Salvador and the US increased.

Keywords: El Salador; Bitcoin Legalization; Economic Recovery; Foreign Relations

Y.25 Guatemala: Judicial Independence Weakened,

Anti-Corruption Efforts Disrupted *Xiao Yu* / 301

Abstract: In 2021, judicial independence in Guatemala was severely weakened. In the short term, social instability and party fragmentation are expected to continue. The Guatemalan economy has been recovering, with a shrinking budget deficit and expanding foreign trade. Guatemala has not been managing the COVID−19 situation well. Its vaccine rollout lags behind most Latin American countries. The U. S. -Guatemala relations have improved, but anti-corruption becomes the issue causing tension between the two countries.

Keywords: Guatemala; Judicial Independence; Economic Recovery; U. S. -Guatemala Relations

拉美黄皮书

Y.26　Panama：Economic Recovery But the Society Worries

Wang Shuai / 310

Abstract： In 2021, with president Cortizo's limited political capacities, his support rate has fallen, and people's dissatisfication is increasing with the pandemic control, corruption, governing nontransparency and insufficient fulfilment of campaign promises. The government's governance capacity has weakened. In 2021, Panama's economy had a strong recovery. As the pandemic weakens, the government gradually relaxes the restriction of economic activities, and try to restart the economy through active financing. However, public insecurity is worrying, with increasing murder, organized crime and worse drug trafficking. Declining living standards and rising poverty rates result in frequent social protests and strikes. The government promoted its diplomatic activities and paid more attention to the United States. At the same time, Panama has diversitified its diplomacy.

Keywords： Panama; Economic Recovery; Public Security; Pragmatic Diplomacy

Y.27　Dominican Republic：Smooth Governance, Strong Economic Recovery

Shi Peiran / 319

Abstract： 2021 marks the second year of PRM's Abinader administration. The Dominican Republic has seen a strong economic recovery, with one of the highest economic growth rates in the region. However, high inflation and contracted fiscal policy also created uncertainty on the sustainability of the rebound. The new government has made an anti-corruption campaign as its political priority, accompanied with investigations on several former and current government officials. On the social front, the new government has introduced a new social security program named

Supérate, with significantly higher benefits but lower coverage. The United States and Haiti remain the diplomatic priority of the country, and the deterioration of relations with Haiti might exacerbate the bilateral conflict.

Keywords: Dominican Republic; Anti-corruption; Economic Recovery; Supérate

Y. 28   Haiti: Political Instability Intensifies and Economic

Recovery is Endless   *Liu Tianlai / 327*

Abstract: In 2021, the situation in Haiti was extremely volatile. The assassination of president Moise has left Haiti's political struggle highly acrimonious, and the acting government is weak and unstable. Haiti's economy remains weak, with no recovery in sight. The social security situation has never been more severe, and the government is unable to deal with the COVID − 19 epidemic. Haiti's dependence on the United States has deepened, and relations with Dominica remain strained.

Keywords: Haiti; Acting Government; Economic Weakness; Social Situation

Y. 29   The Caribbean: The Economy is under Pressure on

Many Fronts, Vaccination Rates Are Worrying

Guo Lingwei / 336

Abstract: The political environment in the Caribbean countries is stable in 2021. General elections were held in both St. Lucia and the Bahamas, with the opposition parties winning without causing political volatility. In addition, Barbados became a republic, further boosting popularity of current government. However, the regional economic recovery is sluggish, becoming the slowest

growing region in Latin America and the Caribbean, facing multiple pressures of inflation and double account deficits, and deteriorating terms of trade in many countries as well. The unfavorable economic situation has contributed to social tensions and high crime rates, but the government is unable to make effective improvements in the short term. And the severe under-vaccination rate of the COVID-19 vaccine is a further drag on economic development and social stability. On the diplomatic front, the Caribbean countries emphasize regional integration and prioritize bilateral cooperation, but territorial disputes between some countries and their neighbors remain unresolved.

Keywords: The Caribbean; Economic Recovery; Social Security; Regional Cooperation

Ⅴ   Appendix   Economic Statistics

Y.30   Appendix 1-12   *Zheng Meng* / 348

社会科学文献出版社

皮 书

智库成果出版与传播平台

❖ 皮书定义 ❖

皮书是对中国与世界发展状况和热点问题进行年度监测，以专业的角度、专家的视野和实证研究方法，针对某一领域或区域现状与发展态势展开分析和预测，具备前沿性、原创性、实证性、连续性、时效性等特点的公开出版物，由一系列权威研究报告组成。

❖ 皮书作者 ❖

皮书系列报告作者以国内外一流研究机构、知名高校等重点智库的研究人员为主，多为相关领域一流专家学者，他们的观点代表了当下学界对中国与世界的现实和未来最高水平的解读与分析。截至2021年底，皮书研创机构逾千家，报告作者累计超过10万人。

❖ 皮书荣誉 ❖

皮书作为中国社会科学院基础理论研究与应用对策研究融合发展的代表性成果，不仅是哲学社会科学工作者服务中国特色社会主义现代化建设的重要成果，更是助力中国特色新型智库建设、构建中国特色哲学社会科学"三大体系"的重要平台。皮书系列先后被列入"十二五""十三五""十四五"时期国家重点出版物出版专项规划项目；2013~2022年，重点皮书列入中国社会科学院国家哲学社会科学创新工程项目。

皮书网

（网址：www.pishu.cn）

发布皮书研创资讯，传播皮书精彩内容
引领皮书出版潮流，打造皮书服务平台

栏目设置

◆ **关于皮书**
何谓皮书、皮书分类、皮书大事记、
皮书荣誉、皮书出版第一人、皮书编辑部

◆ **最新资讯**
通知公告、新闻动态、媒体聚焦、
网站专题、视频直播、下载专区

◆ **皮书研创**
皮书规范、皮书选题、皮书出版、
皮书研究、研创团队

◆ **皮书评奖评价**
指标体系、皮书评价、皮书评奖

◆ **皮书研究院理事会**
理事会章程、理事单位、个人理事、高级
研究员、理事会秘书处、入会指南

所获荣誉

◆ 2008 年、2011 年、2014 年，皮书网均
在全国新闻出版业网站荣誉评选中获得
"最具商业价值网站"称号；
◆ 2012 年,获得"出版业网站百强"称号。

网库合一

2014年，皮书网与皮书数据库端口合
一，实现资源共享，搭建智库成果融合创
新平台。

皮书网

"皮书说"
微信公众号

皮书微博

权威报告·连续出版·独家资源

皮书数据库
ANNUAL REPORT(YEARBOOK)
DATABASE

分析解读当下中国发展变迁的高端智库平台

所获荣誉

- 2020年，入选全国新闻出版深度融合发展创新案例
- 2019年，入选国家新闻出版署数字出版精品遴选推荐计划
- 2016年，入选"十三五"国家重点电子出版物出版规划骨干工程
- 2013年，荣获"中国出版政府奖·网络出版物奖"提名奖
- 连续多年荣获中国数字出版博览会"数字出版·优秀品牌"奖

皮书数据库

"社科数托邦"
微信公众号

成为会员

登录网址www.pishu.com.cn访问皮书数据库网站或下载皮书数据库APP，通过手机号码验证或邮箱验证即可成为皮书数据库会员。

会员福利

- 已注册用户购书后可免费获赠100元皮书数据库充值卡。刮开充值卡涂层获取充值密码，登录并进入"会员中心"—"在线充值"—"充值卡充值"，充值成功即可购买和查看数据库内容。
- 会员福利最终解释权归社会科学文献出版社所有。

数据库服务热线：400-008-6695
数据库服务QQ：2475522410
数据库服务邮箱：database@ssap.cn
图书销售热线：010-59367070/7028
图书服务QQ：1265056568
图书服务邮箱：duzhe@ssap.cn

社会科学文献出版社 皮书系列
SOCIAL SCIENCES ACADEMIC PRESS (CHINA)

卡号：867512914393
密码：

S 基本子库
SUB DATABASE

中国社会发展数据库（下设 12 个专题子库）

紧扣人口、政治、外交、法律、教育、医疗卫生、资源环境等 12 个社会发展领域的前沿和热点，全面整合专业著作、智库报告、学术资讯、调研数据等类型资源，帮助用户追踪中国社会发展动态、研究社会发展战略与政策、了解社会热点问题、分析社会发展趋势。

中国经济发展数据库（下设 12 专题子库）

内容涵盖宏观经济、产业经济、工业经济、农业经济、财政金融、房地产经济、城市经济、商业贸易等 12 个重点经济领域，为把握经济运行态势、洞察经济发展规律、研判经济发展趋势、进行经济调控决策提供参考和依据。

中国行业发展数据库（下设 17 个专题子库）

以中国国民经济行业分类为依据，覆盖金融业、旅游业、交通运输业、能源矿产业、制造业等 100 多个行业，跟踪分析国民经济相关行业市场运行状况和政策导向，汇集行业发展前沿资讯，为投资、从业及各种经济决策提供理论支撑和实践指导。

中国区域发展数据库（下设 4 个专题子库）

对中国特定区域内的经济、社会、文化等领域现状与发展情况进行深度分析和预测，涉及省级行政区、城市群、城市、农村等不同维度，研究层级至县及县以下行政区，为学者研究地方经济社会宏观态势、经验模式、发展案例提供支撑，为地方政府决策提供参考。

中国文化传媒数据库（下设 18 个专题子库）

内容覆盖文化产业、新闻传播、电影娱乐、文学艺术、群众文化、图书情报等 18 个重点研究领域，聚焦文化传媒领域发展前沿、热点话题、行业实践，服务用户的教学科研、文化投资、企业规划等需要。

世界经济与国际关系数据库（下设 6 个专题子库）

整合世界经济、国际政治、世界文化与科技、全球性问题、国际组织与国际法、区域研究 6 大领域研究成果，对世界经济形势、国际形势进行连续性深度分析，对年度热点问题进行专题解读，为研判全球发展趋势提供事实和数据支持。

法律声明

"皮书系列"（含蓝皮书、绿皮书、黄皮书）之品牌由社会科学文献出版社最早使用并持续至今，现已被中国图书行业所熟知。"皮书系列"的相关商标已在国家商标管理部门商标局注册，包括但不限于LOGO（▦）、皮书、Pishu、经济蓝皮书、社会蓝皮书等。"皮书系列"图书的注册商标专用权及封面设计、版式设计的著作权均为社会科学文献出版社所有。未经社会科学文献出版社书面授权许可，任何使用与"皮书系列"图书注册商标、封面设计、版式设计相同或者近似的文字、图形或其组合的行为均系侵权行为。

经作者授权，本书的专有出版权及信息网络传播权等为社会科学文献出版社享有。未经社会科学文献出版社书面授权许可，任何就本书内容的复制、发行或以数字形式进行网络传播的行为均系侵权行为。

社会科学文献出版社将通过法律途径追究上述侵权行为的法律责任，维护自身合法权益。

欢迎社会各界人士对侵犯社会科学文献出版社上述权利的侵权行为进行举报。电话：010-59367121，电子邮箱：fawubu@ssap.cn。

社会科学文献出版社